Donata Schoeller
Close Talking

HUMANPROJEKT
Interdisziplinäre Anthropologie

Im Auftrag der Berlin-Brandenburgischen
Akademie der Wissenschaften
herausgegeben von Detlev Ganten, Volker Gerhardt,
Jan-Christoph Heilinger und Julian Nida-Rümelin

Band 16

Donata Schoeller
Close Talking

Erleben zur Sprache bringen

DE GRUYTER

ISBN 978-3-11-076325-6
e-ISBN (PDF) 978-3-11-060259-3
e-ISBN (EPUB) 978-3-11-060177-0
ISSN 1868-8144

Library of Congress Control Number: 2019938940

Bibliografische Information der Deutschen Nationalbibliothek
Die Deutsche Nationalbibliothek verzeichnet diese Publikation in der Deutschen Nationalbibliografie; detaillierte bibliografische Daten sind im Internet über http://dnb.dnb.de abrufbar.

© 2021 Walter de Gruyter GmbH, Berlin/Boston
Dieser Band ist text- und seitenidentisch mit der 2019 erschienenen gebundenen Ausgabe.
Einbandgestaltung: Martin Zech, Bremen
Druck und Bindung: CPI books GmbH, Leck

www.degruyter.com

Inhalt

Einleitung —— 1

Teil I: Im Netz erlebter Verbindlichkeit —— 14
1   Kein dürftiger Anfang —— 14
1.1   Zusammenhang von Anfang und Methode —— 15
1.2   Einstiegsbemerkungen zur Methode des Close Talking —— 23
2   Weder innen noch außen —— 27
2.1   Hintergrund und knowing how —— 27
2.2   Stilles Wissen und vorbegriffliches Ganzes —— 38
3   Kontext im Wort —— 45
3.1   Bedeutung für jemanden —— 45
3.2   Peirces Schichten von Bedeutung —— 48
3.3   Plastizität der Begriffe —— 53
3.4   Private Sprache? —— 60
3.5   Cavells Kürbisse —— 65
3.6   Diltheys volle Erfahrung —— 68
3.7   Lebensform und Lebenszusammenhang —— 73

Teil II: Close Talking —— 79
4   Sprache als Matrix und Käfig —— 79
4.1   Anmerkungen zu unterschiedlichen Ausdrucksgrenzen —— 81
4.2   Vertiefende Begriffe – tastender Sprachgebrauch —— 87
5   Entwickeln statt bestimmen —— 95
5.1   Erstmalige Formulierungen —— 96
5.2   Petitmengins Mikrophänomenologie —— 99
5.3   Gendlins mäeutische Sprachpraxis —— 106
5.4   James' Bedeutungsfransen —— 116
5.5   Verkehrte Reihenfolge —— 123
6   Tentative Sprechakte —— 128
6.1   Sich an klare Begriffe heranreden —— 128
6.2   Zur dialektischen Hemmung, den Reichtum des Hier und Jetzt zu entwickeln —— 134
6.3   Bedeutung, die Nähe erfordert: Was geht es die Philosophie an? —— 139
6.4   Ausdrückbarkeit —— 143
6.5   Sprecherzentrierte Performanz —— 148

7	Spiegelung, Fluss, Pause: Psychotherapeutische Modelle	156
7.1	Die Spiegelung	157
7.2	Der Fluss	169
7.3	Die Pause	183

Teil III: Der situative Stoff tentativer Sprechakte — 191

8	Erkenntnistheoretische Zwischenreflexion	191
8.1	Mit Merleau-Ponty zum Beginner werden	191
8.2	Mit Dewey das Denken situieren	198
9	Embodied Context	206
9.1	Existential Feelings	207
9.2	Somatic Marker und Felt Sense	214
9.3	Situation	224
9.4	Emergenz: Gendlin und Mead	227
10	Individuierte und kultivierte Sprachkörper	234
10.1	Nochmals Gendlin und Mead	235
10.2	Bedeutungsgenese: Kampf und Tanz	237
11	Bewegung eines hintergründigen Ganzen	249
11.1	Fühlen als Index	249
11.2	Bedeutungswachstum	258
12	Transformative Modelle sprachlicher Bedeutung	266
12.1	Hunger nach Worten	266
12.2	Radikal-reflexive Begriffe	271
12.3	Meaning enacted oder nackte Bedeutungsentstehung	278
13	Close Talking: Zusammenfassung und Ausblick	281
13.1	Schlussbemerkungen	281
13.2	Ausblick	287

Dankendes Nachwort — 294

Literaturverzeichnis — 297

Personenregister — 313

Sachregister — 316

Einleitung

> Und das kann man verallgemeinern: Wenn unsere Sprache des Erlebens differenzierter wird, wird es auch das Erleben selbst.[1]

Das philosophische Interesse an Fragen, die Zusammenhänge betreffen, die als erlebte nahegehen, ist nach wie vor, wie man auf Englisch sagen würde, *a bold step*. Es tritt nämlich aus einem Fragehorizont heraus, in dem Erfahrung vor allem als Lieferant wahrer Aussagen, Beobachtungen und Erkenntnisse untersucht wird. Diskutiert wird in diesem Rahmen, ob in der Erfahrung etwas *gegeben* ist, das Erkenntnis begründet oder verankert, oder ob alles, was erfahren wird, je schon geprägt ist von den Begriffsordnungen des Verstandes. Erfahrung wird angesichts solcher Fragen heute ebenso scharf diskutiert wie in den vergangenen Jahrhunderten. Zudem verstärken sich heute die Probleme, wie die alltäglich erlebte Welt in ihren wahrgenommenen Qualitäten mit einer wissenschaftlich erkannten Welt in Übereinstimmung zu bringen ist, was für eine sinnvolle oder überflüssige Rolle qualitatives Erleben spielt und wie es überhaupt in ein „scheme of things" passt.[2] Mit der Gehirnforschung verschärfen sich die Fragen dazu, wie aus den biochemischen Abläufen in der grauen Hirnmasse der Reichtum des erlebten Alltags entstehen kann.

Sich auf die komplizierten und filigranen Webmuster alltäglicher Situationen einzulassen, kennzeichnet nicht den wissenschaftlichen Diskurs über Erfahrung. Eine solche Übung charakterisiert Alltagsgespräche. Alltagssituationen sind auch der Stoff, der unerschöpflich in und aus Büchern, Filmen und Theaterstücken sprudelt. Das Interesse an der Vielschichtigkeit dieses vertrauten Stoffes und an der Frage, wie davon zu sprechen ist, führt deshalb im Ansatz schon aus einem skeptisch geprägten Paradigma der Philosophie hinaus, das bereits die „Qualitäten" erlebter Alltäglichkeit in Zweifel zieht. Hannah Arendt spricht mit Blick auf die paradigmatische Gründerfigur des Skeptizismus, René Descartes, berechtigterweise von einem zerstörten Vertrauen in die Wirklichkeit. Dieses durch die Mittel der Rationalität wiedergewinnen zu wollen, müsse scheitern, weil das Denken, wie Arendt treffend bemerkt, das „Gefühl der Wirklichkeit weder beweisen noch aufheben" könne.[3] Deshalb bleibe der Zweifel – auch in der Kritik am

---

1 Peter Bieri, *Wie wollen wir leben?* (Salzburg: Residenzverlag, 2011), 19.
2 Vgl. Paragraph 46 der „Lectures III: Is Consciousness Physical?," in Wilfrid Sellars, „Foundations for a Metaphysics of Pure Process: The Carus Lectures (1981)," *The Monist* 64, Nr. 1 (Jan. 1981): 73.
3 Hannah Arendt, *Vom Leben des Geistes* (München: Piper, 1979), 1:62.

Skeptizismus – die „unsichtbare Achse", um die das philosophische Denken seit Descartes paradigmatisch kreist.[4]

Eine philosophische Untersuchung, die den Artikulationen gewidmet ist, die aus diesem Gefühl der Wirklichkeit entstehen, hat deshalb zuerst einmal zu zeigen, was daran philosophisch überhaupt interessant sein kann. Denn beginnt die Philosophie nicht erst, wenn man dieses Gefühl infrage stellt? Wenn man sich nicht mit dem beschäftigt, was menschliche Körper darüber alles zu sagen versuchen, wenn der Tag lang ist? Beginnt sie nicht erst mit Aussagen, die Bestand haben und die man diskutieren kann? Müssen nicht Propositionen und Texte vorliegen, die zu analysieren sind, und braucht es nicht Positionen, gegen oder für die man Stellung beziehen kann? Anders verhält es sich freilich, wenn man in phänomenologischer Hinsicht das Erleben untersucht. Aber auch dann ist man auf der Suche nach determinierbaren Strukturen und Charakteristiken, die nicht das Thema der Alltagsgespräche, sondern eben der philosophischen Diskurse sind. Interessiert man sich jedoch dafür, wie vom Erleben gesprochen wird, *ohne* dabei auf die phänomenologische Struktur des Erlebens, auf den epistemischen Status oder die Gültigkeitsbedingungen dieser Äußerungen zu zielen und *ohne* zu hinterfragen, wovon man da eigentlich spricht (ob es ein inneres Gegebenes, etwas Erfundenes oder Konstruiertes, ob es Begriff, Körper oder Geist ist), dann ist ein solches Interesse philosophisch rechtfertigungsbedürftig.

Das Interesse der folgenden Untersuchung gilt der Frage, *wie* man von Erlebnissen oder Erlebensweisen sprechen kann, gerade weil sie nicht wie Gegenstände *in* einer Person oder wie Sachverhalte zu beobachten sind, weil sie weder nur körperliche noch nur geistige Phänomene sind bzw. eine solche Dualität für ihre Charakterisierung ungeeignet erscheint. Vielleicht sollte ich deshalb schreiben: Diese Arbeit möchte bewusster machen, wie erstaunlich es ist, dass Menschen von ihrem Erleben so sprechen können, wie sie eben davon sprechen. Das Motiv des Staunens war für die antiken Philosophen der Anfang der Philosophie. Es ist von den neuzeitlichen durch den Zweifel ersetzt worden. Untersucht man jedoch nicht die Bedingungen des Wissens und der Wahrheit, sondern die Möglichkeit, wie Menschen im Alltag fein adjustiert in Situationen von Situationen sprechen, in einem *attunement* (Stanley Cavell), das keines Nachdenkens bedarf; wie sie sich in abstrakten Begriffssystemen einrichten können (Polanyi spricht diesbezüglich von *dwelling*); wie sie, wenn sie etwas zu sagen haben, dieses als Dringlichkeitsgefühl empfinden; wie sich dasjenige, was sie denken oder erleben, selbst wenn es noch gar nicht in Worte gefasst war, in einer Formulierung für sie fühlbar klärt, dann kann man neu ins Staunen geraten über einen derart nahe-

---

4 Hannah Arendt, *The Human Condition* (Chicago, Ill.: Univ. of Chicago Press, 1958), 249.

gehenden Zusammenhang von Körper, Situation und Bedeutung. Solche im Alltag selbstverständlichen Phänomene zu untersuchen, erfordert heute nach wie vor wenig eingespielte und -geübte methodische Schritte. Darum steht man diesbezüglich, philosophisch betrachtet, in der Tat buchstäblich wieder an einem erstaunlichen Anfang.

Die erwähnten, noch nicht eingeübten methodischen Schritte beruhen jedoch auf *einem* Grundschritt. Ihn möchte ich als basalen Schritt der *Anerkennung* ansprechen. Statt die Realität dessen, was man erfährt, zuerst anzuzweifeln, um an einen von allen Zweifeln befreiten Kern (oder eine Essenz) heranzukommen, wird mit diesem Grundschritt zunächst anerkannt, *wie* etwas erfahren (gefühlt, empfunden, gedacht) wird und *wie* davon gesprochen wird. Dieser methodisch veränderte Grundschritt zielt nicht auf die Bedingungen von Erkenntnissen und von wahren oder gültigen Behauptungen. Er zielt auf ein gründlicheres sprachphilosophisches Verstehen des Prozesses, der geschieht, wenn Menschen sprechen oder schreiben und bemerken, dass sich *dabei* etwas verändert.

Die weitreichenden Konsequenzen eines Grundschrittes der Anerkennung manifestieren sich in philosophischen Schulen, die heute als Hermeneutik, Phänomenologie und Pragmatismus bekannt sind. Ihre Transformation der philosophischen Agenda war kein willkürlicher Akt. Sie vollzog sich als Reaktion auf die erkannten Nebenwirkungen wissenschaftlicher und erkenntnistheoretischer Methodologien, die ihre eigene lebensweltliche Basis nicht mehr berücksichtigen können. Husserl hat den blinden Fleck einer solchen Rationalität als Krisis bezeichnet.[5] Die Nebenwirkungen dieser Krise entstehen bis heute nach wie vor aus der Spaltung eines rasant sich entwickelnden wissenschaftlichen Fortschritts, den damit einhergehenden lebenserleichternden technisch-medizinischen und medialen Möglichkeiten einerseits, und einer wissenschaftlich und philosophisch kaum erfassten Welt *erlebter* Bedeutsamkeit andererseits. Die Spaltung, die daraus entsteht, führt zu einer Perplexität, die Denker der Gegenwart deutlich auf den Punkt bringen. Eindringlich schildert sie Nagel in seinem kanonischen Werk *The View from Nowhere* in einer Passage wie der folgenden:

> The uneasy relation between inner and outer perspectives, neither of which we can escape, makes it hard to maintain a coherent attitude toward the fact that we exist at all, toward our deaths, and toward the meaning or point of our lives, because a detached view of our own existence, once achieved, is not easily made part of the standpoint of which life is lived. From far enough outside my birth seems accidental, my life pointless, and my death insignificant,

---

5 Vgl. Edmund Husserl, *Husserliana: Gesammelte Werke*, Bd. 6, *Die Krisis des Europäischen Menschentums und die Philosophie: Eine Einleitung in die phänomenologische Philosophie*, hrsg. v. Walter Biemel, 2. Aufl; photomechanischer Nachdr. (Den Haag: Nijhoff, 1976).

> but from inside my mere having been born seems nearly unimaginable, my life monstrously important, and my death catastrophic. Though the two viewpoints clearly belong to one person – the problems wouldn't arise if they didn't – they function independently enough so that each can come as something of a surprise to the other, like an identity that has been temporarily forgotten.[6]

Diese beiden konträren Perspektiven, die aus der (sogenannten objektiven) Distanz und der (sogenannten subjektiven) Nähe zum erlebten Alltag erwachsen, sind derart inkompatibel, dass sie sich, wie Nagel anschaulich beschreibt, als Identitätssprung erweisen. Von der einen Identität zur anderen kommt man nur dann, wenn man die erste vergisst. Beide Identitäten gehen mit unterschiedlichen Arten von Zusammenhängen und Wertungen einher. Diese wiederum führen zu divergenten Schwerpunktsetzungen, wobei von der objektiven Warte *von nirgendwo aus* ein Ausschluss dessen passiert, was an Relevanz, Gewicht und Bedeutsamkeit vom Alltag her, oder *von hier aus*, erlebt wird. Der Anthropologe und Philosoph Terrence W. Deacon beschreibt diesen Ausschluss von seiner Gegenseite her, nämlich als die Unfähigkeit einer objektivistischen Zugangsweise, dasjenige zu erfassen, das dem quantifizierenden Zugriff entweicht. In Deacons Ausführungen wird die Spaltung, die Nagel charakterisiert, als Lücke im wissenschaftlichen Weltbild selbst thematisiert. Denn Wertvorstellungen, Ziele und Gewichtungen, die nicht quantifizierbar und als *Kraft* nicht messbar sind und die deshalb in der wissenschaftlichen Vermessung und Erklärung der Welt fehlen, bestimmen den Alltag. Und obwohl diese fehlenden Größen, wissenschaftlich betrachtet, buchstäblich nicht ins Gewicht fallen, sind sie die Antriebsfaktoren der Welt, vor allem auch der Richtungen, die die Forschung einschlägt:

> ...we seem baffled by the fact that absent referents, unrealized ends, and abstract values have definite physical consequences, despite their apparently null physicality. As a result, we have excluded these relations from playing constitutive roles in the natural sciences. So, despite the obvious and unquestioned role played by functions, purposes, meanings, and values in the organization of our bodies and minds, and in the changes taking place in the world around us, our scientific theories still have to officially deny them anything but a sort of heuristic legitimacy. [...] In the process, it has also alienated the world of scientific knowledge from the world of human experience and values. If the most fundamental features of human experience are considered somehow illusory and irrelevant to the physical goings-on of the world, then we, along with our aspirations and values, are effectively rendered unreal as well. No wonder the all-pervasive success of the sciences in the last century has been

---

6 Thomas Nagel, *The View from Nowhere* (New York: Oxford Univ. Press, 1986), 209.

paralleled by a rebirth of fundamentalist faith and a deep distrust of the secular determination of human values.⁷

Sowohl diese als auch die zuvor zitierte Passage zeugen von der unvermittelten Nachbarschaft eines erfolgreich gesicherten Systems wissenschaftlicher Erkenntnis zu einem ungesicherten, aber wirkungsvollen System der Antriebs- und Motivationsfaktoren im Alltagserleben. Dass beide Systeme getrennt voneinander funktionieren, führt indirekt, wie Nagel und Deacon andeuten, zur Verkümmerung einer für das Erleben angemessenen wissenschaftlichen Sprache. Zentrale Züge menschlicher Erfahrung, bedeutungsvolle Ereignisse, erlebte Wertungen und Gewichtungen werden dadurch irreal und entfremdet (*unreal, alienated*), sie verlieren ihre Relevanz und werden zufällig, unwichtig und bedeutungslos (*pointless, insignificant, accidental*).

Mit meiner Arbeit hoffe ich, einen Beitrag dazu zu leisten, dieser sprachlichen Verkümmerung entgegenzuwirken. Mit der folgenden Untersuchung verfolge ich dieses Ziel nicht im Sinne einer Theorie, wie sie Nagel vorschwebt, die den sogenannten subjektiven Standpunkt aus der Dritte-Person-Perspektive zu erfassen sucht. Vielmehr möchte ich zeigen, dass die gründlichere Erforschung der Befähigung, erlebte Situationen und Zusammenhänge differenziert und subtil zu formulieren, u. a. auch dazu dient, ein theoretisches Raster hinter sich zu lassen, das die Welt in nicht vermittelbare subjektive und objektive Ordnungen und in damit einhergehende weitere Dualismen von Subjekt und Objekt, Körper und Geist, außen und innen, Rationalität und Gefühl etc. spaltet. Zugleich wird durch ein sorgfältigeres Verständnis eines differenzierenden Formulierungsprozesses der sprachlichen Verarmung entgegengewirkt, die wissenschaftlich in Bezug auf die Komplexität gewöhnlicher Erfahrung besteht. Gegenwärtige fachphilosophische Debatten verstärken diese Verarmung, wenn sie im epistemologischen und sprachphilosophischen Fokus auf die Bedingungen objektiver Erkenntnis und wahrer Behauptungen die vielschichtige Bedeutsamkeit des erlebten Alltags jenseits von wahr und falsch, gültig und ungültig nicht zum Thema machen können.

Es geht im Folgenden deshalb auch um einen Versuch die theoretische Sprache zu sensibilisieren und zu differenzieren, sodass sie einer Komplexität gerecht werden kann, die aus Zusammenhängen *erwächst*, die uns als erlebte nahegehen. Diese Art von Zusammenhängen kommen, wie gesagt, auch in jenen philosophischen Ansätzen nicht zur Geltung, in denen es um den Reichtum

---

7 Terrence W. Deacon, *The Symbolic Species: The Co-Evolution of Language and the Brain* (New York: Norton, 1997), 12.

qualitativer Erfahrung geht. Im Streit der Positionen der Qualiaphilen und Qualiaphoben wird der Reichtum menschlicher Erfahrung auf ein einfach zu beschreibendes Minimum gebracht, auf eine Handvoll Wahrnehmungsbeispiele, die sich noch dazu meistens auf das Sehen beschränken.[8] In den sprachanalytisch und erkenntnistheoretisch motivierten Debatten wird Erfahrung entlang der Problemstellungen eines epistemologischen Musters thematisiert, das von der Dichte des erlebten Alltags unbehelligt bleibt. Auch gewöhnliche Aussagen und Sprechakte, wie sie die Sprachanalyse bearbeitet, lassen der Klarheit halber jene Zusammenhänge außen vor, um die es im Alltag geht.

Den demokratischen, normativen und auch moralischen Stellenwert der Entwicklung „subtilerer Sprachen"[9], um persönliche, historische oder religiöse Erfahrungen in „ihrer ganzen Breite und Vielfalt in die demokratische Öffentlichkeit pluralistischer Gesellschaften kommunizieren [zu] können"[10], hat Matthias Jung in seiner *Anthropologie der Artikulation* verdeutlicht. Meine Arbeit unternimmt eine vertiefende Studie eines sprachlichen Prozesses, in dem sich klärt, differenzierter sagbar oder bewusster wird, was man erlebt. Dieser Prozess geht der leichten Kommunizierbarkeit von alltäglicher (aber auch wissenschaftlicher, religiöser oder künstlerischer) Erfahrung voraus. Denn was man in der Gegenwart oder Vergangenheit erlebt hat, ob Situationen oder Gefühle, ob Eindrücke oder Wahrnehmungen, ist oft nicht so einfach zu sagen und deshalb nicht so einfach in einen Diskurs einzubringen und öffentlich zu machen. In Klärungsprozessen widmen sich Menschen jenen „features", die Deacon auch als „absential" charakterisiert:[11] Eindrücken, Gefühlsweisen, Gedanken, Vorhaben, Wünschen, Erinnerungen, Ideen, d.h. Erlebensweisen im weitesten Sinn des Wortes. Diese sind nicht wie Gegebenes im Menschen vorhanden. Charakteristisch ist eher, dass man sehr oft damit beschäftigt ist, herauszufinden, was man wie erlebt, meint, denkt, fühlt, will, vorhat, plant etc. Was sich in dieser Hinsicht als Mangel an Klarheit erweist, hat in anderer Hinsicht mit einem Überschuss zu tun. Was in den im Singular verwendbaren Worten *Erlebnis, Gedanke, Idee, Ge-*

---

8 Vgl. hierzu z. B. den von Edmond Wright herausgegebenen Überblicksband mit dem bezeichnenden Titel *The Case of Qualia* (Cambridge, Mass.: MIT Press, 2008); vgl. hierzu die Kritik an den Wahrnehmungsbeispielen von Laura Salomé Saller, in ihrer Dissertation *Einer für alle? Die fünf Sinne als Herausforderungen für philosophische Wahrnehmungstheorien*, Onlinepublikation der Zentralbibliothek Zürich, 2014, letzter Zugriff 30. November 2018, http://opac.nebis.ch/ediss/20142076.pdf.
9 Diesen Begriff entleihe ich Jung, der sich wiederum auf Taylor bezieht. Vgl. Matthias Jung, *Der bewusste Ausdruck: Anthropologie der Artikulation* (Berlin: De Gruyter, 2009), 14.
10 Ebd.
11 Vgl. Terrence W. Deacon, *Incomplete Nature: How Mind Emerged from Matter* (New York: Norton, 2012), worin die „absential features" eine zentrale Rolle spielen.

fühl, Ziel usf. ansprechbar zu sein scheint, ist dadurch gekennzeichnet, dass in all dem, was im Singular aufgezählt werden kann, *mehr* mitwirkt. Dieses *Mehr* besteht nicht aus einzelnen identifizierbaren Dingen. Sich klar zu machen, was alles in einem Erlebnis, einer Idee oder einem Gefühl mitwirkt, führt wiederum zu Weiterem. Die intentionale Eindeutigkeit dessen, was jemand erlebt, meint, sagt, denkt, fühlt, hofft, wünscht etc., ist deshalb meistens nur als die Spitze eines Eisbergs zu beschreiben.

In der dadurch angesagten Beschäftigung, sich klarer zu werden, *um was es einem geht*, äußert sich die Art und Weise, so bringt es Harry Frankfurt auf den Punkt, wie sich Menschen im Alltag ernst nehmen. Das Ernstnehmen manifestiert sich in der Anstrengung, „to get clear about what we are really like, trying to figure out what we are actually up to, and trying to decide whether anything can be done about this."[12] Aus der Beobachterposition heraus fällt ein solcher Klärungsprozess als Charakteristikum menschlicher Erfahrung nicht auf. Der Analyse, die von klaren Komponenten und Entitäten auszugehen hat, entzieht er sich. Menschen geht es aber, im Unterschied zu programmierten Computern etwa, im Alltag nicht selten jeweils wieder neu darum, zu klären, um was es (ihnen) überhaupt geht, bevor oder während sie sich sichtbar verhalten und handeln oder bevor sie wissen, was sie analysieren wollen. Es sind diese Klärungsprozesse des Noch-Undeutlichen und buchstäblich Vorläufigen, des Noch-nicht-Eindeutigen und Noch-nicht-Klaren, die entscheidend dafür sind, wie sich persönliches und gesellschaftliches Leben (auch erneuernd) gestalten und formen lässt.

Um diese Prozesse besser zu verstehen, muss eine alltäglich *erlebte* Komplexität Berücksichtigung, d. h. Anerkennung finden, aus der Bedeutungen sprachlich zu entwickeln sind, die nicht schon identifizierbar vorhanden, gegeben oder begriffen sind. Nimmt man diesen Prozess wissenschaftlich nicht ernst, so verliert man, wie Nagel und Deacon eindrücklich zum Ausdruck bringen, das Verständnis für die Lebenswelten und die darin zu kultivierenden *absential features*, die auch die Grundlage des wissenschaftlichen Prozesses sind. Nimmt man ihn jedoch ernst, so trägt dieser auch zu einem umfassenderen Verständnis des Erkenntnisprozesses bei. Das kann wiederum die willkommene Nebenwirkung haben, dualistische Ansätze nicht nur kritisieren, sondern alternative Ansätze entwickeln zu können, die zugleich der Förderung einer subtileren Sprachpraxis entgegenkommen. Deshalb lohnt es sich in doppelter Hinsicht heute eine philosophische Doppelkompetenz zu üben, die zugleich wissenschaftlich und auch alltäglich anwendbar ist. Damit ist, neben den zu erlernenden Dezentrierungs-

---

[12] Harry G. Frankfurt, *Taking Ourselves Seriously and Getting It Right*, hrsg. v. Debra Satz (Stanford, Calif.: Stanford Univ. Press, 2006), 1.

schritten *objektiver* Methodologien auch die Kompetenz gemeint, sich auf eine nahegehende und naheliegende Komplexität reflexiv einzulassen, deren realitätsprägende Kraft damit zu tun hat, dass man sie ernst nimmt.

Im Mittelpunkt meiner Untersuchung steht daher die Frage, *wie* es gelingen kann, sich sprachlich über Kontexte und Hintergründe klarer zu werden, die beteiligt sind, wenn man etwas meint, fühlt, denkt oder versteht (beispielsweise auch unter einem Wort). Die Frage nach diesem *Wie* unterscheidet sich offensichtlich deutlich von der sprachanalytischen Frage nach den Gültigkeitsbedingungen intentionaler Aussagen. Das *Wie* betrifft eine Praxis, durch die Menschen in der Dichte erlebter Situationen Sätze entstehen lassen, in denen sich ein gewisses Kontinuum manifestiert, das *in* der Formulierung zu entwickeln ist. Eine solche Bedeutungsbildung zu untersuchen, erfordert Ansätze, die Sprache, Situationen und verkörperte Situationsteilnehmer zusammendenken. Die Schwierigkeit, mit diesem integralen Ansatz methodisch so umgehen zu lernen, dass er begrifflich differenzierter und dadurch klarer denkbar wird, reflektiert auf der theoretischen Ebene die alltägliche Herausforderung, dichte Zusammenhänge sprachlich zu klären. Diese doppelbödige Schwierigkeit ist systematisch zu nutzen, um sie als solche artikulierbarer zu machen. Hierfür ist es u. a. notwendig zu lernen, wie die Art der Zusammenhänge, die aus erlebten Situationen entstehen, philosophisch und auch kognitionswissenschaftlich so untersucht und zur Sprache gebracht werden kann, dass diese Zusammenhänge sich in der begrifflichen Systematik der Untersuchung nicht auflösen.

Das Thema, dem ich im Folgenden auf der Spur bin, lässt sich daher nicht leicht einer gängigen sprachphilosophischen Debatte zuordnen. In dieser Weise trägt es zur „neue[n] Unübersichtlichkeit" der philosophischen Schulen bei.[13] Aber gerade die Unübersichtlichkeit macht es möglich, wie Georg Bertram ermutigt, „jenseits der Schulbekenntnisse ruhiger die Fragen der Philosophie zu stellen".[14] Die folgende Untersuchung mag in Anbetracht sprachphilosophischer Mainstream-Debatten zunächst marginal erscheinen; sie ist aber sicher keine „new version of the scholastic ‚self-indulgence for the few'"[15], wie Philip Kitcher philosophiekritisch bemerkt. Entsprechend fordert er dazu auf, sich jenen Themen zuzuwenden, die zwar peripher zum Mainstream stehen, sich dafür aber den Herausforderungen der Zeit stellen. Dieser Aufforderung komme ich gerne nach und hoffe zugleich, damit auch einen Beitrag zur Entwicklung einer anti-repräsentationalistischen Bedeutungstheorie und somit zu einem „semantischen Ho-

---

13 Vgl. Georg W. Bertram, *Hermeneutik und Dekonstruktion: Konturen einer Auseinandersetzung der Gegenwartsphilosophie* (München: Fink, 2002), 10.
14 Vgl. ebd.
15 Philip Kitcher, „Philosophy Inside Out," *Metaphilosophie* 42, Nr. 3 (April 2011): 248.

lismus" zu leisten, wodurch Sprachphilosophie, „von ihrer eigenen Logik her dazu gezwungen [wird], *mehr* zu sein als nur Sprachphilosophie".¹⁶ Auf diesen Bahnen knüpft die folgende Untersuchung auch an jene Forschungsansätze an, die im Paradigma des *Embodiment* die Möglichkeiten der Sprache, der Bedeutung und der Erkenntnis in gewachsenen, intersubjektiv vernetzten und verkörperten Lebenskontexten verankern.

Diesem Ziel möchte ich mich in drei Teilen anzunähern versuchen. Der erste Teil beginnt mit einer Rückorientierung an Hegel, der demonstriert, wie der theoretische Anfangspunkt einer Untersuchung mit ihrer Methode zusammenhängt. Hegel zeigt, dass eine Entwicklungsarbeit nur dann allein den Begriffen zukommt, wenn mit einer Erfahrung der Anfang gemacht wird, deren Inhalt außergewöhnlich *dürftig* verfasst ist. Versucht man das gewöhnliche Erleben zur Sprache zu bringen, dann steht man nie in dieser Weise *am Anfang*. Vielmehr hat man immer wieder aus der Mitte heraus anzusetzen und dabei einer Fülle an vernetzten Aspekten und vorgängigen Kontextualisierungen zu begegnen. Diese Dichte macht es nötig, im Alltag immer wieder Freiraum zu schaffen, um sich überhaupt klar werden zu können, *was* man *wie* erlebt. In dieser Weise wird das *close talking* als Freiraum schaffende Aneignungspraxis eingeführt und dabei von der Narration abgehoben. Dabei ist es offensichtlich nicht sinnvoll, sich vorzustellen, dass man von inneren oder äußeren Gegenständen spricht, wenn man für das gewöhnliche Erleben eine Sprache sucht. Den Dualismus von innen und außen, den solche Vorstellungen begleiten und nahelegen, hat Wittgenstein im Verweis auf die bedeutungskonstitutive Rolle von Lebensformen, Kontexten und Situationen überwunden. Die Frage, die sich in der vorliegenden Untersuchung stellt, ist daher auch wie folgt zu umschreiben: Wie spricht man von den Kontexten, auf die der Sprachgebrauch angewiesen ist, um Bedeutung zu schaffen? Die Schwierigkeit eine erlebte Kontextualisierung und selbstverständliche Einbettung sprachlicher Bedeutung selbst zur Sprache zu bringen, hat nicht nur mit der Gefahr des unendlichen Regresses zu tun. Denker des letzten Jahrhunderts

---

16 In diesem Sinne wird Sprache „als ein irreduzibler Aspekt des menschlichen Stands in der Welt begriffen, der mit vielen anderen Aspekten interdependent zusammenhängt. In dieser Weise führt der Holismus dazu, dass ein plausibleres Bild des Zusammenhangs von Sprache, Sprechern, Praktiken und Welt entsteht. Damit werden aus der philosophischen Bedeutungstheorie im Rahmen der Wende zur Sprache Positionen entwickelt, die man nicht mehr im engeren Sinn als Positionen des *linguistic turn* begreifen kann und die doch die Sprache nicht aus dem Zentrum des philosophischen Bildes vom Menschen und seiner Welt verbannen. Sprache gilt ihnen vielmehr als eines von mehreren gleichermaßen wesentlichen, doch von vornherein nur in ihrem wechselseitigen Zusammenhang begreiflichen Momenten des menschlichen Stands in der Welt." – Georg W. Bertram, David Lauer, Jasper Liptow und Martin Seel, *In der Welt der Sprache: Konsequenzen des semantischen Holismus* (Frankfurt/M.: Suhrkamp, 2008), 21.

haben das Bewusstsein für nicht propositional verfasste Formen einer kontextualisierenden Selbstverständlichkeit geschärft, die *in* intentionalen Sprechakten, *in* Formen des Wissens und *in* den Bedeutungen von Begriffen mitwirken. John Searle macht dies am Begriff des *Background*, Gilbert Ryle am Begriff des *knowing how*, Michael Polanyi an der *stillen Dimension* des Wissens, Theodor W. Adorno an *vorbegrifflichen* Höfen von Bedeutung kenntlich. Deren sprachliche Erfassung und Analyse scheinen theoretisch bereits im Ansatz zu scheitern, da jeder Akt der Beschreibung und der Analyse logischerweise das Beschriebene und Analysierte in Anspruch nimmt.

Wenn Personen jedoch darüber sprechen, was ein Begriff *für sie* bedeutet, kommen erlebte Hintergründe und verwickelte Zusammenhänge zum Tragen, die weit über konventionelle Begriffsbedeutungen hinausschießen. Dabei kommen in aller Selbstverständlichkeit Situationen, Ereignisse und Verbindungen zur Sprache, in denen andere oder gar keine Worte gefallen sind, die in der Bedeutung eines Wortes mitwirken. In dieser Weise scheinen Kontexte, Hintergründe und vorbegriffliche Höfe in der expliziten Bedeutung der Worte auf. Diese Ausbuchstabierung ist jedoch auf die erste Person angewiesen und kann von niemand anderem geleistet werden. Die vielschichtigen Bedeutungen, die dann zum Vorschein kommen, führen, so lässt sich mit Charles Sanders Peirce zeigen, einerseits in eine ikonische und indexikalisch verkörperte Kontextualisierung; andererseits weisen sie jedoch immer auch weit über das Individuum hinaus. Die Rolle der Situationen und erlebten Zusammenhänge, die darin kenntlich wird, bringt die Kontinuität einer bedeutungs- und somit kulturbildenden Vergangenheit hervor, die in der Bedeutung eines Wortes jetzt mitwirkt. Spezifisch erlebte Situationen, in denen Worte Bedeutung erlangt haben, gehen in der Sprache nicht unter, sondern sind als überraschende, idiosynkratische und unvorhersehbare Anteile von Wortbedeutungen wiederum zur Sprache zu bringen, wenn Menschen zu formulieren versuchen, was ein Wort *für sie* bedeutet. Buchstabiert eine Person diese Selbstverständlichkeit aus, mit der sie ein Wort versteht, kommen ungewöhnliche Bedeutungsanteile ans Licht, die nicht als private Sprache abzuwerten sind. Mit Stanley Cavell und Wilhelm Dilthey ist vielmehr bewusstzumachen, dass sich in jedem Wort ein gewachsenes Selbstverständnis an Lebensformen und -zusammenhängen äußert, ein Netz erlebter *Verbindlichkeit* in Form von historisch sowie kulturell geprägter Gemeinsamkeit, die zugleich individualisiert angeeignet, ausgeprägt und bereits weiterentwickelt ist. Wortbedeutungen und Lebenszusammenhänge sind daher nicht in einem repräsentativen, sondern in einem interdependenten, sich gegenseitig vertiefenden Verhältnis zu erfassen. In dieser Weise reflektiert die Selbstverständlichkeit der Weise, wie eine Person ein Wort versteht, auch ein Stück weit das je schon historisch eingebettete, kulturell geprägte und individualisierte Selbstverständnis derjenigen Person, die das Wort gebraucht.

Während sich im ersten Teil zeigt, wie das Erleben je schon *in* der Sprache ist und zur Sprache kommt, wenn eine Person *für sich* ausbuchstabiert, was sie unter einem Begriff versteht, behandelt der zweite Teil die Frage, wie Erleben, das noch nicht in Worten ist, zur Sprache gebracht und formuliert werden kann. Es zeigt sich, dass die Bedingungen, die hierfür zu beachten sind, subtile sind. Ausdrucksgrenzen sind nicht gegeben, sie stehen und fallen mit den Auffassungen darüber, wie Sprache zu gebrauchen ist und was Begriffe leisten. Sie hängen an Aufmerksamkeitsbeschränkungen, die es verhindern, sich auf das Nicht-Antizipierbare des Erlebens einzulassen. Dabei werden diese Bedingungen und Möglichkeiten an einem tastenden und entwickelnden Sprachgebrauch untersucht, der es erlaubt eine Idee, eine Ahnung, ein Erleben erstmalig in Worte zu fassen. Im Gegensatz zur Begriffsbeherrschung geht das Entwickeln von Bedeutung mit der Bereitschaft einher, die Kontrolle über die Sprache zu lockern, um Begriffe im situativen Sprachgebrauch unvorhersehbar neu bedeuten zu lassen. Die damit einhergehenden Formen der einlassenden Aufmerksamkeit, in der das Formulieren das Erleben nicht unterbricht, aber auch das hartnäckige und freundschaftliche Festhalten am Erleben werden mit der Phänomenologie Maurice Merleau-Pontys, der Mikrophänomenologie Claire Petitmengins und der mäeutischen Sprachpraxis Eugene Gendlins als subtile und zugleich wirksame Praxismöglichkeiten veranschaulicht. Mit diesen Praktiken treten Bedingungen für die einlassende Aufmerksamkeit zutage, die es der ersten Person ermöglichen, nicht vorschnell einer internalisierten Macht des Diskurses nachzugeben, sondern an der Spezifizität des qualitativ und situiert Erlebten festzuhalten, um eine – auch für sie selbst – unvorhersehbare Entwicklung von Bedeutung zu leisten. Die zweite Person kann die formulierende Entwicklung unterstützen, wenn sie als Zuhörende für den Prozess der ersten Person zur Verfügung steht. Mit William James und mit John Dewey wird schließlich die Unvorhersehbarkeit von Bedeutungen besser verständlich, die mit dem situativen Vorgefühl dessen, was man zu sagen versucht, einhergeht.

Auf der Basis dieser Vorüberlegungen führe ich im zweiten Teil den *tentativen* Sprechakt ein. Dessen Rolle sprachphilosophisch erfassen zu können, erfordert es, sich einer theoretischen Geographie (Gilbert Ryle) zu stellen, die es erschwert bzw. unmöglich macht, sowohl die praktischen als auch die theoretischen Bedingungen einer entfaltenden Bedeutungsbildung zu verstehen, die sich aus der Teilnehmerperspektive entwickelt. Hierbei zeigt sich auch ideengeschichtlich, dass die am berühmten Anfang der *Phänomenologie des Geistes* von Hegel geschilderte Unmöglichkeit, den Reichtum dessen zu sagen, was man erlebt und meint, ein überraschendes Echo in den sprachanalytischen Ansätzen der Gegenwart findet. Das gilt selbst dann, wenn sich diese als Gegenentwurf zu den philosophischen Systemen der Metaphysik verstehen. Mit der Einführung der *tentativen* Sprechakte zeichnet sich am Ende des zweiten Teils eine Erweiterung des Begriffs der Performativität ab, die als sprecherzentrierte auszuweisen ist. Sie manifestiert sich an einer Kontinuität, in der sich das situative Erleben im Formulieren *mitnehmen* lässt, wobei die Formulierung auf das Erlebte klärend und bewusstseinssteigernd zurückwirken kann. Das Verständnis dieser sprecherzentrierten Performativität ist schließlich im interdisziplinären Ausgriff auf die Psychotherapie weiter zu vertiefen. Sie versteht es wie wenig andere Disziplinen die besondere Angewiesenheit des Sprachgebrauchs auf die Dichte erlebter Situationen zu kultivieren, die man sich sonst kaum, weder in der Philosophie noch im Alltag, bewusst macht. Die unterschiedlichen psychotherapeutischen Vorstellungen von der störanfälligen Komplexität menschlichen Erlebens manifestieren sich in unterschiedlichen therapeutischen Methodiken. Die Divergenzen der Interpretationen haben sprachphilosophisch zu differenzierende Implikationen. Sie demonstrieren u. a., wie sprachphilosophische Modelle, auch wenn diese nur implizit wirken, unterschiedliche Praktiken der Entfaltung und Differenzierung des Erlebens ermöglichen.

Im dritten Teil wird der situative *Stoff* tentativer Sprechakte nochmals genauer untersucht. Eine *Situation* wird mit John Dewey, George Herbert Mead und Eugene Gendlin als Emergenzphänomen beschreibbar. Was eine Situation qualifiziert, verändert sich durch die Art und Weise, wie sie jetzt erleb- und auch formulierbar wird. Durch den *turn to embodiment* ist eine Situation zudem als verkörperter Kontext zu verstehen. Gefühle werden durch Antonio Damasio, Mathew Ratcliffe und Eugene Gendlin als dynamische Prozesse zu aktiven Trägern eines inkorporierten und situierten Hintergrundes. Eine klärende Formulierung des Erlebens wird *empfindlich*, da Begriffe auf Hintergründe einwirken, die als gefühlte auf das Gesagte reagieren. Der das Erleben differenzierende Gebrauch von Worten, deren Funktion als situative Speichermedien deutlicher wird, ist deshalb als ein Geschehen der *Interaktion* kenntlich zu machen. Auf diese Weise wird die von der Sprechakttheorie übersehene Performativität des *close talking* verstehbarer, die es lohnend macht, von Hintergründen zu sprechen, auch dann, wenn dies schwierig ist. Die Bedingung der Wirksamkeit solcher Sprechakte liegt im prozessualen Zusammenwirken der verkörperten, d. h. immer auch gefühlten Bedeutsamkeit von Begriffen (außer diese sind neu oder fremd) und der fühlbaren Qualität der Situation als komplexer *embodied context*. Die merkliche Veränderung, die beim *Formulieren* geschieht, ist nicht als Spiegelung (und Verdoppelung) aufzufassen, sondern als eine interagierende, differenzierende Kreuzung unterschiedlicher verkörperter Träger von Bedeutsamkeit. Die dynamische Auffassung des Prozesses macht denkbar, warum es möglich wird, *mehr* zu sagen, wenn Worte differenzierend in gefühlten Hintergründen zu arbeiten beginnen. Begriffe in *tentativen* Sprechakten sind deshalb nicht konstitutiv. Statt eine begriffliche Ordnung aufzuoktroyieren, ereignet sich in einem solchen Sprachgebrauch eine nicht willkürliche, sondern präzise fühlbare Transformation. Darin verändert sich der *embodied context* gemeinsam mit der Bedeutung der gebrauchten Begriffe.

Diese Formulierungsmöglichkeiten führen schließlich zu einem veränderten sprachphilosophischen Grundmodell, in dem die Repräsentation und auch die Konstruktion von der Interaktion abgelöst werden. In einem interaktiven Modell von Sprache wird es nötig, auch theoretisch eine Art von Begriffstyp zu kultivieren, der nicht zu ersetzen beansprucht, was er beschreibt. Wie die interaktive Wirkung von Begriffen theoretisch zu erfassen ist, ohne dass diese Wirkung dadurch unterminiert wird, kommt als zentrale Herausforderung eines solchen sprachphilosophischen Modells am Ende dieser Arbeit zur Geltung (vgl. Kap. 12 u. 13). Ich möchte hier zeigen, dass ein Modell, das diesen Anforderungen gerechter wird, der Kultivierbarkeit des *close talking* entgegenkommt. Durch den Ereignischarakter eines Formulierungsprozesses werden in der subtilen Sprachfindung Machtverhältnisse unterlaufen, die in gelernten Denk- und Gefühlszusammenhängen dem Sprachverwender buchstäblich inkorporiert sind. Das Schlusskapitel, das sich auf diesen Bahnen dem gesellschaftlichen und individuellen Nutzen einer solchen Formulierungspraxis und ihren Folgen annähert, ist zugleich bereits das Programm einer nächsten Studie. In diesem Sinne hoffe ich mit der vorliegenden Untersuchung dem kritischen Maßstab Deweys zu entsprechen, den dieser an wissenschaftliches Arbeiten anlegt:

> Does it end in conclusions, which when they are referred back to ordinary life-experiences and their predicaments, render them more significant, more luminous to us, and make our dealings with them more fruitful? Or does it terminate in rendering the things of ordinary experience more opaque than they were before, and in depriving them of having in „reality" even the significance they had previously seemed to have?[17]

---

17 John Dewey, *The Later Works, 1925–1953*, hrsg. v. Jo Ann Boydston, Bd. 1, *1925: Experience and Nature*, hrsg. v. Patricia Baisinger und Barbara Levine, mit e. Einl. v. Sidney Hook u. e. neuen Einl. v. John Dewey, hrsg. v. Joseph Ratner (Carbondale, Ill.: Southern Illinois Univ. Press, 1988), 7 [im Folgenden: *LW 1*].

Teil I:
Im Netz erlebter Verbindlichkeit

> Philosophie hat, nach dem geschichtlichen Stande, ihr wahres Interesse dort, wo Hegel, einig mit der Tradition, sein Desinteressement bekundete: beim Begrifflosen, Einzelnen und Besonderen; bei dem, was seit Platon als vergänglich und unerheblich abgefertigt wurde und worauf Hegel das Etikett der faulen Existenz klebte. Ihr Thema wären die von ihr als kontingent zur quantité négligeable degradierten Qualitäten. Dringlich wird, für den Begriff, woran er nicht heranreicht, was sein Abstraktionsmechanismus ausscheidet, was nicht bereits Exemplar eines Begriffs ist.[18]

1 Kein dürftiger Anfang

In seinem Buch *Taking Ourselves Seriously* beschreibt der Philosoph Harry Frankfurt, den ich in der Einleitung bereits erwähnt habe, ein Charakteristikum des Menschen, das darin besteht, im Alltag immer wieder damit beschäftigt zu sein, wie Gedanken, Gefühle, Entscheidungen und Verhaltensweisen Sinn ergeben („make sense").[19] Menschen im Alltag sind im Unterschied zu Fachphilosophen meistens nicht daran interessiert, ob sie ihre Intentionen besser kennen als andere und wie sie sie wahrheitsgemäß repräsentieren können. Die eigentliche Herausforderung, mit der Menschen alltäglich konfrontiert sind, hat mit der Klärung dessen zu tun, wie sie etwas angehen wollen, was sie von etwas halten, wie sie etwas eigentlich erleben, was sie wirklich anstreben, worauf sie Rücksicht nehmen und worauf nicht etc. Was Menschen im Verhältnis zu anderen und sich selbst beschäftigt, ist auf diese Weise zum Großteil nicht klar und irgendwie roh.[20] Die Anerkennung dieses Umstandes hat mit Verantwortung zu tun, mit der Bewusstwerdung dessen, „what we really feel, what we truly desire, what we do indeed think, and so on"[21]. Denn Aussagen und Handlungen sind erst zu verantworten, wenn man hinter dem, was man sagt und tut, auch stehen kann. Warum es überhaupt schwierig ist, die eigenen Motive, Interessen, Hoffnungen, Gefühle oder Ziele so zu verstehen, dass man dahinterstehen kann, ist u. a. genau die Schwierigkeit, die die hier vorliegende Untersuchung besser verständlich zu machen sucht.

---

[18] Adorno, *Negative Dialektik* (Frankfurt/M.: Suhrkamp, 1975), 19 f.
[19] Vgl. Frankfurt, *Taking Ourselves Seriously*, 2.
[20] Vgl. ebd., 7.
[21] Ebd., 8.

Denn wie werden wir uns darüber klar, „what we really feel, truly desire and what we do indeed think"? Worauf bezieht man sich in solchen Fällen? Wie ist zu verstehen, was wir tun, wenn wir derart beschäftigt sind? Worauf lässt man sich da ein? Auf innere Entitäten oder Gegenstände, auf einzelne Emotionen oder Qualitäten? Wie kann man so eine Beschäftigung theoretisch beschreiben, ohne in eine vergegenständlichende Denk- und Redeweise zu geraten oder in eine Aufspaltung von innen und außen oder in eine verdoppelte Welt innerer (geistiger, privater) Geschehnisse und ihrer äußeren Abbildung – d.h. in die viel diskutierten Sackgassen sprachphilosophischer Diskussionen über Bedeutung?

1.1 Zusammenhang von Anfang und Methode

Um philosophisch darüber nachzudenken, wie man Erlebtes zur Sprache bringt, hat man sich heute theoretischen Hürden zu stellen, die eng mit zentralen Anliegen des philosophischen Paradigmas nach dem *linguistic turn* zusammenhängen. Die Hürden ergeben sich aus dem zentralen Motiv einer Hinwendung zur Sprache – mit dem Ziel, die Philosophie aus Scheinproblemen, die aus einem logisch unkorrekten Sprachgebrauch entstanden sind, sowie aus der philosophischen Überdehnung der gewöhnlichen Sprache und ihrer Bedeutungen herauszumanövrieren. Adornos Aufruf an die Philosophie der Gegenwart, sich dem zuzuwenden, was noch begrifflos ist, drückt das ungeheure Spannungsfeld aus, in das man sich mit dem Interesse an den oben beschriebenen Artikulationsübungen nicht nur heute begibt, sondern seit jeher. Das von ihm charakterisierte traditionelle Desinteresse an dem noch Begrifflosen und Besonderen, an das sprachlich nicht leicht heranzukommen ist, macht kenntlich, wie alt und eingespielt die Gründe für dieses Desinteresse sind, und dass sie von Platon bis Hegel reichen.[22] Denn welchen Erkenntniswert haben Erfahrungen, Eindrücke, Gedanken, Gefühle oder Erlebnisse eines Einzelnen, noch dazu solche, die noch nicht einmal klar auf den Begriff zu bringen sind? In welche sprachlose Bodenlosigkeit gerät man, wenn man sich philosophisch einem solchen Thema zuwendet? Wie kann diesbezüglich ein gemeinsamer Bezugspunkt sinnvoller Rede geschaffen werden? Sei es die skeptische Tradition, die seit der Antike lehrt, Formen des Wissens von bloßer Meinung und flüchtigem Eindruck zu unterscheiden; sei es die epistemologische Tradition, die Erfahrung überhaupt erst durch Begriffe konstituiert; sei es die idealistische Tradition mit ihren Demonstrationen der Tragkraft des Begriffs gegenüber leerer Unmittelbarkeit; sei es der *linguistic turn*,

---

22 Vgl. Adorno, *Negative Dialektik*, 19 f.

der die Sprache als tragendes Ausgangsmaterial ausweist, um philosophischen Pseudo-Problemen zu entkommen; sei es die Diskurstheorie, die auf die unausweichliche Verschweißung von Macht und Begriff verweist: Nichts scheint problematischer zu sein, als sich qualifiziert mit dem Prozess einer klärenden Artikulation des Erlebens (im weitesten Sinne des Wortes) auseinanderzusetzen.[23]

Alte und neue philosophische Probleme hindern Menschen auf der Ebene alltäglicher kommunikativer Praktiken jedoch nicht am Versuch, Erlebnisse, Gefühle oder Ideen formulieren zu wollen, die unklar, aber zu bedeutungsvoll erscheinen, um ignoriert zu werden, zu hintergründig, um leicht eingeordnet zu werden, so spezifisch, dass einem die Worte fehlen, um sie adäquat auszudrücken. Diese Versuche füllen Alltagsgespräche, Tagebücher und literarische Werke. Der enorme Stellenwert der Psychotherapie in unserer westlichen Gesellschaft liegt auch darin begründet, dass diese Praxis Individuen einen Raum zur Verfügung stellt, derart Unklares, Spezifisches, Besonderes und zugleich Bedeutsames angemessen zur Sprache bringen zu können.

Um in den Schwierigkeiten der traditionsgebundenen philosophischen Probleme oder im Spannungsfeld von Theorie und Praxis nicht schon zu Beginn zu versinken, erscheint ein Rückgriff auf Hegels Erklärungen über den Zusammenhang zwischen dem Anfang einer Untersuchung und deren Methode erstaunlich hilfreich. Hegel schreibt diesbezüglich nämlich mit unüberhörbar ironischem Unterton:

> Am besten kommt derjenige fort, der sich ohne vieles Nachdenken die Principien als gegebene gefallen läßt, und sie von nun an als Grundregeln seines Verstandes gebraucht. Ohne diese Methode kann man den Anfang nicht gewinnen; ebenso wenig läßt sich ohne sie ein Fortgang machen. Dieser aber hindert sich nun dadurch, daß in ihnen der Gegenstoß der

---

[23] Mein Begriff der Artikulation geht von Matthias Jungs Grundlagenstudien aus. Vgl. ders., *Der bewusste Ausdruck*, v.a. Abschnitt 02, „Artikulation als integrative Denkfigur". Synonym dazu gebrauche ich die Begriffe der Formulierung, seltener noch der Explikation. Wichtig an diesen drei Begriffen ist eine Prozessualität, die die antidualistischen Ansätze, die den Jungschen Begriffsgebrauch charakterisieren, aufnimmt. Ein prozessuales Verständnis von Artikulation, Formulierung oder Explikation in seinen theoretischen und praktischen Konsequenzen kann ich im Vorfeld jedoch nicht definieren. Die methodische Selbstverständlichkeit, mit Definitionen zu beginnen, erweist sich gerade, wie Teil II verdeutlichen wird, als Hürde im Auffassen-Können dessen, was eine artikulierende oder formulierende Klärung ausmacht. Deshalb erlaube ich mir die Begriffe der Artikulation und der Formulierung undefiniert zu gebrauchen, insofern sich ihre Bedeutung – im Sinne Wittgensteins und auch im Sinne des Pragmatismus – im *Gebrauch* während des Fortgangs dieser Studie präzisieren wird. Die Zusammenfassungen am Ende eines jeden Teils werden jedoch den dichter werdenden Kontext, der an der Bedeutung der Begriffe der Artikulation oder der Formulierung mitwirkt, verdeutlichen.

Methode zum Vorschein kommt, die im Folgenden das Abgeleitete aufzeigen will, das aber in der That erst die Gründe zu jenen Voraussetzungen enthält.[24]

Hegel bringt hier ein logisches Methodenverständnis zur Sprache, dass den Anfang einer Untersuchung durch gewisse Prinzipien, Definitionen, Prämissen oder Regeln setzt, von denen auszugehen ist. Sie bestimmen die Möglichkeit des weiteren Vorgehens. Entsprechend ordnen sich die verwendeten Sätze in definierbarer, regelgeleiteter Weise und der Fortgang geschieht gemäß ebenfalls festgelegten Folgerungsweisen. Hegel deutet im obigen Zitat zugleich bereits eine überraschend pragmatistisch wirkende Kritik an dieser Vorgehensweise an, insofern er der Methode ihr Festhalten an einer buchstäblich verkehrten Reihenfolge vorhält: Ihr Gegenstoß besteht darin, dass das Abgeleitete häufig erst die Gründe seiner Voraussetzung liefert.

In seiner *Phänomenologie* wie auch in der *Logik* spielt Hegel andere Weisen des Anfangs durch, indem er nicht von vorhandenen Definitionen und Prinzipien, sondern von einer Unmittelbarkeit ausgeht, die er je unterschiedlich fasst. In der *Phänomenologie* setzt er bei einer Erfahrungsweise an, die unmittelbar sinnlich gegeben ist, und in der *Logik* bei einer Allgemeinheit, die so umfassend erscheint, dass sie die Voraussetzung aller Vermittlung zu sein scheint.[25] Beide Formen von Unmittelbarkeit, so wird durch den dialektischen Fortgang deutlich, zeichnen sich dadurch aus, dass sie einen „armen" und „dürftigen" Anfang bilden bzw. nur deshalb als Anfang für einen weiteren Verlauf, für eine Entwicklung und einen Fortgang geeignet sind.[26] Die Armut des Anfangs ist wesentlich für eine Methode, die nicht von außen an den Gegenstand herangetragen wird, beispielsweise in der

---

24 Georg Wilhelm Friedrich Hegel, *Werke*, Bd. 6, *Wissenschaft der Logik II*, Red. Eva Moldenhauer und Karl Markus Michel (Frankfurt/M.: Suhrkamp, 1986), 100 f. [im Folgenden *Werke 6*].
25 Vgl. hierzu ebd., 553: „Weil er der Anfang ist, ist sein Inhalt ein Unmittelbares, aber ein solches, das den Sinn und die Form abstrakter Allgemeinheit hat. Er sei sonst ein Inhalt des Seins oder Wesens oder des Begriffs, so ist er insofern ein Aufgenommenes, Vorgefundenes, Assertorisches, als er ein Unmittelbares ist. Fürs erste aber ist er nicht ein Unmittelbares der sinnlichen Anschauung oder der Vorstellung, sondern des Denkens [...] daher [...] ein Einfaches und Allgemeines."
26 Vgl. hierzu ebd., 554: „Die einfache Bestimmung von Sein ist aber so arm an sich, daß schon darum nicht viel Aufhebens davon zu machen ist: [...] es ist damit die Forderung der Realisierung des Begriffs überhaupt gemeint, welche nicht im Anfange selbst liegt, sondern vielmehr das Ziel und Geschäft der ganzen weiteren Entwicklung des Erkennens ist." Entsprechend heißt es zum Anfang, der in der sinnlichen Gewissheit liegt: „Diese Gewißheit aber gibt in der Tat sich selbst für die abstrakteste und ärmste Wahrheit aus. Sie sagt von dem, was sie weiß, nur dies aus: es ist; und ihre Wahrheit enthält allein das Sein der Sache." – Georg Wilhelm Friedrich Hegel, *Werke*, Bd. 3, *Phänomenologie des Geistes*, Red. Eva Moldenhauer und Karl Markus Michel (Frankfurt/M.: Suhrkamp, 1984), 82 [im Folgenden *Werke 3*].

oben beschriebenen Form von Prinzipien. Weil die Methode dem Denken selbst immanent ist, „muß das Unmittelbare des Anfangs an ihm selbst das Mangelhafte und mit dem Triebe begabt sein, sich weiterzuführen"[27].

Die Armut dieses erfahrbaren Anfangs in der *Phänomenologie* hat mit einem Erfahrungsbegriff zu tun, wie ihn die klassische Erkenntnistheorie konzipiert. Ein weiterführender Zusammenhang von einer sinnlichen Wahrnehmung zur nächsten ist der Erfahrung nicht inhärent, wie sich Kant zu zeigen vornimmt. Diese Weiterführung ist zufällig. Das macht den Unterschied zwischen analytischen und synthetischen Urteilen aus. Die Analyse gibt einen Zusammenhang frei, der bereits im Begriff des Subjekts *notwendig* gesetzt ist. Das Prädikat buchstabiert diese im Subjekt angelegte Eigenschaft weiter aus und kommt dabei nicht über dieses hinweg. Die Synthese dagegen führt von einer Erfahrung zu einer anderen, wobei diese Weiterführung keiner immanenten Notwendigkeit folgt.[28] Im Gegensatz zu einem solchen Erfahrungsbegriff entwickelt Hegel einen Erfahrungsanfang, der sich von selbst vorantreibt, so dass die synthetische Bewegung mit der analytischen schließlich als zusammenfallend erkennbar wird, als sich selbst erweiternde Bewegung des Selbstbewusstseins. Hinsichtlich eines solchen Erfahrungsverständnisses fallen synthetische und analytische Aussagen zusammen. Das hat wiederum methodische Konsequenzen, wie Hegel demonstriert.[29]

---

27 Hegel, *Werke 6*, 555.
28 Vgl. hierzu Immanuel Kant, *Werkausgabe*, Bd. 3, *Kritik der reinen Vernunft*, hrsg. v. Wilhelm Weischedel, 12. Aufl. (Frankfurt/M.: Suhrkamp, 1992), 1:B11/A/–B12/A8, 53 f. [im Folgenden: *WA 3*]: *„Erfahrungsurteile, als solche, sind insgesamt synthetisch. Denn es wäre ungereimt, ein analytisches Urteil auf Erfahrung zu gründen, wie ich aus meinem Begriffe gar nicht hinausgehen darf, um das Urteil abzufassen, und also kein Zeugnis der Erfahrung dazu nötig habe. Daß ein Körper ausgedehnt sei, ist ein Satz, der a priori feststeht, und kein Erfahrungsurteil. Denn, ehe ich zur Erfahrung gehe, habe ich alle Bedingungen zu meinem Urteil schon in dem Begriffe, aus welchem ich das Prädikat nach dem Satze des Widerspruchs nur herausziehen, und dadurch zugleich der Notwendigkeit des Urteils bewußt werden kann, welche mich Erfahrung nicht einmal lehren würde. Dagegen ob ich schon in dem Begriff eines Körpers überhaupt das Prädikat der Schwere gar nicht einschließe, so bezeichnet jener doch einen Gegenstand der Erfahrung durch einen Teil derselben, zu welchem ich also noch andere Teile eben derselben Erfahrung, als zu dem ersteren gehöreten hinzufügen kann. [...] Es ist also die Erfahrung, worauf sich die Möglichkeit der Synthesis und des Prädikats der Schwere mit dem Begriffe des Körpers gründet, weil beide Begriffe, ob zwar einer nicht in dem andern enthalten ist, dennoch als Teile eines Ganzen, nämlich der Erfahrung, die selbst eine synthetische Verbindung der Anschauungen ist, zu einander, wiewohl nur zufälliger Weise, gehören."*
29 Hegel weist explizit darauf hin, dass die Erfahrung in ihren „Bewegungen sich als analytisch und synthetisch zugleich verhält. Analytisch verfährt das philosophische Denken, insofern dasselbe seinen Gegenstand, die Idee, nur aufnimmt, dieselbe gewähren läßt und der Bewegung und

So unbestimmt, leer und dürftig der Hegelsche Anfang der Logik im Begriff des Seins ist, so arm an Beschaffenheit, Entwicklung und Beziehungsreichtum ist die sinnliche Gewissheit. Ihr Inhalt ist nicht Produkt einer vertieften Auseinandersetzung. Sie ist weder von der vielfältigen Vermittlung zwischen dem Denkenden und dem Zu-Denkenden geprägt,[30] noch wird sie durch die Dynamik der Gegensätze tiefer begriffen. Als Ausgangspunkt dient sie lediglich deshalb, weil sie über sich hinausweist. Eine Weiterführung von hier aus geschieht nicht aufgrund der Entwicklung eines sie ebenfalls charakterisierenden Reichtums, den Hegel immerhin erwähnt. Im Gegenteil, dieser momentane Reichtum wird durch die Begriffe, mit denen er zum Ausdruck gebracht werden soll, zur Illusion, zum Schein, zu einem Reichtum, der keinen Eingang in seinen Ausdruck findet. Die Illusion des Reichtums zerbröckelt in jenem Medium, das ihn bezeugt. Es ist dieses negative Moment allein, das weiterträgt und das in der Einleitung der *Phänomenologie* auf emphatische Weise als Verzweiflung angesprochen wird.

Der dürftige Anfang und die Methode gehören also zusammen, um eine Erfahrungsentwicklung zu konzipieren, die dialektisch-spekulativ vorgeht. Deren Grundzug ist die Negation. Sie setzt an diesem zu überwindenden armen Anfang an.[31] Von hier aus wird allein die dialektische Bestimmung von Begriffen zum treibenden Faktor eines Prozesses, der Bewusstsein schafft. Nur die Begriffe scheinen einen Fortgang zu gewähren, der Schritt für Schritt weiterträgt. Die Methode kann demnach „nur die Bewegung des Begriffs selbst [sein, D.S.], deren Natur schon erkannt worden, aber erstlich nunmehr mit der Bedeutung, daß der Begriff alles und seine Bewegung die allgemeine absolute Tätigkeit, die sich selbst bestimmende und selbst realisierende Bewegung ist"[32]. Durch die Armut des Anfangs erweisen sich einzig „die Bestimmungen des Begriffes selbst und deren Beziehungen"[33] als treibende Dynamik der Methode. Die Funktion des Ausgangspunkts liegt deshalb allein darin, aufgrund seines Mangels über sich hinauszuweisen. Erst am Ende dieser Entwicklung, so Hegel, wird der in der Erfahrung gründende Begriff so reich, dass er zum absolut Allgemeinen wird, und zwar

---

Entwicklung derselben gleichsam nur zusieht. Das Philosophieren ist insofern ganz passiv. Ebenso ist dann aber das philosophische Denken synthetisch und erweist sich als die Tätigkeit des Begriffs selbst. Dazu aber gehört die Anstrengung, die eigenen Einfälle und besonderen Meinungen, welche sich immer hervortun wollen, von sich abzuhalten." – Georg Wilhelm Friedrich Hegel, *Werke*, Bd. 8, *Enzyklopädie der philosophischen Wissenschaften im Grundrisse 1830: Erster Teil; Die Wissenschaft der Logik; Mit den mündlichen Zusätzen*, Red. Eva Moldenhauer und Karl Markus Michel (Frankfurt/M.: Suhrkamp, 1986), 390 [im Folgenden *Werke 8*].
30 Vgl. Hegel, *Werke 3*, 82.
31 Vgl. Hegel, *Werke 6*, 553.
32 Ebd., 551.
33 Ebd., 553.

allgemein nicht mehr im Sinne von leer und bestimmungslos. Im Gegenteil, er wird zur „absoluten Form",

> in welche alle Bestimmungen, die ganze Fülle des durch dieselbe gesetzten Inhalts zurückgegangen ist. Die absolute Idee ist in dieser Hinsicht dem Greis zu vergleichen, der dieselben Religionssätze ausspricht als das Kind, für welchen dieselben aber die Bedeutung seines ganzen Lebens haben. Wenn auch das Kind den religiösen Inhalt versteht, so gilt ihm derselbe doch nur als ein solches, außerhalb dessen noch das ganze Leben und die ganze Welt liegt. – Ebenso verhält es sich dann auch mit dem menschlichen Leben überhaupt und den Begebenheiten, die den Inhalt desselben ausmachen.[34]

Nirgendwo lässt sich der Unterschied hinsichtlich der Methoden, denen diese Untersuchung verpflichtet ist, prägnanter festmachen als an der Hegelschen Verkoppelung von Anfang, Ende und Methode.[35] Eine durch Hermeneutik, Phänomenologie und Pragmatismus eingeleitete Wende, der meine Arbeit, wie im Folgenden immer deutlicher wird, verpflichtet ist, unternimmt zu zeigen, dass jeder Mensch sich anfänglich immer schon in der Position des Greises befindet. Wir sind immer schon inmitten von Lebensbezügen, in-der-Welt, d. h. wir sind eingewoben in Verhältnisse, die sich als Lebenszusammenhänge und als dichte Situationen äußern. Was wir erfahren, ist nie nur ein *Dieses*, das zu einem sinnlich gegebenen anderen *Diesen* führt, in einem *Hier*, das nur von einem weiteren leeren *Hier* abgelöst wird und nichts von seinem momentanen Reichtum hinüberretten kann, wie Hegel den dürftigen Anfang sinnlicher Gewissheit in seiner *Phänomenologie des Geistes* charakterisiert (vgl. Kap. 6.2.). Vielmehr, so machen die erwähnten Schulen bewusst, beruht die Arbeitsfähigkeit unserer begrifflichen Kategorien auf einer *Verbindlichkeit*, wie ich sie nennen will, die als erlebte und gefühlte buchstäblich vorläufig ist: Ohne sie wäre selbst logisch nicht zu denken. Dieser reiche Anfang fordert eine Methodik, die dieser Anfänglichkeit entsprechen kann. Was sie kennzeichnet ist, dass sie begrifflich nicht hinter sich zu lassen ist, sondern im Denken und Sprechen weiter wirkt, um Bedeutungen entstehen zu lassen und Sinn zu machen.

Statt vor der Überwindung und weiterführenden Bereicherung eines dürftigen und armen Anfangs steht die vorliegende Untersuchung vor der gegenteiligen Herausforderung, die Formulierbarkeit verwickelter Bezüge des Erlebens, konkreter Situationen oder alltäglicher Handlungs- und Beziehungskontexte zu untersuchen und sich der Frage zu stellen, wie im Sprachgebrauch relevante Zusammenhänge gewöhnlichen Erlebens Bedeutung gewinnen und klarer werden.

---

34 Hegel, *Werke 8*, 389.
35 Vgl. hierzu auch Hegel, *Werke 6*, 556.

Die Lösung kann also nicht darin bestehen, den Reichtum des erlebten, situativen Anfangs im Gebrauch von Begriffen so zu verallgemeinern, dass das begreifende Ich über das Hier und Jetzt hinwegschreiten kann (vgl. ebenfalls Kap. 6.2.). Die Formulierung des Erlebens, die hier im Mittelpunkt der Betrachtung steht, vermag dieses vielmehr in einer Weise zu erfassen, die es erlaubt, tiefer in die Bedeutsamkeitsverstrebungen und -verwobenheiten einzudringen, die einen gegenwärtigen Moment ausmachen. Dabei ist man nicht, wie in der Hegelschen Dialektik, allein auf die Bestimmungen des Begriffs und deren Beziehungen als entscheidende weiterführende Mittel angewiesen. Vielmehr geht es darum, Begriffe zu finden, die ihre Bedeutung nicht aufoktroyieren, sondern *in* und *aus* den erlebten Zusammenhängen gewinnen. Diese Bestimmungen und Bedeutungen sind durchweg auf die klärungsbedürftige Dichte des Erlebens angewiesen, das nicht deshalb schwer zu formulieren ist, weil es dazu wenig oder nichts zu sagen gäbe, sondern weil es so naheliegt, bedeutsamkeitsbeladen und selbstverständlich ist, dass Worte leicht zu kurz greifen.

Wenn der Hegelsche „Greis" zu sprechen beginnt, dann ist das treibende Moment eben nicht nur jener „Trieb" oder „Keim des Lebendigen"[36], der aus dem Mangel des Anfangs entsteht. Es ist die Fülle seines Lebenszusammenhanges, der – anders als in Hegels Werken – nicht in begrifflich ausgearbeiteter Form vor ihm liegt, sondern in der einzigartigen Qualität sich gegenseitig durchdringender Bedeutsamkeiten. In dieser Fülle ist immer wieder neu anzusetzen, um die Begriffe differenzierend arbeiten zu lassen.

Auch wenn der Greis sehr viel mehr zu erzählen hätte, sehr viel mehr Zusammenhänge entwickeln könnte und sehr viele bedeutungsschwangere Begriffe explizieren könnte, ist sein Ausgangspunkt prinzipiell kein anderer als derjenige einer noch jungen oder sogar sehr jungen Person. Sobald jemand zu sprechen beginnt, manifestiert sich darin, wie die folgende Untersuchung zeigen möchte, eine gewachsene Lebenswelt, die über das einzelne Individuum weit hinausgeht, auch wenn es daran beteiligt ist. Mit Wittgenstein und Cavell könnte man auch sagen, dass das Lernen von Worten bereits Lebensformen und bestehende Sprachspiele voraussetzt, aus denen heraus sich die Bedeutungen für die Heranwachsenden spielend verdichten, die sie *mit und in* ihrer sozio-kulturellen wie natürlichen Umwelt kennenlernen. Die entsprechend „primäre Intersubjektivität" eines solchen Prozesses wird heute auch von kognitionswissenschaftlich infor-

---

36 Ebd.

mierten Philosophen hervorgehoben.[37] Von *hier aus* ist jeweils erst zu erarbeiten, was überhaupt als relevant *gegeben* erscheint.

Die Möglichkeit der Bewegung, die bei Hegel als „Wendungspunkt"[38] die *begriffene* Erfahrung vorantreibt, besteht von *hier aus* also in der Herausforderung, die Komplexität erlebter Zusammenhänge und Situationen artikulierbar und damit klarer werden zu lassen. Auch wenn eine solche Wendung durch einen Mangel gekennzeichnet ist, liegt dieser gerade nicht im armen Anfang, sondern in der mangelnden Befähigung, der sprachlichen Anforderung gerecht zu werden, die im „unendlichen Lebensreichtum"[39] eines erlebten Ausgangspunkts liegen kann. Dewey schreibt diesbezüglich:

> Language fails not because thought fails, but because no verbal symbols can do justice to the fullness and richness of thought. If we are to continue talking about 'data' in any other sense than as reflective distinctions, the original datum is always such a qualitative whole.[40]

Vom Überschuss des Erlebten als einem qualitativen Ganzen lässt sich trotzdem sprechen – wenn auch nicht auf Anhieb, so doch in mehrfachen Ansätzen. Häufig braucht dies Zeit. Was sich nicht einfach sagen lässt, zeigt sich vor allem zwischen den Sätzen und in der Möglichkeit unerwarteter Übergänge. Gendlin bemerkt:

> The „more" does show up, if we examine the progression, how one *goes on*. If we can follow the next step although it does *not* follow logically from the last step, how does it follow? It moves from what was „more than logical"— (...). That can be seen only in progressions.[41]

Diese Übergänge sind nicht anhand *eines* begrifflichen Musters zu erfassen, beispielsweise dialektisch von *arm* und *unmittelbar* zu *reich* und *vermittelt*. Um sie zu explizieren, hat man immer wieder in der Mitte einer – in Paraphrase zu Misch

---

37 Vgl. den gleichnamigen Abschnitt 5.1. in: Thomas Fuchs, *Das Gehirn – ein Beziehungsorgan*, 4. aktualis. und erw. Aufl. (Stuttgart: Kohlhammer, 2013), 183 ff.
38 Hegel, *Werke 6*, 563.
39 Wilhelm Dilthey, *Gesammelte Schriften*, Bd. 7, *Der Aufbau der geschichtlichen Welt in den Geisteswissenschaften*, hrsg. v. Karlfried Gründer, 8. unveränd. Aufl. (Göttingen: Vandenhoeck und Ruprecht, 1992), 134 [im Folgenden: *GS 7*].
40 John Dewey, „Qualitative Thought," in *The Later Works, 1925–1953*, hrsg. v. Jo Ann Boydston, Bd. 5, *1929–1930*, Text hrsg. v. Kathleen E. Poulos, mit e. Einl. v. Paul Kurtz (Carbondale, Ill.: Southern Illinois Univ. Press, 1984), 250 [im Folgenden: *LW 5*].
41 Eugene T. Gendlin, „Phenomenology as Non-Logical-Steps," in *American Phenomenology: Origins and Developments*, hrsg. v. Eugene Francis Kaelin und Calvin O. Schrag (Dordrecht: Kluwer, 1989), 406.

– dichten „Ausdruckswelt"[42] anzusetzen, in der sich Individuen befinden. Dabei wird deutlich, wie ein explikativer Prozess selbst das Muster schafft, durch das spezifizierbar wird, in welcher Hinsicht sich hintergründige Bedeutsamkeitsverflechtungen entwickeln, differenzieren und klären lassen.

Darum wäre es widersprüchlich, Definitionen des Erlebens, des Formulierens und dessen, was ich als *close talking* bezeichne, meiner Untersuchung voranzustellen. Vielmehr ist zu Beginn eine Selbstverständlichkeit des Erlebens zu umkreisen, die schwer zu fassen ist, weil sie derart naheliegend ist. Sie ist je schon vor-läufig in den Intentionen, mit denen man an eine Sache herangeht, im Wissen, auf das man zurückgreift und in den Begriffen, die man gebraucht. Im Versuch, theoretisch zu klären, wovon wir eigentlich sprechen, wenn wir vom Erleben sprechen und wie wir davon sprechen können, wiederholt sich auf jeder Ebene der vorliegenden Studie jene alltägliche Herausforderung, die es zu umschreiben gilt.

1.2 Einstiegsbemerkungen zur Methode des Close Talking

Mit dem Begriff des *close talking* ist im Titel deshalb zugleich auch die Methode dieser Arbeit mit angesprochen. Propositionen, Thesen, und Definitionen stehen als Ausgangspunkt dieser Studie methodisch nicht zur Verfügung, so wenig wie Prinzipien, die das weitere Vorgehen regeln oder ein Erfahrungsbegriff, der zu analysieren oder dialektisch zu bereichern wäre. Vielmehr ist methodisch vor allem jene selbstverständliche Befähigung beansprucht, die darin besteht, die Perspektive der ersten Person einnehmen zu können. *Von hier aus* öffnet sich ein Gewebe von Alltagssituationen, das sich je nach Standpunkt ändert. Es kommt sehr darauf an, in welcher Situation man sich befindet und wie man sie formuliert, um etwas zu verstehen, das von einem anderen oder von gar keinem bestimmten Standpunkt aus („von nirgendwo"[43]) anders aussieht oder nicht mehr bemerkt werden kann. Eine solche Ausgangslage führt nicht zu unveränderlichen Erkenntnissen. Sie verschafft keinen endgültigen Überblick. Vielmehr verlangt sie eine (philosophische und alltägliche) Kompetenz des *Hineindenkens* und *-fühlens* in das veränderliche Webmuster von Situationen.

So wie beim *close reading* durch eine verlangsamte, gründlichere Lektüre, die *nah am Text* arbeitet, sich reichhaltige und bisweilen auch überraschende Bezüge erschließen, die sich dem schnellen Lesen entziehen, so eignet sich das *close*

---

[42] Vgl. Georg Misch, *Der Aufbau der Logik auf dem Boden der Philosophie des Lebens: Göttinger Vorlesungen über Logik und Einleitung in die Theorie des Wissens* (Freiburg: Alber, 1994), 75.
[43] Vgl. Nagel, *The View from Nowhere*.

talking als Formulierungsweise, die *in* einen erlebten, bisweilen auch gefühlten Zusammenhang hinein und nicht über diesen hinweg geschieht. In diesem sprachlichen Geschehen werden Verstrebungen gleichsam *ertastet*, die nicht beobachtet werden können. Was sich auf diese Weise entwickeln lässt, entgeht dem Small Talk, der Beschreibung aus der Dritten-Person-Perspektive sowie dem Versuch, das Erlebte rational zu analysieren. Diese Art von Zusammenhängen kann sprachlich nur als befindliche, erlebte oder gefühlte entwickelt werden. Michael Polanyi bringt dies auf den Punkt:

> ...it is not by looking at things, but by dwelling in them, that we understand their joint meaning. We can see now how an unbridled lucidity can destroy our understanding of complex matters.[44]

Wie Zusammenhänge, in denen man sich *befindet*, zu Wort kommen können, ohne dass sie begrifflich so festgelegt oder auseinandergenommen werden, dass sie sich als Befindliche auflösen, hat mit der Methodik des *close talking* zu tun. Was sie als Methode charakterisiert, ist ein versuchsmäßiger und tastender Begriffsgebrauch, den ich in dieser Studie als *tentativen* Sprechakt einführe. Der sogenannte Gegenstand dieser menschlichen Rede ist nicht von vornherein identifizierbar. Er hängt von der Möglichkeit seiner Bildung im Formulierungsprozess ab. Diese Herausbildung ist sowohl von einer rein begrifflichen Konstitution als auch von der Konstruktion scharf zu unterscheiden.

Die philosophischen Schwierigkeiten, von einer solchen Methode zu sprechen, sind, wie erwähnt, sowohl der Praxis als auch der Theorie immanent: Es ist nicht leicht angemessen vom Erleben zu sprechen. In theoretischer Hinsicht erwachsen die Schwierigkeiten, philosophisch das Erleben zu thematisieren bzw. davon zu sprechen, wie man davon sprechen kann, aus einer erkenntnistheoretischen und -analytischen Tradition, die wenig adäquate Denk- und Ausdrucksmittel zur Verfügung stellt, um eine solche Praxis zu verstehen. Die (sprach-)philosophisch heikle Aufgabe, eine semantische Entwicklung zu untersuchen, die sich beim Formulieren ereignet, hat u. a. mit dem verschränkten Verhältnis von Situation und Begriffsbedeutungen zu tun, auf die Wittgensteins *Philosophische Untersuchungen* durchgehend aufmerksam machen, und mit der subtilen und zugleich mächtigen gegenseitigen Formbarkeit, die darin angelegt ist. Sie hat mit Verhältnissen zu tun, die so nahegehen, dass sie ausmachen, wer wir sind, und

---

[44] Michael Polanyi, *The Tacit Dimension* (Garden City, NY: Doubleday, 1966), 18.

aus denen eine kulturell und persönlich gewachsene *Verbindlichkeit* von Worten entsteht, die man gebraucht.[45]

Das Nahe, das sprachphilosophisch in Hinsicht auf eine sich entwickelnde Bedeutung zu denken ist, ist eine Art allgegenwärtiger kontextueller *Hintergrund*, in dem alltägliches Dasein vor sich geht. Diesem Hintergrund ist der erste Teil dieser Studie gewidmet. Schon diese Ausdrucksweise zeigt, wie heikel es ist, philosophisch *davon* zu sprechen. Das Wort Hintergrund bedient eine Metaphorik, die, wie Johnson und Lakoff in ihrem Buch *Metaphors We Live By*[46] veranschaulichen, in einer physischen Verortbarkeit verankert ist: Das Wort *Hintergrund* suggeriert ein Dahinter, das man sehen kann, wenn man sich umdreht. Würde es sich so verhalten, gäbe es kaum Schwierigkeiten, *davon* (alltäglich und philosophisch) zu sprechen. Da prä-intentionale, prä-epistemische, vorbegriffliche, erlebte und situative Hintergründe, wie wir sehen werden, jedoch konstitutiv sind für die Bedeutung der Worte, die wir nutzen, scheint die Untersuchung auf der logischen Ebene in eine Tautologie oder in einen Regress münden zu müssen. Alltäglich ist es jedoch durchaus möglich und vor allem auch nötig, Hintergründe von Situationen, Ideen, Gefühlen, ja selbst von Begriffen zu klären.

Wie dies möglich ist, stellt sich, wie gesagt, jedoch nicht nur theoretisch schwierig dar, sondern eben auch in der Praxis. Jemand kann wortkarg werden, weil es *zu viel*, zu Naheliegendes oder zu Verwickeltes zu sagen gibt, um es adäquat oder eindeutig genug zur Sprache zu bringen. Je selbstverständlicher Zusammenhänge erlebt werden, je mehr sie als Kontexte funktionieren, die Handlungs-, Denk- und Sprachmöglichkeiten bedeutungsgenerierend durchdringen, desto schwieriger wird es auch in der Alltagspraxis, *davon* zu sprechen. Wenn sich *davon* jedoch sprechen lässt auf eine Weise, dass ein Zusammenhang *klarer* wird, dann verändert sich u.U. ein wirkmächtiger Kontext, der in Form von Diskursgewohnheiten (im persönlichen oder kollektiven Maßstab) vorgibt, wie sich von *etwas* sprechen lässt. Sowohl in theoretischer als auch in praktischer Hinsicht besteht die Methode, die damit einhergehenden Schwierigkeiten zu meistern, darin, sich *einzulassen* – auf die erlebten Situationen in und von denen man spricht, wie auf die Befähigung, so zu sprechen. Denn die verwendeten Begriffe, werden, wenn man von Situationen spricht, nicht auf etwas Trennbares angewendet. Sie arbeiten gleichsam in einem Kontext, den ich im Laufe dieser Arbeit als *embodied context* einführen werde, der menschliche *Sprachkörper* auszeich-

---

45 Die Bedeutung des Begriffs der *Verbindlichkeit* wird sich durch den hier praktizierten Gebrauch dieses Wortes im Kontext meiner Arbeit zunehmend präzisieren und verdichten können.
46 Vgl. George Lakoff und Mark Johnson, *Metaphors We Live By* (Chicago, Ill.: Univ. of Chicago Press, 1980).

net.⁴⁷ Wenn Sprache in Situationen klärend im Gebrauch arbeitet, dann repräsentiert sie nichts und bringt keinen essentialistischen Kern zum Vorschein. Vielmehr *geschieht* etwas, das mit Eugene Gendlin als *carrying forward* zu beschreiben ist. Eine solche Wirkung manifestiert sich allein aus der Teilnehmerperspektive. Sie kann von dort aus jedoch vermittelt werden, und zwar in der doppelten Hinsicht, dass man a) zu den Begriffen, die funktionieren, mehr sagen kann, weil man b) aufgrund *dieses* Begriffsgebrauchs wiederum mehr denken, fühlen und formulieren kann.

Aus diesem Grund ließe sich das *close talking* auch als eine erstpersonale Aneignungsstrategie bezeichnen, die einer Entfremdungsgefahr entgegenwirkt. Sie entsteht dadurch, dass Situationen immer wieder klärungsbedürftig sind und die Bedeutung von Worten darauf angewiesen ist, in Situationen einen Unterschied zu machen. Rahel Jaeggi weist uns darauf hin, dass diese Klärungsbedürftigkeit offensichtlich auch damit zusammenhängt, dass vorgängige (gesellschaftliche, kulturelle, religiöse, wissenschaftliche, professionelle, familiäre etc.) Prägungen der Situationen, die man erlebt, es verhindern, sich darüber im Klaren zu sein, was man *selber* fühlen, denken, wollen oder meinen kann.⁴⁸ Die Aneignung, die im *close talking* geschehen kann, ist möglich aufgrund eines Spiel- und Freiraums, der u. a. auf verbale Mittel angewiesen ist, die diesen in ihrer Anwendung *schaffen*. Hierfür genügt es jedoch m. E. nicht, im Nachhinein eine kohärente Geschichte erzählen zu können. Damit man sich diese Geschichte *selbst* abnehmen kann und Erlebtes nicht nur schön- oder schlecht- oder sonst wie redet, bedarf es einer Transformation, der ich mit dem Begriff und der Praxis des *close talking* einen Namen geben möchte. *Close talking* ist in dieser Hinsicht von der Narration zu unterscheiden, denn es geht dieser Freiraum schaffend voraus: Erst wenn sich *für eine Person* klärt, was sie wie erlebt hat, lässt sich eine Geschichte erzählen, die dem Erlebten gerecht wird, was dann wiederum den Freiraum verstärken kann. Diese Spiel- und Freiraum schaffenden, transformativen Möglichkeiten des Formulierens werden hier vorwegnehmend erwähnt, um den Lesenden Lust auf eine sprachphilosophische Arbeit zu machen, die im doppelten Wortsinn nun vor ihnen liegt, und die damit zu tun hat, diese Möglichkeiten und ihre weitreichenden Implikationen besser zu verstehen.

---

47 Auf das im Spätherbst 2018 bei der MIT Press erschienene Buch *Linguistic Bodies: The Continuity between Life and Language* von Ezequiel A. Di Paolo, Elena Clare Cuffari und Hanne De Jaegher konnte ich in dieser Arbeit leider nicht mehr Bezug nehmen. Es freut mich, dass der Begriff des Sprachkörpers, den ich im Laufe meiner Studie entwickle, durch diese Publikation fast zeitgleich eine kognitionswissenschaftliche Erweiterung und zusätzliche Fundierung erfährt.
48 Rahel Jaeggi, *Entfremdung: Zur Aktualität eines sozialphilosophischen Problems* (Frankfurt/M.: Campus, 2005), 225.

2 Weder innen noch außen

Spricht man vom Erleben, dann spricht man anscheinend von nichts Äußerem. Erlebnisse sind ja keine Gegenstände, auf die man zeigen könnte. Gerade diese Unveräußerbarkeit macht es erkenntnistheoretisch und sprachphilosophisch schwierig, adäquat zu beschreiben und zu begreifen, wie man vom Erleben sprechen kann. Weil man an das Erleben von außen nicht herankommt, obwohl es im Erleben um nichts anderes als das Dasein in der Welt geht, scheint es irgendwie etwas Innerliches zu sein. Die Annahme, dass die Bedeutung des Erlebens im Inneren des Menschen zu verorten sei, führt jedoch in Probleme hinein, für die die zeitgenössische Philosophie auf außerordentliche Weise sensibilisiert.

2.1 Hintergrund und knowing how

David Finkelstein fasst in seiner übersichtlichen Studie *Expression and the Inner* zusammen, welchen Schwierigkeiten man heute begegnet, wenn man philosophisch auf das sogenannte Innere zu sprechen kommt. Seine Untersuchung veranschaulicht in konzentrierter Form, wie diese Schwierigkeiten in ihrem Kern mit einem Dualismus zusammenhängen, in den man unweigerlich gerät, wenn man eine Innen- von einer Außenwelt spaltet, und wie unbefriedigend wiederum Ansätze sind, die diese Gefahr zu überwinden suchen, indem sie das Innere als sprachliche Konstruktion ausgeben. Die verschiedenen Probleme, in die der Begriff des Inneren und auch die Vorstellung führen, dass innere Gegebenheiten sprachlich ausgedrückt werden könnten, manifestieren sich in der Verschränkung sprachanalytischer und erkenntnistheoretischer Fragestellungen in den heutigen sprachphilosophischen Debatten. Im Mittelpunkt steht häufig, auch bei Finkelstein, die *Austreibung*[49] falscher Ansätze, da diese unhaltbare Implikationen mit sich bringen, die Finkelsteins Studie minutiös ausarbeitet. Diese Vorstellungsweisen haben eine ähnliche Grundstruktur. Sie besteht in der Annahme, dass da etwas (eine Aussage, eine Geste) für etwas, das innerlich vorhanden ist (ein Gefühl, Gedanke, Erlebnis), stünde, wofür es zusätzlich jemanden bräuchte, der die Zeichen oder die Gesten als Bedeutung versteht bzw. zusammensetzt. Fragen, die sich angesichts einer solchen Vorstellung aufdrängen, lauten: *Wie* ist etwas innerlich gegeben, dass es mit Zeichen zu repräsentieren ist? Ist es eine Entität, die zuerst wahrgenommen werden muss, um dann abgebildet zu werden? Wie kann

---

[49] Finkelstein benutzt explizit den starken Ausdruck „exorcise". – Vgl. David H. Finkelstein, *Expression and the Inner* (Cambridge, Mass.: Harvard Univ. Press, 2003), 91.

dann der Wahrheitsgehalt solcher Aussagen verbürgt werden? Wie kann allgemeine Bedeutung auf diese private Weise entstehen? Gibt es so ein inneres Etwas überhaupt, und nicht nur etwas Amorphes, das durch Begriffe und Konzepte in Form gebracht wird? Meinen wir bloß, über etwas Gefühltes, Gedachtes oder Erlebtes zu sprechen, konstituieren aber tatsächlich erst beim Sprechen den inneren Zustand, von dem wir reden?

Von diesen Vorstellungsweisen und den davon ausgelösten Fragen strahlen unterschiedliche erkenntnistheoretische Problemfelder ab, die zentrale Debatten nach dem *linguistic turn* kennzeichnen: So resultiert daraus zum Beispiel die „Privileged-Access-Debatte", in der die Probleme der epistemischen Autorität der ersten Person hinsichtlich innerer Gegenstände diskutiert werden und die mit der Debatte um den „Myth of the Given" zusammenhängt. Diese tangiert wiederum die Debatte um die begriffliche oder nicht begriffliche „Natur" des (innerlich oder äußerlich) Wahrgenommenen („conceptuality versus non-conceptuality").[50] Finkelsteins empfehlenswerte Studie führt im Hinblick auf den Begriff des Inneren durch die diversen Positionen der gegenwärtigen analytischen Sprachphilosophie, die dabei wieder in neue Positionen eingeteilt werden – z. B. in den Konzeptionalismus und Non-Konzeptionalismus, in den Expressivismus, Konstitutivismus oder Detektivismus etc.

Im Durcharbeiten dieser Auseinandersetzungen und ihrer Versuche den Dualismus zu überwinden, spitzt sich untergründig eine quälende Frage zu: Wie kann es sein, dass Worte nicht nur sinnlose Laute, dass Schriftzeichen nicht nur Klekse auf Papier, dass Gesichtsausdrücke nicht nur Muskelbewegungen oder dass Gesten nicht nur leere Zuckungen sind, wenn Bedeutung nicht in dualistischer Weise festgemacht wird? Wenn angesichts erkenntnistheoretischer und sprachphilosophischer Probleme nicht von einem Inneren die Rede sein kann, das sprachlich bezeichnet oder repräsentiert werden kann, wie soll all das Aufgezählte Bedeutung haben? Indem Finkelstein das Ungenügen diverser zur Zeit debattierter Lösungsansätze aufzeigt, aktualisiert er die Relevanz eines insgesamt veränderten bedeutungstheoretischen Ausgangspunktes, der nicht neu ist, und den er am späten Wittgenstein festmacht. Dessen *Philosophische Untersuchungen*

---

50 Auf diese weitreichenden Debatten und Zusammenhänge angemessen einzugehen, würde in ein anderes Buch führen. Ich erlaube mir hinsichtlich des Zusammenhangs der Debatten zum „Myth of the Given" und zu „conceptuality versus non-conceptuality" jedoch auf einen eigenen Artikel zu verweisen, der diese Diskussionen zusammenfasst und dabei an die wesentlichen Beiträge der klassischen Pragmatisten hierzu erinnert: Vera Saller und Donata Schoeller, „Cognition as a Transformative Process: Re-affirming a Classical Pragmatist Understanding," *European Journal of Pragmatism and American Philosophy* 10, Nr. 1 (2018), letzter Zugriff 17. November 2018, doi: 10.4000/ejpap.1211.

zeigen, so Finkelstein, in vielen und vorsichtigen Anläufen, wie die Vorstellung, dass die Bedeutung von Worten an inneren Aktivitäten oder Gegenständen hängt, die durch sprachliche Mittel benannt oder repräsentiert werden, in die Irre führt. Bedeutung, so zeigt Wittgenstein eindrucksvoll an zahlreichen Beispielen und Erwägungen, kann so weder verstanden noch erzeugt werden. Im Gegensatz dazu demonstriert Wittgenstein die bedeutungsstiftende Rolle von etwas, das derart selbstverständlich ist, dass es im Fokus auf innere oder äußere Gegenstände, auf die repräsentative oder konstruktive Funktion von Sprache, auf die Diskussion, wie wir wissen können, was im Inneren eines anderen vorgeht etc., aus dem Blick gerät: der Kontext nämlich, in dem Worte zu arbeiten haben, um Bedeutung zu gewinnen.[51] Die Bedeutung des Kontextes, die Wittgenstein freilegt, geht, wie Finkelstein zeigt, weit über eine sprachliche Struktur hinaus:

> Wittgenstein wants to show that the functions and meanings that our words have, depend on the ways in which they are situated not just in sentences, but in conversations and stories; in stretches of discourse, thought, and behavior. In spans of human life. We could say that he reshapes Frege's context principle by enlarging the contexts of use to which it, or some descendant of it, applies.[52]

Wittgensteins Erweiterung der Funktionen eines Kontextes untergräbt nachhaltig eine Form der Analyse, die die Bedeutung anhand der oben angesprochenen Vorstellungsmuster in Bestandteile zu zerlegen und zu bestimmen versucht. Es ist dieser Verweis auf den Kontext in der grundsätzlichen Art und Weise, die Wittgenstein veranschlagt (als Verhalten, Lebensformen und -spannen), hinter den die vorliegende Studie in ihrem Ansatz nicht zurückfallen will. Auf diese Weise prägt der Wittgensteinsche Verweis auf den Kontext entscheidend das Thema und den Zugang der vorliegenden Untersuchung: Spricht man vom Erleben, spricht man von nichts Gegenständlichem, weder innerlich noch äußerlich, sondern von und in einer Kontextualisierung, die Gedanken, Diskurse, Verhaltensweisen, Lebensphasen umfasst. Ihrer konstitutiven Rolle eignet eine derartige Grundsätzlichkeit und Selbstverständlichkeit, dass es gerade deshalb herausfordernd ist, nicht am Anfang schon daneben zu greifen, will man philosophisch zur Sprache bringen, wie man das Erleben zur Sprache bringen kann.

---

[51] Vgl. hierzu auch die einleuchtenden Studien von Hans Julius Schneider: „Reden über Inneres: Ein Blick mit Ludwig Wittgenstein auf Gerhard Roth", *Deutsche Zeitschrift für Philosophie* 53, Nr. 5 (2005): 223–41; ders.: „‚Den Zustand meiner Seele beschreiben' – Bericht oder Diskurs?" *Deutsche Zeitschrift für Philosophie* 44, Nr. 1 (1996): 117–34. Zu empfehlen ist auch das klare Buch von Alois Rust: *Wittgensteins Philosophie der Psychologie* (Frankfurt/M.: Klostermann), 1996.
[52] Finkelstein, *Expression*, 108.

Dieser Wittgensteinsche Impuls wird von einer Reihe von Denkern aus dem 20. Jahrhundert, teilweise in weiterführend Rückgriff auf ihn, teilweise unabhängig von ihm, verstärkt. Jene haben ebenfalls pionierhaft weiterentwickelt oder zu zeigen unternommen, dass ein tradiertes analytisches Vorgehen im Hinblick auf Bedeutungen, Intentionen, Erfahrungen und Wissen an etwas Entscheidendes nicht herankommt, das derart omnipräsent und fundamental ist, dass es als das Untersuchte immer schon in den Mitteln und Fähigkeiten der Untersuchenden mitwirkt. Die jeweiligen Versuche ringen verständlicherweise mit ähnlichen methodischen Schwierigkeiten, nämlich etwas begrifflich zum Tragen zu bringen, das zu einem gewissen Grade „selbst unformulierbar" sein muss, weil es bereits Anteil an seiner Formulierbarkeit hat.[53] Die tiefgehende philosophische Beunruhigung, die aus dem Bemerken einer solchen nicht festzumachenden und vor sich zu bringenden Grundlage resultiert, bringt der Neurobiologe Francisco Varela auf den Punkt:

> The anxiety is best put as a dilemma: either we have a fixed and stable foundation for knowledge, a point where knowledge starts, is grounded, and rests, or we cannot escape some sort of darkness, chaos, and confusion. Either there is an absolute ground or foundation, or everything falls apart.[54]

Diese Dimension der Verunsicherung wird besonders anschaulich anhand von Searles Untersuchung der Intentionalität. Überraschend radikal hinterfragt der Sprechakttheoretiker im Zuge seiner Untersuchung sein eigenes Projekt, die Bedingungen des Gelingens („conditions of satisfaction") intentionaler Sprechakte bestimmen zu können. Diese Wende geschieht innerhalb einer Arbeit, die im Geiste Wittgensteins von Anfang an Vorstellungen verabschiedet, die Anschlussfragen nach dem ontologischen Status intentionaler Akte nach sich ziehen. Dazu gehört die Frage nach der Existenz von Intentionen im Inneren des Menschen. Dagegen genüge es, wie Searle darlegt, „conditions of truth" bzw. „of satisfaction" zu untersuchen, um zu verstehen, wovon wir reden, wenn wir von Intentionen sprechen.[55] Wie schwierig es jedoch ist, hinsichtlich des Gelingens und des Wahrheitsgehaltes intentionaler Aussagen sattelfeste Bedingungen zu

---

[53] Vgl. Joachim Renn, „Wissen und Explikation – Zum kognitiven Geltungsanspruch der "Kulturen,"", in *Handbuch der Kulturwissenschaften*, hrsg. v. Friedrich Jaeger und Burkhardt Liebsch (Stuttgart: Metzler 2004), 1:439.
[54] Francisco J. Varela, Evan Thompson und Eleanor Rosch, *The Embodied Mind: Cognitive Science and Human Experience* (Cambridge, Mass.: MIT Press, 1993), 140.
[55] Vgl. John R. Searle, *Intentionality: An Essay in the Philosophy of Mind* (Cambridge, Mass.: Cambridge University Press, 1983), 16.

bestimmen, veranschaulicht er an einfachen Beispielen wie etwa an Bills Bewunderung für Jimmy Carter. An dieser Einstellung Bills gegenüber Carter demonstriert Searle zusätzliche Wissensformen, die notwendig sind, damit Bill Carter überhaupt bewundern kann. Bill muss selbstverständlich davon ausgehen können, dass die USA eine Republik sind, dass sie ein Präsidentschaftssystem hat, dass es andere Präsidenten vor Carter gab, dass es ein periodisches Wahlsystem gibt. Je mehr Searle versucht, die kontextuellen Bedingungen der Bewunderung propositional darzustellen, desto mehr stellt er fest, dass er dabei auf Wissensformen trifft, die er weder als „beliefs" noch als „convictions" bezeichnen kann, die sich zu bewahrheiten haben. Er trifft auf ein komplexes Netzwerk hintergründiger Kompetenzen, die, je mehr er versucht sie auszubuchstabieren, unweigerlich ins Uferlose münden – selbst wenn Searles Beispiele immer einfacher werden. Sogar eine Aussage wie die, dass jemand intendiert, sich ein Bier aus dem Kühlschrank zu holen, ist von uferlosen kontextuellen Bedingungen getragen:

> The biological and cultural resources that I must bring to bear on this task, even to form the intention to perform the task, are (considered in a certain light) truly staggering. But without these resources I could not form the intention at all: standing, walking, opening and closing doors, manipulating bottles, glass, refrigerators, opening, pouring and drinking. The activation of these capacities would normally involve presentations and representations, e.g., I have to see the door in order to open the door, but the ability to recognize the door and the ability to open the door are not themselves further representations. It is such nonrepresentational capacities that constitute the Background.[56]

Ein erstaunlicher Hintergrund von Befähigungen, die einen gehen und stehen, Flaschen öffnen, mit Kühlschränken und Biersorten vertraut sein lassen, wird bewusst, indem sich Searle auf die Selbstverständlichkeit einlässt, mit der man Alltagshandlungen vollbringen und darüber sprechen kann. Diese „staggering" Hintergründigkeit stellt die Sprachphilosophie vor andere Herausforderungen, als die Skepsis zu überwinden, die die Diskussionen prägt, welche sich, in Ausblendung eines Kontextes, auf die Gegebenheit innerer Entitäten oder der Wahrnehmung von Qualia fokussieren. Blendet man den Kontext wieder ein, dann ergeben sich andere Fragen – nämlich Fragen danach, wie ein Kontext bzw. ein Hintergrund zu erfassen ist, der die Verständlichkeit alltäglicher Intentionen, qualitativer Wahrnehmungen, Überzeugungen etc. überhaupt erst ermöglicht. Ihre propositionalen Formen und die Semantik des besagten Sprechaktes, für die Searle Bedingungen des Gelingens anzugeben versucht, erscheinen auf einmal nur als die Spitze eines Eisbergs. Versucht man, so zeigt Searle, einen bedin-

---

56 Ebd., 143.

genden kontextuellen *Background* als konstitutiven Teil eines semantischen Gehaltes auszubuchstabieren, kommt man damit an kein Ende, weil jede Proposition für ihre Bedeutung weiterer Hintergründe und Kompetenzen bedarf.[57]

Nicht nur den unendlichen Regress macht Searle als methodische Hürde der Untersuchung einer solchen Kontextualisierung kenntlich. Es ist vor allem die Verästelung nicht zu überblickender Verstrebungen intentionaler Gehalte in „real life situations", die wiederum mit anderen psychologischen Zuständen, mit „subsidiary intentions" zusammenhängen, die die Aufgabe ins Uferlose wachsen lässt.[58] Was es zu erfassen gilt, so macht Searle deutlich, sind überdies die Funktionen von Befähigungen und Kenntnissen, die nicht einmal bewusst sein müssen. Der Großteil des Hintergrunds kann daher nicht im Sinne von Überzeugungen („beliefs") verstanden und dargestellt werden. Das Projekt, das sich anfänglich damit begnügte, die Bedingung des Gelingens intentionaler Sprechakte zu bestimmen, um der Sinnlosigkeit ontologischer Fragestellungen nach dem Wesen von Intentionen zu entgehen, scheitert, wie Searle offen zugibt, weil an jeder einzelnen Intention ein bedingendes Netzwerk beteiligt ist, das nicht dargestellt und repräsentiert werden kann:

> We would soon find the task impossible for a number of reasons. First, because much, perhaps most, of the Network is submerged in the unconscious and we don't quite know how to dredge it up. Second, because the states in the Network do not individuate; we don't know for example, how to count beliefs. But third, if we actually tried to carry out the task we would soon find ourselves formulating a set of propositions which would look fishy if we added them to our list of beliefs in the Network; „fishy" because they are in a sense too fundamental to qualify as beliefs, even as unconscious beliefs.[59]

Auf diese Weise kommt der Sprechakt-Theoretiker einem *Background* auf die Spur, der nach und nach die Bedingungen der Bedeutung eines intentionalen Sprechaktes zu Tage fördert, die nicht mehr nur sprachlich verfasst sind. Ein netzwerkartig durchwachsener Hintergrund muss berücksichtigt werden, wie Searle eindrücklich und überzeugend schildert. Dieser besteht aus einem komplexen Geflecht aus weiteren Intentionen, aus Gefühlen und Annahmen, Kapazitäten und (kulturellen) Praktiken, die sich gegenseitig bedingen und gewährleisten, dass Personen Intentionen überhaupt äußern und verstehen können. Searle spricht aber nicht von Personen. Er nutzt Ausdrücke wie Netzwerk, Praktiken, Kapazitäten oder Annahmen und betont zugleich, dass all diese Begriffe im

---

57 Vgl. ebd., 148.
58 Vgl. ebd., 141.
59 Ebd., 142.

buchstäblichen Sinne falsch seien, weil sie wiederum logische Verhältnisse, Wahrheitswerte und „directions of fit" implizieren würden. Aber Kapazitäten und Praktiken, sind ein „knowing how", das nicht als Repräsentation („knowing that") aufgefasst werden sollte. Durch diese Begriffe knüpft Searle an Ryles Unterscheidung dieser beiden Wissensformen an, deren prinzipielle Unterschiedlichkeit mit ihrer Repräsentierbarkeit zusammenhängt.[60] Der *Background*, wie Searle immer deutlicher macht, entzieht sich der Analyse und der sprachlichen Erfassbarkeit als nicht propositional zu erfassende Bedingung der Bedeutung intentionaler Akte auf prinzipielle Weise, während seine bedeutungstheoretische Rolle zugleich immer deutlicher hervortritt: „Without the Background there could be no perception, action, memory, i.e., there could be no such Intentional states. Given this picture as a working hypothesis, evidence for the Background piles up everywhere one looks."[61]

Indem Searle Ryles berühmte Unterscheidung von *knowing how* und *knowing that* aufgreift, revitalisiert er auch dessen Kritik an stillschweigenden rationalistischen Grundannahmen, die davon ausgehen, dass jede Form von Kompetenz auf Regeln und Kriterien (auf propositional darstellbarem Wissen – *knowing that*) beruhen sollte. Ryle zeigt dagegen, dass sogar die Regeln der Logik das Vermögen, richtig zu folgern, *nicht* bedingen. Das System logischer Folgerungsweisen grün-

---

[60] Vgl. hierzu ebd., 143: „The Background is a set of nonrepresentational mental capacities that enable all representing to take place. Intentional states only have the conditions of satisfaction that they do, and thus only are the states that they are, against a Background of abilities that are not themselves Intentional states. In order that I can now have the Intentional states that I do I must have certain kinds of know-how: I must know how things are and I must know how to do things, but the kinds of 'know-how' in question are not, in these cases, forms of 'knowing that'." Zur Einführung des Unterschieds von *knowing how* and *knowing that* vgl. Gilbert Ryle, *Concept of Mind* (London: Hutchinson, 1949).

[61] Ebd., 151f. Noch deutlicher formuliert Searle dies einige Zeilen zuvor: „...a certain picture is beginning to emerge: we do have Intentional states, some conscious, many unconscious; they form a complex Network. The Network shades off into a Background of capacities (including various skills, abilities, preintentional assumptions and presuppositions, stances, and nonrepresentational attitudes). The Background is not on the *periphery* of Intentionality but *permeates* the entire Network of Intentional states; since without the Background the states could not function, they could not determine conditions of satisfaction." – Ebd.; oder: „And this is not because what you have written down are 'lifeless' marks, without significance, but because even if we construe them as expressing Fregean semantic entities, i.e., as propositional contents, the propositions are not self-applying. You still have to know what to do with the semantic elements before they can function; you have to be able to apply the semantic contents in order that they determine conditions of satisfaction. Now it is this capacity for applying or interpreting Intentional contents which I am saying is a characteristic function of the Background." – Ebd., 153.

det sich viel eher selbst auf einer vorgängigen Befähigung, aus der es erst gewonnen werden konnte:

> Rules for correct reasoning were first extracted by Aristotle, yet men know how to avoid and detect fallacies before they learned his lessons, just as men since Aristotle, and including Aristotle ordinarily conduct their arguments without making any internal reference to his formulae.[62]

Um zu verstehen, welchen methodischen Schwierigkeiten Searle bei seiner Analyse des Hintergrunds begegnet, lohnt es sich, auf Ryles Unterscheidung etwas näher einzugehen. Das *knowing how* in die repräsentative Form expliziter Regeln oder kategorieller Bedingungen zu übersetzen, führe, so Ryle, zwangsläufig in den unendlichen Regress („The regress is infinite."[63]). Der Kluge, der darüber zu reflektieren hätte, wie er klug handeln kann, müsste darüber reflektieren, wie er darüber reflektieren kann.[64] Die explizite Regel kann deshalb nicht die Bedingung für die Möglichkeit des Handelns sein. Ein Held, so Ryles augenzwinkerndes Beispiel, muss sich nicht zuerst die moralischen Regeln des Rettens vor Augen führen, um zu seiner heldenhaften Rettungstat zu schreiten.[65] Der Clown wird für seinen Auftritt beklatscht und nicht für unsichtbare innere Handlungen und Kriterien, die er befolgt, für die „extra hidden performances executed, in his head".[66] Die Leistungen des Boxers, des Kaufmanns, des Poeten werden anerkannt, weil sie eben mutig, geschickt, klug, inspiriert sind; nicht, weil sie regelhaften Vorlagen folgen, „but for the way in which they conduct those performances themselves".[67]

Den viel zitierten *Kategorienfehler*, der am Werk ist, wenn wir annehmen, dass es eine innere Vorlage brauche, um zu erfassen, was Handlungen oder Intentionen eigentlich sind, führt Ryle am Beispiel der Universität vor Augen. Mit Blick auf die unterschiedlichen Gebäude einer Universität erscheint es sinnlos zu fragen, wo die Universität selbst ist. Eine solche Frage würde suggerieren, dass die Universität als ein eigenständiges Mitglied im Ensemble der unterschiedlichen Fakultäts- und Bibliotheksgebäude aufzufassen ist. Die Unterscheidung zwischen *knowing how* und *knowing that* macht diesen Kategorienfehler auf andere Weise deutlich: Etwas bestimmen zu wollen, das als bedingende Ursache neben oder

---

62 Ryle, *Concept of Mind*, 30.
63 Ebd., 31.
64 Vgl. ebd.
65 Vgl. ebd., 29: „The hero must lend his inner ear to some appropriate moral imperative before swimming out to save the drowning man [...]."
66 Vgl. ebd., 33.
67 Vgl. ebd., 48.

hinter den Leistungen steht, die man beurteilen will, ist so absurd, wie die Universität gesondert vom Universitätsbetrieb fixieren zu wollen. *Knowing how* ist nichts anderes als das, was man vor sich hat: der kunstvoll stolpernde Clown, die klugen Schachzüge, die meisterliche Argumentationsweise.

Dennoch finden sich bei Ryle Übergangsmöglichkeiten zwischen diesen beiden unterschiedlichen Weisen des Wissens – *knowing how* und *knowing that* – angesprochen, auf die er jedoch in seinen Reflexionen nicht weiter eingeht. Dass Aristoteles aus dem *knowing how* des schlüssigen Denkens Regeln der korrekten Schlussfolgerung ziehen konnte, lässt auf eine mögliche Überführbarkeit von *knowing how* in *knowing that* schließen. Aristoteles geriet nicht in den unendlichen Regress, als er ausgehend von dem *Know-how* des guten Argumentierens Grundregeln der Logik und Bedingungen der korrekten Schlussfolgerung formuliert hat. Zugleich ist damit natürlich das *knowing how* nicht vollends in das *knowing that* überführt, geschweige denn durch es ersetzbar. Aber es bestehen Übergangsmöglichkeiten in beide Richtungen: Eine Kompetenz, die sich aufgrund des Einübens von Regeln einstellt, die zunächst nur als *knowing that* zugänglich sind, kann sich mit der Zeit wieder in *knowing how* transformieren.[68]

Mit der Einführung des *knowing how* als Terminus führt Ryle eine logische Gebrochenheit rationalistischer Grundvorstellungen vor Augen, die nach dem Muster gestrickt sind, dass es einer Regel oder eines Kriteriums bedarf, mit der bzw. dem Handlungen abgeglichen werden, um bestimm- und erkennbar zu werden.[69] Überraschenderweise hält er selbst jedoch an diesen Vorstellungen fest, wenn er auf die Möglichkeiten zu sprechen kommt, wie man sich selbst und andere kennen kann. Obwohl das *knowing how* eine Befähigung beschreibt, die zu tun, zu denken, zu handeln und zu beurteilen erlaubt, ohne dass eine leitende Regel vorliegen müsste, bleibt der Selbst- und Fremdzugang bei Ryle von dieser Befähigung merkwürdig ausgeschlossen. Vielmehr argumentiert er, dass sich der Zugang zum eigenen Selbst nicht vom Zugang zu einem anderen unterscheide.

---

68 Searle reflektiert diese Möglichkeit explizit am Beispiel des Skifahrens: „Skiing is one of those skills which is learned with the aid of explicit representations. But after a while the skier gets better; he no longer needs to remind himself of the instructions, he just goes out and skis. According to the traditional cognitivist view, the instructions have become internalized and now function unconsciously but still as representations. Indeed, according to some authors, e.g., Polanyi, it is essential to their functioning that these Intentional contents should function unconsciously, because if one thinks about them or tries to bring them into consciousness, they get in the way, and one is no longer able to ski as well. Rather like the proverbial centipede who thinks about which leg he is supposed to move next and becomes paralyzed, the skier will become paralyzed, or at any rate impeded, if he tries to remember the instructor's rules; he is better off letting them function unconsciously." – Searle, *Intentionality*, 150.
69 Vgl. Ryle, *Concept of Mind*, 20: „…the entire argument was broken-backed."

Man sei jeweils darauf angewiesen, ähnlich wie ein Wissenschaftler eigene und fremde Verhaltensweisen zu beobachten, und daraus Schlüsse zu ziehen, die dafür ausschlaggebend sein können, ob man sich und andere kennt.[70] Damit bleibt Ryle zwar seinem Kernanliegen treu, eine Denkweise auszutreiben, die eine versteckte innere Instanz als Ursache von Handlungsweisen und Eigenschaften setzt – im Sinne einer „mind in a machine"[71]. Er versäumt jedoch, eine nicht-rationalisierende Zugangsmöglichkeit zu sich und anderen auszuloten, die in seinem eigenen Ansatz angelegt ist: von der Vertrautheit mit sich und anderen als *knowing how* auszugehen, von dem man sprechen kann, ohne auf Beobachtung und Schlussfolgerungen angewiesen zu sein. Insofern wiederholt sich an dieser Stelle bei Ryle die Begrenzung eines rationalistisch verfassten Selbst- und Weltzugangs. Das *knowing how* im Verhältnis zu sich selbst und anderen fällt gleichsam paradoxerweise seinem erklärten Ziel zum Opfer, rationale Vorstellungen der „double-life theory" zu überwinden.[72]

Mit Searle kann man an dieser Stelle einen Schritt weitergehen. Er betont, dass der *Background*, sobald man sich dessen bewusst wird, „piles up everywhere one looks"[73]. Dies befähigt den Sprechakttheoretiker dazu, immer noch weitere Beispiele anzuführen. So demonstriert er beispielsweise an den verschiedenen Gebrauchsmöglichkeiten des Verbs *öffnen*, dass Bedingungen der Bewahrheitung von Sätzen, die dieses Verb enthalten, frappierend unterschiedlich ausfallen können. Man kann Türen öffnen, aber auch Augen, Wände, Bücher und Wunden; man kann eine Sitzung, das Feuer der Artillerie oder auch ein Restaurant eröffnen. Wie man in all diesen unterschiedlichen Fällen öffnet, ist kaum auf einen Nenner zu bringen. Die verschiedenen Varianten lassen sich nicht einmal direkt miteinander vergleichen. Obwohl die semantische Bedeutung des Wortes *öffnen* in allen diesen Sätzen die gleiche zu sein scheint, ist sie an völlig andere Bedingungen gebunden, um gelingen und sich bewahrheiten zu können. Diese entstehen aus den beteiligten Kontexten, Praktiken, Kapazitäten und Ressourcen, die in jedem der angeführten Beispiele erst mitentscheiden, was öffnen bedeutet. Was man also in den angeführten Sätzen unter dem Wort *öffnen* versteht, so schreibt Searle

---

70 Vgl. ebd., 90: „The imputation of a motive for a particular action is not a causal inference to an unwitnessed event but the subsumption of an episode proposition under a law-like proposition."; oder auch: „The discovery by me of your motives and moods is not analogous to uncheckable water-divining; it is partly analogous to my inductions to your habits, instincts and reflexes, partly to my inferences to your maladies and your tipsiness." – Ebd., 115.
71 Ebd., 61.
72 Vgl. ebd., 18: „My destructive purpose is to show that a family of radical category-mistakes is the source of the double-life theory."
73 Vgl. Searle, *Intentionality*, 151 f.

überzeugend, geht weit über die Bedeutung des Wortes hinaus („goes beyond meaning").[74]

Die Untersuchbarkeit des *Background* führt bei Searle also nicht nur in einen Regress, sie verändert sich. In dem Maße, indem Searle die Wirksamkeit des Hintergrunds als Hypothese formuliert, vergrößert sich dessen Evidenz in einer bemerkenswerten Weise. Die formulierbar werdenden Einsichten in die Funktionen des Hintergrunds führen zu weiteren Beispielen, Beschreibungen und Analysen und zu einem veränderten Bewusstsein über die bedeutungskonstitutive Wirkmächtigkeit eines nicht propositional verfassten Hintergrundes. Das Phänomen einer sich verändernden Sichtweise, die es ihm wiederum erlaubt neue und weitere Beispiele zu wählen und Beschreibungen durchzuführen, je mehr er beginnt, den Hintergrund zu beschreiben, findet sich bei Searle allerdings nicht reflektiert.

Ausdrücklich wird von ihm eine andere Form der Begrenztheit bemerkt, wenn es darum geht den *Background* zu erfassen als allein der Regress, auf den Ryle hingewiesen hat. Die Schwierigkeit, den Hintergrund zu beschreiben hat, so Searle, mit einer ungeübten Form von Reflexivität zu tun. Menschen sind vornehmlich darin geübt, intentionale Sprechakte zu vollbringen. Dagegen sind „second-order investigations" – wie beispielsweise über die Möglichkeiten und Bedingungen intentionaler Äußerungen nachzudenken – sehr ungewohnt. Man könne, so Searle, die Möglichkeiten von Überzeugungen, Annahmen und Reflexionen nur untersuchen, indem man wieder Überzeugungen und Annahmen voraussetze sowie Reflexionen anstelle. Das Problem verschärft sich auch dadurch, dass kein ausreichendes Vokabular zur Verfügung stehe, um über bedingende Hintergründe nachdenken zu können:

> The main function of the mind is, in our special sense of that word, to represent; and, not surprisingly, languages such as English provide us with a rather rich vocabulary for describing these representations, a vocabulary of memory and intention, belief and desire, perception and action. But just as language is not well designed to talk about itself, so the mind is not well designed to reflect on itself [...]. Our second-order investigations into the first-order phenomena quite naturally use the first-order vocabulary, so we can be said quite naturally to *reflect* about reflection or have *beliefs* about believing or even to *presuppose* presupposing. But when it comes to examining the conditions of the possibility of the functioning of the mind, we simply have very little vocabulary to hand except the vocabulary

---

[74] Vgl. ebd., 146 f.: „I have tried so far to show that there is more to understanding than grasping meanings because, to put it crudely, what one understands goes beyond meaning. Another way to make the same point is to show that it is possible to grasp all the component meanings and still not understand the sentence. Consider the following three sentences also containing the verb 'open': / Bill opened the mountain / Sally opened the grass / Sam opened the sun."

of first-order Intentional states. There simply is no first-order vocabulary for the Background, because the Background has no Intentionality. As the precondition of the Intentionality, the Background is as invisible to Intentionality as the eye which sees is invisible to itself.[75]

Anders als in der kantischen Erkenntniskritik, in der die wissensermöglichenden Bedingungen menschlicher Erfahrung nicht an die *Dinge an sich* herankommen lassen, verschieben das *knowing how* und ein *Background* als Bedingungen des *knowing that* den Bereich des *Nicht-Herankommens* gleichsam in den Kontext der Lebensformen, das heißt in die Praktiken und die damit verbundene Verwickeltheit intentionaler Netzwerke. Dieser Bereich entzieht sich aufgrund seiner Unerschöpflichkeit, seines nicht propositionalen Charakters, seiner Komplexität sowie aufgrund von Reflexionsgewohnheiten und eines damit einhergehenden Mangels an selbstreflexivem Vokabular. Diese Krux legt eine notwendige Verschränkung von Theorie und Praxis nahe, die das Kernanliegen meines Ansatzes des *close talking* berührt (siehe Teil II und III).

2.2 Stilles Wissen und vorbegriffliches Ganzes

Von hier aus möchte ich eine Brücke schlagen zu einem Denker, der kein Sprachphilosoph war und auch nicht der analytischen Schule angehört. Als Naturwissenschaftler und Erkenntnistheoretiker ist Michael Polanyi nicht nur einem verwandten Thema auf der Spur, vielmehr hat er es als Pionier in unvergleichlicher Weise erst zum Thema erhoben. Polanyi schildert im Detail, wie Erkenntnisse, Beobachtungen und Schlussfolgerungen von einer Kontextualisierung getragen sind, in der man sich auf eigentümliche Weise auskennt und bewegt wie in einem inkorporierten „framework", das selbst jedoch unartikuliert bleibt.[76] Auch alltägliche Vollzüge – wie etwa Gesichtsausdrücke zu erkennen, Klavier zu spielen, zu lesen oder etwas zu bemerken – bedürfen, wie es Polanyi mit seiner berühmt gewordenen Formulierung ausdrückt, einer „stillen Dimension des Wissens". Jeder bewusste Lern- und Erkenntnisakt, so demonstriert er in seinem Werk, beruht auf einem impliziten Ausgangspunkt, einer prä-reflexiven Kompetenz. Er beschreibt diese Schichtung anhand folgender Unterscheidung:

---

75 Ebd., 156.
76 „[...] for assertion can be made only within a framework with which we have identified ourselves for the time being; as they are themselves our ultimate framework, they are essentially inarticulable". – Vgl. Michael Polanyi, *Personal Knowledge: Towards a Post-critical Philosophy* (London: Routledge; Chicago, Ill.: Chicago Univ. Press, 1962), 60.

We identified two terms of tacit knowing, the proximal and the distal, and recognized the way we attend *from* the first *to* the second, thus achieving an integration of particulars to a coherent entity to which we are attending. Since we were not attending to the particulars in themselves, we could not identify them: [...] instead of observing them in themselves, we may be aware of them in their bearing on the comprehensive entity which they constitute. It brings home to us that it is not by looking at things, but by dwelling in them, that we understand their joint meaning. We can see now how an unbridled lucidity can destroy our understanding of complex matters.[77]

Polanyis differenzierte Beschreibung einer Kunst des Wissens stellt simplen Vorstellungen dessen, was es heißt etwas zu beobachten, zu verallgemeinern, Regeln anzuwenden oder Probleme zu lösen, eine implizite Komplexität entgegen, die als bedingende niemals in den Vordergrund tritt. Wie wenig selbstgenügsam das explizite System des Wissens ohne das *stille Wissen* ist, dem Polanyi einen Namen gibt, lässt sich schon daran erkennen, dass Letzteres erst dazu befähigt relevante Fragen zu stellen, Probleme zu erkennen und zu wissen, welche Methoden anzuwenden oder zu modifizieren sind. Weil „tacit knowledge" nicht in Form von expliziten Propositionen darzustellen ist, bedarf es einer ungewöhnlichen Leistung des Bewusstwerdens und des Beschreibens, die Polanyi vollbringt, um überhaupt charakterisierbar und erkennbar werden zu lassen, was an expliziter Erkenntnis implizit beteiligt ist. Die Fraglosigkeit, mit der *tacit knowledge* zur Verfügung steht, entspricht, so Polanyi, metaphorisch einem Wohnort, in dem man sich „befindet" und zu bewegen „weiß". Die Herausbildung einer Erkenntnis beruht auf der Einbettung der Erkennenden in Kompetenzen und Zugangsweisen, in denen sie sich bewegen wie in einem eigenen Körper, von dem *aus* Probleme erst zu artikulieren und zu lösen sind. Diese Einbettung kann und muss die Forschende nicht zur Sprache bringen, um jene Erkenntnisse zu formulieren, die das explizite Wissenssystem ausmacht. Die phänomenologisch treffenden Beschreibungen, mit denen Polanyi in seinen Werken die Wirkungsweisen der *stillen* Dimension des Wissens charakterisiert, heben eine Form des Sehens hervor, die nicht auf Beobachtung oder Wahrnehmung zu reduzieren ist, sondern auf Lebenserfahrung und auf der Vertrautheit mit Zusammenhängen beruht. Letztere äußern sich darin, wie man etwas sehen kann, als *Sichtweise*. Indem diese impliziten, personalisierten Wissensformen *still* bleiben und nicht selbst im Fokus stehen, vermag *tacit knowledge* die Funktionen zu erfüllen, die Polanyi so meisterlich beschreibt. Wie Polanyi sie selbst zum Thema machen kann, wird von ihm nicht reflektiert. Ähnlich wie Ryle und Searle betont auch er vor allem Grenzen der Erkennbarkeit („I shall reconsider human knowledge by

---

77 Polanyi, *Tacit Dimension*, 18.

starting from the fact that *we can know more than we can tell.*"[78]). Zugleich beschreibt und reflektiert er paradoxerweise mehr und mehr von dem Mehr, das sich als persönlich angeeignete, erfahrene und inkorporierte Bedingung von Wissen nicht wissen lässt. Unreflektiert bleibt also auch hier, wie es Polanyi möglich sein kann, eine Sprache für diese *stille* Dimension des Wissens zu finden, um diese so präzise und treffend charakterisieren, beschreiben und darstellen zu können, wie er es tut.

Von hier aus sei ein weiterer Brückenschlag gestattet. Theodor Adorno setzt sich mit seiner *Negativen Dialektik* kritisch von der Hegelschen Dialektik ab, insofern er in seinem Werk ein Bewusstsein des „konstitutiven Charakter[s] des Nichtbegrifflichen im Begriff"[79] kultiviert. Im Unterschied zu den erwähnten Autoren interessiert sich Adorno nicht allein aus sprach-, wissenschafts- und erkenntnistheoretischen Motiven für den bedingenden und konstitutiven Charakter der nichtbegrifflichen Bedingung des Begriffs. Mit Adorno kommt eine ethische Dimension des Themas ins Spiel. Mit seiner negativen Dialektik legt er Formen der Unterdrückung und Gewalt frei, die nicht aus Handlungen oder einem verletzenden und groben Gebrauch von Sprache entstehen, sondern daraus, was man Begriffen an Realitätskonstitution zutraut. Wenn die Mitwirkung des Nichtbegrifflichen im Begriff, auf die Adorno sein Augenmerk richtet, im Verständnis von Begriffen keine Beachtung findet, dann wird ignoriert, worin ein Begriff wurzelt. Das, so zeigt Adorno, ist nicht nur eine theoretische Angelegenheit, ist nicht nur ein philosophisches Problem. Vielmehr leistet dies einer Form der Vergessenheit Vorschub, die sich in einem abschneidenden und verkürzenden Gebrauch von Sprache äußert, deren Schnitte im gesellschaftlichen und politischen Alltag kaum thematisierbar werden. Stillschweigende Annahmen dessen, was Begriffe tun und leisten, machen auf einer grundsätzlichen Ebene nicht mehr sagbar, was ausgelassen wird, wenn man über die Dinge spricht.[80] Dasjenige, das begrifflich bezeichnet wird, wird zu *etwas*. Ein ganzheitliches Geflecht, das Adorno subtil als Bedingung der vergegenständlichenden Bedeutungen herausarbeitet, wird aufgrund der bestimmenden Wirksamkeit des Begriffs zugleich verdeckt:

> Daß der Begriff Begriff ist, auch wenn er von Seiendem handelt, ändert nichts daran, daß er seinerseits in ein nichtbegriffliches Ganzes verflochten ist, gegen das er durch seine Verdinglichung einzig sich abdichtet, die freilich als Begriff ihn stiftet. [...] Vor der Einsicht in

---

78 Ebd., 4.
79 Vgl. Adorno, *Negative Dialektik*, 24.
80 Vgl. hierzu auch Christoph Demmerling, *Sprache und Verdinglichung: Wittgenstein, Adorno und das Projekt einer kritischen Theorie* (Frankfurt/M.: Suhrkamp, 1994).

den konstitutiven Charakter des Nichtbegrifflichen im Begriff zerginge der Identitätszwang, den der Begriff ohne solche aufhaltende Reflexion mit sich führt.[81]

Der konstitutive Charakter des „nichtbegrifflichen Ganzen" ist also nicht nur von erkenntnistheoretischem oder sprachphilosophischem Interesse. Vielmehr betrifft er einen alltäglichen Handlungskontext, und zwar als konstruktives Bewusstsein für die Grenzen bzw. die aktive Begrenzung, die in der Anwendung von Begriffen angelegt ist. Ansonsten, so Adorno, geht mit Begriffen unbemerkt und ungehindert ein Identitätszwang einher, der sich im reflexiven Bezug auf die Welt und den Mitmenschen niederschlägt.[82] Indem Gegenstände und Sachverhalte begrifflich identifiziert werden, werden sie festgelegt, definierbar gemacht und begrifflich eingeordnet. Sie werden eindeutig und zu etwas Bestimmtem. Ein Baum (Tanne, Esche, Palme), ein Tier (Ratte, Elefant, Affe) oder ein Mensch (Mann, Frau, Moslem, Jude, Christ) werden erfassbar. In einer solchen begrifflichen Identifikation verbirgt sich die stillschweigende Annahme, dass das Bezeichnete *auf den Begriff* zu bringen, kategoriell einzuordnen und damit zu *begreifen* ist. Ist etwas begrifflich identifiziert, dann weiß man über das Jeweilige als Begriffenes Bescheid. Mehr noch, ist etwas durch Begriffe bestimmbar, weiß man erst, was dieses oder jenes im *Wesentlichen* ist.[83]

An dieser Stelle sei auf die Nähe dieses Adornoschen Anliegens zur klassischen pragmatistischen Kritik am „Intellektualismus" hingewiesen. Adornos Kritik am abschneidenden Begriff von Begriffen findet sich in analoger Form in James' Kritik gegenüber dem Verständnis dessen wieder, was Definitionen leisten. Letztere sind, so beschreibt es James, intellektuelle Operationen, die mit dem Anspruch einhergehen, dass das *Wesentliche* eines Dinges oder eines Sachverhaltes in der Definition festzulegen sei. In einer Definition, so analysiert er weiter, geht es um die Erfassung der *Essenz* einer Wirklichkeit, die wiederum aufs Engste mit *Wahrheit* in Verbindung steht. In einer Definition wird der wahre Kern einer Sache erfassbar. James buchstabiert die Implikation dieses Definitionsverständnisses aus: nämlich dass jenseits einer Definition nichts *Wesentliches*, *Wahres* oder *Wirkliches* an einer Sache auszumachen sei. John Deweys kritische Analyse des Syllogismus schließt hier an, um eine Verkürzung in den Blick zu nehmen, die auf nicht hinterfragten und tradierten logischen Denkgewohnheiten beruht und auf den damit einhergehenden grundsätzlichen Annahmen, die als Vorausset-

---

81 Adorno, *Negative Dialektik*, 23 f.
82 Vgl. hierzu Adornos These, „Der Schein von Identität wohnt jedoch dem Denken selber seiner puren Form nach inne. Denken heißt identifizieren." – Ebd., 17.
83 Adornos Ansatz weist hier Ähnlichkeiten zu James' Kritik am Definitionsverständnis auf (vgl. Teil I, Kap. 5.6).

zung rationaler Handlungsweisen fraglos zu gelten scheinen. Der Syllogismus als Grundschritt der Logik geht von der Annahme aus, dass in der Prämisse enthalten sein muss, was die Schlussfolgerung ermöglicht. Dewey verweist dabei kritisch auf die damit verbundene Annahme, dass die Wirklichkeit einer Sache als Substanz aufgefasst werden kann. Substanzen entstehen genauso wenig, wie sie vergehen. Ein prozessuales, sich entwickelndes Realitätsverständnis ist ausgeschlossen, wenn man davon ausgeht, dass eine Sache oder ein Sachverhalt zuerst ordentlich zu definieren und als Prämisse festzulegen ist, um von dort zu weiteren Folgerungen zu gelangen. Lernen bedeutet dann konsequenterweise, in den Besitz dessen zu kommen, was als Definiertes bereits vorhanden ist und Forschen, so Deweys Polemik, ist ähnlich wie ins Museum zu gehen, um das Arsenal des Vorhandenen zu studieren.[84] Angesichts der Verschweißung von Wahrheit oder Wesen bzw. Definition mit der Sache oder dem Sachverhalt wird übersehen, wie Dewey sagt, dass Definitionen selbst ein „happy outcome of a complex history" sind und eine Folge gemeinsamer Handlungen, in der noch ganz andere Elemente, wie beispielsweise „companionship", „mutual assistance" und soziale Interaktion ausschlaggebend gewesen sind.[85] Das Ausblenden eines Prozesses, dem auch eine Definition ihre Entstehung verdankt, lässt die Realität dessen, was in einer Definition nicht erfasst oder enthalten ist (u. a. auch ihre eigene Entstehung) chronisch ins Abseits geraten.[86] Die Kritik am Wirklichkeitsverlust, der stillschweigend aufgrund des Verständnisses dessen geschieht, was Begriffe oder Definitionen sind oder leisten, vereint den Begründer der kritischen Theorie mit dem klassischen Pragmatisten. Ein vorbegrifflicher „Hof"[87], der mit Begriffen einhergeht und auf den Adorno so eindringlich aufmerksam macht, wurde in

---

84 Vgl. *John Dewey, The Later Works, 1925–1953*, hrsg. v. Jo Ann Boydston, Bd. 12, *1938: Logic: The Theory of Inquiry*, Text hrsg. v. Kathleen E. Poulos, mit e. Einl. v. Ernest Nagel (Carbondale, Ill.: Southern Illinois Univ. Press, 1991), 91 f. [im Folgenden *LW 12*].
85 Vgl. Dewey, *LW 1*, 135.
86 Vgl. William James, *Das pluralistische Universum: Hibbert-Vorlesungen am Manchester College über die gegenwärtige Lage der Philosophie* (Leipzig: Kröner, 1914); sowie ders., „Was will der Pragmatismus" in *Der Pragmatismus: Ein neuer Name für alte Denkmethoden*, übers. v. Wilhelm Jerusalem, mit einer Einl. hrsg. v. Klaus Oehler (2. Aufl., mit neuen bibliogr. Hinweisen, Hamburg: Meiner, 1994). Whitehead greift im Sinne von James und Dewey diesen Punkt in seiner Kritik am „Trugschluß der unzutreffenden Konkretheit" wie folgt auf: „Weil man Abstraktionen, zum Beispiel Denkkategorien, als ebenso konkret auffaßt, als die Dinge, die damit aufgefaßt werden, und nicht bemerkt, welcher Prozeß von vorgängiger Reflexion ihnen vorangegangen ist, schließt die Ebene des Kategorialen aus, was wir tagtäglich im undiskreten Fluß der Erfahrungen erfahren." – Alfred North Whitehead, *Prozess und Realität: Entwurf einer Kosmologie*, übers. u. mit e. Nachw. vers. v. Hans-Günter Holl (Frankfurt/M.: Suhrkamp, 1979), 39.
87 Theodor W. Adorno, *Gesammelte Schriften*, Bd. 7, *Ästhetische Theorie*, (Frankfurt/M., Suhrkamp, 1970), 64.

analoger Weise vom klassischen Pragmatismus schon früh ins Auge gefasst, jedoch mit stärker auf die Erfahrung bezogenen und prozessualeren Vokabularien. Der Rückbezug kognitiver Leistungen sowie sprachlicher Bedeutung auf die Dynamik konkreter Erfahrung bedingt, so James, dass Wahrheit (und damit auch Erkenntnis) nicht mehr als Produkt einer „static relation"[88] gelten kann. Das ist genau das Merkmal der Identitätsbeziehungen, die Adorno heftig kritisiert. An einem Denken, das sich nicht mehr in statischen Relationen bewegt, zeigt sich gemäß James ein verändertes Verständnis von Rationalität, die nun der Frage begegnen kann, ob im „Fluss" gewöhnlicher Erfahrungsweisen „selbst eine Rationalität enthalten [sein kann], die übersehen worden ist?"[89] Die Gefahr einer solchen Frage, so bemerkt James sofort, ist jedoch, dass sie in die intellektualistische Versuchung gerät, diesen Fluss wiederum in diskrete und statische Einheiten und kategoriale Beziehungen zu übersetzen, um ihn zu erklären. Whitehead bemerkt diesbezüglich wortwörtlich, dass ein in dieser Weise vorgehender Theoretiker nicht umhin kann, der „Erfahrung Zwang an[zutun]"[90]. Es sind diese Motive, die den Instrumentalismus-Vorwurf an den klassischen Pragmatismus so verfehlt erscheinen lassen. Wenn rezeptionsgeschichtlich der Pragmatismus hinsichtlich seiner praktischen Nützlichkeitsmaxime von den Begründern der kritischen Theorie kritisiert worden ist,[91] dann wird dabei seine kritische Hinterfragung eines rationalistischen Methodenverständnisses übersehen, in der eine enorme Vorarbeit im Sinne der kritischen Theorie geleistet wurde. James und andere Vertreter des klassischen Pragmatismus haben vortheoretische Ausgangspunkte des Denkens und der Sprache nicht nur anerkannt, sondern in ihren Funktionen differenziert beschrieben. Damit möchte ich diese Randbemerkung abschließen und zu Adorno zurückkehren.

Adornos negative Dialektik setzt sich also hinsichtlich ihres Verständnisses des Ganzen von der Hegelschen ab: Hegel zeigt am spekulativen Satz das Nichtidentische als ein begrifflich auszuschöpfendes Differential von Subjekt und Prädikat, d.h. als eine dialektische Bewegung, die ein plattes Identitätsverständnis in einen Prozess überführt, der die *Identität der Identität und der Nichtidentität* wiederum auf den Begriff zu bringen vermag. Adorno macht hin-

---

88 Vgl. William James, „Pragmatism's Conception of Truth," *The Journal of Philosophy, Psychology and Scientific Methods* 4, Nr. 6 (14. März, 1907): 142.
89 Vgl. James, „Was will der Pragmatismus", 43.
90 Vgl. Whitehead, *Prozess und Realität*, 109.
91 Vgl. dazu z. B. Max Horkheimer, *Zur Kritik der instrumentellen Vernunft aus den Vorträgen und Aufzeichnungen seit Kriegsende* (Frankfurt/M.: Fischer), 1967. Zu diesen typischen Missverständnissen des Pragmatismus in der Rezeptionsgeschichte vgl. auch Hans Joas, *Die Kreativität des Handelns* (Frankfurt/M.: Suhrkamp, 1996), 187 ff.

gegen auf eine Differenz des Nichtbegrifflichen im Begriff aufmerksam, die durch den Begriff verstellt wird und nicht auf den Begriff zu bringen ist. Deshalb lässt er sich in die Reihe der Denker des Hintergrunds einordnen, die das Verhältnis zwischen Begrifflichem und Vorbegrifflichem zwar als ein konstitutives erfassen, es aber zugleich als nicht erfassbar ausweisen. Doch so ganz apodiktisch lässt sich diese Aussage in Bezug auf Adorno nicht machen. Denn an gewissen Stellen tastet er sich an nahezu utopische Möglichkeiten heran, die mit einer grundsätzlich veränderten Einstellung gegenüber begrifflicher Erkenntnis eröffnet würden. Diese Einstellung ließe sich mit einer begrifflichen Ordnung nicht „befriedigen", die sich vor das „schiebt", „was Denken begreifen will"[92]. Statt in der Aporie stecken zu bleiben, dass ein identitätsstiftender Zwang, der von Begriffen ausgeht, nicht zu unterlaufen ist, schließlich ist ja selbst der Begriff des Nichtbegrifflichen ein Begriff, scheint es Adorno um eine veränderte Weise des Einlassens und Offenhaltens zu gehen. Er empfiehlt, sich „buchstäblich in das Heterogene [...] zu versenken, ohne es auf vorgefertigte Kategorien zu bringen"[93]. Zugleich beschreibt er einen damit einhergehenden Begriffsgebrauch, der nicht auf Identifikation, Festlegung und Bestimmung ausgerichtet ist, sondern der sich, so Adornos fast poetische Formulierung, „nah anschmiegt"[94]. Dadurch zielt die Bewegung des begreifenden Denkens nicht auf Identifizierung ab und Begriffe würden das Gemeinte nicht festlegen, sondern es *„auftun"*[95]. Diese philosophisch unorthodoxen Formulierungen verweisen auf eine Praxis und nicht auf eine *theoretische* Lösung des augenscheinlichen Dilemmas, das im begrifflichen Umgang mit dem Vorbegrifflichen angelegt ist. Es geht Adorno dabei um nichts Geringeres als ein verändertes wissenschaftliches oder philosophisches Selbstverständnis. Er spricht es offen als „Utopie der Erkenntnis" an. In einer solchen Utopie ginge mit jeder weiteren Erkenntnis eine Steigerung von Offenheit einher. Statt das Erkannte begrifflich zu erobern, um es in ein gesichertes Wissenssystem eingliedern und in einem „Corpus zählbarer Theoreme [...] fixieren" zu können, würde man in der „Utopie der Erkenntnis" die Mannigfaltigkeit dessen, worüber Menschen nachdenken, „von keinem Schema" endgültig „zugerichtet" wissen. In einer solchen Einstellung zur Erkenntnis gehe es darum, die „volle, unreduzierte Erfahrung im Medium begrifflicher Reflexion" zu (er-)halten.[96] Eine entsprechende Philosophie, so Adornos Hoffnung, würde durch ihre nicht reduzierende Arbeitsweise in einem „zart verstandenen" Sinn „unendlich" werden. Indem sie

---

92 Vgl. Adorno, *Negative Dialektik*, 17.
93 Ebd., 24.
94 Ebd.
95 Ebd., 21.
96 Vgl. ebd., 25.

der begriffsimmanenten Identifikationstendenz widerstehe, verwirkliche sie ein kritisches Bewusstsein dafür, dass Erkenntnis keinen ihrer „Gegenstände" – als begriffliche Vergegenständlichung – jemals „ganz inne" zu haben vermag. Dies, so Adornos Hoffnung, führe in einen offenen Raum unendlicher Reflexion, in der zugleich eine subtile Form wirkmächtiger Gewalt, die dem Begriffsgebrauch innewohnt, überwunden wäre.[97]

3 Kontext im Wort

Im vorhergehenden Kapitel wurden intentionale Sprechakte, *knowing that*, explizites Wissen und Begriffe als *Bedeutungsspitzen* erkennbar, die von intentionalen Netzwerken, Hintergründen, *tacit dimensions of knowing* oder vorbegrifflichen Ganzheiten bedingt werden. Was obige Untersuchungen zu Tage fördern, wird jedoch auch bemerkbar, wenn Menschen im Alltag zu sagen versuchen, was sie unter einem Wort verstehen. Jedes beliebige Wort kann dann zu erkennen geben, wie tief seine Bedeutung in Lebenswelten verankert oder in situativen Hintergründen verwurzelt ist. Die Bedeutung von Begriffen, die sich öffnet, wenn man beginnt zu formulieren, was man darunter versteht, gibt *nicht* Bestandteile eines psychischen Apparats oder einer subjektiven Innenrauminsel[98] mit unsichtbaren mentalen Entitäten und Vorgängen zu erkennen, sondern Situationsgeflechte, in denen erlebte Kontexte ineinander wirken. Darin erscheint auch eine Trennung von öffentlich und privat nicht sinnvoll geleistet werden zu können, weil beide Bereiche untrennbar miteinander verwoben sind und sich gegenseitig bedingen.

3.1 Bedeutung für jemanden

Während Wittgenstein demonstriert, dass Worte in Situationen zu funktionieren haben, damit ihre Bedeutung bestimmbar wird,[99] zeigen folgende Beispiele, wie

---

97 Vgl. ebd.
98 Vgl. hierzu auch Hermann Schmitz' Kritik unter dem Stichwort „Introjektion". – Vgl. Hermann Schmitz, *Kurze Einführung in die Neue Phänomenologie* (Freiburg/Br.: Alber, 2009). Vgl. auch die kognitionswissenschaftliche Variante dieser Kritik von Thomas Fuchs, der in einer solchen Auffassung das „idealistische Erbe der Hirnforschung" erkennt. – Vgl. Fuchs, *Gehirn*, 27 ff.
99 Die Bedeutung ist nicht völlig durch die Situation determiniert, braucht „aber so eine Bestimmung". – Ludwig Wittgenstein, *Über Gewißheit*, hrsg. v. G. E. M. Anscombe und G. H. von Wright, 7. Aufl. (Frankfurt/M.: Suhrkamp, 1990), § 348, 91. Ich beziehe mich im Folgenden auf eine

in einem Wort bereits Situationsvernetzungen funktionieren, die in einer momentanen Situation mitqualifizieren, was das entsprechende Wort bedeutet. Die folgenden Beispiele sind Romanen, Novellen und Briefsammlungen entnommen. Sie sind so gewöhnlich, dass ich sie auch Alltagsgesprächen hätte entnehmen können. Der Exkurs zu Peirce, der zwischengeschaltet ist, stellt Modelle und Vokabularien zur Verfügung, die es ermöglichen sich dieser Verankerung von Bedeutung, dem *Kontext im Begriff*, differenzierter anzunähern.

Die Reihe der von mir gewählten Beispiele beginnt mit Ben, einem fiktiven Jugendlichen, der ansatzweise auszubuchstabieren beginnt, was er unter dem Begriff *böse* versteht:

> Ben starrte sie an. Ein halbgarer Gedanke rumorte in seinem Hinterkopf, ließ sich aber nicht fassen. „Was meinst Du mit ‚böse'?" fragte er schließlich. Das Wort erinnerte ihn an seine Kinderzeit, an die seltsame Scham, die er empfunden hatte, als er das künstliche Bein seines Vaters zum ersten Mal sah – die Scham, zwei Beine zu haben, die Scham, überhaupt zu leben. Gespannt horchte er auf ihre Antwort.[100]

Die Bedeutung des Wortes *böse* verschränkt sich für Ben aufs Engste mit erinnerten Situationen, mit einem merkwürdig verwobenen Zusammenhang, in dem der Umstand, dass er Beine hat, ja seine eigene Existenz in Kontrast zu dem im Krieg verlorenen Bein des Vaters steht und schamvoll in der Bedeutung des Wortes mitschwingt. Komplementär zur Emphase eines gegenwärtigen Kontextes, die für die Bedeutung eines Wortes mitbestimmend ist, verweist das Wort *böse* oben exemplarisch auf die nicht zu übersehende Rolle *vergangener Situationen*. Es handelt sich hierbei um Situationen, in denen das Wort *böse* selbst nicht vorgekommen sein muss, d. h. in denen seine Bedeutung nicht als gelernter, konditionierter Wortgebrauch eingeübt wurde. In Bens Verständnis der Bedeutung des Wortes *böse* sind Erinnerungen mit kaum nachvollziehbaren dichten Verbindungen verwoben, in denen eine historische Situation mitwirkt, die sich im Bild vom fehlenden Bein des Vaters eingebrannt hat. Dieser hintergründige Kontext, der mitschwingt, wenn Ben das Wort *böse* hört, umfasst ineinander verschränkte Situationen, in denen ein kollektiver, ja sogar historischer Kontext sich im intimen Privatleben von Bens Familie auswirkt. Er wird verkörpert im Fehlen des Beines

---

von Cavell inspirierte, d. h. eine eher untypische Lesart Wittgensteins, in der zudem die sprachphilosophische Rolle des viel diskutierten Wittgensteinschen Regelbegriffs übergangen wird. Sie spielt für die folgende Erarbeitung des sprachphilosophischen Beitrags von Situation und Lebensform – in ihrer Nähe zum Diltheyschen Lebenszusammenhang – jedoch keine entscheidende Rolle.

100 Dara Horn, *Die kommende Welt*, aus dem Amerikan. v. Christiane Buchner und Miriam Mandelkow (Berlin: Berlin-Verl., 2006), 218.

des Vaters und der damit verbundenen Warum-Frage, die Ben von Kindheit an umtreibt. Diese hochkomplexe Verschränkung löst das Wort *böse* bei Ben aus, wenn auch nicht immer ganz bewusst. Wird er jedoch gefragt oder fragt er sich selbst, dann *holt* das Wort diese verwickelten Zusammenhänge mühelos hervor. Der Umstand, dass das Wort einen derart komplexen Gehalt mitschwingen lässt, macht – auf eine von Wittgenstein selbst nicht explizit gemachte Weise – u. a. auch plausibel, warum es der gegenwärtigen Situation bedarf, um besser bestimmbar zu machen, was es mit einem bestimmten Gebrauch des Wortes auf sich hat.

Die Gedanken Bens zur Bedeutung des Wortes *böse* veranschaulichen, dass es im Wortgebrauch der Schwester und des Bruders (sowie jeder Person) Bedeutungsanteile geben kann, die nicht stellvertretend durch einen anderen auszubuchstabieren sind. Dennoch sind diese Anteile keinesfalls nur privat und deshalb irrelevant für die Bedeutung des Wortes, stecken sie doch das Spektrum ab, innerhalb dessen es zu einer verständlichen und situationsgemäßen Klärung einer Wortbedeutung kommen kann. Sie gewährleisten außerdem, wie William James bemerkt (vgl. Kap. 5.4), dass es unabsehbar unterschiedliche gedankliche Anschluss- und Fortsetzungsmöglichkeiten zwischen Worten und Sätzen von einem Individuum zum anderen gibt, die offensichtlich nicht nur grammatikalisch festgelegt sind. Folgendes Beispiel, diesmal von Bens Schwester Sara, dient mir zur weiteren Veranschaulichung der intentionalen Verstrebungen und Netzwerke, die in konkreten Situationen gründen, in einem *knowing how* oder *vorbegrifflichen Hof*. Diese Netzwerke wirken jeweils in der Bedeutung eines einzelnen Wortes mit, diesmal im Wort *entdecken*:

> Bei ihren eigenen Bildern wusste Sara immer sofort, ob sie taugten, denn dann sah man ihnen an, dass sie beim Malen etwas entdeckt hatte. Entdeckt im *wahrsten Sinne des Wortes* [Hervorhebung, D.S.], dass sich ihr etwas offenbart hatte – als hätte sie urplötzlich etwas wieder erkannt, das sie vor langer Zeit einmal gesehen hatte, wie bei einem Traum, der in Bruchstücken wiederkehrt: ein Satz, ein Zimmer, eine heftige Furcht, ein Geruch. Hier dagegen [...] gab es nichts zu entdecken. [...] Sara beobachtete ihren Bruder. Ben war einen Schritt zurückgetreten. Er blickte mit großen Augen zwischen beiden Bildern hin und her, und Sara ertappte sich bei dem Wunsch, er möge erkennen, dass auf ihrem etwas fehlte – nichts Sichtbares, etwas Spürbares.[101]

Sara gebraucht das Wort *entdecken* wie ein ästhetisches Kriterium. Es hat mit der spürbaren Qualität von Bildern zu tun. *Entdecken* heißt für sie im wahrsten Sinne des Wortes, sich an dieser erlebten Möglichkeit in den verschiedenen Situationen des Malens und Betrachtens eines Bildes orientieren zu können. Sie kann sehr

---

[101] Ebd., 289.

spezifisch werden hinsichtlich dieses Wortgebrauchs: Die ästhetische Qualität, um die es ihr geht, hat etwas von einem Wiederentdecken an sich, so wie man sich an einen Traum erinnert, der im Alltag plötzlich wieder aufscheint. Nicht alle Bilder können dieses *Entdecken* bei ihr auslösen. Genau das macht für Sara gute Bilder aus: Diejenigen, die etwas „taugen", zeichnen sich dadurch aus, dass an ihnen etwas zu *entdecken* ist. Der dichte Wortsinn, der eine traumhafte Wiedererkennungsmöglichkeit mit einem kreativen Erleben vereint, ist kein identifizierbares Gefühl. Er kann schwerlich als mentale Entität bezeichnet werden oder als *eine* Intention. In Saras Verständnis von *entdecken* verschmelzen unterschiedliche qualitative Erlebensweisen miteinander: das Erleben beim Betrachten oder Malen und das Erleben des Wiedererinnerns eines Traumes. Diese qualitative Verbindung kann von gewissen Bildern ausgelöst werden. Um zu sagen, was *entdecken* heißt, kann sich Sara auf dieses erlebte Netzwerk einlassen und es in seiner bedeutungskonstituierenden Wirkung zur Sprache bringen.

3.2 Peirces Schichten von Bedeutung

An dieser Stelle stellt Charles Sanders Peirce uns ein erweitertes und genaueres Vokabular zur Verfügung, um die Bedeutungsdimensionen, die diese und auch weitere Beispiele vor Augen führen, besser verstehen und reflektieren zu können. Mit der Peirceschen Semiotik lässt sich ein Kontinuum sprachlicher Bedeutung erfassen, das im Zusammenspiel von drei Ebenen aufzufassen ist. Anhand dieser drei Ebenen macht Peirce einen Prozess deutlich, in dem sich im Gegensatz zu diskreten Bedeutungskomponenten verschiedene Ebenen entfalten, die in *einer* Bedeutung zusammenspielen. Unbeirrt von tradierten Diskursen setzt Peirce radikal neu an, indem er auf phänomenologische Weise Momente der Bedeutung zu beschreiben beginnt, die tief in einen verkörpert-situierten Weltbezug eingebettet sind.[102] In Ermangelung einer bereits eingeführten Begrifflichkeit lässt sich der pionierhafte Charakter der Peirceschen Vorstöße unter anderem auch in der Schaffung eines neuen Vokabulars erkennen. Peirce führt Kategorien ein, die er zunächst – und in Abgrenzung zu tradierten Begriffen – schlicht „First", „Second" und „Third" nennt. Diese drei Ebenen unterlaufen eine primäre Subjekt-Objekt-Trennung und verankern die Bedingungen von Bedeutung in Charakte-

---

[102] Jung schreibt zum Peirceschen Ansatz: „Vom klassischen und modernen Empirismus unterscheidet sich dieses Modell tiefgreifend dadurch, dass eben nicht Beobachtungssätze auf Beobachtungsdaten gegründet werden [...], sondern der Erfahrungsbezug durch die physische Interaktionsbeziehung der ersten Person zu ihrer Umwelt geschaffen wird." – Jung, *Der bewusste Ausdruck*, 191.

ristiken eines in der Umwelt je schon eingebetteten Erfahrungsprozesses. Dass Peirce diesen Ebenen nur numerische Namen gibt, könnte daran liegen, dass es nicht die Kategorien sind, die hier in Top-Down-Manier die begriffliche Charakteristik leisten, die das Phänomen kennzeichnet, sondern dass es zu einem Großteil vorsprachliche Phänomene sind, die diese Kategorien zur Sprache bringen. Die Bedeutungsebenen, die Peirce eben dadurch zur Sprache bringt, erstrecken sich von vagen Anfangszuständen bis zu einer expliziten begrifflichen Bedeutung. Zeichenhaftigkeit schreibt Peirce allen drei Ebenen zu. Sie beginnt in Form primärer Weltbezüge auf der Ebene des *First*, die heute u. a. mit Zuständen des Vorbewussten verglichen werden.[103]

Die berühmte Aussage von Peirce „We think only in signs"[104] impliziert eine Erweiterung des Zeichenbegriffs im Sinne der drei Ebenen *First*, *Second* und *Third*, wobei im Zeichen selbst die Überwindung einer grundsätzlichen Dichotomie von Begrifflichem und Nichtbegrifflichem angelegt ist. Wenn Peirce meint, dass wir nur in Zeichen denken, dann bedeutet das ganz buchstäblich, dass, was auch immer gedacht wird, bereits auf anderes verweist: „From the proposition that every thought is a sign, it follows that every thought must address itself to some other, must determine some other, since that is the essence of a sign."[105]

Während Gedanken in der Regel als innere Zustände oder Ideen aufgefasst werden, die dann durch sprachliche Zeichen repräsentiert werden, lösen sich in der Lektüre der Peirceschen Semiotik solche Vorstellungen auf und werden als grobe Verkürzungen erkennbar. Gedanken sind an sich schon zeichenhaft und beruhen auf vorgängigen semiotischen Schichten, die wiederum auf je unterschiedliche zeichenhafte Weise einen Weltbezug herstellen. Erfahrungsaspekte, die man spontan dem Vorbewussten und Vorsprachlichen zuordnen würde, werden somit als semiotische Bestandteile der Symbolkraft der Sprache verstehbar.

Auf einer ersten prä-reflexiven Stufe, der sogenannten *Firstness*, legt der klassische Pragmatist eine Form der Zeichenhaftigkeit frei, die er als Ikonizität

---

103 Vgl. hierzu den Überblicksartikel von Vera Saller, „The Detective Metaphor in Abduction Studies and Psychoanalysis: And What It Teaches Us About the Process of Thought," in *Thinking Thinking: Practicing Radical Reflection*, hrsg. v. Donata Schoeller und Vera Saller (Freiburg: Alber, 2016), 181–208.
104 Charles Sanders Peirce, „What Is a Sign?" (1894), in *The Essential Peirce: Selected Philosophical Writings*, Bd. 2, *1893–1913*, hrsg. v. Peirce Edition Project Nathan Houser (Bloomington, Ind.: Indiana University Press, 1998), 10.
105 Charles Sanders Peirce, *Collected Papers of Charles Sanders Peirce*, Bd. 5, *Pragmatism and Pragmaticism*, hrsg. v. Charles Hartshorne und Paul Weiss, 4. Aufl. (Cambridge, Mass.: The Belknap Press of Harvard Univ. Press, 1974), 151 [im Folgenden *CP 5*].

bezeichnet. Kennzeichnend für die Kategorie der *Firstness* ist, dass auf dieser Ebene einer Welt ohne deutliche Unterscheidungen und Kategorisierungen begegnet wird. Eine ansteigende Raumtemperatur, beispielsweise, wird als qualitativer Aspekt von Erfahrung nicht gegenständlich, nicht als etwas vom Wahrnehmenden Getrenntes wahrgenommen. Realitätserfahrung auf dieser Stufe ist a-dual, man schwitzt oder friert. Die sich verändernde Temperatur bedeutet, dass man sich eine Jacke aus- oder anzieht. Im Idealfall bemerkt man die Temperatur gar nicht erst. Peirce bringt solche Erfahrungsaspekte von Bedeutung zu Bewusstsein und führt Beschreibungsweisen für sie ein, für die er eine identifizierende Objektsprache zu unterwandern hat. Auf der Ebene der *Firstness* ist etwas zeichenhaft auf etwas bezogen, das als Gefühl benannt werden könnte: „Something is present, without compulsion and without reason; it is called Feeling."[106] *Firstness* ist eine Art Gefühl, das noch nicht einmal identifiziert werden kann. Es ist zeichenhaft „purely by virtue of it's quality"[107]. Peirce beschreibt dieses Gefühl als

> an instance of that kind of consciousness which involves no analysis, comparison or any process whatsoever, nor consists in whole or in part of any act by which one stretch of consciousness is distinguished from another, which has its own positive quality which consists in nothing else, and which is of itself all that it is, however it may have been brought about; so that if this feeling is present during a lapse of time, it is wholly and equally present at every moment of that time . [...] A feeling, then, is not an event, a happening, a coming to pass, [...] a feeling is a state, which is in its entirety in every moment of time as long as it endures.[108]

Dennoch ist diese prä-reflexive Bewusstseinsebene an sich schon zeichenhaft. Die sogenannte Ikonizität, die Peirce auf dieser Ebene ansetzt, gewährleistet jedoch radikal andere Verstrebungen und Verweisungszusammenhänge von Mensch und Welt als ein Modell, das diese Verbindung über die Wahrnehmung innerer und äußerer Objekte herstellt, die dann mit sprachlichen Mitteln benannt werden. Was es mit der sogenannten ikonischen Zeichenhaftigkeit dieser Qualität auf sich hat, lässt sich heute u. a. auch angesichts entwicklungspsychologischer Perspektiven verdeutlichen, beispielsweise anhand von Daniel Sterns (1985)

---

106 Peirce, „What is a sign?", 4.
107 Charles Sanders Peirce, *Collected Papers of Charles Sanders Peirce*, Bd. 2, *Elements of Logic*, hrsg. v. Charles Hartshorne und Paul Weiss (Cambridge, Mass.: The Belknap Press of Harvard Univ. Press, 1932), 157 [im Folgenden *CP 2*].
108 Charles Sanders Peirce, *The Collected Papers of Charles Sanders Peirce*, Bd. 1, *Principles of Philosophy*, hrsg. v. Charles Hartshorne und Paul Weiss (Cambridge, Mass.: The Belknap Press of Harvard Univ. Press, 1960), 152 [im Folgenden *CP 1*].

reichhaltigen Beobachtungen und Experimenten zur interaktionalen Welt der Säuglinge. Kurz nach der Geburt etablieren sich nach Stern bereits sensorische Zusammenhänge, die unterschiedliche Sinne wie die Wahrnehmung des Taktilen, des Visuellen, des Rhythmischen, der Geräusche oder Stimmen und der Gerüche miteinander verweben. So erkennt ein Baby seine Mutter sowohl an ihrem Gesicht als auch an ihrem Geruch oder an der Art, wie sie geht, an ihrem Atem oder ihrer Stimme. Analoge Perspektiven eröffnen sich heute durch neurophänomenologische Forschungen zum Prozess der Wahrnehmung und Ideenfindung bei Erwachsenen. Je genauer und gründlicher man versucht, die Herausbildung einer Idee oder Wahrnehmung zu beschreiben, desto mehr treten diffuse Gefühle als Anfangsmomente hervor, in denen sich die Modalitäten von körperlichem Gefühl, von Bildern und Farben überlagern etc. Claire Petitmengin schreibt:

> The analysis of the descriptions we have gathered, demonstrates that the vocabulary used to describe the 'stuff of felt meanings' often simultaneously calls on several sensorial registers: the visual (shape, shadow, fuzzy etc.), the kinetic, and the tactile (vibration, pulsation, pressure, density, weight, texture, temperature etc.), the auditory (echo, resonance, rhythm etc.) and even the olfactory or the gustative.[109]

Auf der Alltagsebene ist Ikonizität besonders gut nachvollziehbar an Erlebnissen, in denen zum Beispiel der Geruch eines Ortes (z.B. eines Waldes oder eines Hauses) ein ganzes Paket an Erinnerungen wachruft. Man könnte sagen, der Geruch *repräsentiert*, er steht für die Erinnerungen, die er hervorruft. Er funktioniert, so macht Peirce bewusst, als eine Form des Zeichens, das auf anderes verweist. Ein weiteres alltägliches Beispiel wäre ein Mensch, der an einen anderen erinnert, wenn auch nicht leicht zu sagen ist wie. Dinge, Gegenstände, Gerüche, Gefühle, Menschen sind selbst oft Zeichen, die über sich hinaus auf etwas verweisen. Solche Verweisungszusammenhänge erscheinen derart selbstverständlich, dass man sie kaum mit dem Phänomen sprachlicher Bedeutung in Verbindungen bringen würde. Peirces grundsätzliche Arbeit macht bewusst, wie tief anzusetzen ist, wollte man Letztere auch nur ansatzweise erfassen. Bedeutungshaftigkeit setzt auf der ikonischen Zeichenebene an, die Terrence Deacon wie folgt zusammenfasst: „Looking at the one is like looking at the other in some respects. [...] Iconic relationships are the most basic means by which things are re-presented. It is the base on which all other forms of representation are built."[110]

---

109 Claire Petitmengin, „Towards the source of thoughts: The gestural and transmodal dimension of lived experience," *Journal of Consciousness Studies* 14, Nr. 3 (2007): 63.
110 Deacon, *Symbolic Species*, 76 f.

Neben der ikonischen Qualität der Repräsentation hebt Peirce eine zweite Ebene hervor, die weitere Verbindungsmöglichkeiten schafft, die auf dem alltäglichen Erfahrungsbereich beruhen. Damit kommen wir zur Kategorie der *Secondness*. Auf dieser Ebene funktioniert ein Zeichencharakter *indexikalisch*. Die Ebene der *Secondness* manifestiert sich in einem tatsächlichen Geschehen – das kann ein Klopfen an der Tür sein, das uns überrascht. *Secondness* tritt in der unerwarteten Begegnung mit der Realität auf. Eine tatsächlich geschehende Form der Verknüpfung von Ereignissen prägt die Zeichenhaftigkeit dessen, worauf Peirce aufmerksam macht, wenn er von „Indexikalität" spricht:

> Ein Index ist ein Zeichen, dessen zeichenkonstitutive Beschaffenheit in einer Zweiheit oder einer existentiellen Relation zu seinem Objekt liegt. Ein Index erfordert deshalb, daß sein Objekt und er selbst individuelle Existenz besitzen müssen. Er wird zu einem Zeichen aufgrund des Zufalls, daß er so aufgefaßt wird [...].[111]

Klassische Beispiele für diese Art von Index sind Rauch als Anzeichen für Feuer, der Wetterhahn, der sich mit dem Wind dreht oder eine Narbe, die auf eine Wunde verweist. Indexikalische Zeichenhaftigkeit ist auch noch in vorsprachlichen Zusammenhängen verankert. Die verweisende Verbindung beruht auf der tatsächlich existierenden Verbindung des indexikalischen Zeichens mit dem Gegenstand, so wie ein Pfeil, der sich nach der Lage einer Stadt ausrichtet, oder das Handzeichen des Kellners im Restaurant in Richtung des Tisches, der in der Ecke steht. Diese zweite Ebene der Zeichenhaftigkeit verbindet also das Zeichen mit dem physisch-realen Bezug zu diesem Gegenstand. Es ist die reale physische Bezogenheit, die das Zeichen charakterisiert und die notwendig ist, um das Zeichen zu verstehen. Auch auf der Ebene der Sprache werden Sätze oder Begriffe auf dieser Ebene nur dadurch eindeutig, dass etwas tatsächlich physisch existent ist: „Schau mal, das Regal dort!" funktioniert als Satz, wenn das Regal auch dort steht; „Da stehen sie doch!" funktioniert als Satz nur, wenn die Schuhe tatsächlich in der Ecke entdeckt worden sind; etc.

Auch psychologische Sprachforschungen der Gegenwart machen den Peirceschen Ansatz heute wieder aktuell. So demonstriert zum Beispiel die sogenannte *Relational Frame Theory* mit ihren Studien und Experimenten, wie eine tatsächlich geschehene Verknüpfung von Ereignissen und Dingen den gelernten Bedeutungen der Worte inhärent ist (vgl. Kap. 3.1 und 3.3).

---

[111] Charles Sanders Peirce, *Phänomen und Logik der Zeichen*, 2. Aufl. (Frankfurt/M.: Suhrkamp, 1993), 65.

Erst mit der dritten Ebene, der *Thirdness*, erreicht man die Ebene symbolischer Interpretation. Der Zusammenhang aller drei Ebenen wird von Jay Zeman in einleuchtender Weise vor Augen geführt:

> Tycho Brahe's recorded observations of the positions of the planet Mars at given times are seconds. Kepler's laws, worked out to unify that body of data, are thirds. If we look back to that musical performance we earlier gave as a place to hunt for firsts, we may comment that the performance in its unreflected immediacy is firstness; in the actual space-time thereness of its individual notes it is secondness; and in the identifiable structurings relating its notes, rhythms, harmonies, it is thirdness.[112]

Die Peirceschen Zeichenformen, die die ineinandergreifenden Verweisungsmöglichkeiten gefühlter Wirklichkeitsbezüge, konkreter Geschehnisse und verarbeitender Interpretation ausbuchstabierend zu Bewusstsein bringen, eröffnen ein Spektrum von Bedeutungen, das sich auf irreduzible Weise in der Organismus-Umwelt-Interaktion verankert, als nötige Einbettung symbolischer Bedeutungen. Die cartesianischen Dichotomien wie innen und außen oder Körper und Geist sind auf diese Weise derart originell ad acta gelegt, dass sich Peirce nicht mehr mit ihrer Kritik aufhalten muss. Er legt damit, analog zu Dilthey und James (siehe weiter unten), eine neue bedeutungstheoretische Grundlage, um den verwickelten Zusammenhängen gerecht zu werden, die im Formulieren dessen, was ein Wort für einen bedeutet, zutage treten.

3.3 Plastizität der Begriffe

Ein Autor macht diese Möglichkeit des Zusammenhangs auf besondere Weise anschaulich, indem er in literarischer Form hintergründige Sinnverkettungen aufzeigt, die er als analytisch arbeitender Philosoph so nicht zur Sprache bringen könnte. Als Literat Pascal Mercier, zeigt der Philosoph Bieri in seinem Roman *Nachtzug nach Lissabon* an einzelnen Begriffsbedeutungen ein Bedeutungsspektrum, das weder klaren Repräsentationsverhältnissen entspricht, noch mit eindeutigen Identifikationskriterien zu fassen ist. Im folgenden Abschnitt veranschaulicht er lehrbuchhaft, was als *ikonischer Zusammenhang* bezeichnet werden kann, der eine plastische, formbare Identität von Begriffen ermöglicht,

---

112 Jay Zeman, „Peirce's Theory of Signs," in *A Perfusion of Signs*, hrsg. v. Thomas A. Sebeok (Bloomington, Ind.: Indiana Univ. Press, 1977), 22–39, letzter Zugriff 4. Dezember 2018, http://users.clas.ufl.edu/jzeman/peirces_theory_of_signs.htm.

die aufs Engste mit der persönlichen Biographie des jeweiligen Sprachverwenders zusammenhängen:

> Das Herzklopfen vor schwierigen Aufgaben ist das Herzklopfen, wenn Senhor Lancoes, der Mathematiklehrer, das Klassenzimmer betrat; in der Beklommenheit allen Autoritäten gegenüber schwingen die Machtworte meines gebeugten Vaters mit [...].[113]

Der Protagonist Prado ist mit seinen Begriffen immer noch im Klassenzimmer seiner Kindheit. In der Bedeutung von Worten wie *Autorität* oder Wendungen wie *schwierige Aufgaben* sind jene „entfernten Ort[e]" gespeichert, „ausgebreitet in die Vergangenheit hinein [...]"[114]. Situationen, die geschehen sind, sind nach wie vor entscheidend dafür, wie die genannten Bedeutungen in einer gegenwärtigen Situation funktionieren können. Müsste Prado ausbuchstabieren, was Autorität heißt, so würde in seiner Beschreibung das Erlebnis des „gebeugten Vaters" mitwirken, ohne dass er diese Verbindung willentlich stiftet. Das Gleiche trifft auf sein Verständnis dessen zu, was *schwierige Aufgaben* bedeuten können: ein Herzklopfen, das weit zurückreicht. Es sind solche, auf den qualitativen, ikonischen und indexikalischen Ebenen gewonnenen Zusammenhänge, die es erlauben, dass Prado auf exemplarische Weise sehr viel zur Bedeutung *eines* Wortes wie *Autorität* oder *Aufgabe* zu sagen hat. Heidegger, der hier aus der Reihe der Literaten herausfällt, verdeutlicht diesen qualitativen Überschuss so klar am Wort Gymnasium, dass auch er zu Wort kommen soll:

> Das Gymnasium ist für uns, die wir dreißig Jahre später dorthin zurückkehren ebenso wie für die, die es heute bewohnen, nicht so sehr ein Gegenstand, der gegebenenfalls oder möglicherweise durch seine Eigenschaften beschreibbar wäre, sondern viel eher ist es ein bestimmter Geruch, ein bestimmtes affektives Gewebe, dessen Kraft sich auf eine gewisse räumliche Nachbarschaft ausdehnt.[115]

Ein Gymnasium bedeutet offensichtlich vieles, aber nie nur einen Gegenstand mit Eigenschaften. Was Gymnasium für jemanden bedeutet, so schreibt Heidegger lebensnah, besteht aus Wahrnehmungen wie Gerüchen. Es besteht vor allem aus einem „affektiven Gewebe", das sich „ausdehnt" auf Erfahrungen mit Lehrern, mit Prüfungen, mit Druck, Mitschülern, Erfolg und Versagen, zwischenmenschlichen Beziehungen, Freundschaften, Enttäuschungen, Ängsten, Interessen etc. Eine solche Bedeutung entsteht nicht bezogen auf einen Gegenstand, sondern *in* der Zeit am Gymnasium, *als* Lebensform. Eine Definition des Gymnasiums wird zu

---

113 Pascal Mercier, *Nachtzug nach Lissabon* (München: Hanser, 2004), 284 f.
114 Ebd.
115 Martin Heidegger, *Einführung in die Metaphysik* (Tübingen: Niemeyer, 1953), 26.

einem winzigen Ausschnitt aus der Dichte dessen, was ein Gymnasium oder eine Schule für Menschen ist. Die Bedeutung entsteht aus der Interaktion von Menschen, Stoffen und Gebäuden mit einer Institution, deren Entwicklung in eine Kultur und ihre Geschichte eingebettet ist. Sie entsteht aus einer Interaktion, die für jeden Menschen, der auf ein Gymnasium geht, anders ist. Unzählige Situationen, die in andere unzählige Situationen eingebettet sind, machen aus, was ein Gymnasium *für eine Person* bedeutet. Die anscheinend private Erfahrung, die einen die Bedeutung eines Gymnasiums oder einer Schule ausbuchstabieren lässt, prägt zugleich eine Gesellschaft, wenn diese aus Personen besteht, die in Schulen gehen.

Dieser komplexe *Kontext im Wort* erlaubt eine individuelle und kollektive Weiterbildung der Bedeutung auf vielen verschiedenen Ebenen. Eine solche vielschichtige Prägsamkeit von Wortbedeutungen ist sogar im Verlaufe eines einzigen Gesprächs zu bemerken, wenn sich im Zuge des Austausches *ein* Begriff nach gewisser Zeit in spezifischer Weise verändert, sodass man mit nur einem Wort einen ganzen, soeben erarbeiteten und im Gespräch geschaffenen Kontext verdeutlichen kann. Das geführte Gespräch funktioniert in der kontextualisierten Bedeutung, die einen solchen abkürzenden Gebrauch des Wortes ermöglicht, der im nächsten Moment, in einer anderen Gruppe, in einem anderen Kontext unmöglich wird. Aufgrund einer solchen Plastizität kann sich der Bedeutungsgehalt eines Wortes durch entsprechende Situationsveränderungen andauernd, nuanciert oder prägnant, weiter verändern. Vaclav Havel beschreibt diesen Vorgang sehr anschaulich in einem der Briefe, die er aus dem Gefängnis an seine erste Frau Olga Havlová geschrieben hat. Darin versucht er zu erklären, was er unter Ordnung versteht:

> Als ich mir heute Vormittag die Hosen stopfte, fiel mir ein, daß ich Dir und mir erläutern sollte, welchen Sinn dieser Begriff [der Ordnung, D.S.] eigentlich für mich hat. Die Bedeutung eines solchen abstrakten Begriffes ändert sich begreiflicherweise verschiedentlich und verschiebt sich mit jedem neuen Zusammenhang, in dem er verwendet wird. Er ist dabei auch von so subtilen Dingen abhängig, wie es Tonfall und Färbung des gegebenen Kontextes sind.[116]

Selbst so ephemere Phänomene wie Tonfall und Färbung einer momentanen Stimmung wirken sich darauf aus, was ein Wort für jemanden bedeuten kann. Das trifft nicht nur auf abstrakte und verallgemeinernde Begriffe wie Ordnung, Autorität oder Böses zu. Wie im folgenden Beispiel aus einem weiteren Brief Havels

---

116 Vaclav Havel, *Briefe an Olga: Betrachtungen aus dem Gefängnis* (Reinbek bei Hamburg: Rowohlt, 1989), 132.

deutlich wird, sind auch eindeutig gegenständliche Begriffe, die sich auf handfeste materielle Gegenstände beziehen, von der Plastizität betroffen. Beispielhaft hierfür ist das Wort *Tee* und wofür dieses Getränk im Zusammenhang mit Havels Gefängnisaufenthalt zeichenhaft steht:

> Mir scheint nämlich, daß der [Tee, D.S.] so etwas wie ein materialisiertes Symbol der Freiheit wird: A) Er ist im Grunde die einzige Nahrung, die man sich hier selbst und also frei zubereitet: es hängt nur von mir ab, ob ich ihn mir mache oder nicht, wann ich ihn mir mache und wie ich ihn mir mache. Als ob sich der Mensch durch seine Bereitung als ein freies Wesen realisiere; das imstande ist, für sich selbst zu sorgen. B) Der Tee als Zeichen des privaten Sitzens, der kleinen Ruhepause inmitten des Betriebs [...].[117]

Tee repräsentiert hier nicht nur ein Getränk aus mit heißem Wasser übergossenen Blättern. Vielmehr wird *Tee* in dem von Havel geschilderten Kontext zum Inbegriff eines kurzen Moments, eines Gefühls von *Freiheit* im Gefängnis, zum *Zeichen* des privaten Sitzens und Ausruhens unter Haftbedingungen. Die Bedeutung, die dem Tee unter diesen Bedingungen zukommt, entsteht indexikalisch, an Ort und Stelle und in dem Kontext, in dem sich Havel leibhaftig befindet. Darin eingebettet wird er zum Zeichen eines buchstäblich außergewöhnlichen Freiraums, sich selbst etwas zubereiten zu können in einer selten zu genießenden Ruhepause. Tee wird somit zum Symbol minimaler Selbstbestimmung im Gefängnis.

Sprachliche Referenzmöglichkeiten beruhen nicht nur auf den kombinatorischen Möglichkeiten und Unmöglichkeiten des symbolischen Sprachsystems, die, wie Deacon vermutet, während des Erlernens entdeckt werden.[118] Obige Beispiele demonstrieren noch eine andere Art von Kombinatorik, die durch die Einzigartigkeit situativer Abfolgen in der unvorhersehbaren Vielfalt unterschiedlicher Umstände zustande kommt. Die dadurch möglichen Interpretationsprozesse schaffen Zusammenhänge, die man als erlebte Subsumptionen bezeichnen könnte. In einzelnen Worten verbinden sich Bedeutsamkeiten ikonisch-qualitativer Situationen sowie indexikalischer Interaktionen, hier und jetzt, und ziehen Dinge zusammen, die ansonsten wenig miteinander zu tun zu haben scheinen (z. B. Tee und persönliche Autonomie).

In Camus' Erzählung *Der erste Mensch* gibt der Protagonist Jacques ein weiteres schönes Beispiel für eine ikonische Zeichenhaftigkeit, die weit über den Begriff des Gegenstandes hinausgeht, der damit verbunden ist. Dass und wie bereits der Geruch eines Buches Erlebenswelten ankündigt, wird von Camus intensiv beschrieben:

---

117 Ebd., 67.
118 Vgl. Deacon, *Symbolic Species*, 83.

...bevor die Lektüre angefangen hatte, entführte jeder dieser Gerüche Jacques in eine andere Welt voller bereits erfüllter Verheißungen, eine Welt, die schon begann, das Zimmer, in dem er saß, zu verdunkeln, das Viertel und seine Geräusche, die Stadt und die ganze Welt verschwinden zu lassen; sie sollten sofort versinken, sobald das Kind mit einer wahnsinnigen, überschwenglichen Gier zu lesen begonnen hatte, die es schließlich in einen vollständigen Rausch versetzte, aus dem nicht einmal wiederholte Befehle es herausholen konnten: „Jacques, zum dritten Mal, deck den Tisch."[119]

Worte wie Buch, Lektüre oder Lesen bedeuten hier einmal mehr nicht nur ein Buch, einen verifizierbaren Gegenstand oder eine Handlung, auf die sich die Worte beziehen. Bedeutsamkeitsverbindungen wie die von Camus beschriebenen finden sich kaum in Definitionen zur Bedeutung des Wortes Buch oder Lektüre. Die Verheißung, in die bereits der Geruch eines Buches führt, bevor die Lektüre überhaupt beginnt, lässt sich anhand der abgezirkelten Bedeutungsinseln der Begriffsdefinitionen von Buch oder Lektüre nicht erfassen. Ausufernde Bedeutsamkeitsmöglichkeiten gehen mit unseren Worten einher, die erstpersonal variieren und je nach Kontexten und Lebensformen anwachsen und sich verändern können.

Die Zeichenebenen, die durch die Peircesche Semiotik als ikonische und indexikalische Verweisungszusammenhänge benennbar sind, werden durch eine Bedeutungstheorie, die heute auch als *Relational Frame Theory* bekannt ist, aus verhaltenstherapeutischer Perspektive unterstützt. Diese Theorie beruht auf Forschungsarbeiten der *Acceptance and Commitment Theory* (ACT), die gegenwärtig als dritte Welle der Verhaltenstherapie gilt. Mit der Unterscheidung von operantem und respondentem Lernverhalten werden Lernvollzüge differenziert, die einerseits durch gezielte Konsequenzen, Lob oder Strafe (operant), konditioniert werden, und die andererseits assoziativ vonstatten gehen (respondent). Respondentes Lernen geschieht als Erfahrungslernen. Je nach den Erfahrungen, die wir machen, kann ein Gegenstand sehr unterschiedliches, individuell differenziertes Verhalten aufrufen. Das Gleiche gilt auch für Wörter. Ein Wort kann, je nach Erfahrungshintergrund, von Mensch zu Mensch unterschiedliche Verhaltens- und Gefühlsweisen aufrufen. Interessant an der *Relational Frame Theory* ist vor allem, wie Experimente zeigen, dass auch bei operant antrainierten Verbindungen zusätzliche Verbindungen mitgelernt werden, die nicht eigens gelehrt werden. Solche zusätzlichen Verbindungsmöglichkeiten charakterisieren den menschlichen

---

119 Albert Camus, *Der erste Mensch*, dt. v. Uli Aumüller (Reinbek bei Hamburg: Rowohlt, 1997), 210.

Spracherwerb von Anfang an.[120] Diese sogenannten *derived relations* umfassen zunächst einmal das Umkehrverhältnis gelernter Verbindungen. Wird in einem Experiment nach dem Buchstaben D der Buchstabe Z operant gelernt, dann wird, ohne dass dies eigens gelehrt werden muss, nach Z wiederum der Buchstabe D ausgewählt, im Sinne einer nicht extra zu lernenden Kompetenz des *mutual entailment*. Bei komplexeren Kombinationen werden entsprechend komplexere Umkehrverhältnisse gelernt, die es erlauben, einzelne Stimuli mit anderen zu verbinden, die nie direkt gelernt wurden, und die immer weiter lernbare und veränderbare Kombinationsmöglichkeiten und -netze gewährleisten (*combinatorial mutual entailment*):

> As certain relations are directly trained according to the principles of operant and respondent learning, the verbally competent human being derives additional relations – relations that need not to be trained directly. The ability to relate stimuli in this way is in itself a learned ability, learned through operant conditioning.[121]

Die Zusammenhangsweisen, die obige Wortbedeutungen zu erkennen geben, zeigen neben dieser Unterscheidung von operant und respondent Gelerntem und den damit einhergehenden ungelernten zusätzlichen Umkehrverhältnissen den komplexen Subtilitätsgrad an, den die Unkontrollierbarkeit eines erlebten Lernens kennzeichnet. Mit Clarice Lispectors Roman *Eine Lehre oder Das Buch der Lust* lässt sich hierfür ein abschließendes Beispiel heranziehen. In der idiosynkratischen Bedeutung des Wortes *Bedeutungslosigkeit* manifestiert sich für die Autorin ein erlebtes oder ikonisches *entailment*. Dadurch hängt es für sie auf einzigartige Weise mit dem Wort *Sicherheit* zusammen. Lispector beschreibt mit dieser Verschränkung das Selbstgefühl ihrer Heldin:

> ...ihre Bedeutungslosigkeit rührte von der verschwommenen Sicherheit her, daß ihre Wurzeln unbedeutend, voller Erde und feuchter Kraft in ihrer knolligen, wurzelhaften Bescheidenheit waren. Natürlich spielte all das sich nicht in ihren Gedanken ab: Sie lebte es [...].[122]

Die Bedeutung von *bedeutungslos* wird in dieser Ausbuchstabierung zu einer Art Kategorie, zu einer qualitativen und situativen Subsumption, die aus einem

---

120 Vgl. Jeanne M. Devany, Steven C. Hayes und Rosemary O. Nelson, „Equivalence Class Formation in Language-able and Language-disabled Children," *Journal of the Experimental Analysis of Behavior* 46, Nr. 3 (November 1986): 243–57.
121 Niklas Törneke, *Learning RFT: An Introduction to Relations Frame Theory and Its Clinical Application* (Oakland: New Harbinger Publications, 2010), 68.
122 Clarice Lispector, *Eine Lehre oder Das Buch der Lust*, übers. v. Sarita Brandt (Reinbek bei Hamburg: Rowohlt, 1988), 39.

komplexen Kontext induktiv erwächst und diesen wiederum evoziert. Was sich darunter sammelt, ist offensichtlich nicht Teil einer allgemeinen Bedeutung des Wortes *bedeutungslos*. Dennoch kann man von einer Art Kategorie sprechen, die Aspekte des Erlebten miteinander verbindet, die nur *als erlebte* zusammenfinden (vgl. Kap. 3.7). Das hat dieser Begriffsgebrauch mit den übrigen hier dargestellten Begriffsbedeutungen gemein. Sie sind weder nur privat noch allgemein in dem Sinn, dass sie jeder auf Anhieb gleich definieren könnte. Vielmehr manifestiert sich darin eine Art von Universalität, insofern verschiedene Erlebnisse nicht auf den Begriff gebracht werden, sondern *in* dem Begriff wirken. Dieser Kontext im Wort ist für andere nachvollziehbar zu machen, wenn auch nicht auf der Basis eines geteilten expliziten Wissenskorpus oder auf der Basis eines geteilten sprachlichen oder logischen Regelwerkes und genauso wenig auf der Basis gleicher Situationen. Die Geschichten oder das Schweigen über den Krieg, das angstvolle Mitleid mit dem einbeinigen Vater und die einfühlsame Scham, die das Kind empfindet, weil es zwei Beine hat, verbinden sich im Erleben zu Bens individuierter Bedeutung von *böse*, die diesen Begriff so verwickelt machen, dass er gerade *deshalb* der Komplexität des realen Themas gewachsen zu sein scheint und nachvollziehbar wird. Das von Clarice Lispector beschriebene Selbstgefühl, anhand dessen sich *Bedeutungslosigkeit* im Sinne einer Verwurzelung äußert, die Stabilität verleiht und zugleich kaum der Rede wert zu sein scheint (ist doch jede x-beliebige Pflanze am Straßenrand auf diese Weise verwurzelt), stiftet einen erlebten Zusammenhang, der sich wie Prados Begriff von *Autorität*, Jacques' welteneröffnender *Buchgeruch*, Saras Bedeutung des Wortes *entdecken* und Vaclavs Ausbuchstabierung dessen, was *Tee* heißt, durch eine sich in Vergangenheiten hinein erstreckende Kontinuität auszeichnet, die im Begriffsgebrauch *jetzt* mitfunktioniert. Auch wenn eine Hörende oder Lesende nicht die gleichen Verknüpfungen mit den Begriffen verbindet, entsprechen sie als dichte Netzwerke, als Bedeutungsgeflechte den eigenen unübersichtlichen Netzwerken, die sich in den Bedeutungsschichten unserer Begriffe manifestieren.

Anhand der Beispiele von Ben, Sara, Prado, Jacques oder auch Vaclav lässt sich Deacons Begriff einer interpretativen Responsivität weiterentwickeln: „Ultimately, reference is not intrinsic to a word, sound, gesture, or hieroglyph; it is created by the nature of some response to it. Reference derives from the process of generating some cognitive action, an interpretive response [...]."[123] Die Beispiele geben zu bedenken, dass die „response" auf ein Wort, das man gebraucht, nicht nur von anderen kommt. Worte rufen nie nur Reaktionen bei anderen, sondern vor allem auch interpretative Prozesse bei einem selbst hervor. In diesen Prozessen

---

123 Deacon, *Symbolic Species*, 63.

findet ein komplexes Zusammenspiel von (vergangenen wie gegenwärtigen) Situationen statt, in denen Subsumptionen geschehen, die über die Grenzen des Begriffs hinausschießen und durch begriffliche Kategorien im herkömmlichen logischen Sinn allein nicht zu leisten wären. Hierin liegt die Pionierleistung von Peirce begründet, Kategorien zu entwickeln, die nicht nur begrifflich beschaffen sind und dadurch vermitteln, dass Zeichenhaftigkeit und Verweisungszusammenhänge in einem vorsprachlichen und qualitativen Bereich sowie in konkreten raumzeitlichen Kontextualisierungen wurzeln. Die konkrete, situativ angefüllte Komplexität dieser Zusammenhänge wird durch die Funktionen von Netzwerken und Hintergründen menschlicher Intentionalität veranschaulicht, deren nichtpropositionale Beschaffenheit Searle zu untersuchen begann. In diesem eingebetteten Verstehen einzelner Worte begegnet man auch Polanyis *stiller* Dimension des Wissens oder Adornos Betonung einer *vorbegrifflichen* Ganzheit, in der Begriffe wurzeln. Dass diese Dimension der Begriffsbedeutung durch die identifizierende Vergegenständlichung, die Begriffe leisten, wiederum verdeckt wird, scheint paradox. Sie leuchtet jedoch unmittelbar auf, wenn Menschen direkt formulieren, was sie unter einem Begriff verstehen. In solchen Übungen vermitteln sie die implizite *Komplexität* und *Plastizität*, aber auch die *Individualität* von Begriffsbedeutung. Erlaubt man sich das Vorherige auf diese Weise zusammenzufassen und zuzuspitzen, dann wird es höchste Zeit, sich an dieser Stelle der berühmten Kritik Wittgensteins an einer sogenannten privaten Sprache[124] zu stellen und sich zu fragen: Wie sehr betrifft, bereichert und differenziert seine Auseinandersetzung mit der Möglichkeit oder Unmöglichkeit einer privaten Sprache das hier umkreiste Phänomen?

3.4 Private Sprache?

Wittgenstein veranschaulicht an vielen Satzproben eine gewisse Sinnlosigkeit, an der er die Tücken sprachphilosophischer Grundannahmen sichtbar macht. Diese entstehen, wie er zeigt, wenn man eine Essenz der Sprache bzw. sprachlicher Bedeutung unabhängig von der konkreten Situation festzumachen beansprucht. In § 92 der *Philosophischen Untersuchungen* notiert er in kritischer Absicht die Voraussetzungen, von denen die traditionelle Fragestellung nach einem Wesen der Sprache ausgeht:

---

[124] Im Folgenden werde ich nicht auf die weitläufige Debatte um das sogenannte Privatsprachenargument eingehen, da dies in ein weiteres Buch führen würde. Eine gründliche Betrachtung findet sich bei Severin Schroeder, *Das Privatsprachenargument: Wittgenstein über Ausdruck und Empfindung* (Paderborn: Schöningh, 1997).

> ...sie [diese Fragestellung, D.S.] sieht in dem Wesen nicht etwas, was schon offen zutage liegt und was durch Ordnen *übersichtlich* wird. Sondern etwas, was *unter* der Oberfläche liegt. Etwas, was im Innern liegt, was wir sehen, wenn wir die Sache durchschauen, und was eine Analyse hervorgraben soll.
> ‚*Das Wesen ist uns verborgen*': das ist die Form, die unser Problem nun annimmt. Wir fragen: „*Was ist* die Sprache?", „*Was ist* der Satz?". Und die Antwort auf diese Fragen ist ein für allemal zu geben: und unabhängig von jeder künftigen Erfahrung.[125]

Die philosophische Gewohnheit, die Bedeutung der Dinge als deren Kern und Wesen *ein für alle Mal* unabhängig von jeder künftigen Erfahrung erfassen zu wollen, führt Wittgenstein als Balken im Auge des Philosophen vor. Entsprechend lautet sein Projekt, das die Wende zur *Ordinary Language Philosophy* einläutet, Worte aus ihrer metaphysischen wieder in ihre alltägliche Verwendung zurückzuführen.[126] Damit weist er die sprachphilosophische Fixierung auf verborgene innere Vorgänge oder Entitäten als Bedeutungskerne von Begriffen oder Sätzen in eine andere Richtung – nämlich auf die Untersuchung des gewöhnlichen Sprachgebrauchs und damit auf die vielfältigen Möglichkeiten, wie Worte verwendet werden können.

Besonders mit der Vorstellung, dass Empfindungsausdrücke lediglich innere Vorgänge *bezeichnen*, setzt sich Wittgenstein in seinen berühmten Gedankenexperimenten zur privaten Sprache auseinander.[127] Würde jemand die gleiche Empfindung mit dem gleichen Fantasiewort kennzeichnen und damit seine eigene Privatsprache etablieren, so würde dieser Bezeichnungsakt einer Vorstellung von Sprache entsprechen, gemäß der es genügt, dass ein gleicher Gegenstand mit einem gleichen Wort etikettiert wird. Das Beispiel zeigt in aller Kürze und Eleganz, dass damit genau das verlorengeht, worum es sprachlich geht: die Möglichkeit einer gegenseitigen Verständigung. Wittgensteins Analogie vom Käfer in der Schachtel veranschaulicht die Krux dieser Vorstellung in ähnlicher Einfachheit:

> Angenommen, es hätte Jeder eine Schachtel, darin wäre etwas, was wir „Käfer" nennen. Niemand kann je in die Schachtel des Andern schaun; und Jeder sagt, er wisse nur vom Anblick *seines* Käfers, was ein Käfer ist. – Da könnte es ja sein, dass Jeder ein anderes Ding in seiner Schachtel hätte. Ja, man könnte sich vorstellen, daß sich ein solches Ding fortwährend veränderte. – Aber wenn nun das Wort „Käfer" dieser Leute doch einen Gebrauch hätte? – So wäre er nicht der der Bezeichnung eines Dings. Das Ding in der Schachtel gehört überhaupt

---

[125] Ludwig Wittgenstein, *Philosophische Untersuchungen*, in ders., *Werkausgabe*, Bd. 1, *Tractatus logico-philosophicus, Tagebücher 1914–1916, Philosophische Untersuchungen*, 5. Aufl. (Frankfurt/M.: Suhrkamp, 1989), § 92, 293 [im Folgenden: *PU*].
[126] Vgl. ebd., § 116, 300.
[127] Vgl. ebd., § 258 f., 361 f.

nicht zum Sprachspiel; auch nicht einmal als ein *Etwas*, denn die Schachtel könnte auch leer sein. Nein, durch dieses Ding in der Schachtel kann „gekürzt werden", es hebt sich weg, was immer es ist.
  Das heißt: Wenn man die Grammatik des Ausdrucks der Empfindung nach dem Muster von ‚Gegenstand und Bezeichnung' konstruiert, dann fällt der Gegenstand als irrelevant aus der Betrachtung heraus.[128]

Dieses Beispiel spielt auf die Implikation einer Vorstellung von Bedeutung an, der zufolge jeder aufgrund eines inneren Vorgangs weiß, was ein Wort bedeutet. Unter dem Wort *Käfer* wird im Sinne dieser Auslegung etwas verstanden, das ein inneres Ding ist, zu dem ein Mensch in sich Zugang hat. Das allgemeine Verständnis des Wortes *Käfer* würde auf einer inneren und einzelnen Gegebenheit beruhen, zu der man isoliert Zugang hätte. Aber dadurch, so zeigt Wittgenstein, geht gerade der allgemeine Charakter sprachlicher Bedeutung verloren. Gemeinsames kann nicht aus einer solchen Bedeutungsverankerung entstehen – als verborgenes Ding in der Schachtel. Im Blick auf die allgemeine Verständlichkeit des Wortes kann es nicht von Relevanz sein. Es „hebt" sich weg, kann „gekürzt" werden.

Während in den lebhaften Debatten um das sogenannte Privatsprachenargument aus solchen Passagen gefolgert wird, dass Wittgenstein das innere Erleben – trotz seiner raffiniert formulierten Perplexität darüber[129] – leugnet,[130] scheint mir die Pointe dieser Analogie viel besser in jenen Hinweisen ausbuchstabiert zu sein, in denen Wittgenstein bemerkt, dass ein Rad, das man drehen kann, ohne dass sich alles andere mitdreht, nicht zur Maschine gehört.[131] Aus der Perspektive einer pragmatistischen Bedeutungslehre, vor allem der Peirceschen Semiotik, leuchtet diese Metapher sofort ein. Denn Peirces Verständnis des symbolischen Zeichens macht bewusst, dass jedes Wort in ein feinmaschiges Symbolsystem eingebettet ist, in dem kein Wort ohne den Zusammenhang zu anderen Worten bestehen kann.[132] Der scheinbare Anzeigecharakter von Worten, wodurch sie für etwas stehen, beispielsweise *Käfer* als Wortzeichen für einen vorhandenen inneren Käfer, ist irreführend. Vielmehr sind Worte Bedeutungs-

---

128 Ebd., § 293, 373.
129 Vgl. hierzu ebd., § 305, 377: „Und es ist doch dieser innere Vorgang, den man mit dem Wort ‚sich erinnern' meint. – Der Eindruck, als wollten wir etwas leugnen, rührt daher, daß wir uns gegen das Bild vom ‚inneren Vorgang' wenden."
130 Vgl. hierzu noch einmal die klare Übersicht von Alois Rust, *Wittgensteins Philosophie der Psychologie*.
131 Vgl. Wittgenstein, *PU*, § 271, 366.
132 Vgl. Helmut Pape, „Indexikalität und die Anwesenheit der Welt in der Sprache", in *Indexikalität und sprachlicher Weltbezug*, hrsg. v. Matthias Kettner und Helmut Pape (Paderborn: Mentis, 2002), 91–119.

rädchen in einer viel umfassenderen Sprachmaschinerie (wenn auch diese mechanistische Metapher hier nicht besonders glücklich ist). Dass das Wort *Käfer* mit so etwas wie Bedeutung verbunden ist, hat nichts mit dem isolierten Vorhandensein dieses inneren Käfers zu tun, der mit dem Wort bezeichnet wird. Damit es etwas bedeuten kann, bedarf es zudem eines ausgefeilten und funktionierenden Sprachsystems, in dem jedem Wort seine Bedeutung im Verhältnis zu anderen Worten zukommt. Deacon schreibt in diesem pragmatistischen Sinne: „...words need to be in context with other words, in phrases and sentences, in order to have any determinate reference. Their indexical power is *distributed*, so to speak, in the relationships between words."[133] Die Korrespondenz des symbolischen Zeichens mit seinem Gegenstand stellt daher kein primäres Verhältnis dar. Die Bedeutung des Käfers wird vielmehr durch ein Netz von Bedeutungsverkettungen getragen, auf denen u. a. jene für die Sprache charakteristische Möglichkeit beruht, sich auf Dinge, Ideen, Sachverhalte und Empfindungen zu beziehen, selbst wenn sie – momentan oder überhaupt – gar nicht vorhanden sind.

Um aber zu verstehen, wieso Zeichen und sprachlichen Lauten Bedeutungsmacht zukommt, genügt es nicht, auf eine inferentielle Verkettung einzelner Zeichen in Zeichensystemen zu verweisen.[134] Peirce führt, wie gesehen, weitere und basalere semiotische Verhältnisse ein, die mit zu erfassen sind, um der Leistungskraft von symbolischer Bedeutung gerecht zu werden. Denn „no combination of words [...] can ever convey the slightest information"[135]. Es bedarf weiterer bedeutungskonstituierender Ebenen, die Peirce, wie gesagt, als Ikonizität und Indexikalität zusätzlich zur Symbolizität der Sprache auffasst, die der Kombination von Worten eine über die Grammatik hinausgehende Bedeutungskraft geben, ohne dafür die Vorstellungsschiene eines Etikettierungsverhältnisses zu bedienen.[136]

Im Verweis auf das Eingebettetsein sprachlicher Bedeutung in basalere sogenannte ikonische und indexikalische Verhältnisweisen, in denen symbolische Sprachspiele in alltäglichen Situationen funktionieren, spielen sich der klassische Pragmatismus und die Wittgensteinsche Sprachphilosophie also in die Hand. In einer ikonisch-qualitativ vermittelnden Erlebenswelt verweisen einzelne Erlebnisse auf andere Erlebnisse; ein qualitativer Erlebnisaspekt wird bereits als mit weiteren vernetzt erlebt; ein Geschehen erinnert als Geruch, als Stimmung

---

133 Deacon, *Symbolic Species*, 83.
134 Vgl. Jung, *Der bewusste Ausdruck*.
135 Peirce, „What is a Sign?", 7.
136 Als pragmatistische Anthropologie des symbolischen Handelns entfaltet Jung das expressive Kontinuum, das sich mit diesen Ebenen entfalten lässt. – Vgl. Jung, *Der bewusste Ausdruck*, Kap. 1.4.

oder Atmosphäre an andere Geschehnisse; die Wahrnehmung eines Gegenstandes verweist schon auf die nächste, wie Deacon hervorhebt: „…looking at the one is like looking at the other in some respects. […] It is the base on which all other forms of representation are built."[137] Wie auch die anderen Denker vorsprachlicher Bezugsweisen gezeigt haben, die oben zu Wort kamen, sind diese Verweisungszusammenhänge nicht propositional verfasst. Es spielt viel mehr mit als nur ausgetauschte Worte, wenn sich verkörperte Sprachverwender austauschen. Mit Wittgenstein gesprochen ist es der „rauhe Boden"[138] konkreter und komplex vernetzter Situationen, auf dem Symbole zu funktionieren haben, damit das, was wir sagen, von Bedeutung sein kann.

Der von uns eingeschlagene Weg steht also nicht in Spannung zu Wittgenstein, vielmehr wird er durch ihn verstärkt. Denkt man über sprachliche Bedeutung nach, blendet die interaktiv und intersubjektiv gewachsenen Zusammenhänge dabei jedoch aus, dann wird, wie Wittgenstein treffend bemerkt, schwer verständlich, warum es bedeutungslos erscheint, wenn die eigene rechte Hand der eigenen linken Hand etwas *schenkt*.[139]

Bedeutung beruht also weder nur auf den Worten (oder Sätzen) noch nur auf mentalen Akten, die sich auf verborgene innere Gegenstände (Ideen, Gefühle, etc.) beziehen und diese bezeichnen. Gegen solche Vorstellungsweisen richtet sich eine sowohl klassisch-pragmatistisch als auch sprachanalytisch arbeitende Philosophie. So nahe es zu liegen scheint, „das Bild zu gebrauchen: das, was er eigentlich ‚sagen wollte', was er ‚meinte', sei, noch ehe wir es aussprachen, in seinem Geist vorhanden gewesen"[140], so sehr wird damit etwas ausgeblendet, was nicht verborgen ist, sondern allzu offensichtlich, wenn auch auf eine ungegenständliche und nicht wahrnehmbare Weise. Der Verweis auf den Kontext öffnet einer Komplexität Tür und Tor, die, wie wir bereits gesehen haben (in Kap. 2), zu neuen methodischen Herausforderungen führt. Wenn man nur wenige Schritte in diese Komplexität hineindenkt, wird deutlich, wie erstaunlich die Selbstverständlichkeit ist, in einer Situation oder einem Kontext mit Worten Bedeutung zu *schaffen*. Sätze, wie Wittgenstein betont, müssen etwas bewirken können, damit man versteht, was sie in einer gewissen Situation *tun*. Grammatikalisch korrekte Sätze nur zu äußern heißt noch nichts, außer wenn es in der Situation, in der diese Sätze gesagt werden, einen Unterschied macht, sie zu sagen. Conant bringt dies

---

137 Deacon, *Symbolic Species*, 76 f.
138 Wittgenstein, *PU*, § 107, 297.
139 Vgl. ebd., § 268, 265.
140 Ebd., § 334, 385; vgl. ebd., § 316, 380: „Um über die Bedeutung des Wortes ‚denken' klar zu werden, schauen wir uns selbst beim Denken zu: Was wir da beobachten, werde das sein, was das Wort bedeutet! – Aber so wird dieser Begriff eben nicht gebraucht."

prägnant auf den Punkt: „For what your words say depends upon what they are doing – how they are at work – in a context of use." Als Beispiel dafür führt er § 352 in Wittgensteins Schrift *Über Gewißheit* an: „If someone says, 'I know that that's a tree.' I may answer: 'Yes, that is a sentence. An English sentence. And what is it supposed to be doing?'"[141]

3.5 Cavells Kürbisse

Aber Worte sind, so mein Punkt bisher, selbst angefüllt mit Kontexten, je schon auch Kontext im Wort. Sie in gegenwärtige Kontexte einzubringen hat deshalb eine nie gänzlich vorherbestimmbare, häufig sogar kaum in abzuschätzender Weise verändernde und differenzierende Wirkung. Erfreulicherweise macht dies auch Cavells Verwunderung darüber deutlich, dass das System der Sprache überhaupt auf eine Weise funktionieren kann, die gemeinsame Bedeutungen entstehen lässt. Denkt man in den Bahnen der bedeutungskonstitutiven Rolle von Lebensformen und der unkontrollierbaren Wege des Spracherwerbs im Erlernen von Worten weiter, so kann man sich mit Cavell berechtigterweise fragen:

> I find my general intuition of Wittgenstein's view of language to be the reverse of the idea many philosophers seem compelled to argue against him: it is felt that Wittgenstein's view makes language too public, that it cannot do justice to the control I have over what I say, to the innerness of my meaning. But my wonder, in the face of what I have recently been saying, is rather how he can arrive at the completed and unshakable edifice of shared language from within such apparently fragile and intimate moments – private moments – as our separate counts and out-calls of phenomena, which are after all hardly more than our interpretations of what occurs, and with no assurance of conventions to back them up.[142]

Die Protagonisten der oben erwähnten Wort-Beispiele veranschaulichen, was Cavell mit „fragile" und „intimate moments" anspricht, in denen eigene, buchstäblich *unkonventionelle* Interpretationen in die Bedeutungen einer gemeinsamen (Sprach-)Welt einfließen. Cavells Reflexionen, wie Bedeutung und Lebensform zusammenhängen, vertiefen diese Perspektiven, vor allem dann, wenn er über den Zusammenhang von Bedeutungsentstehung und einer individuellen Lerngeschichte anhand situativer Details meditiert und sich dabei fragt, was es heißt, einem Kind ein Wort beizubringen. Am Beispiel der eigenen Tochter ver-

---

[141] James Conant, „Wittgenstein on Meaning and Use," *Philosophical Investigations* 21, Nr. 3 (July 1998): 242.
[142] Stanley Cavell, *The Claim of Reason: Wittgenstein, Skepticism, Morality, and Tragedy* (Oxford: Clarendon Press, 1979), 36.

mittelt er eine staunenswerte und unvorhersehbare Kreativität hinsichtlich des Neugebrauchs und der erweiterten Gebrauchsmöglichkeiten von Worten, deren Verwendung irgendwann durch einen Erwachsenen demonstriert worden ist. Eine diesen Situationen eigentümliche Logik manifestiert sich in den kindlichen Gebrauchsversuchen, die vom lehrenden Erwachsenen nur erahnt und kaum nachkonstruiert werden können. Erst dem älter gewordenen Kind wird es bisweilen (z. B. im Falle Bens, Saras, Jacques oder Prados) stückweise möglich, etwas über die verwickelten Wege zu sagen, in denen sich die Bedeutung eines Wortes konstituiert hat. Das ist gerade deshalb häufig nicht leicht, weil es sich eben nicht so verhält, dass die Bedeutung der Begriffe „ein *bestimmtes* inneres Erlebnis" anzeigt.[143]

Zu sagen, man bringe dem Kind die Bedeutung der Dinge bei, indem man Sachen bezeichnet, ignoriert, so nimmt Cavell den Wittgensteinschen Faden auf, dass damit schon vorausgesetzt wird, das Kind wüsste, was lernen heißt. Um lernen zu können bzw. zu verstehen, dass ihm auf diese Weise etwas beigebracht wird, muss das Kind jedoch schon viel gelernt haben und sehr viel mehr wissen als ein reiner Sprachanfänger wissen könnte. Entsprechend hintergründig fragt schon Wittgenstein: „Man muß schon etwas wissen (oder können), um nach der Benennung fragen zu können. Aber was muß man wissen?"[144]

Cavell nimmt die Herausforderung dieser Frage auf, die auf die Möglichkeit der Wissenkonstitution *vor* dem bereits eingespielten Sprachspiel zielt. Er nähert sich ihr am Beispiel der Frage an, ob wir, wenn wir auf einen Kürbis zeigen und dazu Kürbis sagen, die Bedeutung des Wortes *Kürbis* lehren oder ob wir lehren, was ein Kürbis ist. Die lapidare Antwort „Beides zugleich!" gilt, so macht er klar, nur für erfahrene Sprachbenutzer.

Was ein Kind tatsächlich alles lernt, um fortan zu wissen, dass das Wort *Kürbis* Kürbis bedeutet bzw. dass das orange Ding ein Kürbis ist, führt zur Untrennbarkeit von Bedeutung und Lebensform bzw. zu der Unabdingbarkeit, einiges erlebt zu haben, damit die scheinbar eindeutige Verbindung von Bedeuten und Sein zum Tragen kommt. Denn um zu wissen, dass „das da" ein Kürbis ist, muss jemand Zusätzliches wissen: dass es Gemüse und Früchte gibt, dass man sie anpflanzen, ernten, kaufen kann, dass man das Ding unterschiedlich zubereiten kann (als Kuchen, Suppen, Fratzen), dass es viele Formen und Farben haben kann, dass daraus – an gewissen Tagen – Masken geschnitten und Kerzen hineingestellt werden, und dass dies – je nach Kultur und Jahreszeit – eine große

---

143 Vgl. Wittgenstein, *PU*, § 174, 331.
144 Ebd., § 30, 354. Vgl. auch: „Wenn man sagt ‚Er hat der Empfindung einen Namen gegeben', so vergißt man, daß schon viel in der Sprache vorbereitet sein muß, damit das bloße Benennen einen Sinn hat." – Ebd., § 257, 361.

und aufregende oder keine Rolle spielt. Dementsprechend ist das Ding, das als Kürbis bezeichnet wird, jeweils etwas anderes. Solange die mit dem Kürbis einhergehenden Aspekte einer Lebensform, in denen dem Kürbis seine Bedeutung zukommt, noch nicht bekannt sind, solange trifft für das die Sprache erlernende Kind weder die eine noch die andere Variante zu: Weder muss das Wort *Kürbis*, das ihm beigebracht wird, das orange Ding bezeichnen, noch muss das Wort aussagen, dass das orange Ding ein Kürbis sei. Was das Kind lernt, ist schlicht nicht festzustellen, jedenfalls nicht gemäß einem gelernten Begriff des Lernens;[145] und zwar solange nicht, bis es so weit ins Sprachspiel eingeweiht ist, dass es gelernt hat zu bestätigen, was es gelernt hat.

Was der lehrende Erwachsene dem Kind tatsächlich beibringt, entzieht sich, wie besonders die Beispiele Bens und Prados zeigen, seiner direkten (operanten) Kontrolle. Wittgensteins vielfältige Kritik an einem vereinfachten Modell sprachlicher Bedeutung bezieht sich auf Vorgänge, deren Folgen Cavell im Hinblick auf die Rolle der Sprachvermittler andeutet. Dass die Wortbedeutung nicht nur im Sinne von Namen aufzufassen ist („Kürbis" ist der Name für den Kürbis), dass das Erlernen von Worten deshalb nicht unweigerlich nach dem Muster des Hinweisens auf den Gegenstand verläuft, dass eine Sprache erstmalig zu erlernen dementsprechend auch nicht nach dem Muster verläuft, Vokabeln zu lernen, das alles hat – so macht Cavell klar – für uns als Sprachlehrer weitreichende Konsequenzen, deren Auswirkungen eine Verantwortlichkeit zum Vorschein kommen lassen, die den Rahmen des sprachlichen Lehr-Aktes weit überschreitet:

> When you say „I love my love" the child learns the meaning of the word „love" and what love is. *That (what you do)* will *be* love in the child's world, and if it is mixed with resentment and intimidation, then love is a mixture of resentment and intimidation, and when love is sought *that* will be sought. When you say „I'll take you tomorrow, I promise," the child begins to learn what temporal durations are, and what trust is, what you do, will show what *trust* is worth. When you say „Put on your sweater," the child learns what commands are and what *authority* is, and if giving orders is something that creates anxiety for you, then authorities are anxious, authority itself uncertain.[146]

So wie das Wort *Kürbis* ganz spezifisch das bezeichnet, was der Kürbis im Leben des Kindes bedeuten kann, so bezeichnen auch die Worte *Böses, Liebe, Autorität,*

---

145 „To say we are teaching them language obscures both how different what they learn may be from anything we think we are teaching, or mean to be teaching; and how vastly more they learn than the thing we should say we had 'taught'. Different and more, not because we are bad or good teachers, but because 'learning' is not as academic a matter as academics are apt to suppose." – Cavell, *Claim of Reason*, 171.
146 Ebd., 177.

Ordnung, Tee oder *Bücher* was Liebe, was Autorität, was Böses, was Tee oder Bücher im Lebenszusammenhang des Heranwachsenden jeweils sind. Dies führt uns zu unserem nächsten Abschnitt, wobei wir zuvor noch folgende schlichte wie tiefgehende Frage von Cavell als Überleitung nutzen wollen: „...all they have learned will be part of what they are. And what will the day be like when the person 'realizes' what he 'believed' about what love and trust and authority are?"[147]

3.6 Diltheys volle Erfahrung

Der Zusammenhang von Erleben und Bedeutung, dem Cavell auf der Spur ist, öffnet sich noch weiter, wenn man die hermeneutische Perspektive miteinbezieht, d. h. wenn man sich erlaubt, verschiedene philosophische Zugangsweisen hierzu zusammenzulesen und zu bedenken. Zwar ist der deutsche Begriff des Erlebens schon häufig gefallen, aber durch keinen anderen Denker als durch Dilthey erlangt er seine für die Philosophie relevante Schärfe. Diltheys Betonung des Erlebens mag aus der Perspektive des Laien selbstverständlich anmuten. Gegenüber einem tradierten philosophischen Diskurs erscheint sein Vorstoß nach wie vor radikal. Radikal daran ist, dass Dilthey auf ein *fundamentum inconcussum* im Sinne von *erleben* in der Verbform verweist, also nicht in Form von Erkenntnissen, Prämissen, Systemen oder Begriffen. Im Bewusstsein der Außergewöhnlichkeit seines Ansatzes schreibt er: „Der Grundgedanke meiner Philosophie ist, daß bisher noch niemals die ganze, volle, unverstümmelte Erfahrung dem Philosophieren zugrunde gelegt worden ist, mithin noch niemals die ganze und volle Wirklichkeit."[148] Die Diltheysche Provokation besteht darin, eine großangelegte Gegenbewegung zu einer ideengeschichtlich eingespielten Abstraktionsbewegung zu lancieren,[149] um – im Sinne eines unabdingbaren Ausgangspunktes – diese auf ihren eigenen, nicht-abstrakten Boden zu verweisen. Die kritische Wirkung dieses Denkens betrifft deshalb auch eine tradierte Geltung von

---

147 Ebd.
148 Wilhelm Dilthey, „Grundgedanke meiner Philosophie", in *Gesammelte Schriften*, Bd. 8, *Weltanschauungslehre: Abhandlungen zur Philosophie der Philosophie*, hrsg. v. Karlfried Gründer, 6. uneränd. Aufl. (Göttingen: Vandenhoeck und Ruprecht, 1991), 171 [im Folgenden: *GS 8*].
149 Vgl. hierzu ebd.: „...ich begreife im Gegensatz gegen den heute herrschenden Kant-Kultus auch diesen großen Denker in sie ein; er kam von der Schulmetaphysik zu Hume, und seinen Gegenstand bilden nicht die psychischen Tatsachen in ihrer Reinheit, sondern die leeren von der schulmäßigen Abstraktion ausgehöhlten Formen von Raum, Zeit usw., und das Selbstbewußtsein bildet nur den Schluß – nicht den Ausgangspunkt seiner Analysis."

Kategorien, deren Begrenzung weder nur begrifflich noch nur propositional auszuweisen ist. Der zu seinen Lebzeiten unveröffentlichte „Satz der Phänomenalität" will als Akt der philosophischen Anerkennung geltend machen, dass „die ganze unermeßliche Außenwelt so gut als mein Selbst, welches sich von ihr unterscheidet", erlebt wird.[150] Aus dieser Feststellung, so idealistisch sie klingen mag, folgert er keine Position wie etwa die, dass alles Bewusstsein, Geist oder ideell sei. Seine Feststellung soll „als ein nicht weiter auflösbarer letzter Befund nur aufgezeigt werden".

Lässt man sich auf diesen Befund ein, tangiert dies allerdings die Grundlagen, auf denen idealistische, transzendentale, skeptizistische oder materialistische Denkweisen beruhen. In erster Linie tangiert es, wie Dilthey formuliert, eine „herrschende Ansicht"[151] von Kategorien, die in ihrer erfahrungs- und wirklichkeitskonstitutiven Geltung infrage gestellt werden. Aber gerade diese *herrschende Ansicht* erschwert die Möglichkeit, sich auf den Diltheyschen Befund und die damit einhergehenden Korrekturmöglichkeiten einzulassen. Denn „Verbindungsformen", die Zusammenhänge in der Wirklichkeit erkennbar machen, werden seit Kant, der eine mit Aristoteles beginnende Tradition fortsetze, als „Produkte intellektueller Prozesse" verstanden.[152] Die Möglichkeit kategorialer und klassifikatorischer Ordnungen, aufgrund derer Wahrnehmungen strukturiert und Gesetzmäßigkeiten erkennbar sind, wird Dilthey zufolge allein den Grundstrukturen der Intelligenz (*intellectus*) zugesprochen. Zugleich gelte die unhinterfragte Überzeugung, dass diese formalen Kategorien durchsichtig, d. h. für das Denken vollständig erfassbar seien.[153] Diltheys Anerkennung des Erlebens sensibilisiert hingegen für andersgeartete Verbindungsformen und -möglichkeiten, für die er den philosophisch ungewöhnlichen Begriff des *Zusammenhangs des Lebens* einführt.

Entgegen der Überzeugung, dass einzig das intellektuelle Vermögen menschlicher Vernunft Erfahrungen zu einer Einheit verbinden könne, erinnert Dilthey an die unreflektierte Selbstverständlichkeit eines Zusammenhangs, der allein dadurch entsteht, dass er erlebt wird. Im Kontrast zur Transparenz epistemologischer Kategorien hebt Dilthey, ähnlich wie die klassischen Pragmatisten,

---

150 Vgl. Wilhelm Dilthey, „Satz der Phänomenalität", in *Gesammelte Schriften*, Bd. 19, *Grundlegung der Wissenschaften vom Menschen, der Gesellschaft und der Geschichte: Ausarbeitungen u. Entwürfe zum 2. Band d. Einl. in d. Geisteswiss. (ca. 1870–1895)*, hrsg. v. Helmut Johach und Frithjof Rodi (Göttingen: Vandenhoeck und Ruprecht, 1982), 59 [im Folgenden: GS 19].
151 Vgl. Wilhelm Dilthey, „Leben und Erkennen: Ein Entwurf zur erkenntnistheoretischen Logik und Kategorienlehre (ca. 1892/93)", in *GS 19*, 361.
152 Vgl. ebd.
153 Vgl. ebd.

Zusammenhangsweisen hervor, die nicht auf eine Handvoll von Kategorien zu bringen sind und die sich darüber hinaus dem analytischen Zugriff entziehen, weil sie diesen, so sein provokativer Punkt, bedingen.[154]

Im Erleben geschieht Zusammenhang nicht nur als Folge einer prädikativen Zuweisung, die analytisch oder synthetisch vorgeht und jeweils nachzuweisen hat, wie divergente Geschehnisse gewisse Gemeinsamkeiten teilen oder Fälle gleicher Gesetzmäßigkeiten sind. Im Hinblick auf Vorgehensweisen, die Kategorien aus Urteilsformen oder Bedingungen von Bedeutung aus Propositionen extrahieren, schlägt Dilthey daher eine erweiterte Methode vor, die anhand des erlebten Zusammenhangs andersgeartete Ordnungsleistungen erkennbar werden lässt. Dilthey spielt diese anhand der Kategorie der Identität beispielhaft durch. Alltägliches Erleben gibt für ihn nämlich eine Form von Einheit zu bedenken, die nicht formal konstituiert ist. Sie ist auch nicht im Verweis auf das „Ich denke" zu erfassen – schon allein deshalb, weil sich dieses Ich vom Kleinkind über den Erwachsenen bis zur Greisin selbst ständig und erheblich entwickelt und wandelt, weshalb um die Frage nach menschlicher Identität philosophisch nicht erst seit Locke gerungen wird.[155] Auch die vermeintliche Einheit des Körpers greift hierfür zu kurz. Allein das Erleben gewährt eine Kontinuität, die Dilthey als Selbigkeit bezeichnet, welche die Kategorie der Identität nicht zu stiften vermag bzw. welche sie voraussetzt.

Identität bedeutet für Dilthey, dass man keinen Unterschied zwischen zwei – auch zeitlich versetzten – Tatsachen oder Objekten finden kann. Die Kategorie der Identität ist traditionell deshalb eng mit der Kategorie der Substanz verbunden, wobei sich der Verstand ein „Jahrtausend zerarbeitet" habe, um zu denken, wie es möglich sei, dass die Identität der Substanz das Mannigfache der Eigenschaften und Veränderungen zusammenhält. Dieses Problem entsteht dadurch, dass der Verstand seine eigene Tätigkeit übersieht, wie „selbst die Trennung in Eigenschaften, Veränderungen, zusammenhaltende Einheit eine Aufhebung der wahren inneren Erfahrung von Selbigkeit durch den zerlegenden und vereinigenden Verstand ist". Übersehen wird laut Dilthey also, wie die Unterscheidungen und Differenzierungen des Verstandes sich bereits in einem vorgängigen Feld von Selbigkeit bewegen, wobei sie diese im Versuch der Kategorisierung zugleich denkend aufheben. Der zerlegende und vereinigende Verstand übersieht qua Verstand, dass „Selbigkeit" nur als „intimste Erfahrung des Menschen über sich"

---

154 Vgl. ebd.
155 Vgl. ebd., 175.

gegeben ist.[156] Denken kann diese Selbigkeit nicht konstituieren; vielmehr bedarf es ihrer, ohne diesen Bedarf auf den Begriff bringen zu können.

Da Menschen nicht wie Gegenstände nur *sind*, sondern *erleben*, drückt sich für Dilthey im „ist" eine Identität nicht nur im Sinne eines Gleichheitszeichens oder einer prädikativen Zuweisung aus. Selbigkeit ist prinzipiell nicht in formal-statischen Verhältnissetzungen zu erfassen und dort auch nicht anzutreffen, sondern im „fortlaufende[n] Leben", welches sich in seiner bunten Mannigfaltigkeit, in seinen unvorhersehbaren Abfolgen und Veränderungen jeweils „in einer bestimmten Weise fühlt, für die es eben keine Beschreibung und keine Formel als die Berufung auf das Selbstbewußtsein gibt"[157].

Auf diese Weise bringt Diltheys Thematisierung des fortlaufenden, alltäglichen Lebens ein ungewöhnliches, weil allzu naheliegendes Korrektiv in den epistemologischen Diskurs ein, als Korrektiv des Anspruchs,[158] „hinter den gegebenen und nur für die lebendige Erfahrung verständlichen Lebenszusammenhang, welcher sich in der Selbigkeit ausspricht, mit dem Verstande zu kommen"[159]. Diltheys Gegenbegriff „zu der Vorstellung einer prinzipiellen kognitiven Transparenz der Wirklichkeit"[160] hat zur Etikettierung seiner Philosophie als Lebensphilosophie beigetragen, wobei, so Matthias Jung, „fast immer vollständig ausgeblendet wurde, wie das Projekt einer Kontextualisierung des menschlichen Lebens im biologischen Rahmen auch den Stellenwert des ‚Erlebens' verändert"[161]. Jung verweist diesbezüglich auf die häufig übersehene naturalistische Prägung des Erlebensbegriffs, die Dilthey zusammen mit seiner historisch-kulturellen Situierung desselben im Blick behält. Menschen wachsen in kulturell geprägten Räumen auf, in denen sich frühere Gestaltungs- und Denkweisen sedimentiert bzw. materialisiert haben. Sie leben in Staatsgebilden, Religionsformen und Gesetzeswelten, die erarbeitet, erstritten und erkämpft worden sind. Sie werden eingeführt in Lebensweisen, in Sitten und Moralvorstellungen sowie in Lebensanschauungen und -gewohnheiten, Überzeugungen und Riten, die von

---

156 Vgl. Dilthey, „Leben und Erkennen", *GS 19*, 362.
157 Vgl. ebd., 363. Von hier aus wird der Dilthey-Schüler Georg Misch einen Schritt weitergehen und die Rehabilitierung einer „natürlichen" Logik fordern, deren Ausgangspunkt nicht gebietsmäßig abgegrenzt werden kann, so als ob sie allein auf Urteilsformen beruhen würde. Dagegen, so führt Misch den Diltheyschen Impuls fort, sei Logik vielmehr „eingebettet in den mannigfaltigen Betrieb lebendigen Inhalts unseres Empfindens, Fühlens, Strebens. Wir operieren damit, vollziehen Denkleistungen, ohne zu wissen, was wir tun und was das Logische eigentlich ist." – Misch, *Der Aufbau der Logik*, 60.
158 Vgl. Dilthey, „Aufbau", *GS 7*, 157. Vgl. hierzu auch Misch, *Aufbau der Logik*, 70.
159 Vgl. Dilthey, „Leben und Erkennen", *GS 19*, 366.
160 Jung, *Der bewusste Ausdruck*, 132.
161 Ebd., 131.

einer Generation zur anderen tradiert und dabei immer wieder verändert werden. Sie leben mit Kunstwerken und mit technischen Hilfsmitteln, die Arbeit, Entwicklung, Bildung und Wissenstransfer implizieren und die das individuelle Erleben maßgeblich prägen. Lebensvollzüge früherer Generationen prägen vor, was spätere Generationen unter Geist und Welt verstehen und wie sie diese verändern können. Deshalb, so Dilthey, besteht das Verhältnis zwischen „Leben, Lebenserfahrung und Geisteswissenschaften [...] in einem beständigen inneren Zusammenhang und Wechselverkehr"[162]. Diltheys Ernstnehmen dieses prä-reflexiven, nicht abstrakten Ausgangspunktes legt einen „tiefer liegenden Untergrund" logischer Funktionen frei und hinterfragt dabei die apriorische Stellung objektiver Begriffe, wobei sich eine interaktive Struktur im Verhältnis von Erkennen und Erleben abzuzeichnen beginnt:

> Da das Erleben unergründlich ist und kein Denken hinter dasselbe kommen kann, da das Erkennen selbst nur an ihm auftritt, da das Bewußtsein über das Erleben sich mit diesem selber immer vertieft, so ist diese Aufgabe unendlich, nicht in dem Sinn nur, daß sie immer weitere wissenschaftliche Leistungen fordert, sondern in dem, daß sie ihrer Natur nach unauflöslich ist.[163]

Bewusstsein und Erkenntnis werden hier, ganz im Sinne der klassischen Pragmatisten, als Produkte eines offenen Entwicklungsprozesses begriffen, aus dem heraus erst das Gemeinsame, das sogenannte Objektive als verfestigtes Produkt früheren Erlebens entsteht. Dilthey bemerkt (auch im Vorgriff auf tiefenpsychologische Praktiken), dass der sprachliche Ausdruck eigener Erlebnisse mehr „seelischen Zusammenhang enthalten, als jede Introspektion gewahren kann"[164]. Er trägt somit einer dem tradierten Erfahrungsbegriff abgehenden Komplexität Rechnung, für die er auch auf Anschauungsmaterial aus seinem eigenen Leben zurückgreift. Nächtliches Grübeln etwa wird zum Beleg für die vielschichtigen Verbindungsmöglichkeiten des Erlebens, in dem die „Sorge" über und das „Leid" an noch unvollendeter Arbeit sowie das „Streben" danach, aus dem sich daraus ergebenden Engpass herauszukommen, in unterschiedliche Denkmöglichkeiten „fort"-, gleichzeitig „rückwärts und vorwärts" führt.[165] Die Assoziationskette verläuft nicht nur in eine Richtung und auch nicht gemäß einer zeitlichen Reihenfolge. Sie kann Zeiten und Räume überspringen und je nach Aufmerksamkeit

---

162 Vgl. Dilthey, „Aufbau", GS 7, 136.
163 Wilhelm Dilthey, „Erleben und Verstehen", in ders., GS 7, 224f.
164 Vgl. Dilthey, „Das Verstehen anderer Personen und ihrer Lebensäußerungen", in GS 7, 206. Vgl. hierzu auch Norbert Meuter, *Anthropologie des Ausdrucks: Die Expressivität des Menschen zwischen Natur und Kultur* (Paderborn: Fink, 2006), 60.
165 Dilthey, „Aufbau", GS 7, 139f.

in unterschiedliche Ausprägungen des Erlebenskontextes eintauchen. Sie entfaltet sich gemäß den Möglichkeiten einer Kontextualisierung, in der sich Themen, Stellungnahmen, Gefühlsweisen, Erinnerungen oder Pläne nicht begrifflich, sondern durch eine erlebte Struktur verbinden.

3.7 Lebensform und Lebenszusammenhang

Wir wollen uns dieser komplexen Plastizität erlebter Kontexte zunächst wieder in Wittgensteinscher Terminologie auf folgende Weise annähern: *Zoomt* man in einer Situation gewissermaßen auf die Worte, die in ihr fallen, dann treten die Konturen des Sprachspiels in ihrer (anscheinend rein) begrifflichen Form in den Vordergrund. *Zoomt* man hingegen auf die Situation, in der die Worte fallen, dann wird ein erweiterter, kontextueller Rahmen des Spiels bemerkbar. Dass dieser erweiterte Rahmen weder allein durch Worte noch durch die Aufzählung und verstandesmäßige Zusammensetzung weiterer Sachverhalte oder durch ein begriffliches Apriori gegeben ist, lässt sich mit Dilthey deutlich machen. Auch die Unterscheidung von Sprachgebrauch und erlebtem Kontext ist offensichtlich nicht in klarer Abgrenzung voneinander darzustellen, da in jedem Wort, das in einer Situation arbeitet, bereits ein situativer Kontext mitwirkt.

Konventionelle Verständnisweisen erscheinen jedoch bedroht, wenn Worte gemäß höchst individueller Initiationswege wesentliche Bedeutungsanteile erhalten und diese sich auch verändern können. Diese individuelle Ausprägung kollektiver Lebensformen, in der sich die Bedeutung von Dingen *bzw.* Begriffen gemäß offenen „Initiationswegen"[166] erweitern und vertiefen kann, scheint in einem Spannungsverhältnis zum robusten kollektiven Verständnis von Wortbedeutungen zu stehen. Die Stabilität konventioneller, kollektiver Bedeutungen, die auf der Vorstellung beruht, Menschen hätten sich auf die Bedeutung von Worten und auf die Gesetzmäßigkeit der Sprache irgendwann geeinigt, wird durch diese bedeutungsprägende Kraft erlebter Zusammenhänge hinterfragbar. Hinter der von der analytischen Philosophie systematisch aufgegriffenen Frage nach den Kriterien, die die Bedeutung, Wahrheit und Gültigkeit sprachlicher Repräsentationen von Sachverhalten oder Dingen gewährleisten können, wittert Cavell diese grundsätzliche Verunsicherung, die er wie folgt formuliert:

> What is the wonder which eliciting criteria satisfies? In ordinary cases of establishing criteria, we want to know the basis on which we can or do assess an object as having a certain value, grant it a particular title. In the case of Wittgensteinian criteria, we want to know the

---

[166] Vgl. zu den „routes of initiation": Cavell, *Claim of Reason*, 180.

basis on which we grant any concept to anything, why we call things as we do. But what for? What makes us want to know that?[167]

Kriterien, so Cavell weiter, sind ein Indiz dafür, dass eine vorgängige Verbindlichkeit bereits brüchig geworden ist. Mit Begriffen wie „attunement" umkreist er dagegen eine gegenseitige Verständlichkeit, die unabhängig von allen Kriterien ist, eine Art des Abgestimmtseins „like pitches and tones", wie seine musikalische Metapher verdeutlicht.[168] Cavell umschreibt auf diese Weise eine Form von Gemeinsamkeit oder Allgemeinheit, die nie auf Kriterien beruht hat und die Wittgenstein im Begriff der *Lebensform* andeutet. Cavells musikalische Metaphern legen ein an der Lebensform ausgerichtetes *agreement* nahe, das in Analogie zu einem Tonsystem viele unterschiedliche Melodien zu spielen erlaubt. Über eine derart funktionelle Gemeinsamkeit der Lebensformen selbst zu sprechen, sozusagen unabhängig von den Melodien, die sie ermöglicht, scheint jedoch sinnlos zu sein. Schließlich erfordert dieses Sprechen die Differenzierung jener Grundlage, die ihrerseits erst zu differenzieren erlaubt. Mit sprachlichen Instrumenten der Differenzierung zu versuchen, eine die Differenzierung ermöglichende Basis von Bedeutung zu charakterisieren oder zu erfassen, führt in den Regress. Das heißt, man wäre mit der gleichen Gefahr konfrontiert, mit der die Denker des Hintergrunds im zweiten Kapitel ringen. Aus diesem Grund hat Wittgenstein alle Fragestellungen, die auf die Sprache als Ganze zielen, bewusst vermieden und deutlich signalisiert, wie eine solche Beschreibungsintention im Ansatz verstellt, was sie zu beschreiben wünscht.

Diltheys Begriffe des Erlebens und des Lebenszusammenhangs helfen an genau dieser Stelle weiter. Denn Dilthey weist auf eine merkliche und damit methodisch zu nutzende Differenz von begrifflichen und erlebten Zusammenhangsmöglichkeiten hin. Mit den Mitteln des Begriffs schafft er einen Aufmerksamkeitsraum für eine Form von Verbindlichkeit, die nicht nur begrifflich gestiftet werden kann. Dilthey sensibilisiert darüber hinaus für die Wirkung eines *absential feature*, wie man mit Deacon formulieren könnte, das im symbolischen Sprachsystem unsichtbar bleibt, ohne welches jedoch Texte und gesprochene Worte nicht *arbeiten* könnten. Analog zum Kipp-Bild, auf dem ein erkennbares Bild ein anderes, dessen Linien es konstituieren, zurücktreten lässt und es für diesen Moment unkenntlich macht, kann auch ein transzendentales und logisch vermitteltes Kategorien- und Begriffsverständnis verschleiern, woraus es entstanden ist und worin es wirkt (ein ähnliches Problem umkreist auch Adorno, wie

---

167 Ebd., 33.
168 Ebd., 32.

wir gesehen haben). Dilthey macht dieses Verdrängungsphänomen durch die Einführung seiner *realen Kategorien* deutlich, zu denen auch die *Selbigkeit* gehört. Im Unterschied zur Anzahl formaler Kategorien ist die Anzahl der *realen Kategorien* laut Dilthey jedoch

> unbestimmbar. Eine Formel, die eine reale Kategorie eindeutig bestimmte, ist nicht möglich, da die Unergründlichkeit des Lebenszusammenhangs für das begriffliche Denken in jeder Kategorie wiederkehrt. Und die Ordnung derselben ist nicht zu bestimmen, da man gleichsam an ganz verschiedenen Zipfeln diesen Zusammenhang erfassen kann.[169]

Einen solchen an „verschiedenen Zipfeln" erfassbaren Zusammenhang machen die oben exemplifizierten, erstpersonal geklärten Begriffsbedeutungen anschaulich, weshalb man sie wahrscheinlich als *Realkategorien* einstufen könnte.[170] Sie entstehen aus einem Zusammenhang des alltäglichen Erlebens inmitten sozialer und historisch entstandener Lebens- und Kulturformen, in denen sich das Erlebte begrifflich unergründlich differenzieren lässt.[171] Die von Dilthey thematisierte Form von Verbindlichkeit bettet den Charakter jener oben aufgeführten Wortbedeutungen deshalb in einen systematisch zu erweiternden Rahmen ein, wodurch ein Verhältnis von Gegenwart und Vergangenheit zum Tragen kommt, das individuelle und kollektive Entwicklungen im *Erleben* als verschränkt zu denken ermöglicht.[172] Das hat sich in den angeführten Wort-Beispielen bereits bestätigt. Die Ausbuchstabierung der erstpersonal erlebten Bedeutsamkeit von Begriffen artikuliert zugleich immer auch Aspekte einer kollektiv-historisch gewachsenen Verbindlichkeit, in die das Individuum nicht nur eingebettet ist, sondern die es in

---

169 Dilthey, „Leben und Erkennen", *GS 19*, 362. In Jungs Darstellung von Dilthey (1996), wird deutlich, dass Dilthey mit dem Begriff der Realkategorie auch eine anthropologische Universalie im Auge hat und somit auch eine schwach transzendentale Argumentationsebene. Darum ließe sich mit Diltheys Begriff der Realkategorie von einer dreifachen Ebene von Kategorien sprechen: völlig aprioristische Kategorien; historisch kontextualisierte Kategorien, die großformatig auf anthropologischen Strukturen aufbauen; und schließlich die wandelbaren Realkategorien, die, wie Jung formuliert, in einem Gespräch operativ im hermeneutischen Tagesgeschäft wirksam sind. Ich beziehe mich im Folgenden vor allem auf diese dritte Ebene. – Vgl. Matthias Jung, *Wilhelm Dilthey zur Einführung* (Hamburg: Junius, 1996).
170 „Das Selbst und das Andere, das Ich und die Welt sind in diesem Zusammenhang füreinander da. Nicht in einem rein intellektuellen Verhältnis von Subjekt-Objekt sind sie füreinander da und aufeinander bezogen, sondern im Zusammenhang des Lebens, welches von außen durch Eindrücke bestimmt wird und auf sie reagiert." – Dilthey, „Leben und Erkennen", *GS 19*, 349.
171 Vgl. auch 348 f.
172 „So ist die Gegenwart von Vergangenheiten erfüllt und trägt die Zukunft in sich. Dies ist der Sinn des Wortes ‚Entwicklung' in den Geisteswissenschaften." – Wilhelm Dilthey, „Die Kategorien des Lebens", in *GS 7*, 232. Vgl. hierzu auch: Jung, *Der bewusste Ausdruck*.

seinem Sprachverständnis manifestiert. Die gewachsenen idiosynkratischen Begriffsbedeutungen drohen die kollektive Verständlichkeit von Sprache deshalb nicht zu unterminieren; sie bringen diesen höchst komplexen und verwickelten Kontext vielmehr ans Licht. Sie bringen jene verbindlichen Formen des Verstehens zum Vorschein, die nicht allein auf Kriterien und sprachlichen Regeln beruhen, sondern auf der verwickelten Komplexität verkörperten Erlebens.

Indem mit Dilthey ein bedeutungskonstitutiver Rahmen im Verweis sowohl auf gemeinsame biologische Lebensfunktionen als auch auf Geschichte als *umfassender Zusammenhang* bewusst wird,[173] gewinnt der sprachphilosophisch wenig konturierte Begriff der Lebensform an Konkretheit. Dadurch können Verbindlichkeiten differenzierter ausbuchstabiert werden, deren Merkmale jene Selbstverständlichkeit ausmachen, sich und andere aufgrund erlebter Zusammenhänge zu verstehen, selbst wenn sie häufig nicht verbalisiert wird. Jene Selbstverständlichkeit vollzieht sich sowohl in biologischen als auch in kulturellen wie familiären Umwelten, in Sitten, Gewohnheiten und Anschauungsweisen, ja schließlich, wie oben gezeigt, *in* den Begriffen, die ein Kind in den Kontexten geprägter Lebenswelten lernt.[174] Dilthey schreibt:

> Aus dieser Welt des objektiven Geistes empfängt von der ersten Kindheit ab unser Selbst seine Nahrung. Sie ist auch das Medium, in welchem sich das Verständnis anderer Personen und ihrer Lebensäußerung vollzieht. Denn alles, worin sich der Geist objektiviert hat, enthält ein dem Ich und dem Du Gemeinsames in sich. Jeder mit Bäumen bepflanzte Platz, jedes Gemach, in dem Sitze geordnet sind, ist von Kindsbeinen ab uns verständlich, weil menschliches Zwecksetzen, Ordnen, Wertbestimmen als ein Gemeinsames jedem Platz und jedem Gegenstand im Zimmer seine Stelle angewiesen hat. Das Kind wächst heran in einer Ordnung und Sitte der Familie, die es mit deren andern Mitgliedern teilt, und die Anordnung der Mutter wird von ihm im Zusammenhang hiermit aufgenommen. Ehe es sprechen lernt, ist es schon ganz eingetaucht in das Medium von Gemeinsamkeiten. Und die Gebärden und Mienen, Bewegungen und Ausrufe, Worte und Sätze lernt es nur darum verstehen [...].[175]

Die Lebensformen, auf die Wittgenstein verwiesen hat und deren *attunement* Cavell zu beschreiben sucht, lassen sich mit Blick auf Dilthey als Produkte ge-

---

173 Vgl. Dilthey, „Leben und Erkennen", *GS 19*, 345.
174 Vgl. hierzu u. a. Dilthey, „Aufbau", *GS 7*, 146 f.; „Das Verstehen anderer Personen und ihrer Lebensäußerungen", *GS 7*, 208 f. Jung notiert zu dieser Verwendung des Geistbegriffs: „Für das hermeneutische Denken ist ‚Geist' der Inbegriff geschichtlich-gesellschaftlicher Wirklichkeit unter dem Aspekt ihrer Sinnstrukturiertheit. Geistige Zusammenhänge sind trans-individuell und transzendieren als geschichtlich sich entwickelnde auch die jeweilige Gegenwart, dennoch sind sie von Menschen hervorgebracht und nicht etwa Ausdruck einer subjektunabhängigen Realität."
– Jung, *Dilthey zur Einführung*, 146.
175 Dilthey, „Das Verstehen anderer Personen und ihrer Lebensäußerungen", *GS 7*, 208 f.

schichtlicher Prozesse verstehen, die sich *in* den gegenwärtigen Lebensprozessen fortlaufend verändern. Eine historische Vorgängigkeit ist auf diese Weise vor allem als Grundlage von andauernder Veränderung, Differenzierung und Weiterentwicklung aufzufassen. Das Wechselverhältnis, aus dem heraus sich individuelle Gesichtspunkte zu Bestandteilen von „Schöpfungen des gemeinsamen Lebens"[176] erweitern und eben dadurch wiederum auf diese zurückwirken, manifestiert sich offensichtlich auch an der Entwicklung sich verändernder Werte und Vorstellungswelten.[177] Dazu nochmals Dilthey:

> ...die wirklichen Bedingungen des Bewußtseins und seine Voraussetzungen, wie ich sie begreife, sind lebendiger geschichtlicher Prozeß, sind Entwicklung [...]. Das Leben der Geschichte ergreift auch die scheinbar starren und toten Bedingungen, unter welchen wir denken. Nie können sie zerstört werden, da wir durch sie denken, aber sie werden entwickelt.[178]

Menschen leben, wie Dilthey weiter ausführt, daher in jedem Moment an einem „Kreuzungspunkt von Zusammenhängen"[179] und gestalten und interpretieren diese vorgängigen Lebensformen in ihrer individuellen Lebensgestaltung auf unabsehbare Weise weiter.

Vergegenwärtigt man sich jedoch die Tiefe der erlebten Zusammenhänge, ist mit Dilthey von einem „unendliche[n] Lebensreichtum" zu sprechen, in den man begrifflich einsteigen kann, und zwar im „individuellen Dasein der einzelnen Personen vermöge ihrer Bezüge zu ihrem Milieu".[180] Cavells Frage danach, wie es ist, wenn Personen realisieren, was sie unter Begriffen wie Liebe, Autorität, Ordnung (oder selbst Begriffen wie Tee oder Bücher) verstehen, deutet in dieser Hinsicht einen Wendepunkt an: Durch eine Begriffsklärung wird es nun möglich Aspekte eines Lebenszusammenhangs zu erhellen, der erlebte Situationen im formulierenden Nachvollzug bewusstseinssteigernd miteinander verwebt. Dabei

---

176 Vgl. Dilthey, „Aufbau", *GS 7*, 133.
177 Vgl. Misch, *Aufbau der Logik*, Kap. 1.3.
178 Wilhelm Dilthey, „Voraussetzungen oder Bedingungen des Bewußtseins oder der wissenschaftlichen Erkenntnis", in *GS 19*, 44.
179 Vgl. ebd., 135. Vergleiche in Ergänzung dieser Diltheyschen Metapher auch: Winfried Brugger, „Acht Thesen und ein Schaubild über das anthropologische Kreuz der Entscheidung" sowie „Menschenwürde aus dem Blickwinkel des anthropologischen Kreuzes der Entscheidung", in *Über das anthropologische Kreuz der Entscheidung*, hrsg. v. Hans Joas und Matthias Jung (Baden-Baden: Nomos, 2008), 15–8 u. 19–50; und vergleiche hierzu auch Jung, der ausführt, wie man eine solche Kreuzung als Zusammentreffen einer horizontalen Ebene symbolischer Verkettungszusammenhänge und eine vertikale ikonisch-indexikalische Erlebens-Ebene beschreiben kann, siehe Jung, *Der bewusste Ausdruck*, 389f.
180 Vgl. Dilthey, „Aufbau", *GS 7*, 134.

ändert sich in diesem Verstehen der Worte bisweilen mehr, als sich leicht sagen lässt. Über die Wirksamkeit bzw. transformative Macht, die dem Sprachgebrauch dann eignet, wenn er auf diese Weise in den *gekreuzten* Reichtum des erlebten Zusammenhangs einsteigt, soll im Folgenden nachgedacht werden.

Teil II:
Close Talking

> ...we're talking about the struggle to drag a thought over from the mush [...] into some kind of grammar, syntax, human sense; every attempt means starting over with language, starting over with accuracy. I mean, every thought starts over, so every expression of a thought has to do the same, every accuracy has to be invented ... I feel I am blundering in concepts too fine for me.[181]

4 Sprache als Matrix und Käfig

Der berühmte Ratschlag des frühen Wittgenstein, über das, worüber man nicht sprechen könne, zu schweigen, sowie gewisse Metaphern in seinem Spätwerk, denen zufolge sich der Verstand im Anrennen gegen die Grenzen der Sprachen „Beulen" holen könne,[182] legen eine Begrenzung nahe, die man nicht überwinden kann, weil die Möglichkeiten des Denkens mit denjenigen der Sprache zusammenzufallen scheinen. Ähnliches deutet auch Heidegger an, wenn er in seinem „Brief über den Humanismus" über das „Haus der Sprache" spricht.[183] Die Grenzen des Denkens- und Fühlens fallen mit jenen der Sprache zusammen, ist Letztere, so Heidegger, doch das Haus, also die Struktur, in dem bzw. der das Sein „wohnt". Deshalb seien Denk- oder Erfahrungsweisen aus einem Sprachraum auch kaum in einen anderen zu übersetzen.[184]

Unvorhersehbar sich öffnende Bedeutsamkeitsdimensionen, die entstehen, wenn Aussagen neu arbeiten können, unkontrollierbare Vertiefungen kategorialer Bestimmungen im Verhältnis zum erlebten Zusammenhang, Veränderung vorgeprägter Bedeutung im Einlassen darauf (wie im Folgenden näher zu beschreiben ist) – all diese Veränderungsmöglichkeiten passen jedoch nicht in eine einseitig beschriebene Matrix der Sprache. Vielmehr scheint gerade eine gewachsene Be-

---

181 Aus einer E-Mail der Schriftstellerin Anne Carson an den Journalisten Sam Anderson, in ders., „The Inscrutable Brilliance of Anne Carson," *New York Times Sunday Magazine* (March 14, 2013), letzter Zugriff 4. Dezember 2018, http://www.nytimes.com/2013/03/17/magazine/the-inscrutable-brilliance-of-anne-carson.html?_r=0.
182 Wittgenstein, *PU*, § 119, 301.
183 Vgl. Martin Heidegger, „Brief über den ‚Humanismus'", in ders. *Gesamtausgabe*, Bd. 9, *Wegmarken* (1919–1961), hrsg. v. Friedrich-Wilhelm von Hermann (Frankfurt/M.: Vittorio Klostermann, 1976), 313–64.
184 Vgl. Martin Heidegger „Aus einem Gespräch von der Sprache: Zwischen einem Japaner und einem Fragenden", in ders. *Gesamtausgabe*, Bd. 12, *Unterwegs zur Sprache* (1950–1959), hrsg. v. Friedrich-Wilhelm von Hermann (Frankfurt/M.: Vittorio Klostermann, 1985), 79–146.

schränkung auch die Möglichkeit unvorhersehbarer Veränderungen in sich zu bergen. Dadurch kann sich nicht nur die individuelle Bedeutsamkeit der Begriffe, die man gebraucht, verändern, sondern u.U. sogar die kollektive Bedeutung eines Wortes und damit ein hintergründiges Geflecht, ein ganzes *Netzwerk* (Searle), das dessen Bedeutung bedingt. Indem erstpersonales Erleben am Aufbau dieses Netzwerks beteiligt ist, muss es darin nicht so gefangen sein, wie George Steiner beschreibt (vgl. Kap. 4.1). Denn die komplexe Bedeutungsmatrix ist nicht ein von *außen* auferlegtes, rigides System, sondern eines, das im Zusammenhang des Lebens entstanden und darin auch zu verändern ist. Das heißt allerdings, dass eine solche Veränderung nicht willkürlich geschehen kann, sondern durch einen Sprachgebrauch, der die situativen Zusammenhänge, *in* denen die Sprache gebraucht wird, verändert.

Im folgenden Teil möchte ich diese Transformationsmöglichkeit näher betrachten. Dabei rücken subtile Formen der Sprachpraxis in den Mittelpunkt, die u.a. auch zu einem genaueren Gebrauch der Worte *Transformation* und *Praxis* beitragen können, deren Rolle in heutigen philosophischen Diskursen zunehmend betont wird.[185] Der folgende Teil soll Momente eines sprachlichen Formulierungs- und eines damit einhergehenden Transformierungsprozesses unter die Lupe nehmen, die durch einen *empfindlichen* Sprachgebrauch und durch *tentative* Sprechakte initialisiert werden.

Oft wird auf Distanzierung hingewiesen, wenn es darum geht, wie man dem Erleben auf die Spur kommt bzw. wie man es in den *Griff* bekommt.[186] Der springende methodische Punkt *tentativer* Sprechakte, die in diesem Teil eingeführt werden, ist hingegen die Kunst der *Annäherung*. Die Annäherung ist wiederum eine Metapher, die räumliche und gegenständliche Vorstellungen bedient. Mit hermeneutischen, pragmatistischen und phänomenologischen Mitteln ist sie jedoch im Sinne eines empfindlicher werdenden und bewusstseinssteigernden Sprachgebrauchs zu charakterisieren. Ein solcher Sprachgebrauch, der in Näheverhältnissen erlebter Selbstverständlichkeiten und situativer Engagements ar-

---

185 Vgl. Peter Sloterdijk, *Du mußt dein Leben ändern* (Frankfurt/M.: Suhrkamp, 2009); Colin Koopman, *Pragmatism as Transition: Historicity and Hope in James, Dewey, and Rorty* (New York, NY: Columbia Univ. Press, 2009); oder auch Jaeggis Andeutungen zu einem Transformationsprozess unter der Abschnittsüberschrift „Selbst als Praxis", vgl. Jaeggi, *Entfremdung*, 225.
186 Vgl. hierzu Bieri, *Wie wollen wir leben?*, 12: „Es kennzeichnet uns Menschen, daß wir, was unsere Meinungen, Wünsche und Emotionen anlangt, nicht nur blind vor uns hinleben und uns treiben lassen müssen, sondern daß wir uns in unserem Erleben zum Thema werden und uns um uns selbst kümmern können. Das ist die Fähigkeit, einen Schritt hinter sich selbst zurückzutreten und einen inneren Abstand zum eigenen Erleben aufzubauen. Diese Distanz zu sich selbst gibt es in zwei Varianten."

beitet und nicht daneben oder ins Leere greift, setzt ein nicht-identifizierendes Begriffsverständnis voraus, das es wiederum auszubuchstabieren gilt.

4.1 Anmerkungen zu unterschiedlichen Ausdrucksgrenzen

Die Konsequenzen der Überzeugung eines unausweichlichen Gefangenseins in sprachlichen Strukturen charakterisiert George Steiner in seinem Buch mit dem vielsagenden Titel *Warum das Denken traurig macht:*

> Wir werden in eine sprachliche Matrix hineingeboren, die geschichtlich ererbt ist und an der alle teilhaben. Die Wörter, die Sätze, die wir benutzen, um unser Denken nach innen oder außen zu übermitteln, gehören einer gemeinsamen Währung an. Sie demokratisieren die Intimität. Sozusagen in embryonalen Zuständen listet das Wörterbuch fast die Gesamtheit aktuellen als auch potentiellen Denkens auf, das wiederum aus Kombination und Auslese vorfabrizierter Spielmarken besteht. Es könnte wohl sein, dass grammatikalische Regeln und Präzedenzfälle (die Bausteine des Legokastens) einen Großteil unserer Denkakte und bewussten Artikulationen vorherbestimmen und einschränken. Die Möglichkeiten der Konstruktion sind vielfältig, doch zugleich auch repetitiv und begrenzt.[187]

Eine ererbte sprachliche Matrix, sie scheint, wie im letzten Teil deutlicher wurde, noch in anderer Hinsicht untermauert zu werden: nämlich durch ein gewachsenes Netz kulturell und historisch geprägter Lebensweisen und -gewohnheiten, die eine Verbindlichkeit schaffen, die als Gewebe nicht nur sprachlich funktioniert. Denn sprachliche und situativ erlebte Verstrebungen sind nicht voneinander zu trennen. Das wird deutlich an Worten, deren Bedeutungen durch ikonisch-indexikalische Schichten geprägt sind, die sie bis in die erlebten Feinheiten der persönlichen Lebensgeschichte aufladen. Das Gefangensein scheint also tief zu gehen. Deshalb ist es im Alltag möglich, sich immer weiter in etwas *hinein-zu-reden*, dem man eigentlich zu entkommen versucht. Der Versuch, eine Situation willentlich *schönzureden* verändert weder eine Situation noch routinierte Denk- und Handlungsweisen. Daran scheint neuerdings Hannas Begriff des „Grip of the Given" als Alternative zum „Myth of the Given" zu erinnern.[188] Dieser *Griff* der situativen Zusammenhänge, in denen man sich befindet, ist, so Finkelstein, die

---

[187] George Steiner, *Warum Denken traurig macht: Zehn (mögliche) Gründe*, aus dem Engl. v. Nicolaus Bornhorn (Frankfurt/M.: Suhrkamp, 2006), 27.
[188] Vgl. Robert Hanna, „Beyond the Myth of the Myth: A Kantian Theory of Non-Conceptual Content," *International Journal of Philosophical Studies* 19, Nr. 3 (2011): 323–98, letzter Zugriff 4. Dezember 2018, doi: 10.1080/09672559.2011.595187.

Grenze jeder konstruktiven Sprachtheorie[189] und auch, so Jaeggi, jeder Selbsterfindungstheorie.[190] Wie im letzten Teil ausgeführt wurde, rückt eine erlebte Verbindlichkeit buchstäblich auf den Leib: Sprachliche Bedeutungen und erlebte Situationen und Zusammenhänge *wachsen* und entwickeln sich zusammen. Das Netz erscheint immer undurchdringlicher, das Haus oder der Käfig immer geschlossener.

Im vorherigen Teil wurde eine plastische Vielschichtigkeit der Wortbedeutung untersucht, die von Situationen spricht, die in ihre Bildung eingegangen sind. Diese dichte Aufgeladenheit von Worten, die über Begriffe hinausgeht, kann die Begrenzung, die Steiner oben beschwört, verstärken, wenn gewachsene Bedeutungen nicht mehr aus den erlebten Situationen herausführen, die sie mitgeprägt haben. Ein solches Gefangensein in der Sprache, wodurch man sich immer tiefer in die Verstrickungen und (gelernten) Limitationen hineinreden, -denken und -schreiben kann, denen man entkommen will, kann zum Verstummen führen.[191] Der Versuch, die Verstrickung zu kontrollieren, kann diese Auswegslosigkeit noch bekräftigen, indem Erlebnisse unterdrückt werden und sich dabei wiederholen (Freud) oder die Lebendigkeit des Erfahrungsprozesses zum Stillstand gebracht wird (Rogers). Weil sich das System sprachlicher Bedeutung mit erlebten und gefühlten Zusammenhängen gemeinsam aufbaut, kann es undurchdringlich und unveränderlich erscheinen.

Michael Hampe erwähnt eine zusätzliche Form von Sprachlosigkeit, die jedoch nicht aus einer Ohnmacht heraus entsteht, sondern eine Form von Kritik ist, die signalisiert, mit gewissen Sprachspielen nichts mehr zu tun haben zu wollen. Ein Beispiel, das er dafür anführt, ist das Schweigen Jesus während seines Prozesses als, so Hampe, „radikalste Kritik an den Gerechtigkeitsspielen der Menschen". Ein solches Verstummen entsteht angesichts eines verallgemeinernden Sprachgebrauchs, der sich auf Individuelles nicht einlassen kann und nicht einlassen will. Als Reaktion darauf kann ein Einzelner es vorziehen, prinzipiell nicht in einer solchen Weise zu sprechen. Hampe bringt es wie folgt auf den Punkt:

> Angesichts der Betrachtung der Welt als einer Welt von Einzelwesen ist sowohl eine sprachlose Verzweiflung denkbar als auch die Einsicht, dass man selbst als Einzelwesen diese Welt gar nicht sprachlich zum Ausdruck bringen muss. Im Verlassen der Sprache manifestiert sich dann eine radikale Kritik an den artifiziellen Allgemeinheiten des Zeichensystems. Diese bringen weder die Einzelheiten der Welt noch die eigene Einzelheit zum Ausdruck. Um zu dieser Kritik fähig zu sein, muss man sich selbst jedoch als Einzelwesen

---

189 Vgl. Finkelstein, *Expression*.
190 Vgl. Jaeggi, *Entfremdung*.
191 Vgl. Christine Abbt, *Der wortlose Suizid: Die literarische Gestaltung der Sprachverlassenheit als Herausforderung für die Ethik* (München: Fink, 2007).

erkennen. Diese Erkenntnis kann sich gerade durch die Verzweiflung an der Unfähigkeit der Sprache, die Einzelheiten der Welt zum Ausdruck zu bringen, einstellen.[192]

Eine solche Verzweiflung stellt sich ein, wenn sich der Einzelne und die Einzelheiten seiner Welt in der verallgemeinernden Sprache nicht mehr finden können. In dieser Verzweiflung manifestiert sich auch die harte Gegenüberstellung von Einzelwesen und Allgemeinheit als ebenfalls abstrakte Beziehung, die sich im Entweder-oder vollzieht und keine Alternative zu bieten scheint, außer die Sprache zu „verlassen". Eine subtile Variante einer solchen Verzweiflung scheint mir auch die Übernahme eines solchen Sprachspiels im Protest dagegen zu sein. Wenige jedoch führen diesen spannungsvollen Clash zwischen einlassender, erlebter Universalität und abstrakter, beurteilender Allgemeinheit als Begrenzung der Sprache so eindrücklich vor Augen, wie Hugo von Hofmannsthal es in seinem *Brief des Lord Chandos* an Francis Bacon getan hat. Darin beschreibt Chandos, wie ihm die abstrakt-verallgemeinernden Worte, die philosophische und andere Textbücher füllen, aber auch die unzähligen, täglichen Gespräche, in denen Menschen andere Menschen, Situationen, Vorkommnisse etc. beurteilen, „im Munde wie modrige Pilze" zerfallen.[193] Das mächtige Geschäft der ständigen Beurteilerei zerfällt in dieser Spracherfahrung wie eine unwirkliche Scheinwelt, die nichts mit der Realität zu tun hat. Zugleich jedoch lassen ihn die Worte insgesamt im Stich, wenn es gilt, eine Begegnung mit der Wirklichkeit zu beschreiben, die ihn bis ins Mark trifft, und zwar unerwartet in blitzartigen Wahrnehmungen von Gegenständen und Situationen, die belanglos, unbeachtet, nichtig erscheinen:

> Jeder dieser Gegenstände und die tausend anderen ähnlichen, über die sonst ein Auge mit selbstverständlicher Gleichgültigkeit hinweggleitet, kann für mich plötzlich in irgendeinem Moment, den herbeizuführen auf keine Weise in meiner Gewalt steht, ein erhabenes und rührendes Gepräge annehmen, das auszudrücken mir alle Worte zu arm scheinen.[194]

Eine solche Begrenzung des Ausdrucks kann auf zwei Weisen verstanden werden. Einmal legt sie eine in wissenschaftlichen Diskursen wie auch in Alltagsgesprächen geäußerte prinzipielle Überzeugung nahe, dass die Sprache ärmer sei als das

---

192 Michael Hampe, *Die Lehren der Philosophie* (Berlin: Suhrkamp, 2014), 382.
193 Vgl. Hugo von Hofmannsthal, „Ein Brief" (1902), in ders., *Sämtliche Werke*, Bd. 31, *Erfundene Gespräche und Briefe*, hrsg. v. Ellen Ritter (Frankfurt/M.: S. Fischer, 1991), 49.
194 Ebd., 50.

Erlebnis, vor allem wenn das Vokabular des Sprachverwenders beschränkt ist.[195] Auf eine ähnlich geartete Ausdrucksgrenze verweist Searle angesichts der Schwierigkeit, über die Hintergründe von Intentionen zu sprechen. Einer Sprache, die sich evolutionär auf die Kommunikation von Intentionen spezialisiert habe, würden die Mittel fehlen, die Hintergründe von Intentionen selbst thematisierbar zu machen (vgl. Kap. 2). Von einer anderen philosophischen Warte aus hebt Hermann Schmitz eine analoge Begrenzung hervor, die aus der traditionsbedingten, mager entwickelten Begrifflichkeit resultiere, die leibliche Qualität von Gefühlen ausdrücken und beschreiben zu können, die durch den ideengeschichtlichen Fokus auf vornehmlich intentionale Gehalte verursacht worden sei.[196]

Mit Jung lässt sich jedoch ein anderes Verständnis für eine Ausdrucksbegrenzung erschließen, die sich alltäglich, aber wie Schmitz und Searle andeuten, auch wissenschaftlich manifestiert. Artikuliertheit, so Jung, setzt

> zwar sprachliche und kognitive Kompetenzen voraus, jedoch als notwendige, nicht schon als hinreichende Bedingungen. Auf Qualitatives bleibt sie in einem doppelten Sinn verwiesen: postsemantisch als gespürte Stimmigkeit des Ausdrucks, präsemantisch auf den durch semantisches Wissen nicht antizipierbaren Strom des erlebenden Bewusstseins.[197]

Diese Unterscheidung legt nahe, welche subtilen Bedingungen Ausdrucksgrenzen im Alltag und auch in der Wissenschaft haben, und zwar auch deshalb, weil man sich in sprachlichen Aussagen der Verwiesenheit auf den „nicht antizipierbaren Strom des erlebenden Bewusstseins" in steigerungsfähigem Ausmaß entziehen kann. Hannah Arendts Kritik an einem ideologischen Denken setzt genau hier an. Ein Anspruch auf Welterklärung ist, so Arendt, dann ideologisch, wenn er mit dem Selbstverständnis einhergeht, sich im Gegenwärtigen so auszukennen und durch das verlässliche Vorhersagen des Zukünftigen so abgesichert zu sein, dass die unerwartete Dimension des Erlebens weitgehend ausgeblendet wird. Auf diese Weise, so Arendts treffende Formulierung, unternimmt das ideologisierende Denken den Versuch, sich „von der Wirklichkeit" zu emanzipieren.[198] Das Pro-

---

195 Vgl. hierzu auch Giovanna Colombetti, „What Language Does to Feelings," *Journal of Consciousness Studies* 16, Nr. 9 (2009): 4–26.
196 Vgl. Hermann Schmitz, *Der Leib, der Raum und die Gefühle* (Ostfildern vor Stuttgart: Ed. Tertium, 1998). Auf eine ähnliche Begrenztheit der beschreibenden Mittel eines leibvergessenen, szientistischen Denkens verweist auch Gernot Böhme in seinem Buch *Leibsein als Aufgabe: Leibphilosophie in pragmatischer Hinsicht* (Zug: Die Graue Edition, 2003).
197 Jung, *Der bewusste Ausdruck*, 455.
198 Hannah Arendt, *Elemente und Ursprünge totaler Herrschaft: Antisemitismus, Imperialismus, totale Herrschaft* (München: Piper, 2006), 682.

blem ideologischen Denkens spitzt Arendt somit auf eine darin angelegte Kontaktlosigkeit zu alltäglicher Erfahrung und all dem Unerwarteten zu, was diese Erfahrung lehrt und zu denken gibt. Eine Stimmigkeit, die aus dem eigenen kognitiv hergestellten und konstruierten Gehäuse entsteht, so ließe sich mit Arendt weiterdenken, geht immer mit dieser Gefahr einher, sich gegenüber der unvorhersehbaren Genese von Bedeutung und Wissen, die nur im Einlassen auf das nicht antizipierbare Erleben geschieht, abzuschotten. Diese im Ansatz ideologische Gefahr kann, so macht die Philosophin bewusst, schleichend im Alltag beginnen. Nicht antizipierte Erlebensweisen können im konventionellen Sprachgebrauch, im Small Talk und im Fachjargon übergangen werden, untergehen, nicht mehr zur Sprache und damit nicht zur Geltung kommen. Sowohl in ihrer politischen Philosophie als auch in ihrem Nachdenken über das menschliche Denken[199] bringt Arendt eine Kultivierungsbedürftigkeit des Erlebens sowie eine damit einhergehende Bereitschaft des Denkenden, darauf verwiesen zu bleiben, ans Licht. Dies wird heute durch die Mikrophänomenologie und durch den klassischen Pragmatismus der dritten Generation bekräftigt. Auch die Ausdrucksgrenzen, die Searle und Schmitz in erkenntnistheoretischer Hinsicht reflektieren, resultieren dann nicht nur aus einem mageren Vokabular. Sie entstehen vielmehr auch aus einem tradierten philosophischen und wissenschaftlichen Verständnis des menschlichen Erlebens, das dazu führt, dass seine qualitativen Aspekte analytisch unterbelichtet, verarmt und auf Propositionen reduziert sind. Dadurch wird nicht nur ein Vokabular tangiert, sondern auch eine Verwiesenheits- und Artikulations*praxis*, die das Vokabular zu erweitern vermag. Das Erleben zur Sprache zu bringen und die Notwendigkeit, sich darauf einzulassen sind zwei interdependente Momente; zusammen bilden sie einen spracherweiternden und bewusstseinssteigernden Kreislauf. Es ist nicht zu unterschätzen, wie sehr das kulturbildende Ideal der Verallgemeinerung, das der westlichen Philosophie und Wissenschaft entstammt, diesen Kreislauf unterminiert durch die einseitige Betonung der Relevanz des drittpersonalen Zugangs zur Welt. Verwiesen zu bleiben auf den durch „semantisches Wissen nicht antizipierbaren Strom des erlebenden Bewusstseins", wie Jung diese häufig übersehene Bedingung der Artikulation auf den Punkt bringt, ist daher eine kultivierungsbedürftige Praxis.

Mit den genannten Unterscheidungen Jungs könnte jene Ausdrucksgrenze, die Lord Chandos in seinem Brief auf eindrückliche Weise beschreibt, auch als eine postsemantische oder „bestimmte Unbestimmtheit" spezifizierbarer werden. Jung zufolge liegt der springende Punkt darin, dass mit „semantischen Mitteln das Überschießende des qualitativen Erlebens, allgemeiner der Wirklichkeit in ihrer

---

199 Vgl. Arendt, *Vom Leben des Geistes*.

erfahrbaren Komplexität bestimmt wird, also der Symbolprozess selbst zum prägnanten Ausdruck seines Ungenügens gegenüber intensiv erlebter Unbestimmtheit gerät"[200]. Letzteres Ungenügen markiert eine Grenze der Symbolisierung, die Jung u. a. auch am mystischen Erleben exemplifiziert. Gerade in den Werken der deutschen Mystik zeigt sich jedoch wiederum, dass die postsemantische Unbestimmtheit in einem interdependenten Verhältnis zur präsemantischen steht, anders gesagt, dass es wiederum auf den Grad des Einlassens auf das qualitative Erleben ankommt, um zu bestimmen, wie weit dieses zur Sprache kommen kann. Dieses interdependente Verhältnis und damit auch die Grenze, die eine postsemantische Stimmigkeit im Sinne von Jung charakterisiert, obliegen daher ebenfalls den nicht determinierbaren Möglichkeiten einer kultivierbaren Praxis des Einlassens auf das Erleben.

Mystische Schriften veranschaulichen diese Möglichkeiten auf eindrückliche Weise. In ihnen manifestiert sich ein fast paradoxer Umgang mit einer Sprachgrenze, der *nicht* zum Verstummen führt. Die Bereitschaft, sich auf das Erleben einzulassen, steigert die Artikulationsfähigkeit, die durch die qualitative Dimension des Erlebten zunächst mit ihren Grenzen konfrontiert worden ist. Dennoch gibt es in der Literatur paradoxerweise vielfältige detaillierte Beschreibungen von solchen erlebten Denkanstößen, die als unbeschreiblich deklariert werden. Jacob Böhme, der kaum mehr als eine Volksschulbildung hatte, verfasste 29 Bücher und Schriften, die von einem kaum artikulierbaren Erlebnis initiiert wurden. Seine unermüdlichen Artikulationsversuche haben seine Formulierungsfähigkeiten auf unermessliche Weise gesteigert und verfeinert. Im jeweiligen Schreibprozess, der über Monate und Jahre hinweg andauern konnte, transformierte sich das anfänglich Erlebte, das ihn zunächst verstummen ließ, in Zusammenhänge und Denkmöglichkeiten, die nicht nur für ihn, sondern auch im Kontext seiner Zeit betrachtet und sogar noch bis heute radikal innovativ sind.[201] Ein solches Phänomen, genauso wie viele andere kreative Prozesse in der Kunst, in der Entwicklungsgeschichte der Wissenschaft oder im gewöhnlichen Alltag verweisen auf einen Spielraum, der in Form eines differenzierenden Sprachgebrauchs nicht von vornherein gegeben, sondern nur auszuüben und zu gewinnen ist. Der Versuch, die damit einhergehende Interdependenz von Grenzen der Sprache, Formen des Einlassens und des Übens näher zu beschreiben, bringt eine zusätzliche, sowohl subtile als auch mächtige Wirksamkeit dessen ans Licht, wie

---

200 Jung, *Der bewusste Ausdruck*, 455.
201 Vgl. Donata Schoeller Reisch, *Vertiefter Mensch – Enthöhter Gott: Zur Bedeutung der Demut; ausgehend von Meister Eckhart und Jacob Böhme* (Freiburg: Alber, 1999).

man, reflektiert oder weniger reflektiert, wie man Begriffe als solche versteht und was man ihnen zutraut.

4.2 Vertiefende Begriffe – tastender Sprachgebrauch

Die in Teil I untersuchten Begriffsbedeutungen im Netz erlebter Verbindlichkeiten bringen ein komplexes Interaktionsverhältnis von Persönlichem und Kollektivem sowie Gegenwärtigem und Vergangenem zum Vorschein. Es hat sich gezeigt, dass sich darin eine buchstäbliche Selbstverständlichkeit äußert, die im Verstehen von Worten angelegt ist. Diese Selbstverständlichkeit wächst je neu durch die Einführung junger Sprachverwender in Lebensformen und -ordnungen, Gewohnheiten und Gebräuche und damit einhergehende Sprachspiele, welche die Situationen, Gegenstände und Sachverhalte gemeinsam entstehen und erst zu dem werden lassen, was sie *für sie* sind. Eine situative und auch begriffliche Selbstverständlichkeit, die sich individuell ausbuchstabieren lässt, geht deshalb weit über die einzelne Person hinaus.[202]

Auf die Frage, ob die begriffliche Vermittlung eines erlebten Hintergrundes überhaupt gelingen kann, könnte man deshalb antworten, dass die Bedeutung, die ein Begriff *für mich* hat, die Möglichkeit dieser Vermittlung bereits demonstriert: Eine solche Bedeutung entsteht aus gewachsenen Interaktionszusammenhängen, aus Lebensformen also, aus denen sich *dieses* Begriffsverständnis generiert. Davon kann man sprechen. Ebenfalls kann man auf die alltägliche Praxis verweisen, in der in Situationen vielschichtige Hintergründe thematisierbar werden.

Es geht im Folgenden daher nicht um einen Sprachgebrauch, der sich in mehr oder weniger eingespielten Sprachspielen bewegt. Letztere sind Thema der *Ordinary Language Philosophy*. Im Folgenden geht es vielmehr um Formulierungen, die fähig sind, den Hintergründen einer erlebten Situation so zu begegnen, dass nicht über das darin wirkende netzwerkartige Gewebe an Bedeutsamkeiten hinweg gesprochen wird. Je mehr man sich darauf einlässt, desto weniger genügt, was gewöhnlich gesagt werden kann. Anders gesagt: Was gewöhnlicher Weise nicht gesagt wird, wird dann zum Thema. Das Ungenügen der gewöhnlichen

---

[202] Claus Langbehn schreibt in diesem Sinne, dass das Selbstverständnis nicht nur das Verständnis einzelner Individuen betrifft, sondern auch das von „Kollektivsubjekten", von „Institutionen" und „historischen Epochen". Man kann über das Selbstverständnis des „Menschen" genauso diskutieren wie über das Selbstverständnis von „Müttern", das der „Universität" oder das des „Christentums". Vgl. Claus Langbehn, „Selbstverständnis: Geschichte und Systematik eines philosophischen Ausdrucks", *Archiv für Begriffsgeschichte* 55, Nr. 206 (2013): 181–222.

Ausdrucksweisen entsteht dann nicht dadurch, dass die Sprache „feiert", wie Wittgenstein sagt, indem jemand Worte gebraucht ohne sich auf die Situation einzulassen, sondern umgekehrt, weil man sich auf die Situation in einer Weise einlässt, die sprachlich etwas erfordert, das nicht leicht zu sagen, zu schreiben oder zu denken ist.

Die theoretische Herausforderung, die mit der Artikulation von gefühlten und erlebten Hintergründen einhergeht, kann mit einer etwas komplizierten Formulierung Diltheys angedeutet werden. Sie hat damit zu tun, dass diese Art von „Erlebnis [...] nicht als ein Objekt dem Auffassenden gegenüber[steht], sondern sein Dasein für mich ununterschieden von dem [ist], w a s in ihm für mich da ist"[203]. Was *in* diesem Erleben und Fühlen „für mich da ist", ist zugleich nicht zu unterscheiden von dem von mir Gefühlten und Erlebten. Die damit einhergehende bedeutungstheoretische Herausforderung liegt darin, dass die Bedeutung des Erlebens nicht „jenseits des Erlebnisses läge, sondern diese Bedeutung ist in diesen Erlebnissen als deren Zusammenhang konstituierend enthalten"[204].

Die sprachphilosophische Frage, die sich angesichts der Formulierbarkeit eines solchen Zusammenhangs stellt, kann deshalb so formuliert werden: Welcher Begriffsgebrauch eignet sich, um etwas zu differenzieren, das in dieser untrennbaren Weise für jemanden *da* ist? Mit dieser Frage geht gleich eine nächste einher. Wie sind die Begriffe, die hierfür brauchbar sind, als Begriffe zu verstehen, insofern sich in ihnen eine solche Ununterschiedenheit differenzieren und äußern lässt?

Setzt man *theoretisch* voraus, dass Begriffe über ein Bedeutungsmonopol verfügen, das in ihrem festgelegten allgemeinen semantischen Gehalt liegt, dann verschließt sich bereits die Möglichkeit einer differenzierenden *Klärung* des Erlebten. Man könnte dann nur Begriffe auf Erlebnisse anwenden und somit ihre Bedeutung konstruieren oder erfinden. Die erschwerende Wirkung eines solchen Begriffsverständnisses sollte nicht unterschätzt werden, wenn es um die Praxis eines Artikulationsprozesses geht, der befähigt sein soll Erleben zur Sprache zu bringen. Dilthey hat, wie wir gesehen haben, einen ähnlichen Punkt anhand seiner Unterscheidung von *Selbigkeit* und *Identität* hervorgehoben: Die *Identität* kann als Kategorie und einem ihr impliziten Begriffsverständnis die *Selbigkeit* des sich stets wandelnden Lebenszusammenhangs nicht nur nicht erfassen, sondern auch verdecken.

---

[203] Dilthey, „Aufbau", *GS 7*, 139. Vgl. auch: „Das Leben selber bedeutet nicht etwas anderes. Es ist in ihm keine Sonderung, auf der beruhen könnte, daß es etwas bedeutete, außer ihm selbst." – Ders., „Kategorien des Lebens", *GS 7*, 234.
[204] Ebd., 237.

Ein kategorisches Begriffsverständnis im traditionellen Sinn könnte man als subsumptionslogisches, als subordinierendes oder inklusorisches bezeichnen. Begriffe als Kategorien im formalen Sinn bezeichnen jenen festlegbaren Inhalt einer Begriffsbedeutung, der aufgrund eines (konventionell, wissenschaftlich, philosophisch, logisch, moralisch, religiös usf.) festgelegten Gebrauchs keine Neuformierung ihrer Bedeutung erlaubt (oder zu erlauben scheint). Das damit einhergehende Referenzverständnis geht davon aus, dass der Referenzgegenstand als intentionaler, materieller (oder metaphysischer) oder als Sachverhalt zu repräsentieren (oder zu konstituieren) ist. Nur so lassen sich freilich wissenschaftliche, religiöse oder kulturell-alltägliche Paradigmen konstant halten. Ein solches Begriffsverständnis ist in seiner errungenen Stabilität kultur- und in seiner Systematik und Logik wissenschaftsbildend. Es hat zu Formen der Macht geführt, die sich als Diskurse äußern, angesichts derer Diskurstheoretiker berechtigterweise müde lächeln, wenn man sie unterschätzt. Die Herausforderung besteht heute deshalb nach wie vor darin, ein alternatives oder komplementäres Begriffsverständnis auszubuchstabieren, das sich sowohl im Alltag als auch in der Wissenschaft manifestiert. Ist es auch weniger dominant, so ist es doch nicht weniger wirksam. Dieses ist dadurch zu kennzeichnen, dass sich die Bedeutung des Begriffs im Gebrauch auf gewisse, zu spezifizierende Weise verändert. Ein formales Begriffsverständnis unterbindet dagegen *logischerweise* der Ordnung halber, die in den Begriffen liegt, eine Bedeutungs*bildung*, die sich im situativen Begriffsgebrauch ereignen kann. Ein in formaler Weise verstandener Begriffsgebrauch hat das Wesentliche des Besonderen, Partikularen und Einzelnen, das in diesen Begriffen zur Sprache kommt, zu bestimmen. Das hier aufscheinende, nicht zu unterschätzende Spannungsmoment ist jedoch nicht aussichtsreich über ein Entweder-oder zu lösen: *entweder* die Stabilität verallgemeinernder *oder* die Variabilität differenzierender, besonderer Begriffe. Vielmehr scheint es auf unterschiedliche Begriffspraktiken anzukommen, die als komplementäre beide geübt werden müssen. Im Alltag koexistieren sie auf unsystematische Weise. In der Philosophie sind sie jedoch zu differenzieren und je unterschiedlich zu praktizieren, was sich wiederum auf andere wissenschaftliche und alltägliche Begriffspraktiken auswirken kann. Zunächst möchte ich diese allzu bekannte Spannung noch näher beschreiben und damit auch die unterschiedlichen Möglichkeiten eines Begriffsgebrauchs, die ihr implizit sind.

Wenn Begriffe verhindern zu sagen, was man meint, dann könnte dies also ein Indiz für ein bewusst oder unbewusst greifendes formales Begriffsverständnis sein. Es könnte auch Indiz sein für die tatsächliche Schwierigkeit und Herausforderung, etwas zu artikulieren, wodurch u. a. eine Umdeutung oder Erweiterung eingespielter und gewachsener Denkweisen und Zusammenhänge geschieht, die in gewachsenen Begriffen mitwirken, in denen sich ja jeweils auch (alte) Selbstverständlichkeiten aussprechen. Deshalb können solche Formulierungen nicht nur spannungsreich, sondern auch riskant sein, weil man sich dadurch, wenn auch nur ein Stück weit, aus dem gewohnten Netz einer *begriffenen* Verbindlichkeit heraus bewegt. Es ist bezeichnenderweise kein philosophischer, sondern ein literarischer Autor des 20. Jahrhunderts, der seinem Held Hans Castorp – eingespielter kommunikativer Sprechgewohnheiten zum Trotz – folgende Äußerung in den Mund legt: „Ich schwatze da Unsinn, aber ich will lieber ein bisschen faseln und dabei etwas Schwieriges halbwegs ausdrücken, als immer nur tadellose Hergebrachtheiten von mir geben."[205] Castorp riskiert mit seinem „Faseln" aus dem Rahmen des gewöhnlichen Sprachgebrauchs zu fallen, sinnlos zu erscheinen, wobei sich dieser Eindruck verstärken kann, wenn es ihm nicht gelingen sollte, trotz seiner Bemühungen das Schwierige auch nur „halbwegs auszudrücken". Das Risiko des Scheiterns ist gegeben und die Herausforderungen eines Begriffsgebrauchs, der die unkontrollierbare qualitative Eigentümlichkeit des Erlebens und Fühlens zur Sprache bringen kann, sind nicht zu unterschätzen. Sie gehen mit der Gefahr einer bodenlosen Sinnlosigkeit einher, die in Gang kommen kann, wenn man versucht zu begreifen, was man erlebt und fühlt, und dabei in einer Schwierigkeit versinkt, die immer weitere Schwierigkeiten mit sich bringen kann. Fachphilosophisch ausgedrückt ist diese Gefahr die des viel beschworenen unendlichen Regresses; alltagssprachlich ausgedrückt ist es das Grübeln. Musil demonstriert das meisterlich am Beispiel der verzweifelten Versuche des Zöglings Törleß, dem eigenen Fühlen und Erleben auf den Grund zu gehen:

> ...ja zwischen seinen eigenen Gefühlen und irgendeinem innersten Ich, das nach ihrem Verständnis begehrte, blieb immer eine Scheidelinie, die wie ein Horizont vor seinem Verlangen zurückwich, je näher er ihr kam. Ja, je genauer er seine Empfindungen mit den Gedanken umfaßte, je bekannter sie ihm wurden, desto fremder und unverständlicher schienen sie ihm gleichzeitig zu werden, so daß es nicht einmal mehr schien, als ob sie vor ihm zurückwichen, sondern als ob er selbst sich von ihnen entfernen würde, und doch die Einbildung, sich ihnen zu nähern, nicht abschütteln könnte. Dieser merkwürdige, schwer zugängliche Widerspruch führte später eine weite Strecke seiner geistigen Entwicklung, er schien seine Seele zerreißen zu wollen und bedrohte sie lange als ihr oberstes Problem.
> Vorläufig kündigte sich die Schwere dieser Kämpfe aber nur in einer häufigen plötzlichen Ermüdung an und schreckte Törleß gleichsam schon von ferne, sobald ihm aus irgendeiner fragwürdigen sonderbaren Stimmung – wie vorhin – eine Ahnung davon wurde.[206]

---

[205] Thomas Mann, *Der Zauberberg* (Berlin: S. Fischer, 1926), 766.
[206] Robert Musil, *Die Verwirrungen des Zöglings Törleß* (Hamburg: Rowohlt, 1959), 34.

Musil beschreibt an dieser Stelle nicht nur, wie ein Versuch, sich mit dem Erleben auseinanderzusetzen, misslingen kann, sondern dass gerade dieser Versuch an eine „Scheidelinie" heranführt, die Törleß von seinem eigenen Erleben um so mehr trennt, je mehr er versucht, dieses zu erfassen. Sein „Ich" entfernt sich von seinen Empfindungen und Gefühlen, nach deren Verständnis er begehrt, je genauer er versucht, diese „mit den Gedanken" zu *umfassen*. Die wenigen Zeilen deuten auf die existentielle Dimension dieser Spannung hin, in der Törleß versucht, Törleß zu verstehen – und dabei zu zerreißen droht. Die Zerreißprobe entsteht gerade aus dem rätselhaften Widerspruch, in den er gerät, wenn er seine eigenen Gefühle und Empfindungen besser zu verstehen sucht. Gerade dadurch wird er sich selbst fremder und unverständlicher. Sein daraus entstehendes „oberstes Problem" hat damit zu tun, dass seine *Selbst-Verständlichkeit* in folgender unheimlicher Weise auf dem Spiel steht: Indem Törleß bewusst wird, dass ein klareres Verständnis seiner selbst gerade durch den Versuch, sich selbst verständlicher zu machen, verhindert wird, muss ihm noch fraglicher werden, *wer* er ist und *wie* er überhaupt er *selbst* sein kann.

Der Kampf, der hier beschrieben wird, lässt sich mit Dilthey erstaunlich gut auf eine sprachphilosophische Ebene transponieren (die eine psychotherapeutische Ebene nicht ersetzen, diese aber unterfüttern kann). Törleß' Formulierungen nutze ich als Anhaltspunkt, um eine gewisse Art von Ordnungsvorstellung am Binnenverhältnis von Begriff und Erleben zu veranschaulichen und ihre Auswirkungen zu reflektieren. Wenn Gedanken Gefühle *umfassen* können sollen, dann scheint den jungen Törleß in Bezug auf das Verhältnis von Gedanken und Gefühlen die Vorstellung zu leiten (oder eher zu treiben), der zufolge die eigenen Gefühle zu verstehen impliziert, die Besonderheit der Empfindungen gedanklich, begrifflich oder kategorial um- oder erfassen zu können.

Im Verhältnis zum Erleben scheint dieses gedankliche Umfassen nicht nur wirkungslos, sondern seltsam verkehrt. Der Versuch, das Erleben gedanklich in den Griff zu bekommen, scheitert daran, so lässt sich mit Dilthey verdeutlichen, dass das Erleben auf diese Weise *grundlegend* verkehrt verstanden wird. Die begrifflichen Formen des Denkens haben sich, so Dilthey, in einer evolutionären, geschichtlichen, aber auch individuellen Hinsicht *gebildet*, als Produkte des Erlebens und erlebter Zusammenhänge. Mit Wittgenstein lässt sich ergänzend daran erinnern, dass begriffliche Bedeutung immer nur *in* und *mit* den erlebten Situationen, in denen die Begriffe arbeiten, entsteht. Keine einseitige Bestimmung, sondern ein wechselseitiges, kooperatives Verhältnis, in dem sich Begriffe und erlebte Situationen gemeinsam qualifizieren, stiftet Bedeutung. Die Bodenlosigkeit des Grübelns, die ich plakativ an Törleß und seinem Versuch festmache, Erlebtes gedanklich in den Griff zu bekommen, verschließt sich einer solchen gegenseitigen Kooperation. Ein gedanklicher Zugang, der in Bezug auf das Erleben Ordnung, Klarheit und Verstehen erzwingen will, spaltet einen Zusammenhang, der nur erlebt werden kann und der sich vertieft, wenn man sich begrifflich darauf einlässt. In einem solchen Einlassen ist jedoch nicht vorherzubestimmen, wie Begriffe, die bedeutungsvertiefend und klärend arbeiten, schlussendlich funktionieren werden.

Der Philosoph und Schriftsteller Vilém Flusser beschreibt einen solchen Begriffsgebrauch auf poetische Weise:

> Da sitzt man und wirft die Worte und Sätze, die Begriffe und die Verhältnisse tastend und zaghaft um sich herum und zieht sie zusammen, und plötzlich erfüllen sich die Worte mit neuem Inhalt und neuer Bedeutung und die Sätze verbinden sich und verschmelzen zu einem neuen Gewebe [...]. Man steht vor einer neuen, aus sich selbst erschaffenen Welt, einer Welt voller Bedeutung [...].[207]

Wer in dieser Weise Worte tastend auswirft, kann in einem solchen Gebrauch unvorhersehbare Bedeutungen entstehen lassen. Die *nicht* begriffsbeherrschende, sondern den Begriff suchende Formulierungsweise erlaubt es, dass sich die Worte im Gebrauch mit „neuem Inhalt und neuer Bedeutung" füllen. In Flusserscher Metaphorik könnte man hinzufügen, dass ein solches Begriffsverständnis *im Gebrauch* von Sprache die (kategorialen, begrifflichen) Maschen des Bedeutungsnetzes *durch* das tastende Auswerfen erst entstehen lässt.

Die im vorhergehenden Teil dargestellten Begriffsklärungen von Ben, Sara, Prado, Jacques und Vaclav zeigen, wie jeder Begriff in dieser Weise zu einer individuellen Masche werden kann, die ihrerseits aus weiteren miteinander vernetzten Maschen besteht. Das widersprüchliche Kontinuum, in dem ein sogenannter allgemeiner Anteil, wodurch Sprache für alle verständlich ist, mit einem höchst idiosynkratischen Anteil, den man mit einer winzigen oder fast gar keiner Gruppe teilt, koexistieren kann, manifestiert sich in der offenen Entwickelbarkeit begrifflicher Bedeutung.[208] Georg Misch bringt dies auf den Punkt, wenn er sagt, dass sich mit Begriffen nicht nur etwas ansprechen lässt, sondern dass sich darin auch jeweils *jemand* ausspricht.[209] Dies zeigt sich an der unterschiedlichen Bedeutungstiefe eines Begriffs, je nachdem, welche Person mit welchem Erfah-

---

[207] Vilém Flusser, *Die Geschichte des Teufels* (Göttingen: European Photography, 1993), 146.
[208] An dieser Stelle sei nochmals an das bereits angeführte Zitat erinnert: „Das Leben der Geschichte ergreift auch die scheinbar starren und toten Bedingungen, unter welchen wir denken. Nie können sie zerstört werden, da wir durch sie denken, aber sie werden entwickelt." – Dilthey, „Voraussetzungen oder Bedingungen des Bewußtseins", *GS 19*, 44.
[209] Vgl. Misch, *Aufbau der Logik*, 76.

rungshintergrund sie verwendet.[210] Das bestätigt wiederum Cavells treffende Formulierung von den offenen Initiationswegen von Bedeutungen.

Während also formale Kategorien formen, abbilden, konstituieren oder subsumieren sollen, worauf man sie bezieht oder anwendet, werden vertiefende Begriffe ihrerseits im Bezugnehmen *mitgeformt*, sobald sie dazu *dienen*, „die Singularität des Lebens zu beschreiben"[211]. Im tastenden Formulieren *dienen* Kategorien, Begriffe und Ausdrücke nicht als herrschende und identifizierende Unterscheidungskriterien, sondern dazu, gefühlte Zusammenhänge „herauszuheben" und von hier aus neue Kategorien entstehen zu lassen.[212] Das gelingt im Suchen nach Worten und Formulierungen, die darauf angewiesen sind, dass sie in dem Kontext, in dem sie gebraucht werden, eine gewisse unkontrollierbare Wirkung haben, nämlich dass deutlicher und besser spürbar wird, um was es geht.

Die Herausforderung dieses Formulierens liegt so gesehen in einer *Empfindlichkeit*, mit der die Formulierungen zu entstehen haben.[213] Der Begriff der Empfindlichkeit lehnt sich an Merleau-Pontys kritische Wortschöpfung einer unverletzlichen Subjektivität an und auch an die kreative Wortspielerei des Renaissance-Denkers Jacob Böhme, der in der Emp-findung auf eine Form des Findens aufmerksam macht.[214] Eine *verletzliche* Subjektivität manifestiert sich gerade auch im emp-findlichen Verhältnis von Erleben und Begriff. Anders gesagt, die Formulierung muss die formulierende Person in Anspruch nehmen und *berühren* können.[215] Ein solches *Merk*mal ist die immanente Konsequenz der

---

210 Vgl. hierzu Arne Naess, *The Selected Works of Arne Naess*, Bd. 7, *Communication and Argument* (Dordrecht: Springer, 2005), 23: „A sentence such as 'The world is surrounded by a gravitational field' can mean very little or a great deal. What it means to a physicist, a high school student, and a seventy-year-old former university student will vary in comprehensiveness as well as in substance. The physicist may have reflected for years on the question of gravitational field, and he will be at home in the whole complex of considerations that, at his level of understanding, go into this sentence. Variations in level of knowledge, interest, and intelligence inevitably result in variations in the depths and clarity of a person's grasp of what he reads or hears."
211 Vgl. Dilthey, „Kategorien des Lebens", *GS 7*, 234.
212 Vgl. ebd.
213 So betont auch Bieri einmal das Nähe-Verhältnis solcher Sprachanwendungen (im Unterschied zu seiner bereits erwähnten Betonung des Abstandes und der Distanz): „In den meisten Fällen beeinflußt das, was wir über eine Sache sagen, diese Sache nicht. Anders verhält es sich, wenn wir uns selbst zu erkennen und zu verstehen versuchen, indem wir das Erleben in Worte fassen." – Bieri, *Wie wollen wir leben?*, 18.
214 Vgl. Maurice Merleau-Ponty, *Phänomenologie der Wahrnehmung*, aus d. Franz. übers. u. eingef. durch e. Vorr. v. Rudolf Boehm (Berlin: De Gruyter, 1966), 6. Zu diesem Empfindlichkeitsbegriff bei Jacob Böhme siehe: Schoeller Reisch, *Enthöhter Gott*, 172ff.
215 Das Fehlen einer solchen empfindlichen Reflexion der geleisteten Beschreibung kritisiert Gendlin an der klassischen phänomenologischen Methode: „They do not apply their account of

Formulierung erlebter Verbindlichkeit. Denn das in solchen Sprechakten Hervorgehobene ist, wie Dilthey betont, untrennbar von einem Selbst. Genau dieses Verhältnis kann bzw. muss in einer solchen Formulierung *fühlbar* klarer werden. Dabei können sich, wie Flusser bemerkt, die verwendeten Worte in diesem Gebrauch mit neuer *erlebter* Bedeutung füllen. Eine solche gegenseitige Affizierbarkeit von erlebter Bedeutsamkeit und symbolischer Form macht deshalb Empfindlichkeit zum *Merk*mal und nicht zum Kriterium des Gelingens eines tastenden Sprachgebrauchs. Ein Kriterium, wie Cavell verdeutlicht, wird erst dann nötig, wenn ein erlebtes *attunement* mit sich und anderen brüchig wird. In empfindlichen Sprechakten äußert sich *begrifflich* ein *attunement*, das auch deshalb verletzlich ist, weil es in einem Begriffsgebrauch, in dem man die Bedeutungen der Worte auf das Erleben aufoktroyiert, verloren gehen kann. Wenn sich ein Begriffsgebrauch und ein damit einhergehendes Begriffsverständnis gegenüber dem erlebten *Gegenstoß* (siehe Kap. 8.2) immunisiert, dann droht das veränderliche und einzigartige Gewebe des Erlebens aus der Sprache zu fallen.

Die von Wittgenstein kritisierte Verdoppelungsvorstellung impliziert meines Erachtens genau diese Immunisierung: die Unabhängigkeit der inneren *Entität* von der Beschreibung. Die Verbindung scheint hier nur in der verdoppelnden *Vorstellung* von Signifikat und Signifikant zu liegen. Das Klärungspotential der gebrauchten Begriffe im empfindlichen Sprachgebrauch hingegen hängt mit einem Erleben zusammen, das im Ausdruck nicht abbricht. Was sich so sagen lässt, ist deshalb nicht „formal aus der Voraussetzung" des Vorhergehenden zu folgern, wie Dilthey betont.[216] In einem tastenden Sprachgebrauch manifestieren sich logisch nicht prä-determinierte Übergangsmöglichkeiten, die den unklar gefühlten Zusammenhang *weiter* erlebbar sein lassen, wobei, so wiederum Dilthey, „das Verständnis von einem erfaßten Zug weiter zu einem Neuen [gelangt], das von ihm aus verstanden werden kann. Das innere Verhältnis ist in der Möglichkeit des Nacherzeugens, Nacherlebens gegeben"[217].

Während ich im vorherigen Abschnitt in Bezug auf die Grenzen des Ausdrucks eine Verschränkung von Bereitschaft und Einlassen beschrieben habe bzw. die Rolle, die diesbezüglich eine Bereitschaft spielt, die Angewiesenheit auf den *nicht*

---

the relations between formulation and experience at each step of their discourse. They choose and use formulational models such as actuality-possibility, form-matter, knowing-feeling-willing, particular-universal, without stopping to look at just what the choice of formulation does to experience, and exactly what some alternative choice would have done." – Eugene T. Gendlin, „Two Phenomenologists Do not Disagree," in *Phenomenology: Dialogues and Bridges*, hrsg. v. Ronald Bruzina und Bruce Wilshire (Albany, NY: State Univ. of New York Press, 1982), 322.
216 Vgl. Dilthey, „Kategorien des Lebens", *GS 7*, 234.
217 Ebd.

antizipierbaren Strom des Erlebens anzuerkennen, hat dieser Abschnitt gezeigt, wie feinporig diese Verschränkung zu denken ist, wie sehr sie von prä-reflexiven Einstellungen zur Sprache, zum Begriff und von den damit einhergehenden Begriffsgebräuchen abhängt. Man könnte deshalb auch sagen, dass vertiefende oder transformierende Kategorien sich an der *Bereitschaft* manifestieren, Begriffe im Gebrauch neu bedeuten zu lassen. Scheint damit nicht einer begrifflichen Willkür Tür und Tor geöffnet zu sein wie in Peter Bichsels Kurzgeschichte *Ein Tisch ist ein Tisch*, in der Gegenstände beliebig umbenannt werden? Diese Geschichte ist gerade ein gutes *Gegenbeispiel* zu einem Begriffsgebrauch, der in empfindlich gewordenen Sprechakten Formulierungen findet, in denen sich auch die Bedeutung der Begriffe verändern kann. Willkürliche Umbenennungen lassen sich nicht auf die herausfordernde Kooperation von Begriffen und Erleben ein. Begriffe werden vielmehr einfach versetzt, subordinierend verschoben, das Bett ist nun das Bild, so als ob Sprache nur Etikettierung wäre. Die verzweifelt erhoffte Veränderung, die mit dieser Umbenennung eintreten soll, bleibt aus. Der alte Mann, der in seiner Einsamkeit alles umbenennt, verstummt zum Schluss, er gewinnt keine eigene Sprache, mit der er sich auch sich selbst gegenüber besser vermitteln könnte. Er verliert mit seiner Umtauschaktion nicht nur die Möglichkeit des Austauschs in verständlicher Rede, jenen geteilten semantischen Bereich, in dem man sich verständigen kann. Er verliert auch jene empfindliche Verbindlichkeit, an der er durch die gewachsene Bedeutung der Begriffe *für ihn* selbst an dieser Verbindlichkeit teilhat. Wäre es dem alten Mann gelungen, die Begriffe in seiner einsamen Situation so arbeiten zu lassen, dass sie sich erlebbar hätten verändern können, dann wäre dies ein starkes Beispiel für eine nicht willkürliche Transformation gewesen, deren sprachliche Herausforderung im folgenden Abschnitt noch deutlicher zum Vorschein kommt.

5 Entwickeln statt bestimmen

Eine bindende Kooperationsmöglichkeit von Begriff und Situation manifestiert sich umso deutlicher, je genauer man einen Formulierungsprozess untersucht, der einer erlebten Verbindlichkeit verpflichtet ist. Im Durchgang durch die nun folgenden Beispiele werden dabei auch die subtilen Praktiken der Bereitschaft, sich auf das nicht antizipierbare Erleben einzulassen, deutlicher beschreibbar. Mit Beispielen von Philosophen und Literaten soll zunächst die präzise Hartnäckigkeit eines erlebten Ausgangspunktes zu Wort kommen. Er dient als Einstieg, um eine dadurch initiierte und möglich werdende Entwicklung zu veranschaulichen, für die man die Begriffe, die es braucht, zunächst noch nicht beherrscht. In dieser Entwicklung kann man nicht bestimmen, um was es geht. Sie kann auch von niemand anderem übernommen werden, als von derjenigen Person, die *diesen* Ausgangspunkt *hat*, fühlt und erlebt.

5.1 Erstmalige Formulierungen

Michel de Montaigne schreibt:

> Ich habe immer in mir eine Idee, ein bestimmtes, aber unscharfes Bild, und darin sehe ich wie im Traum eine bessere Gestaltung als die, welche ich verwirklicht habe [...].[218]

Immanuel Kant klagt:

> Es ist schlimm, daß nur allererst, nachdem wir lange Zeit, nach Anweisung einer in uns versteckt liegenden Idee, rapsodistisch viele dahin sich beziehende Erkenntnisse, als Bauzeug, gesammelt, ja gar lange Zeiten hindurch sie technisch zusammengesetzt haben, es uns denn allererst möglich ist, die Idee in hellerem Lichte zu erblicken, und ein Ganzes nach den Zwecken der Vernunft architektonisch zu entwerfen.[219]

Kleist wundert sich:

> Aber weil ich doch irgendeine dunkle Vorstellung habe, die mit dem, was ich suche, von fern her in einiger Verbindung steht, so prägt, wenn ich nur dreist damit den Anfang mache, das Gemüt, während die Rede fortschreitet, in der Notwendigkeit, dem Anfang nun auch ein Ende zu finden, jene verworrene Vorstellung zur völligen Deutlichkeit aus, dergestalt, daß die Erkenntnis zu meinem Erstaunen mit der Periode fertig ist. Ich mische unartikulierte Töne ein, ziehe die Verbindungswörter in die Länge, gebrauche wohl eine Apposition, wo sie nicht nötig wäre, und bediene mich anderer, die Rede ausdehnender, Kunstgriffe, zur Fabrikation meiner Idee auf der Werkstätte der Vernunft, die gehörige Zeit zu gewinnen.[220]

Thomas Nagel bemerkt:

> We can feel the question apart from its verbal expression, and the difficulty is to pose it without turning it into something superficial, or inviting answers that may seem adequate to its verbal form but that don't really meet the problem beneath the surface. In philosophy the

---

[218] Michel de Montaigne, „Vom Dünkel", in *Essaies*, ausgew. und eingel. v. Arthur Franz (Stuttgart: Reclam, 2014), 243.
[219] Immanuel Kant, *Werkausgabe*, Bd. 4, *Kritik der reinen Vernunft*, hrsg. v. Wilhelm Weischedel (Frankfurt/M.: Suhrkamp, 1992), B 862/A 834, 2:697 [im Folgenden: *WA 4*]
[220] Heinrich von Kleist, „Über die allmähliche Verfertigung der Gedanken beim Reden", in *Der Zweikampf: Die heilige Cäcilie; Sämtliche Anekdoten; Über das Marionettentheater und andere Prosa* (Stuttgart: Reclam, 2012), 89.

question is never just what we shall say. We can reach that point only after considerable effort has been made to express and deal with inchoate perplexity.[221]

Peter Bieri reflektiert:

> Wünsche sind dem Wünschenden nicht schon dadurch transparent, daß er sie hat. Er muß etwas tun, um sie in ihrer Richtung und ihrem Gehalt zu erkennen. Er muß nach Mitteln und Wegen suchen, sie zu artikulieren.[222]

Eine unscharfe Idee, eine Vorahnung, eine dunkle Vorstellung, eine gefühlte Frage, ein noch intransparenter Wunsch – sie wirken sich in den obigen Zitaten als eine Form von (Auf-), (Heraus-) oder (An-)Forderung aus, der „verwirklichend", „verfertigend", „entwerfend", „ausdrückend", „artikulierend" nachzukommen ist. Was sich in einer solchermaßen fordernden oder, wie Kant sagt, „anweisenden" Form erst noch andeutet, birgt keine Garantie in sich, dass die damit in Gang gesetzten Bemühungen gelingen. Die ausdrückliche Idee oder die formulierte Frage kann, so deuten die obigen Zitate aus unterschiedlichen Zeiten und Hintergründen an, der vorschwebenden oder gefühlten Idee oder Frage auch nicht genügen. Sie kann dadurch unerreichbarer oder oberflächlicher werden, als sie zunächst erschienen ist. Es braucht Zeit, etwa die Länge eines ausgedehnten Satzes, wie Kleist notiert, oder Jahre, wie Kant feststellt, um eine Idee oder einen erst gefühlten, geahnten Zusammenhang *klarer* formulieren zu können.

Der entsprechende Prozess, der damit einhergehen kann, ist durch ein *bemerkenswertes* Noch-nicht-Haben charakterisiert, worin Begriffe *noch nicht* so arbeiten können, dass damit der Sinn *gemacht* werden kann, um den es zu gehen scheint. Angesichts dieses spannungsvollen *Noch-Nicht* lässt sich in einer solchen Situation gerade *nicht* sagen, um was es geht. Deshalb hat diese Art von Spracharbeit gleichsam zwei Seiten: Auf der einen Seite ist es eine Art der passiven Bindung, die auf der anderen Seite Formulierungsbemühungen aktiviert. Man hat „Bauzeug zu sammeln" (Kant), „dreist einen Anfang" zu machen (Kleist), etwas dafür zu „tun" (Bieri), eine Anstrengung („an effort") auf sich zu nehmen (Nagel). Beide Seiten der Medaille, die passive wie die aktive, bedingen einander: Das undeutliche Noch-nicht-Haben braucht eine Formulierung und umgekehrt. Beide Seiten stehen daher weder in einer Identitätsbeziehung zueinander noch in einer dialektischen Beziehung im Sinne Hegels, weil die Begriffe, die dialektisch arbeiten könnten, noch nicht da sind. Nagel bemerkt dazu, dass man lediglich

---

221 Nagel, *View from Nowhere*, 56.
222 Peter Bieri, *Das Handwerk der Freiheit: Über die Entdeckung des eigenen Willens* (München: Hanser, 2001), 385.

fühlen könne, wenn es oberflächlicher wird. Um was es geht, kann durch keine vorgefertigte Methode, Analyse, logische Schlussfolgerung, auch nicht durch schon zur Verfügung stehende Ausdrucksweisen befriedigend deutlich werden.

Die Schwierigkeit einer solchen Formulierungsaufforderung hat eben damit zu tun, dass man sie sprachlich nicht erzwingen kann. Sie hat damit zu tun, dass hier keine vom Artikulierenden *trennbare* (innere) Entität, kein Gegenstand oder Sachverhalt beobachtet, repräsentiert, begriffen oder einfach ausgedrückt werden könnte. Merleau-Ponty beschreibt die damit einhergehende Offenheit in eindrücklicher Manier:

> Vor dem Ausdruck gibt es nur ein unbestimmtes Fieber, und erst das fertige und verstandene Werk wird zeigen, dass dort etwas war und nicht nichts. Weil er, um über ihn Klarheit zu gewinnen, zu dem Boden der stummen und einsamen Erfahrung zurückgekehrt ist, indem die Kultur und der Austausch von Ideen wurzeln, stößt der Künstler sein Werk gleichsam hervor wie einst ein Mensch das erste Wort hervorstieß [...].[223]

Formulierungen, die aus einem solchen Prozess entstehen, motivieren Merleau-Pontys Unterscheidung eines primären und sekundären Ausdrucks. Letzterer kann „angenehme Gegenstände fabrizieren, die das Herz erfreuen, indem man schon fertige Ideen anders zusammenstellt und schon gesehene Formen präsentiert. Diese sekundäre Malerei oder Rede ist das, was man allgemein unter Kultur versteht"[224]. Diese Art des Ausdrucks bewegt sich in den bereits eingeübten Rahmen alltäglicher Sprachspiele, in dem sich Situationen bewegen, die das kulturelle Alltagsmuster ausmachen. Die andere Kategorie des Ausdrucks, die der französische Phänomenologe oben anspricht, hat mit einer radikalen Veränderung zu tun. Sie bewegt sich nicht mehr innerhalb der (persönlich und kollektivkulturell) geprägten Ausdruckswelt, sondern, so deutet Merleau-Ponty an, man schafft mit dem Ausdruck Stück weit eine neue Kultur. Man kreiert mit dem Ausdruck eine Art von Bedeutung, die aus dem gewöhnlichen, eingespielten Muster der situativen Sprachspiele herausführt. Darin liegt eine Einmaligkeit, auch eine einmalige Schwierigkeit, die Merleau-Ponty mit ersten Redeversuchen vergleicht. Entsprechend folgenreich kann dies sein.

Die Art von Veränderung, die hier stattfindet, kann im Vorgriff auf das Weitere angedeutet werden: Wenn Bedeutung, Situation, Daseins- und Selbstverständnis, gefühlter Hintergrund, Handlungs- und Denkmöglichkeiten zusammenhängen, dann verändert sich mit einem radikal neu arbeitenden Ausdruck auch alles

---

223 Maurice Merleau-Ponty, *Sinn und Nicht-Sinn*, aus d. Franz. v. Hans-Dieter Gondek (München: Fink, 2000),
   24 f.
224 Ebd.

andere gerade Aufgezählte. Es verändert sich, kurz gesagt, *mit* dieser Ausdrucksweise ein gewachsenes Gewebe menschlicher Lebenswelten, welches als Vereinigung von Denk-, Sprech- und Handlungsmöglichkeiten eine Kultur bedingt. Paradigmenwechsel in kulturellen Lebensformen, in Politik, Kunst, Religion und Wissenschaft veranschaulichen eine derart multidimensionale und komplexe Veränderungsmöglichkeit. Sie ist jedoch als Möglichkeit im individuellen Alltag angelegt. Die Radikalität einer Artikulation, die dieses gewachsene Gebilde verändert, beginnt mit einem subtilen Prozess, einem „Bedürfnis zu sprechen", das Merleau-Ponty als „blasenartige[s] Entstehen der Sprache auf dem Boden seiner stummen Erfahrung" beschreibt.

5.2 Petitmengins Mikrophänomenologie

Merleau-Ponty weist darauf hin, dass bei diesem blasenartigen Entstehen „keine Unterbrechung von Unmittelbarkeit"[225] eintritt. Was in diesem Prozess entsteht, sei kein durch eine begriffliche „Maske" verformtes, sondern „gesprochenes Erleben".[226] Was erlebt wird, setzt sich in der Sprache fort. Eine vertiefte Auseinandersetzung mit solchen nicht unterbrechenden Artikulationsmöglichkeiten bringt heute die Forschungen der Mikrophänomenologie ans Licht. Claire Petitmengins Studien lassen die Differenz zwischen Redeweisen, in denen *über* Erfahrungen, Erinnerungen oder über Ideen in Form von Narrationen, Analysen, Vermutungen und Interpretationen gesprochen wird, und Formulierungen, die aus dem bzw. im Kontinuum des momentanen Erlebens entstehen, auf phänomenologische Weise deutlich machen. Letztere setzen eine sehr viel größere Aufmerksamkeit und mehr Übung voraus als Erstere. Wird man beispielsweise dazu befragt, wie man auf eine Idee gekommen sei, dann erzählt man gewöhnlich von Begebenheiten, erklärt gewisse ausschlaggebende Punkte, vermutet, dass es dieses oder jenes Erlebnis, Buch, Experiment oder Gespräch gewesen sei, das eine Rolle gespielt habe und spricht meistens in der Vergangenheit. Petitmengins minutiöse Untersuchungen zum Prozess der Genese von Ideen bringen Formulierungsweisen hervor, die sehr viel genauer werden können.[227] Sie lassen sich allerdings in gewohnter Weise abspulen. Charakteristisch ist, dass die sprechende

---

[225] Maurice Merleau-Ponty, *Das Sichtbare und das Unsichtbare*, 2. Aufl. (München: Fink, 1994), 167.
[226] Vgl. ebd.
[227] Claire Petitmengin-Peugeot, „The Intuitive Experience," in *The View from Within: First-Person Approaches to the Study of Consciousness*, hrsg. v. Francisco J. Varela und Jonathan Shear (Thorverton: Imprint Academic, 1999), 43–77.

Person den Redefluss stark zu verlangsamen hat, ins Stammeln gerät oder Pausen macht, um einem Prozess der Ideenfindung auf die Spur zu kommen, so wie dieser erlebt wurde. Dafür ist das sorgfältige Zurückversetzen in die spezifischen Qualitäten von Situationen, in die Details der Umgebung, in die Körperhaltung und in die körperliche Befindlichkeit entscheidend, um mit der verwobenen Textur der Entwicklung in Kontakt zu kommen, in der eine sogenannte *Idee* entsteht.

Die Schwierigkeit liegt nicht nur darin, eine diachrone Struktur des Ablaufs der Ideenfindung („erst geschah a, dann b, dann c") zu rekonstruieren, was bereits ungewöhnlicher Konzentration bedarf, sondern auch darin, dass diese diachrone Struktur durchsetzt ist mit synchronen Ereignissen. In jedem Geschehnis geschieht vieles zugleich. Gedanken, Bilder, Gefühle, Impulse, verkörperte Zustände gehen ineinander über, die Modalitäten der Beschreibung wechseln. Petitmengin spricht diesbezüglich von einer charakteristischen Transmodalität.[228] Was man landläufig eine *Idee* nennt, entwickelt sich im Anfangsstadium in unterschiedlichen Modalitäten, beispielsweise in Bildern, die zugleich mit körperlichen Gefühlen, Druckzuständen, Erleichterungen, gefühlten Verschiebungen oder auch Farbwahrnehmungen einhergehen können, mit fragmentarischen Szenen, die wiederum in Metaphern etc. übergehen. Es sind subtil erlebte Bewegungen, mit denen man sich beispielsweise wie in einer inneren Landschaft bewegt oder einen Gleichgewichtzustand zu halten versucht. Man kann mit der Aufmerksamkeit *runter* oder *hoch*, *nach links* und *nach rechts* gehen, einen Aspekt zurückhalten und einen anderen deutlicher werden lassen usf. Das sind kognitive Handlungen, Petitmengin spricht von *gestures*, die sich in ihrer Spezifizität schwer verbalisieren lassen. Dabei wird deutlich, dass das beschriebene, transmodale Geschehen kein willentlich gesteuerter Prozess ist. Intentionale Sprechakte, mit denen man über Überzeugungen, Ideen, Vermutungen, Zweifel etc. spricht, kommen, wie Searle zeigt, schnell an ihre Grenzen. Auf der Hand liegende Implikationen der gebrauchten Begriffe oder konzeptionellen Strukturen genügen keinesfalls, um die Präzision der Ideengenese zu rekonstruieren. Je spezifischer die Beschreibungen werden, desto mehr zeigt sich, dass man die Kontexte, die beteiligt sind, wenn eine Aufgabe gelöst wird oder eine Idee kommt, nicht bewusst im (Be-)Griff hat. Das Gefühl eindeutiger Agency löst sich auf, genauso wie die Vorstellung, dass der Prozess ein innerlicher sei, weil sich auch die Trennung von

---

228 Vgl. Petitmengin, „Toward the Source of Thoughts."

Innerem und Äußerem angesichts der Rekonstruktion der Ideenentwicklung nicht aufrechterhalten lässt.[229]

Was dann in immer feinkörnigerer Weise beschrieben werden kann, bringt Zusammenhänge ans Licht, die die sprechende Person selbst überraschen; nicht weil sie etwas konstruiert, sondern weil die Formulierungen etwas verdeutlichen, das der Person erst klarer zu Bewusstsein bringen kann, was sie eigentlich erlebt hat, während und *indem* sie von der Entstehung ihrer Idee spricht. Claire Petitmengin schreibt zusammenfassend:

> The emergence and maturation of a new idea is not the result of a
> deductive and discursive process. Unable to be hurried, forced by an effort of will, the idea surges unexpectedly, out of our control. Ideation is not an action but an event, a process, or more accurately a microgenesis that contains a great amount of spontaneity and unpredictability. The micro-genesis of meaning unfolds in a deep pre-reflective dimension of experience, which is pre- conceptual, pre-discursive, „felt", and has very specific sensory, spatial and dynamic characteristics.[230]

Ein sicheres Kriterium dafür, dass die Ebenen der Narration und der Interpretation wechseln, und der eigentlich erlebte Prozess zur Sprache kommt, ist, dass die Beschreibung von der Vergangenheit auf einmal, ab einem bestimmten Moment ins Präsens wechselt. In der Mikrophänomenologie spricht man dann vom *elicitation state*.[231] Der Wechsel in die Gegenwart und die verlangsamte Sprechweise zeigen an, dass Erleben und Formulieren im Sprechen nun nicht mehr getrennt sind, sondern kontinuierlich ineinander übergehen. Im Moment der Formulierung geschieht, was gesprochen wird. Was in diesen Momenten intensiven Nachvollzugs passiert, trägt sich auf eine verwickeltere Art und Weise zu, als die Narration oder Interpretation des Prozesses wiedergeben könnte. Während die distanzierte Beschreibung der Genese einer Idee diesen Prozess nicht tangiert,

---

229 Petitmengin und Lachaux sprechen von „fuzzy feelings which do not fall within a particular sensorial modality, but have 'transmodal' submodalities (such as intensity and rhythm)—submodalities which are not specific to a particular sense, but transposable from one sense to another". Sie sprechen auch von einer „alteration of the sense of agency, under the form of an absence of control over the cognitive event which emerges" und einer „alteration of the sense of ownership: the idea, the sensation...is not felt as being immediately *mine*, it is not felt as *personal*". – Vgl. Claire Petitmengin und Jean-Philippe Lachaux, „Microcognitive Science: Bridging Experiential and Neuronal Microdynamics," *Frontiers in Human Neuroscience* (26. September 2013), letzter Zugriff 18. November 2018, doi: 10.3389/fnhum.2013.00617.
230 Claire Petitmengin, „The Scientist's Body at the Source of Meaning," in Schoeller und Saller, *Thinking Thinking*, 32.
231 Vgl. Petitmengin, „Towards the Source of Thoughts."

zeichnen Formulierungen im *elicitation state* ein Kontinuum aus, wodurch der beschriebene Prozess *bewusster* wird.[232]

Die Forschungsmethoden der Mikrophänomenologie lassen auch ganz einfache Erlebnisse in neuem Licht erscheinen, zum Beispiel Sinneswahrnehmungen. Was in der Philosophie der Gegenwart gern an eindeutigen Beispielen verhandelt wird (z. B. das beliebte Rot der Tomate), verdichtet sich durch die Mikrophänomenologie. Es zeigt sich dadurch, dass auch anscheinend klaren Wahrnehmungen je schon komplexe Vernetzungen eignen. Mary (Pseudonym) formuliert im Folgenden, was geschehen ist, als sie in einem einfachen Hör-Experiment im Labor das kurze Geräusch einer Rassel wahrnahm. Die mikrophänomenologische Untersuchung dieser anscheinend simplen Übung, ein Geräusch zu hören, entlarvt, so könnte man sagen, jene vereinfachenden Vorstellungen als Vorurteile, die im Verständnis des Wortes *Sinneswahrnehmung* in ihrer Beschränkung auf die fünf Sinne mitschwingen. Die Ausblendung alles dessen, was geschieht, wenn man *etwas* als *etwas* wahrnimmt, wird jedoch durch die Mikrophänomenologie zugleich auch verständlicher, weil alles, was neben der leicht sagbaren Identifizierung des Wahrgenommenen sonst noch vor sich geht, transmodal, komplex, vernetzt und schwer zu beschreiben ist.

> [As] soon as I heard it I just started to grin, it was so, I don't know, funny, it was almost as if it triggered a memory, but there was no real memory, but somehow, of course I knew that I was going to be asked about this, though, I don't know, there was simply a joy implicit in that sound for me. I got a little bit of an image of Spanish dancing, there is that kind of sound. I had to work a little to get that, at least to notice it. And so I see it right now ... (pause), it is actually a mystery to me, it is like evoking ... (pause) and I do not know what it is, I do not actually have a memory.[233]

Dieser Übergang ins Präsens mitten in Marys Schilderung macht kenntlich, dass sie nun aus dem Erleben spricht und den Modus der Distanz, die Ebene der Narration oder Interpretation verlässt. Die tastende Sprache ist nun einer Qualität

---

[232] Vgl. Claire Petitmengin, „Describing the Experience of Describing? The Blind Spot of Introspection," *Journal of Consciousness Studies* 18, Nr. 1 (2011): 44–62, letzter Zugriff 4. Dezember 2018, http://clairepetitmengin.fr/AArticles%20versions%20finales/JCS%20-%20Blinspot.pdf; Claire Petitmengin und Michel Bitbol, „The Validity of First-Person Descriptions as Authenticity and Coherence," *Journal of Consciousness Studies* 16, Nr. 11–12 (2009): 363–404; Claire Petitmengin, „Describing One's Subjective Experience in the Second Person: An Interview Method for the Science of Consciousness," *Phenomenology and the Cognitive Sciences* 5 (2006): 229–69, letzter Zugriff 21. November 2018, doi: 10.1007/s11097–006–9022–2.
[233] Interview-Protokoll von Donata Schoeller während des Mikrophänomenologie-Trainings bei Claire Petitmengin, Oktober 2015, Paris.

auf der Spur, dem Nachgeschmack einer Erinnerung, die sich auf vielen Ebenen zugleich abspielt und deren verkörperte Manifestationen Mary an die Grenzen des leicht zu Beschreibenden bringt, wobei die Beschreibungen zugleich immer spezifischer werden:

> It was very clear. Just a shift ... (pause) in my whole body, in my energy, a relaxation. I just felt very present. Not lost in thoughts, [...]. Just present, just kind of ok. In a very definite sense of settling and also ... (pause) [...]. My whole body ... (pause) as I am back in it ... (pause) I am feeling it mainly in this kind of area ... (showing it with her hand), in my heart and belly-area. Everything is affected. The sense of the shift is a little stronger. [...] There are actual sensations. A movement, (gesture), it is almost like the beginning of a kind of arc. It is hard to tell ... (pause) there is something that is not just linear about it ... (pause). There is something like a lateral flow ... (pause) something to do with a circle ... (pause) something very soothing about it ... (pause) an expression of being settled and relaxed ... (pause) and while I reflect on it now it is getting more ... (pause).

Aufgrund der Beschreibungen derart komplexer Prozesse, die nicht nur Ideen oder kognitive Operationen charakterisieren, sondern auch einfache Wahrnehmungen, unterstreicht Petitmengin das Moment einer subtilen Entwicklung, die sie als Mikrogenese bezeichnet: „Neurophenomenology strongly emphasizes the micro-dynamics of experience, at the level of brief mental events with very specific content, such as visual perception or access to the meaning of a word."[234] Diese Mikrodynamik, die Mary oben als Begleiterleben schildert, während sie einen Ton wahrnimmt, wird formulierbarer, indem die Sprecherin hartnäckig auf das *Wie* des Erlebens konzentriert bleibt.

Die Betonung des *Wie* fördert eine zunehmende Ausrichtung der Aufmerksamkeit auf das *Präintentionale*. Für diese Veränderung bedarf es einer Konzentrationsform, die nicht in gewohnter Weise auf *etwas* intentional fokussiert, sondern als „defocusing of the field of attention", als Bewegung des Einsinkens in das weitere Feld des Erlebens zu üben ist („non-observational awareness").[235] Damit zeigen die Forscher, dass die Grenzen der Reflektier- und Formulierbarkeit von intentionalen Hintergründen, die Searle in der Beschränktheit des menschlichen Gehirns auf First-order-Reflexionsakte vermutet, nicht als statische Begrenzung unserer kognitiven *Hardware* anzusehen sind. Vielmehr lassen sie sich im Rahmen eines sorgfältigen Trainings verschieben und erweitern. Die intentionale Gerichtetheit auf Inhalte und Gegenstände kann sich, wie sich in Petitmengins mikrophänomenologischem Forschungslabor zeigt, schon durch ein

---

[234] Petitmengin und Lachaux, „Microcognitive Science."
[235] Vgl. Claire Petitmengin und Michel Bitbol, „On the Possibility and Reality of Introspection," *Kairos* 6 (2013): 173–98.

wenig Übung in *non-observational awareness* transformieren. Durch ein unterstützendes mikrophänomenologisches Interview, in dem die zweite Person der ersten hilft, die Aufmerksamkeit immer zurück vom *Was* der Erfahrung, des Gedankens, der Wahrnehmung usf., auf das *Wie* zu lenken, sind Analysen, Urteile, Interpretationen oder Narrationen, d. h. gewöhnliche intentionale Sprechakte, immer wieder zu überschreiten, um das eigentlich erlebte Geschehen zur Sprache zu bringen. Durch eine Frage-Technik, die selbst keinerlei Inhalt in den Prozess trägt, vertieft sich die Konzentration schrittweise. Das mikrophänomenologische Forschungsinterview öffnet Verweise auf ein Gefühl, einen Gedanken, eine Erinnerung etc. mit jeweils neu einsetzenden vertiefenden Fragen danach, *wie* oder *wo* ein Gefühl gefühlt wird, *wie* der Gedanke kam oder auch *wie*, d. h. auf welche Weise man weiß, dass er gut, wichtig oder relevant gewesen ist. Die kontinuierliche Vertiefung des *Wie* führt zu einer zunehmenden Öffnung auf die Komplexität des erstpersonalen Erlebens hin, wodurch die Formulierungen immer spezifischer, präziser und immer weniger manipulierbar werden. Während man am Anfang eines solchen Interviews zu sagen pflegt, „ich glaube", „ich dachte" oder „ich bin mir nicht sicher, aber vielleicht", wird am Ende eines solchen Interviews jedes falsche Wort korrigiert. Wenn mit Thomas Nagel die „What is it like"-Frage als Kernzugang zum erstpersonalen Erleben geltend gemacht wird, so kann mit Petitmengin hinzugefügt werden, dass dieser Zugang steigerungsfähige Konditionen des Einlassens braucht, um angemessen zur Sprache gebracht zu werden. Hinzu kommt, dass sich dieses „What is it like" des erstpersonalen Erlebens unvorhersehbar vertiefen lässt, je nachdem, wie sehr man es sich selbst erlaubt, sich darauf einzulassen.

Merleau-Pontys Unterscheidung zwischen „fertiger Sprache" und „sprechender Sprache" scheint das Kontinuum, das Petitmengin in ihren mikrophänomenologischen Untersuchungen kultivierbarer macht, direkt anzusprechen. „Sprechende Sprache" bringt die „tiefen Beziehungen des Erlebens, aus denen sie entstanden ist, zur Sprache". Sie ist „tätige Sprache", die in „Artikulationsversuchen" begriffen ist.[236] Georg Bertram schreibt hierzu:

> Der Begriff der sprechenden Sprache bezeichnet [...] eine Sprache, in der sprachliche Bedeutung im Entstehen begriffen ist, in der Bedeutung nicht bloß reproduziert wird. Man kann sicher ohne allzu große Übertreibung sagen, dass Merleau-Ponty in all seinem weiteren Schaffen nach einem plausiblen Begriff der sprechenden Sprache gesucht hat.[237]

---

[236] Ebd., 168.
[237] Georg W. Bertram, „Maurice Merleau-Ponty: Die Dynamizität sprachlicher Bedeutung und die veränderlichen Strukturen der Wahrnehmung", in Bertram, Lauer, Liptow und Seel, *In der Welt der Sprache*, 185. Bertram arbeitet in seiner Darlegung auch plausibel die Schwachstellen

Merleau-Pontys Sprachphänomenologie und Petitmengins Mikrophänomenologie verdeutlichen, welche Lücke entsteht, wenn ein bewusstseinssteigerndes Interdependenzverhältnis sprachlicher Formulierung und erstpersonalen Erlebens sprachtheoretisch zu wenig Berücksichtigung findet. Mikrophänomenologisch wird noch deutlicher, wie sehr das Erleben, um formuliert zu werden, auf eine steigerungsfähige Bereitschaft angewiesen ist, mit der sich der Sprachverwender in seinem Begriffsgebrauch auf den nicht antizipierbaren Strom des Erlebens einlässt. Darum verwehrt sich Merleau-Ponty gegen psychologische Ansätze, in denen Sprache wie ein „Erscheinungsablauf dritter Person" beschrieben werde, als Reiz-Reaktionsmuster, durch das Menschen so sprechen würden, wie Glühbirnen glühen.[238] Hinge Bedeutung mit antrainierten oder neurologisch fixierbaren Erlebnissen und Gedanken zusammen, so wäre das Phänomen einer Formulierung, die prozessual geschieht, wobei sie das Erleben vertieft und bewusster macht, weder verstehbar noch denkbar. „Alles Denken", so folgert der Phänomenologe daher, „sucht" im Ausdruck „gleichsam seine Vollendung", denn das denkende und sprechende Subjekt kennt seine eigenen Gedanken eigentlich *nicht*,

> solange es sie nicht für sich selbst formuliert, ja solange es sie nicht ausgesprochen oder niedergeschrieben hat, wie das Beispiel der Schriftsteller zeigt, die ein Buch beginnen, ohne recht zu wissen, was darin stehen werde. [...] Gewiß ist der Vorgang des Denkens ein blitzartig augenblicklicher, doch bleibt uns sodann, es uns anzueignen; und wir machen es uns zu eigen nur durch den Ausdruck.[239]

Die auf dem Boden der „stummen Erfahrung" gewachsenen Formulierungen, lassen das Erleben „im Organismus der Worte" weitergehen, wenn ein Ausdruck „ein neues Erfahrungsfeld, eine neue Erfahrungsdimension" eröffnet.[240] Begriffe wie „Vollendung" implizieren den Initial- oder Anfangsmoment einer Formulierung, den Merleau-Ponty als Zustand des Mangels kennzeichnet.[241] Dieses Moment, wie ich im vorletzten Teil (Kap. 12.1 *Hunger nach Worten*) andeuten möchte, hat das Potential sprachphilosophische Alternativen zu eröffnen, um über ein repräsentationalistisches sowie konstruktivistisches sprachphilosophisches Grundlagenmodell hinauszukommen.

---

dieser Unterscheidung – vor allem hinsichtlich Merleau-Pontys Begriff der „gesprochenen Sprache" – heraus, da der Phänomenologe eine Erklärung schuldig bleibt, wie es zur Sedimentierung gesprochener Sprache gekommen ist.
238 Vgl. Merleau-Ponty, *Phänomenologie der Wahrnehmung*, 208.
239 Ebd., 210.
240 Vgl. ebd., 216.
241 Vgl. ebd., 218.

5.3 Gendlins mäeutische Sprachpraxis

Folgende Beispiele stammen nun weder von bekannten Literaten und Philosophen, noch kommen sie aus der Mikrophänomenologie, die die Komplexität der Ideen- oder der Wahrnehmungsgenese erforschbar macht, *nachdem* sie geschehen ist. Die Beispiele veranschaulichen den schrittweisen Prozess der langsamen Genese einer Formulierung, während diese anhand von Übungen geschieht, die Eugene Gendlin als *Thinking at the Edge* entwickelt hat.[242] Diese sprachlichen Aneignungen von etwas, das erst vage gedacht oder gefühlt werden kann, zeigen erneut, dass weder Repräsentations- noch Konstruktionsmodelle einen Formulierungsprozess verständlich machen können bzw. das, was in einer solchen Arbeit an und mit der Sprache geschieht. Die Studierenden, von denen die nun folgenden Transkripte stammen, stellen sich Motive oder Fragen, die aus ihren Forschungsinteressen oder sonstigen Engagements hervorgegangen sind, die sie zwar deutlich fühlen, aber nicht leicht zur Sprache bringen können. In der Übung bestätigt sich schnell, was Nagel wiederum so treffend auf den Punkt gebracht hat, nämlich dass die Schwierigkeit einer solchen Formulierung darin besteht, etwas sprachlich nicht flacher zu machen, als es erlebt, geahnt und gedacht wird. Denn dadurch, so wiederum Nagel, werden Antworten oder Anschlussfragen eingeladen, die zwar der verbalen, aber nicht der gefühlten Form entsprechen. Die folgenden Exzerpte geben einen kleinen Eindruck vom „considerable effort"[243], der mit einer solchen Formulierung einhergehen muss, damit sie nur einigermaßen gelingt. Die formulierende Person tastet sich wie in einem dichten Nebel

---

[242] Die Transkripte stammen aus Seminaren, die ich an der University of Chicago, an der DePaul University in Chicago und an der University of Iceland gehalten habe, in denen ich u. a. die Forschungsmethode *Thinking at the Edge* vorgestellt habe, die von Eugene Gendlin an der University of Chicago entwickelt worden ist, um relevante Aspekte der eigenen Forschung so zur Sprache zu bringen, dass deren Komplexität nicht reduziert wird. Die eigene Theorie wird dabei bereichert und systematisiert. Mit *Edge* sind jene Aspekte gemeint, die nicht leicht zur Sprache zu bringen sind, aber als relevant gefühlt und erlebt werden können. Vgl. dazu z. B. Donata Schoeller, „Anfang: ein hermeneutisch-pragmatistischer Annäherungsversuch", in *Kehrseiten: Eine andere Einführung in die Philosophie*, hrsg. v. Natalie Pieper and Benno Wirz (Freiburg/Br.: Alber, 2014), 15–35; Satoko Tokumaru und Mariyo Kida, *Qualitative Research with TAE Steps: Thinking at The Edge; Theory and Applications* (Hiroshima: Keisuisha, 2011); Heinke Deloch, „Das Nicht-Sagbare als Quelle der Kreativität: E.T. Gendlins Philosophie des Impliziten und die Methode Thinking at the Edge", in Stefan Tolksdorf und Holm Tetens, *In Sprachspiele verstrickt – oder: Wie man der Fliege den Ausweg zeigt; Verflechtungen von Wissen und Können* (Berlin: De Gruyter, 2010), 259–84; Eugene T. Gendlin, „Introduction to 'Thinking at the Edge'," *The Folio* 19, Nr. 1 (2000–2004): 1–8, letzter Zugriff 19. November 2018, http://www.focusing.org/tae.html.
[243] Nagel, *View from Nowhere*, 56.

vorwärts, wobei das Gelingen nicht garantiert ist. Die *Vollendung*, die Merleau-Ponty beschreibt, wird als Erleichterung erlebt.

Paul (Pseudonym) geht es darum, die Motivation hinter seinem sozialen Engagement besser zu verstehen, das unterschiedliche Aktivitäten umfasst. Er weiß und weiß doch auch nicht, dass die verschiedenen Ebenen seines Einsatzes in *einer* Motivation zusammenhängen, und dass er diese vage mit dem Stichwort Spiritualität verbindet. Im Zuge der Übung arbeitet er mit konkreten Erlebnissen, Situationen und Beispielen und hält hartnäckig an der unklar gefühlten Verbindung zwischen den äußerst unterschiedlichen Formen seines Engagements fest.

Wie bei den mikrophänomenologischen Übungen arbeiten die Studierenden auch in diesen Übungen jeweils zu zweit. Die zuhörende Person unterbricht nicht, macht keine Vorschläge, kritisiert nicht, sondern notiert, was die andere sagt und liest ihr das Gesagte bei Bedarf vor. Die Übenden lernen sprecherzentriert auf die *erlebten* Unterschiede zu achten, die sich zwischen verschiedenen Formulierungen ergeben, und werden explizit eingeladen, mit unterschiedlichen Formulierungen zu experimentieren. Weitere Erlebnisse und Situationen, die beim Formulieren auftauchen, werden integriert und auf ihr Relevanz-Potential und ihre Zusammenhänge hin untersucht. In einem ersten Schritt werden Formulierungen und Kernbegriffe umkreist, um sich dem Erlebten anzunähern.

Paul schreibt:

> I had a vague feeling that it was forming a community which drew me to spirituality, however, this notion still felt very foggy. I sat in silence in order to let this theme slowly develop.
> I did not have as difficult of a time formulating my key sentence, however, it still felt incredibly unclear. It was frustrating, in part, to not be able to clearly articulate the issue at hand:
> I am drawn to spirituality as a result of the fact that it has given me the space to better form relationships.
> I felt as though this sentence began to touch the question, or theme, circulating inside of me, however, there was still a large gap. I felt closer than in the first step, yet the key sentence did not fully encompass my question.

Das unklare Motiv, um das es Paul geht, ist anfänglich nicht mit einem Satz zu bestimmen. Der Eindruck, begrifflich daneben zu greifen, ist vorherrschend und frustrierend. Das Initialmoment der Formulierung wird zunächst, genau wie Merleau-Ponty es beschreibt, als Ermangelung einer stimmigen Sprache spürbar, als Unzufriedenheit mit dem, was dazu gesagt werden *kann*. Diese zunächst unbefriedigenden Sätze werden von Paul dennoch als Antrieb erlebt, wobei die Qualität des Zuhörens als prozessfördernd hervorgehoben wird:

> It was incredibly helpful to have a partner. They did not respond, or participate in a manner other than note taking, yet verbalizing my theme and thought process was a key step in redefining my question. A part of me knew that the key sentence did not truly shed light on my question. I, therefore, had to formulate a new sentence. I had a very hard time doing so, however, in speaking aloud my thought process, the sentence came to be the following: The end result of practicing spirituality is a foundation to better form relationships. I could suddenly see the theme more clearly.

Formulierungsprozesse wie diese können weder als automatisierte Reiz-Reaktionsmuster beschrieben werden noch als antrainierte Sprachspiele, die abgespult werden. Etwas steht auf dem Spiel, und zwar für denjenigen, der spricht. Darum ist für die Übung eine hohe Konzentration nötig, sie ist streckenweise auch mit Frustration verbunden, schließlich mit genuiner Erleichterung, wenn man, dem springenden Punkt näherzukommen scheint. Angesichts der Anstrengungen der formulierenden Person bestätigt sich die oben zitierte Überzeugung Merleau-Pontys, dass man um seine Gedanken nicht weiß, bevor es gelingt, diese zu verbalisieren. Dass man durch diese Arbeit an der Formulierung mit den wiederholten Versuchen, die dazu nötig sind, nicht beginnt, willkürlich zu konstruieren, wird durch Gendlins Übungen besonders deutlich. Pauls Formulierungsprozesse geben die merkwürdige Schwierigkeit zu bedenken, die für die erste Person damit verbunden ist, sagen zu können, was sie denkt, bzw. mit der Formulierung ein Kontinuum herzustellen, in dem nicht verlorengeht, um was es ihr geht. In weiteren Schritten wird Paul eingeladen zu verdeutlichen, was er mit dem Gesagten meint, vor allem mit der für ihn zentralen Ausdrucksweise „to better form relationships". Die Bedeutung dessen, was er damit meint, so zeigt sich schnell, ist nicht leicht auf den Punkt zu bringen, weil sie aus einem Geflecht von Aspekten entsteht. Diese Aspekte haben wiederum Implikationen, die in unterschiedlichen bildlichen und gedanklichen Modalitäten zusammenhängen, die in der Formulierung zu differenzieren sind. Ein Gewebe aus zusätzlichen Gedanken, Einsichten und Überzeugungen wird langsam expliziter, genauso wie gewisse Aspekte eines netzwerkartig verstrebten intentionalen Hintergrunds, der, wie Searle es beschrieben hat, in den Begriffen und Aussagen mitwirkt.
Paul notiert:

> – to see how you fit into this world and in doing so how you connect to the people around you.
> – the image of a puzzle piece going into a puzzle.
>
> I felt as if both, although unclear, had a direct connection to my key sentence. They also, in my opinion, made it slightly less foggy.
> I then came up with the following formulations:

- to better form relationships is to have a shared care.
- to see how you fit into this world and to connect to the people around you is to connect with someone based on the mere fact that you are both human.
- the image of a puzzle piece fitting into a puzzle is synonymous with interlocking lives.

I felt as if all definitions inched me closer and closer to what was so clear in my head yet so vague in my words.

Die Spannung zwischen der gefühlten Ahnung und der Frustration, diese Aspekte so schwer zur Sprache bringen zu können, löst sich etwas, indem komplex-vernetzte Kontexte sprachlich zum Tragen kommen, die *in* der Bedeutung der gebrauchten Worte wirken und als formulierter Kontext wiederum eine Situation schaffen, in der die Bedeutungen im jetzigen Gebrauch differenzierter bestimmbar werden. Eine zusätzliche Konturierung gelingt im Einlassen auf eine erlebte Ungereimtheit oder Unlogik, die in den formulierten Sätzen bisher nicht offensichtlich geworden ist. Sie bestätigt jene Charakteristik des erlebten Ausgangspunkts, auf den schon Dilthey durch seine Beschreibungen von erlebten Zusammenhängen hingewiesen hat, die keinen Verstandeskategorien entsprechen und ohne Weiteres Widersprüchliches zusammenhalten. Das Paradoxale, das Paul noch vage bemerkt, entspricht nicht großen und klassischen Paradoxa der Logik, vielmehr ist es eine Art Ungereimtheit, wodurch die Formulierungen seines Motivs nicht mit konventionellen oder logischen Anschlusserwartungen zusammenpassen, die impliziert zu sein scheinen.
Paul schreibt:

> I found that the paradox was that since many view spirituality as a personal practice, it felt as though the motivation to practice should come from within, instead of for something, or someone, else. I think that articulating the paradox was a stepping stone in my path to formulating a more thoughtful, clear key sentence.

Der „inchoate perplexity", der nach Nagel zu begegnen ist, damit die Formulierung einer gefühlten Frage gelingt, entspricht Diltheys Betonung einer erlebten Kontinuität, die dazu befähigt, logische Widersprüchlichkeiten als zusammengehörend auszuhalten und aufrechterhalten zu können. Das gefühlte Paradoxon zu beachten erlaubt es, diese nichtlineare Charakteristik des Erlebens einzuholen, um sie formulierend anzueignen und nachzuvollziehen. Aufgrund der Formulierung dieser offenkundigen Ungereimtheit wird nun für Paul ein Kontinuum zwischen Formulierung und erlebter Bedeutsamkeit deutlicher und die Stimmigkeit wächst. Die Wortwahl gelingt auf befriedigendere Weise, der Sprachgebrauch unterbricht das Gemeinte nicht, sondern öffnet nun weitere Formulierungsmöglichkeiten:

> It led me to the following sentence:
> The end result of practicing spirituality is a humbling of oneself, as you see that you are only human and it is in this realization we can form a more solid and deep relationship with those closest to us.
> I couldn't help but smile. It finally felt as if the key sentence was beginning to resemble what was so difficult to articulate in the first and second steps. I was able to form this sentence by, again, stringing together the previous steps. It also took rewriting and rewording. I felt a strong connection to this new sentence.

Von hier aus folgen weitere Beispiele, weitere Verstrebungen und interdependente Aspekte, die die Bedeutung von Pauls Frage formulierbarer machen. Es folgen weitere Kernbegriffe, die weitere Wort- und Situationsfelder öffnen etc. Ich will Paul jedoch an dieser glücklichen Zwischenstation verlassen, um ein zusätzliches Beispiel zu bringen, das *sprechende Sprache*, um Merleau-Pontys Ausdruck zu verwenden, im Vollzug des Formulierens zeigt. Denn während die Passagen oben mit Pauls Reflexionen auf den eigenen Prozess durchsetzt und seine Formulierungen bereits bereinigt sind, demonstrieren die folgenden Abschnitte von Emma (Pseudonym) die Entwicklung eines Gedankens im O-Ton. Auch hier handelt es sich um eine Ahnung oder gefühlte Frage, die Emma als Philosophin und Künstlerin schon länger begleitet, nämlich die Frage nach einer für sie denkwürdigen *Wirksamkeit* von Tönen. Was sie mit *wirksam* meint, ist genau der Punkt, der für sie schwer deutlich zu machen ist.
Emma sagt:

> I have the feeling that it [sound] does something to us, that is like under acknowledged, we have to understand it in a deeper way how sound affects our body. .... I don't know what it is, I don't know how to .... maybe it is one of these issues I can't put into words, music is of course this non-linguistic way of communicating .... there is nothing to be said, and still I feel there is something to be said .... still [it is] important to pay attention to it, how sounds can be used in a positive way and also can have negative effects.

Die Formulierungen bewegen sich wie mit einem Blindenstock, mit dem man sich über unsicheres Terrain hinweg vorantastet. Der Weg scheint völlig unklar zu sein („I don't know", „there is nothing to be said, and still I feel there is something" etc.). Anhaltspunkt sind zunächst nur Beispiele, von denen Emma zu berichten weiß. Dazu gehört vor allem die Wirkung des Konzerts, in der eine große Menge unterschiedlicher Menschen sich im gleichen Takt bewegt und bis hin zu synchronisierten Körperbewegungen miteinander in Verbindung steht. Ähnliche Motive erkennt sie im gemeinsamen Musizieren. Zugleich fällt ihr auch der gegenwärtige Moment in Verbindung zu ihrem Thema auf: „There is .... in this office, a motorway just in front of me, it is difficult to concentrate here, because there are these sounds .... one aspect of how important this is ...." Je genauer sie versucht, der Macht dieser unterschiedlichen Wirkung von Tönen auf die Spur zu kommen, desto *auswerfender* und ungesicherter wird ihr Sprachgebrauch. Sie bewegt sich ganz eindeutig aus gewöhnlichen Sprachspielen heraus, aus einem eingeübten Kodex, wie man im Alltag über Geräusche oder über Musik spricht. Sie greift auf weitere Beispiele zurück und beginnt verschiedene Situationen miteinander in Beziehung zu bringen. Es muss kaum gesagt werden, dass die Schwierigkeit zu sagen, um was es ihr geht, nicht aus emotionalen oder unterdrückten Gründen oder aus der Ungewöhnlichkeit der Erfahrung entsteht. Sie entsteht vielmehr deshalb, weil Emma die gewöhnliche Dichte einer erlebten Qualität von Musik sprachlich nachzuvollziehen versucht. Diese ist ihr einerseits präsent und deutlich und andererseits ist sie zugleich so vielschichtig, dass Emma um Worte ringt, um dem Phänomen gerecht zu werden. Während sie die erlebte Verbindung, die über den Ton und den Rhythmus hergestellt wird, weiter in der Aufmerksamkeit hält, entsteht auf einmal ein Begriff, mit dem sich eine erste Zufriedenheit einstellt: „basic relationality". Emma versucht zu sagen, was sie damit meint:

> ...it connects .... it has such a strong connection power, ... also in the womb, heartbeat, intestines .... some basic relationality.
> Hmm .... like when sound .... is made .... it .... it moves through space and .... it moves through space .... and meets whatever .... meets everything that it can reach .... it meets all .... something like .... it hits (– in my language it is more meets), everything that is physical, all beings and phenomena ....: Yes, that is important, everything that it can reach .... and I want to add: it meets and resonates on everything it can reach...

Auch für Emma ist die Formulierung einer gefühlten Ungereimtheit an dieser Stelle äußerst hilfreich. Sie besteht für sie im Umstand, dass eine durch Töne erlebte Verbindung zwischen Menschen besteht, die man weder hören noch sehen oder berühren kann. Zum Begriff der „basic relationality" kommt nun derjenige der „vibration" hinzu, deren Wirksamkeit einen Wahrnehmungssinn hervorhebt, der auch im naheliegenden Fokus auf das Hören übersehen wird: „Maybe that is the most interesting thing to me, it can be both felt in other ways then just hearing..."

Aus diesen beiden Aspekten entsteht ein neuer zentraler Begriff: „voice". Dieser Begriff öffnet wiederum ein weiteres vernetztes Erlebensfeld, das mit dem Phänomen zusammenhängt, und auf einmal wird ihr klar, dass hierin ein springender Punkt liegt:

> Voice is .... this .... something, also something that, um, um, um, it is the ... it is also something that every phenomena and being has a voice .... there is the individual expression of .... (pause) .... of the .... kind of .... characteristic of that being and that phenomena....
> *Do you mean also chairs and books?*

> Yes, I think everything has a voice. This chair has this kind of sound .... when I sit and move on it .... another chair would have the another .... Voice is closer to something that all this expresses ... something that can be used almost like a metaphor ... this book has a .... you know, very specific voice .... I am not speaking of the sound of the pages, but the way of something being expressed by this sound .... But it can be used as a metaphor like that, how the sound of the pages, the sound of the pages does affect us, or the sound of sitting down in different kinds of chairs expresses something different to each body....
> It's a communicating of everything....

Die Beispiele einer Wirksamkeit des Tons haben Emma die weiteren Begriffe „basic relationality", „vibration" und „voice" gebracht, womit sie eine Art von Kommunikation umkreist, die von Dingen ausgeht, weil alles irgendwie tönt und dabei auf einen einwirkt. Emma führt Bücher an, in denen man blättert, Stühle, auf denen man sitzt oder die man verschiebt, Tassen, das Geräusch von der Straße oder vom Wald oder dem Computer etc. Indem ihr bewusst wird, dass Dinge durch ihre Geräusche wie mit stimmhaften Vibrationen auf sie einwirken und sich dabei je unterschiedlich ausweisen, wird Emma das buchstäblich Denkwürdige in der Selbstverständlichkeit des Erlebens und Wahrnehmens langsam klarer.

Die wechselseitig verschränkten Begriffe „basic relationality", „voice" und „vibration" werden für sie systematischer definierbar, wodurch für sie eine *stille Dimension* des Alltagserlebens oder des impliziten Wissens um die Wirksamkeit von Geräuschen erschließbarer wird. Jede Formulierung verhilft Emma zu weiteren Beispielen und Begriffsadjustierungen, die wiederum weitere Differenzierungsfäden ermöglichen, die den erlebten Ausgangspunkt verstärken. Im Rückblick auf den Prozess stellt Emma fest, wie wichtig für sie ein Feintuning auf das konkrete Erleben gewesen ist, das sie vom assoziativen Denken unterscheidet: „It is really important to connect to real examples!" Es vermittelt, so reflektiert sie, eine andere Art von Denkerfahrung, Bewusstwerdung und Klärung, als wenn das Denken, wie es in der Philosophie häufig der Fall sei, gar nicht oder nur mit imaginären Beispielen arbeitet.[244]

---

244 Andere Themen, die in meinen Seminaren von Studierenden und Promovierenden auf diese Weise behandelt wurden, sind beispielsweise: das implizite Wissen um eine Kulturdifferenz, die in der Zweisprachigkeit angelegt ist, und sich im gefühlten Unterschied des jeweiligen Sprachgebrauchs vermittelt; das Unbehagen an einer komplexen philosophischen Fachsprache im Spannungsfeld einer damit ermöglichten und verhinderten Klarheit; die gespürte Verbindung der anscheinend konträren Tätigkeiten des musikalischen Improvisierens und des Programmierens; die Zerrissenheit zwischen der menschlichen Angewiesenheit auf Hilfestellung, um zur Ruhe zu kommen, und dem Umstand, dass Unruhe (auch medial) ansteckend ist; der Zweifel an den durch Kontrolle und Kraftaufwand eingeleiteten Veränderungsprozessen in Firmen; die Intuition, dass eine wissenschaftliche Reduktion der Funktion von Träumen zu kurz greift; die unsichtbaren Grenzen von Kommunikation, die aus vergangenen impliziten Kommunikationserfahrungen

Für ein solches Formulieren und Entwickeln von Themen aus den Kontexten und Hintergründen konkreter Erfahrungen und des gewöhnlichen Erlebensstroms braucht es offensichtlich eine andere Form der Arbeit an und mit der Sprache, als wenn man beispielsweise mit guten Argumenten eine bereits feststehende Position zu verteidigen oder eine andere anzugreifen bzw. zu kritisieren hat. Im Sinne der Umsetzung einer negativen Dialektik bringen mäeutische Praktiken mit ihren Schritten und Methoden eher *aus dem Konzept* oder aus einer Struktur, die in Überzeugungen abrufbar ist, und aus einer Dynamik, die Begriffen oder Sprachspielen immanent ist.[245] Sie entwickeln einen Typus von Fragen, die den präzisierenden Charakter *erlebter* Hintergründe in Anspruch zu nehmen lehren. Ein entsprechender Fragetypus leitet dazu an, sozusagen *hart am Wind* der intentionalen Ausgerichtetheit zu formulieren, um Netzwerke zu *öffnen*, die diese Ausrichtung hintergründig bedingen. Dafür bremsen sie die Geschwindigkeit ab, mit der sich eingespielte Alltagsphrasen und Wendungen musterhaft einstellen, um innerhalb einer einverleibten Macht des Diskurses in kleinen Schritten einen Freiraum zu kultivieren. In der geschaffenen Pause können sich Begriffe *bilden*, mit deren differenzierender Wirkung experimentiert werden kann.

Statt auf eine anfängliche Definition zu drängen, fördern es die Anleitungen einer mäeutischen Sprachpraxis vor allem jene *einverleibte* Diskursgewohnheit zu unterbrechen, die reflexartig auf Distanz zu einem Thema geht, sobald man versucht, etwas zu vermitteln. Die Mikrophänomenologie spricht diesbezüglich von einer habituierten Mikrogeste der *disconnection*. Die Gewohnheit, etwas *für andere* klar darzustellen, d. h. einem diffusen Erwartungsfeld der anderen, der Zuhörenden entgegenzukommen und dabei die präzisierende Wirkung des eigenen *verkörperten Kontextes* (vgl. Kap. 9) wenig zu berücksichtigen, ist mächtig und sie zu unterbrechen unbehaglich. Diese Unterbrechung ermöglicht eine Verschiebung der Aufmerksamkeit vom intersubjektiven zum intrasubjektiven Bereich, für die es allerdings der Ermutigung bedarf. Im Unbehagen äußern sich nämlich verkörperte kommunikative Muster, die zu übertreten ungesichert und ungewohnt

---

entstehen; die Frage, wie sehr die Krise der Migration die eigene Forschungsarbeit tangiert; die intrinsische Verbindung der Aggression in der Reaktion auf aggressive Gewaltakte zu eben dieser Gewalt; die Orientierung an aktuellen Schönheitsidealen von Frauen als inkonsistente Emanzipation; Beziehungen im Gefälle von beruflichen Machtverhältnissen etc.

245 Als Beispiele bereits existierender Methoden mäeutischer Sprachpraxis ließen sich u. a. anführen: Bohms Verständnis des Dialogs, vgl. David Bohm, *Der Dialog: Das offene Gespräch am Ende der Diskussionen*, hrsg. v. Lee Nichel (Stuttgart: Klett-Cotta, 1998); Petitmengins *Elicitation Technique*, vgl. Petitmengin, „Describing One's Subjective Experience in the Second Person: An Interview Method for the Science of Consciousness"; und auch Scharmers Methode des *Presencing*, vgl. Otto Scharmer, *Theory U: Leading from the Future as It Emerges; The Social Technology of Presencing* (San Francisco: Berrett-Koehler Publishers, 2009).

erscheint. Mit der Erfahrung, dass sich im sorgfältigen Differenzieren und Klären das Gemeinte verfestigt und dadurch vermittelbarer wird, wächst jedoch zugleich der Mut, wie die obigen Beispiele zeigen, zur unvorhersehbaren Wortwahl sowie die Konzentration, den subtilen Verstrebungen gerecht zu werden. Gendlin schreibt:

> ...what was one singly fuzzy sense can engender six or seven **terms**. These terms bring their own interrelations, usually a quite new patterning. This constitutes a whole new territory where previously there was only a single implicit meaning. One can move in the field created by these terms. Now one can enter further into the experiential sense of each strand and generate even more precise terms.[246]

Um der Macht des Diskurses nicht nur mit einer Kritik zu begegnen, die diesen Diskurs wiederum manifestiert, braucht es solche Formen der Ermutigung zu öffnenden Formulierungsschritten, die noch nicht Bestandteil des philosophischen Methodenverständnisses sind.[247] Ein prä-reflexiver Anpassungsprozess setzt leicht ein, wobei nicht nur Studierende im vorauseilenden Entgegenkommen bezüglich impliziter Erwartungen, Schlussfolgerungen, Klarheitsvorstellungen und Gesprächsrhythmen ihre eigenen Fragen und Denkweisen übergehen. Indem Gendlin dazu anleitet, nachdrücklich auf die spezifischen Strukturen konkreter Erlebnisse zu achten, wird der naheliegende Sprung hin zu einer vorschnellen und bereits anerkannten Verallgemeinerung immer wieder abgebremst und unterlaufen. Das ist nicht Geringes. Denn darin liegt die Bedingung der Möglichkeit der Öffnung eines mächtigen internalisierten Sprachspiels, das in einer vorbewussten Weise festlegt, welche bereits formulierten Themen es wert zu sein scheinen, dass und wie ihnen nachgegangen wird, wie viel Zeit man dafür in Anspruch nehmen darf oder wer (und mit welchem Namen und akademischen Titeln) die Agenda setzt. Dass die Fähigkeit nachzudenken mit subtilen Vorbedingungen zusammenhängt – wie beispielsweise zu lernen, sich selbst ernst genug und sich ausreichend Zeit und Geduld für die Klärung der ureigenen Fragen zu nehmen sowie freundlich und aufmerksam mit dem eigenen Prozess umzugehen –, gehört nicht in ein konventionelles philosophisches Methodenverständnis. Diese bedauerliche Lücke spiegelt eine rationalistische Verkürzung dessen wider, was Denken heißt, die zu füllen einer von der Philosophie zu pflegenden Kultur der Nachdenklichkeit entgegenkommt. Hinsichtlich dieser

---

246 Gendlin, „Introduction to 'Thinking at the Edge'", 3.
247 Vgl. hierzu auch Donata Schoeller und Sigridur Thorgeirsdottir, „Embodied Critical Thinking: The Experiential Turn and its Transformative," *PhiloSOPHIA* 9, Nr. 1 (2019); und Donata Schoeller, „Eternal Recurrence and the Limits of Critical Analysis," *Nietzsche-Studien: Internationales Jahrbuch für die Nietzsche-Forschung* 46, Nr. 1 (2017): 153–66.

subtilen Vorbedingungen erscheint Hannah Arendt ihrer Zeit voraus, wenn sie in ihrem Werk *Vom Leben des Geistes* (1978) das Nachdenken in der Freundschaft zu sich selbst verwurzelt. Eine Formulierung des amerikanischen Philosophen Ralph Waldo Emersons paraphrasierend könnte man sagen, dass, wenn Eigenständigkeit und Kreativität im Denken vor allem eine Sache der Hartnäckigkeit sind, nämlich des hartnäckigen Festhaltens am eigenen Denken, Gendlins mäeutische Schritte gerade diese Hartnäckigkeit als Freundschaft zu sich selbst kultivierbar machen. Gendlin formuliert es wie folgt:

> Perhaps the only difference between highly creative original people and those who consider themselves uncreative is whether or not they give this sort of gentle attention and explication to their felt sensing reactions, as they read and think. It involves a certain attitude of self-worth to give one's felt sensing this kind of patience and attention.[248]

Mäeutische Schritte fördern daher die Möglichkeiten einer Bedeutungsentwicklung und eines Begriffsgebrauchs, der einen erlebten Zusammenhang nicht unterbricht oder abschneidet, selbst wenn dieser sich in Formulierungen fortsetzt, die zunächst merkwürdig, eigenartig, noch unklar oder ungereimt wirken. Solche Schritte und Methodiken sensibilisieren für die unvorhersehbar sich entfaltenden Möglichkeiten der eigenständigen Formulierungskraft. Gendlin schreibt: „People find that never again are they just unable to speak from this felt sense."[249] Die bereits erwähnte Verschränkung der Momente der Bereitschaft und des Einlassens macht es nötig, wiederum zu *erleben*, dass es sich lohnt, sich überhaupt auf das Erleben einzulassen. Um mit dem Risiko umgehen zu können, dass man in der Dichte stecken bleibt, wie etwa Törleß in den auf ihn eindrängenden Fragen und Ungereimtheiten seines Erlebens, oder dass das Einlassen auf das Erleben nichts zu erkennen gibt außer Bodenlosigkeit und die Gefahr des Zerfalls des Selbstverständlichen, bedarf es eines geschulten Umgangs mit diesem komplexen Denkstoff. Auf dieser Linie kommen sich Gendlin und Cavell überraschend nahe. Cavell schreibt:

> ...consulting one's experience and of subjecting it to examination, and beyond these, of momentarily *stopping*, turning yourself away from whatever your preoccupation and turning your experience away from its expected, habitual track to find itself, it's own track: coming to

---

248 Gendlin, Eugene T. „The Discovery of Felt Meaning," in *Language and Meaning*, Papers from the ASCD Conference, The Curriculum Research Institute (Nov. 21–24, 1964 & March 20–23, 1965), hrsg. v. James B. McDonald & Robert R. Leeper (Washington, DC: Association for Supervision and Curriculum Development), 51.
249 Gendlin, „Introduction to 'Thinking at the Edge'", 3.

attention. The moral of this practice is to educate your experience sufficiently so that it is worthy of trust.²⁵⁰

Die Moral dieser Praxis als eine Ausbildung zu veranschlagen, wodurch das Erleben überhaupt erst *vertrauenswürdig* wird, ist wohl ein ausschlaggebender Punkt. Heutige Ausbildungssysteme, die die Emphase vor allem auf abrufbares Wissen und die Kenntnis der Diskurse legen, lassen somit genau dieses kultivierungsbedürftige Vertrauen verkümmern und damit eine Emanzipierung, die darin liegt zu *erleben*, dass die Begriffe, die man gebraucht, zusammenhängender werden. Mäeutische Methodiken sind deshalb auch eine Schulung, mit der prä- und postsemantischen Bedingung der stimmigen Artikulation zu experimentieren, die es erlaubt, zu verlautbaren, was man selbst – aus der Mitte gewachsener Lebenszusammenhänge heraus – weiterdenken, fühlen und vermitteln kann. In dieser Weise fördert die mäeutische Sprachpraxis, was in Anlehnung an Cavell als Kultivierung einer *eigenen Stimme* zu umschreiben wäre. Die genannten Beispiele und Anleitungen zeigen, dass beim Formulieren einem erweiterten und verwickelten Kontext gerechter zu werden ist, dessen Welthaltigkeit die Person, die um eine angemessene Sprache ringt, tiefer in ihr eigenes Leben und die darin verankerten Bedeutungszusammenhänge führt.

5.4 James' Bedeutungsfransen

Hinsichtlich des performativen und dynamischen Charakters einer Sprech*handlung*, die bis in vorbegriffliche Anfangsphasen zurückzuverfolgen ist, spielen sich die französischen Phänomenologen und die klassischen Pragmatisten erster und dritter Generation, zu der ich Gendlin zähle, die Bälle zu.²⁵¹ Die sprachphilosophische Signifikanz eines subtilen Vorgefühls beim Formulieren findet sich in seltener Eindringlichkeit schon bei William James angesprochen. Er stößt darauf im Zuge der Frage, was wohl der Referenzgegenstand des Gedankens sei, dass Kolumbus Amerika 1492 entdeckt hat. Dabei kommt er zum Schluss, dass der Referenzgegenstand eines solchen Gedankens nicht in seinen Bestandteilen liegt (Kolumbus, Amerika, seine Entdeckung oder das Jahr 1492). Damit scheint James zunächst nichts Erstaunliches zu bemerken. Er scheint wie Frege darauf auf-

---

250 Cavell, *Claim of Reason*, 12.
251 Zum Verhältnis von Merleau-Ponty zu den klassischen Pragmatisten, vgl. Victor Kestenbaum, *The Phenomenological Sense of John Dewey: Habit and Meaning* (Atlantic Highlands, NJ: Humanities Press, 1977).

merksam zu machen, dass der Sinn des Satzes der ganze Gedanke ist. Erstaunlich ist, wie James diese Einheit beschreibt:

> It is nothing short of the entire sentence 'Columbus-discovered-America-in-1492.' And if we wish to speak of it substantively, we must make a substantive of it by writing it out thus with hyphens between all its words. Nothing but this can possibly name its delicate idiosyncrasy. And if we wish to feel that idiosyncrasy we must reproduce the thought as it was uttered, with every word fringed and the whole sentence bathed in that original halo of obscure relations, which, like an horizon, then spreads about its meaning.²⁵²

Den ganzen Satz als eine Einheit zu verstehen, legt James hier nicht zum Zweck der Bestimmbarkeit des allgemeinen Wahrheitswertes dieses Gedankens oder Satzes nahe. James' Fokus auf den ganzen Satz betrifft merkwürdigerweise fast das Gegenteil, nämlich seine nicht verallgemeinerbare „delicate idiosyncrasy", die man *fühlen* könne. Damit macht er auf semantische Dimensionen eines Satzes aufmerksam, welche jenen gemeinsamen Nenner sprachlicher Bedeutung übersteigen, für den die *Ordinary Language Philosophy* im Verweis auf die alltägliche Sprachkompetenz bindende Kriterien und Klassifikationen aufzustellen sucht. Zusätzlich zur Kompetenz des Sprachverwenders, Ausdrucksweisen und Sätze in Situationen gemäß den gängigen Regeln des Sprachspiels zu gebrauchen, macht James auf Bedeutungsaspekte eines gedachten oder gesprochenen Satzes aufmerksam, die nicht auf eine Bedeutung reduziert werden können, die alle teilen. Man müsse, so rät er, sich den Satz *vorsagen*, um an eine Bedeutsamkeit heranzukommen, die sich wie eine Ausstrahlung, wie ein weiterer Horizont öffne und die beim Denken oder Sprechen zu *fühlen* sei. Es gebe, so James, bedingende Beziehungen dieses Satzes zu anderen Themen, Gefühlen, Erlebnissen, die als Verbindungsfäden nicht grammatikalisch und logisch bestimmbar seien. Sie hingen von derjenigen Person ab, die den Satz denkt. In dieser Hinsicht könne man genau genommen nicht von diesem oder jenem Gedanken sprechen, als ob es sich dabei um subjektlose Bedeutungseinheiten handele, sondern, wie James betont, immer nur von meinem, deinem, ihrem Gedanken: „every thought being owned"²⁵³.

Beschreibungen wie „Ausstrahlung", „Fransen" oder „Obertöne"²⁵⁴ implizieren eine Bedeutsamkeit, die in der Praxis des Sprechens oder Schreibens *geschieht*. Diese Bedeutsamkeit benötigt den sich vollziehenden *Akt* des Sprechens oder Denkens. In dieser Hinsicht genügt es nicht zu sagen, dass die Bedeutung

---

252 William James, *The Principles of Psychology* (1890; Neuaufl., New York: Dover, 2012), 1:275.
253 Vgl. ebd., 226.
254 James spricht von „overtone, halo, or fringe of the word, as spoken in that sentence". – Vgl. ebd., 281.

eines Satzes von der Situation abhängt. Sie hängt genauso auch von der *Person* ab, die den Satz in einer Situation spricht. Deshalb kann man die Variabilität einer Satz-Bedeutung noch radikaler fassen: Ein in der gleichen Situation von unterschiedlichen Menschen gesprochener Satz oder selbst nur ein gesprochenes Wort kann je nachdem, wer das Wort oder den Satz sagt, etwas anderes in ihr bedeuten und je nachdem, wer weiterspricht, zu einer unvorhersehbar neuen Situation führen.[255] Deshalb muss man im Alltag nachfragen, wie jemand etwas meint. Mit James' Verweis auf idiosynkratische Bedeutungsaspekte, die vom Sprechenden oder Schreibenden abhängen, scheint sich die von Steiner angesprochene Matrix der Sprache bereits von Individuum zu Individuum zu verschieben.[256] Diese Art semantischer Verschiebung wird zum blinden Fleck, wenn Bedeutung theoretisch unabhängig von sprechenden, lesenden oder hörenden Personen untersuchbar zu sein scheint.

Die subtile phänomenologische Beobachtung von James, dass Worte, Sätze oder Gedanken beim Denken oder Sprechen mit einem individuellen Verständnisnetz einhergehen, sprengt ebenfalls eine referenztheoretische Engführung der Dyade Begriffsbedeutung und (innerer/äußerer) Gegenstand oder Sachverhalt. Sie überschreitet auch die Vorstellung der Festlegbarkeit von Bedeutung gemäß kollektiv eingespielter Sprachspiele. James bringt die bedeutungskonstitutive Rolle des jeweiligen verkörperten Sprachverwenders mit seinen biographischen Hintergründen ins Spiel, indem er auf eine subtile *Geschehens*dimension aufmerksam macht, die im Symbolisieren liegt. Im Akt, in der *Aktivität* des Sprechens oder Hörens, *geschieht* eine spezifische Bedeutsamkeit, die je nach Sprachverwender den besagten Satz anders fortführen ließe (außer eine Satzfolge wurde auswendig gelernt oder festgelegt). Dadurch wird James zu einem buchstäblichen Sprech-*Akt*-Theoretiker, indem er einen Akt hervorhebt, der in der Sprechakttheorie in ihrer Konzentration auf den propositionalen Gehalt und den Kontext ausgeblendet wird. Um an die genaue Bedeutung dessen, was gedacht und gesagt

---

255 Das einfache Spiel, von einer Gruppe von Menschen definieren zu lassen, was ein Wort, etwa Tisch bedeutet, und dann genauso viele Definitionen, wie es Definierende sind, zu erhalten, bestätigt James' Hinweis.

256 Hampe macht im Verweis auf Florian Coulmas einen ähnlichen Punkt, wenn er sagt: „Wer spricht, ist immer vor Wahlmöglichkeiten gestellt, *was* er oder sie *wie* sagen will. Verfolgt man diese Wahlmöglichkeiten im Detail, so muss man in extremis sagen, dass jeder einzelne Mensch ein wenig anders spricht." – Hampe, *Lehren der Philosophie*, 217. Hampe erinnert in dieser Hinsicht auch an Walter Benjamin, der darauf bestanden habe, „zwischen dem geistigen Wesen, das sich in einer Sprache *mitteilt*, und der Sprache überhaupt zu unterscheiden". Deshalb, so fasst Hampe zusammen, müsse in diesem Sinn betont werden, dass „[b]eides – das, was sprachlich mitgeteilt wird, und die Person, die sprachlich mitteilt – [sich] in einer Äußerung aus[drückt]. Dadurch wird die Sprache in jeder Äußerung variiert [...]." – Ebd.

wurde, heranzukommen, muss eine Person, die den Gedanken oder Satz gedacht oder gesagt hat, ihn eben *denken* oder *sprechen* (oder *schreiben*):

> The object of every thought, then, is neither more nor less than all that the thought thinks, exactly as the thought thinks it, however complicated the matter, and however symbolic the manner of the thinking may be. It is needless to say that memory can seldom accurately reproduce such an object, when once it has passed from before the mind. It either makes too little or too much of it. Its best plan is to repeat the verbal sentence, if there was one, in which the object was expressed.[257]

Wiederholt der Denkende den Satz in seiner sprachlichen Form, bringt dieser die spezifische Individualität des Gedankens hervor, d. h., was *diese* Person damit verbindet und dadurch weiterdenken oder sagen kann. James buchstabiert hier nicht die logischen Folgen einer sprachphilosophischen Theorie aus, sondern er formuliert in exakter phänomenologischer Weise eine gewöhnliche Erfahrung aus, die man beim Denken, Sprechen oder Schreiben macht. Sagt man sich seinen Gedanken im *allgemeinen* Medium der Worte vor, so findet man, falls man es vergessen haben sollte, dadurch heraus, was man damit *unverwechselbar* sagen wollte und u. U. weiter ausführen könnte.

James expliziert eine weitere subtile Geschehensdimension, indem er vorgreifend Wittgensteins Rat radikal umzusetzen scheint, tatsächlich zu *schauen*, was geschieht, wenn man etwas sagt. James *schaut* sehr genau und bemerkt dabei eine organische Qualität dessen, was man gemeinhin Gedanken nennt: „[E]ach thought is a fresh organic unity [...].“[258] Die merkwürdige Formulierung ist bei ihm kritisch gemeint. Sie kritisiert eine Vorstellungsweise, die Gedanken als gegebene mentale Einheiten wie bestehende analysierbare Elemente voraussetzt, deren Bestandteile, wie James notiert, der Addition eines Egos bedürfen. Mit dem Adjektiv *fresh* verweist er dagegen auf einen andauernden Herausbildungsprozess, der heute, wie erwähnt, unter anderem auch in der Neurophänomenologie Beachtung findet.[259] Hinsichtlich dieses Herausbildungsprozesses bemerkt James Vorphasen und Begleitphasen:

> Before we have opened our mouths to speak, the entire thought is present to our mind in the form of an intention to utter that sentence. This intention, though it has no simple name, and though it is a transitive state, immediately displaced by the first word, is yet a perfectly determinate phase of thought, unlike anything else.[260]

---

257 James, *Principles*, 276.
258 Ebd., 279, Fußnote.
259 Vgl. Petitmengin, „Toward the Source of Thoughts"; dies., „Microcognitive Science."
260 James, *Principles*, 280.

Auf den ersten Blick scheinen diese Beobachtung und ihre Formulierung in Doppelwelten zurückzuführen, aus denen Wittgensteins Pochen auf den Sprachgebrauch einen Ausweg zu bahnen sucht. Genauer betrachtet, führt James' Beachtung einer flüchtigen intentionalen *Vorphase*, die dem Sprechakt vorausgeht, jedoch aus genau diesem Problemhorizont heraus. Dieser spannt sich bekanntlich zwischen zwei Alternativen auf: Auf der einen Seite werden identifizierbare Intentionen als Bedingung von Bedeutung vorausgesetzt, die sprachlich repräsentiert werden, wobei man in die Probleme des sogenannten epistemischen Privilegs, des Privatsprachenarguments und des *Mythos des Gegebenen* gerät. Auf der anderen Seite wird die begriffliche Konstruktion von Intentionen vorausgesetzt, wobei dem passiven Aspekt von Erleben und Fühlen nicht gerecht zu werden ist.[261] Zwar verwendet auch James den Begriff der Intention, aber auf eine Weise, die den Begriff zugleich verändert. Er bemerkt ausdrücklich, dass diese Form von Intention *nicht* zu bezeichnen und deshalb auch nicht zu *identifizieren* ist. Es handele sich dabei nicht um diese oder jene Intention, die repräsentiert oder konstruiert sein könne. Dagegen macht er auf eine heute noch wenig beachtete Form von Intentionalität aufmerksam, die *transitiv* ist, überleitend zur Aussage, die sie einleitet. Dennoch ist sie als initiale Phase bemerkenswert. An einer anderen Stelle wird James ausführlicher:

> ...has the reader never asked himself what kind of a mental fact is his *intention of saying a thing* before he has said it? It is an entirely definite intention, distinct from all other intentions, an absolutely distinct state of consciousness, therefore: and yet how much of it consists of definite sensorial images, either of words or of things? Hardly anything! Linger, and the words and things come into the mind: the anticipatory intention, the divination is there no more. But as the words that replace it arrive, it welcomes them successively and calls them right if they agree with it, it rejects them and calls them wrong if they do not. It has therefore a nature of its own of the most positive sort, and yet what can we say about it without using words that belong to the later mental facts that replace it? The intention *to-say-so-and-so* is the only name it can receive. One may admit that a good third of our psychic life consists in these rapid premonitory perspective views of schemes of thought not yet articulate.[262]

James ist sich des Problems bewusst, das mit der theoretischen Erfassung der „anticipatory intention" einhergeht. Indem er sich konsequent an der erfahrbaren Sequenz orientiert, gelangt er dabei jedoch über ein skeptizistisches Szenario hinaus, das die Welt in Inneres und Äußeres dergestalt spaltet, dass es sich um zwei mit Dingen und Entitäten gefüllte Bereiche zu handeln scheint, deren Be-

---

261 Finkelstein leistet eine übersichtliche Zusammenfassung dieser Alternativen, siehe ders., *Expression*.
262 James, *Principles*, 253.

ziehung und Abgestimmtheit zum Problem werden. Anhand von James' Beobachtung sieht man sich vor eine gänzlich andere Herausforderung gestellt. Er spricht diese folgendermaßen an: Auch wenn es sich um eine „entirely definite intention, distinct from all other intentions, an absolutely distinct state of consciousness" handele, bestehe fast nichts davon aus „definite sensorial images, either of words or of things". Man müsse kurz warten („linger"), dann würden die Worte „kommen". Aber obwohl diese Vorphase, wie er ebenfalls oben betont, deutlich zu bemerken ist, dränge sich das Problem auf, was man überhaupt darüber sagen könne, „without using words that belong to the later mental facts that replace it".

James macht somit auf ein *wirksames*, Worte-kommen-lassendes Moment *vor* dem Sprechen aufmerksam, auf eine antizipatorische Intention *to-say-so-and-so*. Hinsichtlich dieses Momentes besteht allerdings die theoretische Herausforderung darin, es mit Worten zu beschreiben, die dadurch immer erst eingeleitet werden. Damit könnte es sich, ähnlich zu den im ersten Teil dieser Arbeit beschriebenen Hintergründen, um eine Bedingung handeln, die sich der sprachlichen Beschreibung und damit auch einer Sprachtheorie prinzipiell entzieht. Aber James hat eher ein methodisches und kein logisches Problem vor Augen, ähnlich dem, das Varela als die Misere der westlichen Phänomenologie anspricht. Denn das, was jene Phänomenologie anzusprechen gedenkt, sei eine „theoretical activity after the fact", wobei gerade die Erfahrung, um die es gehe, nie einzufangen sei und Phänomenologie immer nur „discourse about the experience" bleiben würde.[263]

Zwar könnte es sich auch bei der von James bemerkten Vorphase um eine theoretisch bedingte Grenze in der von Varela notierten Weise handeln; tatsächlich bereiten die klassischen Pragmatisten und ihre Nachfolger durch das Bemerken solcher Phänomene den Boden, um *neue Theorieformen* einzuleiten, die ihre Anwender dazu befähigen, statt in statischen Relationen zwischen Bezeichnetem und Bezeichnendem in dynamischen, interaktiven Relationen von Begriff und Erfahrung zu denken. Dabei tritt die theoretische Anforderung in den Vordergrund, Übergangsformen zu einer symbolischen Bedeutung *für* die Theorie-Bildung bewusst zu engagieren und in diesem Engagieren zu reflektieren. Es handelt sich dabei um die Herausbildung einer selbstreflexiven methodischen Herausforderung, die nichts Geringeres als eine Art von paradigmatischem Kern eines klassischen Theorie-Verständnisses tangiert, dessen prägendes Merkmal Nagel bereits im Titel seiner vielzitierten Studie *The View from Nowhere* anspricht. Objektive Methoden, die in wissenschaftlicher Arbeit allein die Distanz zu soge-

---

263 Vgl. Varela, Thompson und Rosch, *Embodied Mind*, 19.

nannten subjektiven Erlebensweisen, Perspektiven und Gefühlen kultivieren, um dadurch auch die Stabilität von Begriffen zu gewährleisten, haben keine Möglichkeit, eine Interdependenz zu erfassen, die James sehr genau aus der Perspektive der ersten Person zu beschreiben beginnt:

> Now I believe that in all cases where the words are understood, the total idea may be and usually is present not only before and after the phrase has been spoken, but also whilst each separate word is uttered. It is the overtone, halo, or fringe of the word, as spoken in the sentence. It is never absent, no word in an understood sentence comes to consciousness as a mere noise. We *feel* its meaning as it passes; and although our object differs from one moment to another as to its verbal kernel or nucleus, yet it is similar throughout the entire segment of the stream. The same object is known everywhere, now from the point of view, if we may so call it, of this word, now from the point of view of that. And in our feeling of each word there chimes an echo or foretaste of every other.[264] [Kursivsetzung, D.S.]

James' Aufmerksamkeit auf solche subtilen Nuancen des Sprech- und Satzerlebens macht deutlich, wie Sätze und Worte in dieser Weise als sensibilisierte Situationsmodulatoren verstehbar werden. Sie „kommen" im Alltag aus einem fühlbaren „tuning", aus einer undefinierbaren „intention *to-say-so-and-so*", welche sich beim Sprechen oder Schreiben als Rahmen mit jedem weiteren Wort gesamthaft und doch subtil verändert. Mit der gelingenden Formulierung, wird, wie er betont, das, was zunächst zu sagen intendiert war, „fuller and richer".[265] In seiner fokussierten Naheinstellung bemerkt James den gefühlten Bedeutungsstrom als eine Form von Einheit, die sich mit jedem gebrauchten Wort anders manifestiert und somit einen veränderten Vorgeschmack auf weitere Worte gibt. Sprachlich und logisch vorgebahnte Strukturen treffen so mit der Veränderlichkeit erstpersonalen Erlebens verkörperter Sprachbenutzer zusammen. Eine Matrix an sprachlichen Bedeutungszusammenhängen, wie sie Steiner anspricht, verschiebt und verändert sich in diesem gelebten Gebrauch sozusagen sogar von Wort zu Wort. Der Anthropologe und Neurologe Terrence Deacon zeigt heute übrigens, wie aktuell James' Beobachtungen und Überlegungen diesbezüglich sind. In seinen jüngsten Schriften beschreibt Deacon eine ähnliche prozesshafte Genese und Matrixverschiebung beim Sprechen, indem er einen Moment kenntlich macht, der der Sprachnutzung notwendig vorangeht. Wie James betont auch Deacon Funktionen von ephemeren Weisen des Fühlens und der Stimmungen, die er als „communication mood" bezeichnet. Damit verstärkt er die methodische Herausforderung, auf die James schon früh hingewiesen hat:

---

264 James, *Principles*, 281.
265 Vgl. ebd., 280.

We cannot start with the familiar components of expressed language, but must derive these from something far less concrete that has troubled psychology since its inception: the form of a thought before it is put into words. We find it difficult if not impossible to gain introspective insight into the nature of a word before it is formed, or the idea that a sentence conveys before it is encoded into words. Remarkably, for all the difficulty we have describing this, it is probably fair to say that a good deal, if not most, of our mental life is lived in this not-quite-articulated not-quite-formulated state.[266]

5.5 Verkehrte Reihenfolge

Sowohl James' Begriff des Intendierens als auch Deweys Begriff des Fühlens unterscheiden sich von Gefühls- und Intentionsbegriffen, die identifizierbare Referenzgegenstände voraussetzen. Auch Dewey bemerkt, dass eine antizipatorische Intention oder ein qualitatives Fühlen wichtige Funktionen hat, und dass diese nicht anders zu beschreiben sind als anhand ihrer Wirkung.

So wie James erkennt, dass sich mit einem antizipatorischen Fühlen Worte einstellen, so bemerkt Dewey, dass es darauf ankommt, sich *in* einer Situation zu befinden, genauer, eine Situation zu *fühlen*, damit relevante Unterscheidungen getroffen werden können. Er spricht diesbezüglich ausdrücklich von der „regulierenden", „kontrollierenden" und „fordernden" „Prüfstein"-Wirkung einer *fühlbaren* situativen Qualität.[267] Das Beispiel, das er hierfür u. a. heranzieht, macht dezidiert auf eine Methodik aufmerksam, auf die es auch beim wissenschaftlichen Arbeiten ankommt. Sie zu verwenden liegt jedoch derart nahe, dass sie aus dem Rahmen einer distanzierten wissenschaftlichen Methodenbeschreibung fällt. Folgende Passage belegt deshalb zwischen den Zeilen auch die Unbeirrbarkeit, mit der es Dewey um die eigentlichen Phänomene und nicht um die Diskursgewohnheiten geht:

> It is more or less a commonplace that it is possible to carry on observations that amass facts tirelessly and yet the observed „facts" lead nowhere. On the other hand, it is possible to have the work of observation so controlled by a conceptual framework fixed in advance that the very things which are genuinely decisive in the problem in hand and its solution, are completely overlooked. Everything is forced into the predetermined conceptual and the theoretical scheme. The way, and the only way to escape these two evils, is sensitivity to the quality of a situation as a whole. In ordinary language a problem must be felt before it can be stated. If the unique quality of the situation is *had* immediately, then there is something that regulates the selection and the weighing of observed facts and their conceptual ordering.[268]

---

[266] Terrence W. Deacon, „The Emergent Process of Thinking as Reflected in Language Processing," in Schoeller und Saller, *Thinking Thinking*, 136–59.
[267] Vgl. Dewey, *LW 12*, 73f.; ders., „Qualitative Thought," *LW 5*, 247.
[268] Dewey, *LW 12*, 76.

Wissenschaftlich Arbeitende kennen das nur zu gut, dass trotz der vorhandenen, präzisen Informationsfülle eine Form von Orientierungs- und Bodenlosigkeit entstehen kann, die es verunmöglicht, mit dem sich sammelnden Material zielführend zu arbeiten. Was im Material selbst nicht zu finden ist, ist beispielsweise eine Kernfrage oder eine Leitlinie, von der aus die Relevanz des Stoffes und damit auch die Reihenfolge und Ordnung dessen entsteht, was damit dargestellt werden soll. Hat man bloß Informationen, auch wenn man mehr als genug davon hat, dann hat man nichts, womit man *arbeiten* kann. Ohne Verbindung zu einer situativen Forderung, ohne den Prüfstein und die Regulation eines gefühlten Problems, selbst wenn dieses noch nicht explizit auszusprechen ist, entsteht kein Zusammenhang. Dewey bemerkt:

> Confusion and incoherence are always marks of lack of control by a single pervasive quality. The latter alone enables a person to keep track of what he is doing, saying, hearing, reading, in whatever explicitly appears. The underlying unity of qualitativeness regulates pertinence or relevancy and force of every distinction and relation; it guides selection and rejection and the manner of utilization of all explicit terms.[269]

Wissen wird allerdings in einer Form vermittelt und gelernt, in der diese Entstehungsbedingung nicht augenscheinlich werden kann. Einerseits ist ein Lernender, so Dewey, „so concerned with the mastery of symbolic or propositional forms that he fails to recognize and to repeat the creative operations involved in their construction"[270]. Andererseits stellt sich der Prozess, der zu einem fertigen Text oder Textbuch führt, auch anders dar, als er *geschehen* ist: Ein wissenschaftlicher Text beginnt mit klaren Voraussetzungen, mit Definitionen oder Prämissen, von denen aus eine schlüssige Argumentation aufgebaut werden kann, Resultate gefolgert werden und Beweise durchzuführen sind. Der Prozess beginnt mit Beobachtungen, von denen aus Verallgemeinerungen induziert werden können oder mit Gesetzmäßigkeiten, von denen abgeleitet und deduziert werden kann. Die Wege und Umwege, die zu dieser *Darstellbarkeit* geführt haben, sind in den expliziten Reihenfolgen und Darstellungen nicht mehr zu finden. Die situativ-qualitativ erfahrene Komplexität, die an dieser Klarheit mitgewirkt hat, wurde somit, wie Dewey schreibt, in den Prozess, der zur Artikulation und zu dieser Darstellung führt, „integriert". Er beschreibt diesen Integrationsprozess in der für ihn charakteristischen, aber wissenschaftstheoretisch unorthodoxen Terminologie:

> Theoretical formulation of the process is often made in such terms as to conceal effectually the similarity of „conclusion" to the consummating phase of every developing integral ex-

---

[269] Dewey, „Qualitative Thought," *LW 5*, 247f.
[270] Dewey, ebd., 252.

perience. These formulations apparently take their cue from the separate propositions that are the premises and the propositions that are the conclusions as they appear on the printed page. The impression is derived that there are first two independent and ready-made entities that are then manipulated so as to give rise to a third. In fact, in an experience of thinking, premises emerge only as a conclusion becomes manifest. The experience, like that of watching a storm reaches its height and gradually subsides, is one of continuous movement of subject-matters.[271]

Eine von Dewey fast poetisch-metaphorisch beschriebene stürmisch-chaotische Denkerfahrung mit ihren eigenen Phasen, mit Verdunkelungen, Höhepunkten und Aufhellungen verschwindet in der Darstellung, die durch sie möglich war: in der Eindeutigkeit und Ordnung der formulierten Positionen, Argumente und Resultate. Eine solche Erfahrung lässt sich nicht (mehr) erfassen und auch nicht beschreiben, wenn ihre Resultate im Nachhinein als ihre Bedingungen angesetzt werden. Denken oder Erkennen wird auf diese Weise zu einer in ihre Bestandteile zerlegbaren Operation. Dabei wird nicht gesehen, dass die Bestandteile und im Zusammenhang damit die Zerlegbarkeit der Operation die klaren Resultate einer Dynamik sind, die in diesen Resultaten selbst nicht mehr aufscheinen kann. Was durch die analytische Darstellung verdunkelt wird, ist eine prozessuale Klärung, in der sich viel mehr verändert hat als Argumente und Propositionen. Die zerlegbare Operation, die auf den Resultaten einer verkörperten Denkerfahrung beruht, vermittelt jedoch implizit den Anschein, als ob sie von denkenden und situierten Sprachkörpern abzukoppeln und abzutrennen sei. Neurophänomenologische Studien zur Genese einer Idee bestätigen heute, wie oben erwähnt, die von James und Dewey betonte Rolle der prä-reflexiven, somatisch gefühlten Phasen.[272] Michel Bitbol und Claire Petitmengin bemerken beispielsweise, wie ein prozessualer Artikulationsprozess zum blinden Fleck fokussierter Konzentration wird, die damit beschäftigt ist, wie und was man sagen kann. Claire Petitmengin verdeutlicht diesen blinden Fleck in einem ihrer neuesten Artikel in selbstreflexiver Weise an ihrer eigenen Arbeitsweise:

> While writing this article, my attention is absorbed in the content of the ideas I am trying to express, but I am hardly aware of the rapid succession of inner comments, light emotions, evaluations, and comparisons that I realize instant after instant to find the right words and evaluate their appropriateness. While reading this sentence, are you aware of the rapid se-

---

271 John Dewey, *The Later Works, 1925–1953*, hrsg. v. Jo Ann Boydston, Bd. 10, *1934: Art as Experience*, Text hrsg. v. Harriet Furst Simon, mit e. Einl. v. Abraham Kaplan (Carbondale, Ill.: Southern Illinois Univ. Press, 1989), 44 f. [im Folgenden *LW 10*].
272 Vgl. Petitmengin, „Towards the Source of Thoughts."

quence of micro-operations that enable you to go from the words to their meaning, paced by several saccadic eye-movements each second?[273]

Petitmengin spricht ihre Leserinnen und Leser direkt an, um darauf aufmerksam zu machen, dass im konzentrierten Nachvollzug dessen, was sie schreiben oder auch gerade lesen, sie sich nicht bewusst machen, *wie* sie schreiben, lesen oder auch denken. Und es scheint auf ersten Blick auch unmöglich, sich dessen bewusst zu werden, ohne in einen absurden Regress zu geraten. Das neurophänomenologische Team um Petitmengin geht, wie gezeigt, jedoch phänomenologisch und nicht nur logisch an das Problem heran und kann deshalb feststellen, wie Implikationen aus mechanischen auf organische Prozesse übertragen werden, die den Unterschied zwischen den Prozessarten verwischen.[274] Es liegt vor allem an der Ausübung einer selbstreflexiven Praxis, dass bemerkbar wird, wie sich eine Reflexion, eine Erinnerung, ein Gefühl oder sogar eine Wahrnehmung *entfaltet*. Die Schwierigkeit diesbezüglich hat freilich mit der bereits erwähnten ungewohnten Ausrichtung einer Aufmerksamkeit zu tun, die gegen den intentionalen Strich gebürstet wird. Diese Begrenzungen, die beispielsweise auch Searle hinsichtlich der Erforschung des *Background* betont, werden, wie ich anhand von Petitmengins Forschungstechniken beschrieben habe, durch Übung beweglich.[275] Durch die bereits erwähnte systematische Interview-Technik, die den Befragten hilft, ihre Aufmerksamkeit in dieser ungewohnten Richtung zu halten, wird in vielen kleinen Schritten mehr und mehr sagbar, was als Hintergrund zu einer Idee, zu einer Erinnerung oder was als Kontext einer intendierten Aufgabe oder sogar nur einer Wahrnehmung erlebt wird. Dabei entstehen uneingeübte Beschreibungen, die eine auf intentionale Sprechakte ausgerichtete Sprache erweitern.

Auch Deacons neuroanthropologische Forschungen dringen heute in einen präintentionalen Bereich vor, indem sie beschreiben, wie in einem gewissen „mood frame" erste Orientierungen und Erwartungen eines semiotischen Prozesses generiert werden und eine Art von kategorialer Auswahl stattfindet, die für

---

273 Petitmengin und Lachaux, „Microcognitive Science."
274 Vgl. hierzu Petitmengin, „The Scientist's Body:" „The classic compositional analysis of sentence generation is based on a formal or engineering analogy. In such artificial systems, a set of design instructions (or assembly constraints, or both) and a set of component parts precede all operations. Complex structures are accurately modeled by combining components according to these rules. So it seems natural to assume that the neural production of sentences should also proceed this way."
275 Vgl. hierzu Petitmengin und Lachaux, „Microcognitive Science:" „However, recent studies show that this lack of awareness is not a fatality. By carrying out specific mental acts, we can access our cognitive processes and describe them with reliability and great precision […]."

den Kontext „relevant" ist. In dieser Phase der neuronalen Prozessierung werden viele Alternativen durchgespielt, die von einem gefühlten Relevanz-Raster reguliert und gesteuert werden. Dies manifestiert sich in „constraints", die nicht alles sagen lassen, was sich anbietet, sondern nach einer gewissen Formulierung oder Ausdrucksweise weiter suchen lassen, wie Deacon schreibt: „Many cycles of word elicitation may occur within the frame of a single predication-orientation. This frame must also impose agreement constraints on the subsequent elicitation of words."[276] Wie dies wiederum möglich ist, untersucht Deacon detailliert und deutet dabei die Komplexität eines Prozesses an, an dem viele Regionen des Gehirns teilnehmen und polymodal zusammenarbeiten.[277] Um ein regulierendes Vermögen besser verständlich zu machen, das sich als „constraint" äußert, um nicht irgendetwas, sondern etwas ganz Bestimmtes zu sagen, geht Deacon weit zurück bis ins vorsprachliche Alter. In der Sprache der Phänomenologen, Hermeneutiker und der amerikanischen Pragmatisten ausgedrückt, verdeutlicht er damit erneut, dass es das verkörperte Erleben von lebensweltlichen Situationen in ihrer ganzen geschichteten und sich (onto- wie phylogenetisch) entwickelnden Komplexität ist, welche in diesem präzisierend-kontextualisierenden Sprachgefühl mitwirkt. Eine regulierende Formulierungsfähigkeit ist, wie Deacon sagt, „implicit in the experience of communicating in general", welche breiter zu fassen ist als die propositionale Form von Kommunikation. Vorsprachliche Phasen von Kommunikationserfahrung gehen kontinuierlich in sprachliche Phasen über und weiter:

> Uniquely in human development there is a period during the first year and a half of life where the infant communicates with its caretakers largely by indexical means, and in particular by pointing. The success or failure to achieve a desired result by enlisting one's caretaker's actions is dependent on disambiguating indexical communication. So by the time the infant begins to do this with words combined with gestures and eventually with words alone, there has already been extensive experience with the demands of this process. The semiotic infrastructure on which linguistic communication will be built is already in place. The transition is not discontinuous from non-linguistic to linguistic, but rather a case of further differentiating communication tools already well developed.[278]

---

276 Terrence W. Deacon, „Language as an Emergent Function: Some Radical Neurological and Evolutionary Implications," *Theoria* 54 (2005): 278.
277 Vgl. ebd., 275: „The arousal process almost certainly involves limbic structures and adjacent perilimbic cortical regions, as well as deeper brain structures associated with social arousal. Cortically this probably includes the anterior cingulate cortex, which mediates the arousal and monitoring process. These earliest phases are also comparatively slow-changing, so that that many sentences may be differentiated within a single generalized communicative mood. Later phases will correspond with progressively smaller units of a communicative act."
278 Deacon, „Emergent Process of Thinking."

6 Tentative Sprechakte

Auf der Basis der bisherigen Untersuchungen, möchte ich den Fokus nun erweitern, um den tastenden Sprachgebrauch, an den ich mich in den letzten Kapiteln angenähert habe, als *tentativen* Sprechakt einzuführen. Mit einer solchen Bezeichnung ist dieser Sprechakt zunächst in einem weiteren sprachphilosophischen Kontext zu positionieren, wobei sich gleichzeitig grundsätzliche Fragen zum Status solcher Sprechakte stellen.[279] In diesem Kapitel möchte ich deshalb nochmals philosophiegeschichtlich etwas weiter ausgreifen. Im Rückgriff auf Hegel soll zunächst klarer werden, dass ein entwickelnder Sprachgebrauch von der Dialektik abzugrenzen ist, die ja jeweils nahezuliegen scheint, wenn in der Philosophie von Bewegungen die Rede ist, die Identifikationsverhältnisse untergraben. Dass bereits der Ausgangspunkt einer bedeutungsentwickelnden Bewegung, die in der Formulierung stattfindet, nicht dialektisch einzuholen ist, hat schon der Beginn meiner Studie kenntlich gemacht. In diesem Kapitel zeigt sich zudem, dass die formulierende Entwicklung weder mit dem mächtigen Modell der Dialektik noch mit den heute vorherrschenden Ansätzen der gegenwärtigen *Sprechakttheorie* zu erfassen ist. Auf diese Weise wird deutlich, dass weder der letzte erfolgreiche Ansatz der *großen Erzählungen* der Metaphysik noch die Metaphysik-kritischen Ansätze der *Ordinary Language Philosophy* oder *Sprechakttheorie* sprachphilosophische Mittel zur Verfügung stellen, um über die Möglichkeit sowie den Stellenwert *tentativer* Sprechakte nachzudenken. Sie fallen auf diese Weise aus dem Rahmen dominanter Ansätze der Philosophie der Gegenwart wie der Vergangenheit und füllen damit eine Lücke, die nicht marginal ist, wie in diesem Kapitel gezeigt werden soll. Im Rückgriff auf die Psychotherapie und auf Austin wird schließlich deutlich, dass der Begriff der Performativität, wie ihn die *Ordinary Language Philosophy* einführt, hilfreich ist, aber noch der Ergänzung bedarf, wenn man mit ihm über die Wirksamkeit *tentativer* Sprechakte nachdenken will.

6.1 Sich an klare Begriffe heranreden

Die Aufgabe vieler Gespräche im Alltag, in der kreativen oder auch wissenschaftlichen Arbeit, scheint, wie die Beispiele in Kapitel 5 verdeutlicht haben,

---

[279] Teile dieses Kapitels erscheinen auf Englisch unter dem Titel: Donata Schoeller, „Challenges of Speaking Authentically from Experience," in *Authenticity: Interdisciplinary Perspectives from Philosophy, Psychology, and Psychiatry*, hrsg. v. Godehard Brüntrup und Michael Reder (Heidelberg: Springer, voraussichtlicher Erscheinungstermin Frühjahr 2019).

häufig in nichts anderem zu bestehen, als besser beschreiben oder formulieren zu können, worum es einem eigentlich geht. Gespräche dieser Art sind nicht als marginale Erscheinungen des kommunikativen Verhaltens von Menschen zu erachten. Vielmehr dienen sie heute und seit jeher dafür, sich besser in einer dichten Unübersichtlichkeit zurechtzufinden, die menschliche Lebensformen, Gedankenwelten und Situationen auszeichnet. Eine entsprechende Verarbeitungsstrategie wird von einem Literaten empfohlen, der schon vor gut 200 Jahren rät: „Wenn du etwas wissen willst und es durch Meditation nicht finden kannst, so rate ich dir, mein lieber, sinnreicher Freund, mit dem nächsten Bekannten, der dir aufstößt, darüber zu sprechen."[280] Es lohnt sich, so empfiehlt Kleist, über das „Verworrene" zu sprechen, denn Gedanken, darauf verweist schon der Titel der berühmten kleinen Abhandlung, *verfertigen* sich beim Reden.

So wie es möglich erscheint, sich an noch Verworrenes gleichsam *heranzureden*, ist es möglich – das erwähnt Kleist nicht –, sich immer weiter davon *wegzureden*, bis keine Spur mehr davon übrig geblieben ist, worum es einem anfänglich ging. Genau das scheint die Herausforderung dieser Art von Gesprächen zu sein: etwas zur Sprache kommen zu lassen, das flüchtig und zerbrechlich ist, das man noch nicht fest als Bedeutung hat, und worauf deshalb auch nicht leicht zurückzukommen ist. Gerade hierfür scheint es nötig zu sein, sagen zu können, was man denkt oder fühlt, um den Gedanken oder das Gefühl nicht gleich zu verlieren, sondern es zu stabilisieren. Der Physiker Heisenberg hat dieses unklare *Sich-Heranreden* anscheinend zur systematischen Methode im Umgang mit einer zunächst noch diffusen Idee erhoben, wie es Hans Peter Dürr beschreibt:

> Insbesondere in der kreativen Anfangsphase gab er der Sprache gegenüber der mathematischen Ausdrucksweise den Vorzug, da sie unschärfer war und sich deshalb für Tastversuche besser eignete, als das Präzisionswerkzeug der Mathematik. Er dachte dabei laut vor sich her, sprach langsam und konzentriert, oft mit geschlossenen Augen oder an die Decke blickend, die Hände mit gespreizten Fingern aneinander gelegt. Er war geduldig beim Zuhören, unterbrach selten. Im Mittelpunkt des Gesprächs stand das gemeinsame Problem und der Wunsch, es zu erfassen und zu klären. Man tastete sich heran, spielte es dem anderen zu, wie in einem freundschaftlichen Tischtennisspiel, wo beide darauf achten, daß der Ball im Spiel bleibt. Die ganze Aufmerksamkeit war darauf gerichtet, den Gesprächspartner wirklich zu verstehen und nicht ihn sophistisch über seine mangelhafte und unzureichende Ausdrucksweise stolpern zu lassen. Man konnte stammeln, man konnte vage, ja unverständlich reden, und er würde erraten, was man eigentlich sagen wollte, würde es in eigenen anderen Worten wiederholen, so daß man oft erfreut ausrufen konnte: „Ja, genau so ...!" Während eines solchen ausgedehnten und intensiven Gedankenaustausches verschärften sich die Vorstellungen und Begriffe, so daß ihre Konturen klarer erkennbar wurden.[281]

---

280 Kleist, *„Verfertigung der Gedanken"*, 88.
281 Hans Peter Dürr über Heisenberg zum 80. Geburtstag, Manuskript, 1981.

Grundsätzlich ist festzustellen, dass das Phänomen, das Kleist beschreibt, und das Heisenberg als Methode mit seinen Mitarbeitern eingeführt hat, und das hier im Zentrum meiner Untersuchung steht, dem Rat widerspricht, der oft Kindern gegeben wird, zuerst zu denken und dann zu sprechen. Es widerspricht auch dem klassischen, auf Descartes zurückgehenden philosophischen sowie wissenschaftlichen Methodenverständnis, mit Klarem (Definitionen, Beobachtungen, Sachverhalten) zu beginnen. Es widerspricht dem viel zitierten Rat des frühen Wittgenstein, zu schweigen, wenn man nichts Klares zu sagen hat. Es widerspricht dem gegenwärtig in der Sprachphilosophie postulierten Prinzip der Ausdrückbarkeit, das besagt, dass Sprechakte nur dann gelingen können, wenn man identifizierbare Sachverhalte oder Intentionen mitzuteilen hat. Es widerspricht jedoch nicht der Empfehlung des bedeutenden Naturwissenschaftlers Niels Bohr, über den Frankfurt berichtet: „He said to have cautioned that one should never speak more clearly than on can think."[282]

Das Phänomen, sich an Unklares *heranreden* zu können, so dass sich, wie bei Heisenberg, Vorstellungen und Begriffe *verschärfen*, hängt auch mit einer weiteren Möglichkeit zusammen, nämlich sich anhand dessen, was man noch vage meint, fühlt, denkt etc., aus vorgefassten Begriffen und vorgefertigten Konzepten und Kategorien *herausreden* zu können.

Dies soll im Folgenden mit Hilfe psychotherapeutischer Transkripte veranschaulicht werden, die wie ein Vergrößerungsglas dazu dienen können, eine begriffsunterlaufende und bedeutungsentwickelnde Bewegung zu veranschaulichen. Mit dem folgenden Transkript zeigt der Philosoph und Psychotherapeut Gendlin, wie sich ein selbstgesprächsartiger Formulierungsversuch den begrifflichen Mustern, die darauf anwendbar zu sein scheinen, immer wieder entzieht. Das betrifft unter anderem auch festgelegte Charakteristika von Erfahrung.

Wenn Kant etwa von Erfahrung spricht, dann ist damit eine Erfassungsweise gemeint,

> die Verstand erfordert, dessen Regel ich in mir, noch eh mir Gegenstände gegeben werden, mithin a priori voraussetzen muß, welche in Begriffen a priori ausgedrückt wird, nach denen sich also alle Gegenstände der Erfahrung notwendig richten und mit ihnen übereinstimmen müssen.[283]

Eine solche apriorische Gegenstandskonstitution entspricht in ihrem Grundmuster auch psychotherapeutischen Auffassungen von Erfahrung. Wenn Therapie-Kandidaten darüber sprechen, was sie wie erfahren, können sie vom Thera-

---

[282] Frankfurt, *Taking Ourselves Seriously*, 3.
[283] Kant, *WA* 3, 26.

peuten eines entsprechenden Grundmusters überführt werden. Dieses Muster zielt auf eine Essenz der Erfahrung, um die es untergründig zu gehen scheint. Wie in der transzendentalen Erkenntnistheorie so wird auch in psychotherapeutischen Lehren unterschiedlicher Richtungen die menschliche Erfahrungsweise gleichsam als a priori so eingestellt erachtet, dass ein Mensch die Erfahrungen macht, die jeweiligen Grundbegriffen oder -mustern entsprechen (Adler zufolge etwa einer „verweichlichten", Freud zufolge einer „triebhaften", Jung zufolge einer „archetypischen", Skinner zufolge einer „zwanghaften" Erfahrung etc.).

Das folgende Exzerpt führt nun eine Bewegung vor Augen, welche beim Sprechen – unbeabsichtigt – die psychotherapeutischen Kategorien unterwandert, die darauf anwendbar zu sein scheinen. Herr X, um den es im Folgenden geht, hat ein Autoritätsproblem. Es liegt psychoanalytisch nahe, dass dieses Problem auf einem ungelösten ödipalen Konflikt beruht, der dazu führt, dass gewisse Menschen belastende Emotionen bei ihm hervorrufen. Das wiederum liegt, psychoanalytisch betrachtet, an einer Übertragung, der zufolge Herr X in diesen Menschen jeweils den eigenen Problemen mit seinem Vater wiederbegegnet. Herr X sagt selbst:

> „Yes, from what I've read I agree that I have an Œdipal conflict, but I'm not aware of that. I guess I must have repressed it. What I *am* aware of is that I get so mad I can't eat or sleep and I argue with myself constantly. I know how I ought to behave, how I wish I behaved, but when some little thing happens, then I blow up."

Der Sprechende unterscheidet hier eine Diagnose, die auf ihn anwendbar zu sein scheint, derer er sich jedoch nicht bewusst ist, von tatsächlichen Gefühlen, die ihm den Schlaf rauben. Er glaubt zwar auch, dass er unter einem ödipalen Konflikt leidet, meint aber, weil er sich dieses Konfliktes nicht bewusst ist, dass er ihn, wiederum der Theorie gemäß, wahrscheinlich unterdrückt. Fraglos scheint einzig ein Ärger bemerkbar zu sein, der alles andere einzunehmen droht. Herr X fährt fort:

> „I'm mad. Let's see, why do I get so mad? I understand a lot about the dynamics of it, but that gets me no place. I mean, I know it's true and all that, but I'm still just as mad. It hasn't gotten any better. It just doesn't 'give.' Let's see." (Silence . .) Sigh. „Well, uh, it's funny but it seems to me now that I'm not really angry. Resentful is more like it. My feelings are hurt, really. Hurt, I think really I'm hurt. I feel so bad that people don't think more of me, that I'm such a mere hireling, I mean that's nobody's fault, of course, but I can't be told to like that, like they talk to me. I won't stand for it, I mean it hurts my feelings."

An dieser Stelle macht Gendlin darauf aufmerksam, wie sich die Beschreibung ändert und damit ein anderer Aspekt der Erfahrung, die geschildert wird, in den

Vordergrund tritt. Während zuvor von einem Zustand des Ärgers die Rede gewesen ist, der ihn weder essen noch schlafen lässt, erkennt er nun, dass es eigentlich ganz andere Gefühle sind, die ihn belasten: Verletztheit und Demütigung. Diese Veränderung beruht nicht auf einer Analyse oder auf einer distanzierten Betrachtung; Herr X ist vielmehr konzentriert damit beschäftigt auszudrücken, was er zu sagen versucht, wobei er sich in jedem Moment wieder korrigiert:

> „Oh, I'm not really hurt by this at all. I don't care what they think of me. The trouble is that I will have to leave this job, and I am *afraid* to go out and look for something. I'm afraid to go out and tackle the world, and I get very desperate when they show me in every way that I can't stay in this job and respect myself. I feel that they just *have to* treat me better, because I need not to have to leave."

Kurze Zeit später fügt er hinzu:

> „I've always been afraid to be a person among people, a man among men. It's as if, just because I'm me, I can't quite get around in the world or face life."[284]

Die unterschiedlichen Wendungen, die Herr X sprachlich unternimmt, um der Schwierigkeit seiner Alltagserfahrung auf die Spur zu kommen, könnte man als Ausdruck gewisser definierter Muster interpretieren. Es ist eine gewohnte Strategie der fachlich geschulten Aufmerksamkeit eines psychologischen Experten, auf Muster zu achten, welche es erlauben, Verhaltensweisen und Aussagen zu symptomatisieren.[285] Was von Herrn X gesagt wird, kann auf diese Weise ein Indiz für Triebängste sein, aber auch ein Indiz für ganz andere Muster oder Musterauffassungen[286] wie beispielsweise „Machtsensibilität", „Beziehungsfähigkeit" oder für das gegenwärtige breite Spektrum der ADS-Störungen.[287] Je nach therapeutischer Schule werden andere Grundvorstellungen zur Deutung der Symptomlage und zur Diagnose herangezogen. Die Veränderlichkeit der Aussagen über den eigenen Zustand während einer Therapiesitzung (wie im Falle von Herrn X oben) sowie die unzähligen Möglichkeiten unterschiedlicher Interpretationen erwecken den Anschein einer völligen Beliebigkeit bzw. eines radikalen Kon-

---

[284] Eugene T. Gendlin, „Experiencing and the Nature of Concepts," *The Christian Scholar* 46, Nr. 3 (Fall 1963): 249f.
[285] Vgl. hierzu Kap. 7.
[286] Vgl. Gendlin, „Experiencing and the Nature of Concepts," 250. Siehe hierzu auch Eugene T. Gendlin, „Existentialism and Experiential Psychotherapy," in *Existential Child Therapy*, hrsg. v. Clark Moustakas (New York: Basic Books, 1966), 206–46.
[287] Vgl. zu diesem breiten Spektrum beispielsweise das einschlägige Werk von Edward M. Hallowell und John J. Ratey, *Driven to Distraction: Recognizing and Coping with Attention Deficit Disorder from Childhood to Adulthood* (New York: Anchor Books, 1994).

struktivismus des Erlebens im Sinne Heinz von Foersters, der vermutet, dass sich in solchen Prozessen die Erfindung einer Welt abspielt.[288] Diese Welt wird durch das kreiert, was man sagt. Der konstruktivistische Schluss liegt in der Tat nahe, wenn man den Artikel, der den Fall des Herrn X anführt, zu Ende liest. Am Ende berichtet Gendlin von einem Klienten, der einen therapeutischen Prozess erfolgreich absolviert hat, indem er seine verwirrenden Erlebnisse und Gefühle anhand eines eigenen Interpretationsmodells zu klären beginnt, das sich am Tennisspiel orientiert. Dieser Fall scheint einen gewissen Anschein von Beliebigkeit in der gewöhnlichen Erfahrung zu bestätigen, wonach es keinen Unterschied zu machen scheint, ob die klärende Analyse einer tiefenpsychologischen Forschung entstammt oder Allerweltsweisheiten, die man aus Sportregeln gewinnt. Der Anschein der Kontingenz wird von dem Umstand unterstützt, dass es unterschiedlichen therapeutischen Richtungen zwar auf unterschiedliche Strukturen des Psychischen ankommt, keiner jedoch ein eindeutiger Vorrang zukommt, was den Erfolg der Behandlung anbelangt.[289] Auch dies verstärkt den Eindruck eines passiven, ungenauen und unpräzisen Charakters der Alltagserfahrung, der unterschiedlichste Interpretationsformen aufgedrängt werden können. Einen ähnlichen Schluss legt das Experiment von Nisbett und Wilson nahe, das bestätigt, wie leicht die Interpretation eines Erlebnisses manipuliert werden kann, da sich 80 % der Teilnehmer im Zuge eines Experiments hinsichtlich ihrer eigenen Deutung dessen, was sie wie erlebt haben, widersprechen.[290]

Die Volatilität des Erlebens im Verhältnis zu seiner Interpretation erscheint von der Annahme einer bestehenden Struktur aus sprunghaft und willkürlich zu sein. Sie erscheint aber nicht als sprunghaft im aufmerksamen Versuch, das Erlebte zur Sprache zu bringen – unabhängig von Mustern, die man kennt, oder von Konsistenzerwartungen. Die Beweglichkeit könnte in dieser Hinsicht auf etwas anderes verweisen. Es könnte an der Präzision der erlebten Situation liegen, dass es möglich wird, aus der Ersten-Person-Perspektive die Konzeptualisierung, den

---

[288] Vgl. „Rück- und Vorschauen: Heinz von Foerster im Gespräch mit A. Müller und K.H. Müller", in *Konstruktivismus und Kognitionswissenschaft: Kulturelle Wurzeln und Ergebnisse*, Heinz von Foerster gewidmet, hrsg. v. Albert Müller, Karl H. Müller und Friedrich Stadler (Wien: Springer, 1997), 233.
[289] Vgl. Klaus Grawe, *Psychologische Therapie* (Göttingen: Hogrefe, 1998).
[290] Vgl. Richard E. Nisbett und Timothy DeCamp Wilson, „Telling More than We Can Know: Verbal Reports on Mental Processes," *Psychological Review* 84, Nr. 3 (1977): 231–59. Claire Petitmengin hat ihrerseits ein wichtiges Gegenexperiment konzipiert, in dem sie zeigt, dass wenn den Teilnehmern die Chance gegeben wird, ihren erlebten Eindruck artikulierend zu vertiefen, eine solche Manipulierung nur noch in sehr geringem Grad möglich ist. Vgl. Claire Petitmengin u. a., „A Gap in Nisbett and Wilson's Findings? A First-Person Access to Our Cognitive Processes," *Consciousness and Cognition* 22, Nr. 2 (2013): 654–69. Ich werde darauf in Kap. 13.2 zurückkommen.

Begriff oder die Beschreibung, die jeweils auf eine Situation angewendet wird, unerwartet zu modifizieren.[291]

6.2 Zur dialektischen Hemmung, den Reichtum des Hier und Jetzt zu entwickeln

In Anlehnung an Hegel könnte man sagen, dass die theoretische Herausforderung einer solchen Modifikation also nicht in der kontingenten Identitätslosigkeit des Erfahrenen liegt, sondern im „Gegenstoß", der in solchen erstpersonalen Beschreibungsversuchen zum Vorschein kommt. Der Begriff des Gegenstoßes scheint nahezulegen, die Bewegung der oben angeführten alltäglichen Sätze mit der Bewegung der spekulativen Sätze Hegels vergleichen zu können. Letztere unterwandern eine Identität von Subjekt und Prädikat, so dass eine Krümmung der Bedeutungszuweisung geschieht.[292] Hinsichtlich der Frage, wie die Entwicklung der Sätze von der Art des Herrn X induziert wird, erscheint ein Blick auf Hegel hilfreich, der entgegen der Vorstellung eines Subjekts, an das Prädikate gereiht werden, eine weitere Instanz einführt: „…hier tritt an die Stelle jenes Subjekts das wissende Ich selbst ein und ist das Verknüpfen der Prädikate und das sie haltende Subjekt."[293] Analog zum wissenden Ich, das bei Hegel in die Bewegung der Begriffe eingeht, ist es im obigen Transkript, so könnte man sagen, das erlebende Ich, das verhindert, dass die Prädikate und Subjekte identisch ineinander fallen. Es erscheint reizvoll, dieses Verhältnis mit Blick auf den Anfang der dialektischen Bewegung in Hegels *Phänomenologie* etwas weiter zu konturieren. Dabei erlaube ich mir im Folgenden Hegel nicht „im Kontext"[294] zu lesen. Vielmehr übertrage ich den Text auf das Problemfeld, das hier untersucht wird, um dafür zu sensibilisieren, wie sich darin ein metaphysisches Erbe auswirkt, welches das Nachdenken über die klärende Artikulation dessen, was wir im Alltag erleben, bis heute erschwert.

Die *Phänomenologie* beginnt mit der berühmten Schilderung einer Gewissheit, die als sinnliche ausgewiesen wird. Damit scheint aber nicht unbedingt eine typische Sinneswahrnehmung gemeint zu sein, kein isolierter Eindruck einer Farbe, eines Tons, einer Temperatur. Hegel umschreibt die sinnliche Gewissheit, mit der er beginnt, zunächst überraschenderweise als „reichste Erkenntnis". Er

---

[291] Vgl. Gendlin, „Experiencing and the Nature of Concepts," 251.
[292] Vgl. Hegel, *Werke* 3, 57 f.
[293] Ebd., 58.
[294] Den Begriff leihe ich von Dieter Henrich, *Hegel im Kontext*, mit e. Nachwort zur Neuauflage (1971; Neuaufl., Frankfurt/M.: Suhrkamp, 2010).

gesteht ihr sogar „unendliche[n] Reichtum" zu, und zwar einen Reichtum, in den man gleichsam „hineingehen" könne und der „keine Grenze" finde. Auch handele es sich hierbei um die „wahrhafteste" Erkenntnis, da sie von dem „Gegenstande noch nichts weggelassen, sondern ihn in seiner ganzen Vollständigkeit vor sich" habe.[295]

Hegel benötigt nur wenige Seiten bzw. sogar Zeilen, um diese Gewissheit zu dekonstruieren oder besser gesagt zu destruieren, um sie als „ärmste Wahrheit" vorzuführen.[296] Ihre Armut begründet er damit, dass der Gehalt dieser Gewissheit keine „Menge unterschiedener Beschaffenheiten" an sich habe, dass er noch nicht in vielfachen Verhältnissen zu anderen stehe, und dass kein Ich sich in dieser Gewissheit als denkendes oder vorstellendes wisse. Das hervorstechendste Merkmal dieser Gewissheit liegt für ihn schlicht darin, dass sie ist, und zwar als „unmittelbare reine Beziehung"[297]. Von hier aus vollführt Hegel die erste dialektische Bewegung, indem er zeigt, dass in der Unmittelbarkeit bereits sehr viel vermittelt ist: In ihr vermittelt die Sache mir Gewissheit, und die Sache ist in der Gewissheit durch mich. Bei dieser Unmittelbarkeit handelt es sich also bereits um eine Verflechtung, die ein unmittelbares Produkt zu liefern scheint, eine Form der Gewissheit, die aber eigentlich bereits zweifach vermittelt ist (über die Wechselwirkung zwischen der Sache und mir). Diese erste Überführung von Unmittelbarkeit in Mittelbarkeit führt Hegel im Detail aus. Das Wesentliche an der Gewissheit scheint die Sache zu sein: ein Dieses. Um es erfassen zu können, schlägt Hegel vor, es als Hier und Jetzt aufzufassen. Damit ist offenkundig, dass das besagte Dieses nicht festzustellen ist – es wechselt stets, mit jedem neuen Hier und Jetzt. Was sich als bleibend erweist, sind einzig die Begriffe hier und jetzt. Der Begriff des Jetzt hält sich, und zwar negativ gegenüber allen vorbeiziehenden Momenten, die je jetzt sind. Deshalb kommt Hegel zu dem verblüffenden und zugleich genialen Schluss: „Ein solches Einfaches, das durch Negation ist, weder Dieses noch Jenes, ein *Nichtdieses*, und ebenso gleichgültig, auch Dieses wie Jenes zu sein, nennen wir ein Allgemeines; das Allgemeine ist also in der Tat das Wahre der sinnlichen Gewißheit."[298]

---

295 Vgl. Hegel, Werke 3, 82f.: „Der konkrete Inhalt der *sinnlichen Gewißheit* läßt sie unmittelbar als die *reichste* Erkenntnis, ja als eine Erkenntnis von unendlichem Reichtum erscheinen, für welchen ebensowohl, wenn wir im Raume und in der Zeit, als worin er sich ausbreitet, *hinaus*-, als wir uns ein Stück aus dieser Fülle nehmen und durch Teilung in dasselbe *hineingehen*, keine Grenze zu finden ist. Sie erscheint außerdem als die wahrhafteste; denn sie hat von dem Gegenstande noch nichts weggelassen, sondern ihn in seiner ganzen Vollständigkeit vor sich."
296 Vgl. ebd.
297 Ebd., 83.
298 Ebd., 85.

Der unendliche Reichtum der sinnlichen Gewissheit, in den man, wie Hegel phänomenologisch zu beschreiben scheint, sogar hätte „hineingehen" können, zerstäubt in ganz und gar Un-Wesentliches. Das einzige, was davon übrig bleibt, ist die sprachliche Form:

> Die Sprache aber ist wie wir sehen, das Wahrhaftere; in ihr widerlegen wir selbst unmittelbar unsere Meinung, und da das Allgemeine das Wahre der sinnlichen Gewißheit ist und die Sprache nur dieses Wahre ausdrückt, so ist es gar nicht möglich, daß wir ein sinnliches Sein, das wir meinen, je sagen können.[299]

Indem für Hegel Wahrheit an dieser Stelle mit einer Form des Bleibens zusammenzufallen scheint,[300] fällt der zunächst als grenzenlos beschriebene Reichtum der sinnlichen Gewissheit ob seiner nicht festzustellenden Veränderlichkeit unter den Tisch (des Systemdenkers). Die Bewegung, die dennoch entsteht, tut dies gerade dadurch, dass Hegel, entsprechend einer Strategie, die Angehrn als charakteristisch für jede metaphysische Denkbewegung beschreibt, die partikulare Beschaffenheit der Dinge „zugunsten allgemeiner Strukturen, ihre[] Phänomenalität zugunsten ihrer intelligiblen Seinsform" abstreift.[301] Die wenigen Begriffe, in die der Reichtum der sinnlichen Gewissheit übergeht, geraten zwar ihrerseits in eine dialektische Bewegung, aber in diese gerät nicht, was nicht in diese Begriffe passt. So passt in die Begriffe jetzt und hier beispielsweise nicht dasjenige Bleibende, was dieses Haus, dieser Baum *für jemanden, für eine (erste) Person* bedeuten. Hegel geht über ein Bleibendes dieser Art hinweg, das sich in Form erinnerter Augenblicke ins Gedächtnis einprägen kann, die den Begriff einer Sache *erlebtermaßen* füllen, wie bemerkenswerterweise schon Leibniz vor Augen geführt hat.[302] Hegel geht jedoch auf einem schmalen, begrifflichen Steg über die ver-

---

[299] Ebd.
[300] Vgl. ebd., 84: „Um die Wahrheit dieser sinnlichen Gewißheit zu prüfen, ist ein einfacher Versuch hinreichend. Wir schreiben diese Wahrheit auf; eine Wahrheit kann durch Aufschreiben nicht verlieren; ebensowenig dadurch, daß wir sie aufbewahren. Sehen wir jetzt, diesen Mittag, die aufgeschriebene Wahrheit wieder an, so werden wir sagen müssen, daß sie schal geworden ist."
[301] Vgl. Emil Angehrn, *Der Weg zur Metaphysik: Vorsokratik, Platon, Aristoteles* (Weilerswist: Velbrück Wiss., 2000), 145.
[302] Leibniz schreibt: „§ 7. [...] Ein Kind hat zu viel Honig gegessen, sich danach übel befunden und kann nun, nachdem es erwachsen ist, das Wort Honig nicht hören, ohne Ekel zu bekommen [...]. § 12. Man meidet das Zimmer, worin man einen Freund sterben gesehen hat. § 13. Eine Mutter, die ein Kind, das sie sehr liebte, verloren hat, verliert mit ihm zuweilen alle ihre Freudigkeit, bis die Zeit den Eindruck dieser Vorstellung verwischt, was mitunter niemals geschieht. [...] § 15. Manche hassen der schlechten Behandlung wegen, die sie in der Schule erfahren haben, die Bücher ihr ganzes Leben lang." – Gottfried Wilhelm Leibniz, *Philosophische Werke*, Bd. 3, Neue

gängliche Fülle von Augenblicken, die, wie er zu zeigen sich vornimmt, nicht in die Begriffe eingehen können, die auf sie verweisen.

Der begriffliche Steg, bestehend aus jetzt, dieses und hier, den Hegel über die grenzenlose Fülle sinnlicher Gewissheit gebaut hat, scheint deshalb zugleich auch ihre verbale Erfassbarkeit zu verhindern. Das Allgemeine (als ubiquitäre Anwendbarkeit) dieser Begriffe lässt aus Hegels Sicht das spezifische Dieses, das wir meinen, nicht aussagbar werden. Der Idealist lässt auf diese Weise die Überzeugungen des gesunden Menschenverstandes auflaufen. Dasjenige, was am nächsten zu liegen scheint, erweist sich als das Fernste, ja sogar als das Unsagbare. Im konsequenten Verfolgen der Implikationen der genutzten Begrifflichkeit und der dadurch ausgelösten Bewegung zeigt sich, wie das unmittelbar Gewisse sich auflöst und unhaltbar wird.

Diesen hegelianisch gefassten begrifflichen Gegenstoß möchte ich nun unterscheiden von einer Bewegung, die sich in der Artikulation alltäglicher Erlebensdichte manifestiert. Hier wird die Bewegung nicht im Binnen-Verhältnis des Begriffs zu seinen eigenen logischen Implikationen ausgelöst. Vielmehr scheinen sich in dieser Bewegung unterschiedliche Bedeutungs- und Bedeutsamkeitsebenen zu begegnen, die ich vorläufig als die begriffliche und die situative Ebene bezeichnen möchte.

Um diese Art des Gegenstoßes noch deutlicher zu machen, sei es mir gestattet, diesen anhand von Hegels Ringen mit der Unfassbarkeit der sinnlichen Gewissheit weiter zu konturieren. Nachdem Hegel also festgestellt hat, dass der Reichtum des Unmittelbaren weder in der Sache noch im Ich, weder im Hier noch im Jetzt zu verorten ist, setzt er erneut an, und fasst als das Wesen der sinnlichen Gewissheit nun ihr Ganzes, das er als „Unmittelbarkeit" festhält. Die Unmittelbarkeit sei, so sein erneuter Ansatz, eine Beziehung, in die „überhaupt kein Unterschied eindringen kann"[303]. Um sich dieser Gewissheit anzunähern, könne man also nicht analytisch vorgehen, man müsse sie sich zeigen lassen:

> Zeigen müssen wir es uns lassen, denn die Wahrheit dieser unmittelbaren Beziehung ist die Wahrheit dieses Ich, der sich auf ein Jetzt oder ein Hier einschränkt. Würden wir nachher diese Wahrheit vornehmen oder *entfernt davon stehen*, so hätte sie gar keine Bedeutung; denn wir höben die Unmittelbarkeit auf, die ihr wesentlich ist.[304] [Hervorhebung D.S.]

Abhandlungen über den menschlichen Verstand, hrsg. und übers. v. Ernst Cassirer (Meiner: Hamburg 1996), 262f.
303 Hegel, *Werke 3*, 88.
304 Ebd., 72.

Um welche Wahrheit handelt es sich nun, die sich im Jetzt und Hier einschränkt, deren Bedeutung aber nur dadurch entstehen kann, das wir nicht *entfernt davon stehen*? In ihr entfaltet sich – so zeigt Hegel im nächsten Schritt – die Geschichte ihrer Bewegung bzw. ihrer Erfahrung.[305] Diese Bewegung folgt der Abfolge von Diesen, die zu Anderen werden, von Jetzten, die vergehen, von Hiers, die wiederum in anderen Hiers verschwinden, in einer „einfache[n] Komplexion vieler Hiers"[306]. Die Wahrheit, die sich auf ein Hier und Jetzt einschränkt, die ganz partikulare Wahrheit, sie wird damit zu einer Bewegung, die sich nachzeichnen lässt durch Übergänge von Einem (Jetzt) in Viele, von Seiendheit in Nichtigkeit, vom Einzelnen in Allgemeines. Die Komplexion vieler Hiers, sie scheint zusammenfassbar als Geschichte, deren Verlauf sich in einer dynamischen Logik aus einer Handvoll von Begriffen entfalten lässt.

Hat Hegel, was er sich vorgenommen hat, wirklich durchgeführt, nämlich von dieser Wahrheit nicht *entfernt* zu stehen? Indem der Dialektiker wiederum nur auf das Verschwinden des Dieses im Diesen und des Hier im Hier verweist, hat er bereits eine Entfernung erreicht, in der die Wahrheit, die sich auf ein Hier und Jetzt einschränkt, keine Chance erhält, sich zu zeigen. Welche Bedeutungen und welche Geschichten würden entstehen, könnte sie sich in einem Inhalt zeigen, von dem sie nicht bereits abstrahiert ist in Form von Momenten des Dieses, des Hier und des Jetzt? Wie ist es, eine „Komplexion von Hiers" *inhaltlich* zu erleben? Das versuchen sich Menschen untereinander in Form von Romanen, Novellen, Theaterstücken oder nicht endenden Gesprächs- und Tagebuchstoffen gegenseitig zu erzählen und klarer zu machen. Die Pointen dieser Geschichten unterscheiden sich jedoch erheblich von dem epistemologischen Punkt, den Hegel im Entweder-oder hervorhebt: Entweder *Dieses* erhält sich oder es verschwindet. Mit diesem mächtigen dialektischen Hebel kann mit Hegel das natürliche Bewusstsein insgesamt als „Weg des Zweifels angesehen werden oder eigentlicher als Weg der Verzweiflung"[307].

Aber sind es nicht gerade die Gespräche und Geschichten des menschlichen Alltags, die Hegels Programm einlösen, *ohne Entfernung* an eine Wahrheit, die sich auf ein Hier und Jetzt einschränkt, heranzugehen? In der Untersuchung eines solchen distanzlosen oder nahen Diskurses, der sich um den komplexen Reichtum alltäglicher Erfahrung rankt, ist nun etwas zu bedenken, was sich im Hegelschen Jargon als die Macht dieser vergänglichsten Sorte der Wahrheit aus-

---

305 Vgl. ebd., 90.
306 Ebd.
307 Ebd., 91. Vgl. hierzu auch Tengelyis Argumente gegen eine Dialektik der Erfahrung als Dialektik des Negativen: Laszlo Tengelyi, *Erfahrung und Ausdruck: Phänomenologie im Umbruch bei Husserl und seinen Nachfolgern* (Dordrecht: Springer, 2007), 11 f.

weisen ließe und zwar gerade im Verhältnis zu dem Begriff, der versucht, sie zu erfassen.

6.3 Bedeutung, die Nähe erfordert: Was geht es die Philosophie an?

Ein Ausschnitt aus dem Gespräch mit Frau Y:

„Oh ... it isn't that I like him. I *thought* I liked him. Really, I try so hard to please him because I want *him* to like *me, that's* it."

Pause, ein wenig später:

„I don't care whether he likes me or not. But, to realize that I'm really *all alone,* I can't stand *that,* yet that's true, I guess."

Nochmals später:

„Being alone is fine with me, in fact, I feel fully real only when I'm alone. But, that good kind of alone comes only when I feel there is someone out there who knows me. Otherwise I feel like *I could disappear.*"[308]

Analog zu Hegels sinnlicher Gewissheit könnte man auch eine solche Passage aus einem Therapie-Mitschnitt als einen Wechsel von Aussagen betrachten, der von einer sich ständig wandelnden Form der Gewissheit einer *Wahrheit* zeugt, *die sich auf ein Jetzt oder ein Hier einschränkt.* Die Bedeutungen dieser Aussagen entstehen aus einem Näheverhältnis, das die vorigen Abschnitte bereits untersucht haben. Sie ließen sich nicht aus der Distanz der Dritte-Person-Perspektive äußern. Worum es dabei geht, scheint sich ständig zu verändern: In jedem neuen Jetzt wechselt *dieses.* Man könnte sagen, dass hier *inhaltlich* vorgeführt wird, welche dauernden Vermittlungen zwischen dem Ich und der Sache diese unmittelbaren Gewissheiten enthalten, die sich als ein Ganzes bzw. als ein darin enthaltener und sich entfaltender Zusammenhang bewegen. Indem die Sprechende *ohne Entfernung* eine erlebte Beziehung zu formulieren versucht, ergeben sich Wendungen des Inhalts als Abfolge ineinander übergehender Gewissheiten, die jedoch *nicht* adäquat nachgebildet werden könnten, wenn man sie nur über ein Negations-, ein Widerspruchs- oder irgendein logisches Muster zu erfassen sucht. Auch geht die eine Form von Gewissheit in die nächste nicht in der Weise über, dass die Schlussfolgerung erlaubt zu sein scheint, dass, worauf es dabei wesentlich an-

---

[308] Gendlin, „Experiencing and the Nature of Concepts," 248.

komme, nur der bleibende Gehalt der Begriffe sei, mit denen Frau Y ihre Gefühle beschreibt. Die Gewissheit ihrer Gefühle „ihm" gegenüber wandelt sich während ihres Formulierungsversuchs zu einer darin befindlichen Gewissheit über sich selbst und die Weise, wie und unter welchen Bedingungen sie allein sein kann. Die *Wahrheit, die sich auf ein Jetzt oder ein Hier einschränkt* (wie es ihr gegenwärtig in dieser Beziehung geht), ist nicht zusammenfassbar als allgemeiner Gehalt von ein paar Begriffen. Sie hat mit ihrem erlebten Welt- und Lebensbezug zu tun und entfaltet sich in den sich modifizierenden Aussagen, indem die Sprechende tatsächlich in den ambivalenten Reichtum der ersten formulierten Gewissheit „hineingeht".

Es stellt sich jedoch die Frage, um welche Art von Aussagen es sich bei Frau Y eigentlich handelt. Selbstverständlich sind es keine Aussagen im epistemologischen Sinne einer sinnlichen Gewissheit, wie Hegel sie vor Augen hatte. Welchen sprachphilosophischen Klassifikationen von Sprechakten ließen sich die Aussagen von Herrn X und Frau Y gegenwärtig zuordnen? Sie sind performativ, da die Sätze eine gewisse Wirkung haben – jedoch nicht in einem deklarativen, kommissiven oder direktiven Sinne. Die oben zitierten Aussagen bewirken keine wahrnehmbare Handlung, die von anderen zu bezeugen ist – wie beispielsweise ein Befehl, ein Versprechen oder ein Taufritual. Sie scheinen repräsentativ zu sein, indem sie sagen, wie sich etwas verhält. Dabei handelt es sich jedoch nicht um einen beobachtbaren Sachverhalt wie beispielsweise, dass die Katze, wie in vielen sprachanalytischen Beispielen, auf der Matte liegt. Am ehesten noch wären die obigen Sequenzen als expressive Aussagen zu klassifizieren. Die gegenwärtige Sprechakttheorie schreibt dieser Aussagenklasse allerdings keinerlei Ausrichtung hinsichtlich des Passens von Wort auf Welt oder von Welt auf Wort zu. Die Artikulation gefühlter Zustände hat demzufolge nichts mit der Welt zu tun und bewirkt auch nichts in ihr.

In dieser Weise entspricht diese Klassifikation von Aussagen einem Paradigma, das Searle als Modell „für das gesamte Wissen" bezeichnet, das sich dadurch auszeichne, dass „die Vorstellungen, aus denen [die Paradigmen] gebildet sind, im Wesentlichen solche von Dingen körperlicher Art sind bzw. – von einem dualistischen Standpunkt aus – von Dingen entweder körperlicher oder geistiger Art".[309] Searle räumt jedoch ein, dass „große Teile" einer „Tatsachen wiedergebende[n] Sprache aus Vorstellungen bestehen, die in dem oben dargestellten Weltbild keinen Platz haben". Er gibt als Beispiel ästhetische und ethische Aussagen an, die deshalb genau genommen gar nicht als Aussagen gelten könnten,

---

309 Vgl. John R. Searle, *Sprechakte: Ein sprachphilosophischer Essay* (Frankfurt/M.: Suhrkamp, 1983), 79.

sondern „bloße Ausdrücke von Emotionen" oder „bloß biographische Aussagen psychologischer Art" seien, die „Gefühle enthalten".[310]

Das Adjektiv „bloß" scheint nahezulegen, dass es sich beim Sprechen über Gefühle oder über biographisch Erlebtes um Aussagen handelt, die für die Philosophie nicht von Relevanz sind. Ich will deshalb noch etwas bei der Frage verweilen, welcher philosophische Stellenwert Betrachtungen der Art, wie sie die Exzerpte von Herrn X und Frau Y oben veranschaulichen, zugemessen werden kann. Die von Herrn X und Frau Y vollzogene Auseinandersetzung mit der eigenen Situation und den darin enthaltenen zentralen Beziehungen und Herausforderungen könnte man als eine alltägliche Form von Reflexion betrachten, als einen Versuch, sich und seine Anliegen – im Sinne Frankfurts – im Alltag ernst zu nehmen. Ein alltägliches Projekt wie dieses hat auch eine philosophische Tradition. Vom delphischen Orakel „Gnothi se auton" über die drei bzw. vier Fragen Kants[311] bis hin zu ihren heutigen Umformulierungen gehört dieses Bemühen um Klarheit über das eigene Hoffen, Tun, Streben, Glauben, Fühlen und Denken zu einem philosophischen Kernanliegen, das in der neuzeitlichen philosophischen Akademie zwar weniger kultiviert worden ist, dafür aber von kanonischen Philosophen, angefangen mit Augustinus, die in ihr gelehrt werden. Die Bandbreite dieses Anliegens umreißt Schmitz heute folgendermaßen:

> Philosophische Fragen, die [...] von keiner positiven Wissenschaft zureichend beantwortet werden können, obwohl deren Gegenstandsgebiete sich mit den Horizonten möglichen Findens einer Antwort überschneiden, sind solche wie: Was geht mich an? Was von dem, was mir die Umgebung anbietet, soll, will oder muss ich ernstlich wichtig nehmen und als meine Sache [...] gelten lassen? [...] Was kann ich mir zutrauen? [...] Was kann ich glauben? Wo soll ich zweifeln [...]? In welchem Maß habe ich Gründe, an dem Leben und Betrieb um mich her, die mich in sich hineinschlingen, teilzunehmen oder mich davon zurückzuhalten? Was kann

---

310 Vgl. ebd.
311 „Alles Interesse meiner Vernunft (das speculative sowohl, als das praktische) vereinigt sich in folgenden drei Fragen: 1. Was kann ich wissen? / 2. Was soll ich tun? / 3. Was darf ich hoffen?" – Kant, *WA* 4, B833 – B834, 677; oder: „Das Feld der Philosophie in dieser weltbürgerlichen Bedeutung lässt sich auf folgende Fragen bringen: 1) Was kann ich wissen? – / 2) Was soll ich tun? / 3) Was darf ich hoffen? / 4) Was ist der Mensch? / Die erste Frage beantwortet die Metaphysik, die zweite die Moral, die dritte die Religion, und die vierte die Anthropologie. Im Grunde könnte man aber alles dieses zur Anthropologie rechnen, weil sich die drei ersten Fragen auf die letzte beziehen." – Immanuel Kant, *Werkausgabe*, Bd. 6, *Schriften zur Metaphysik und Logik*, hrsg. v. Wilhelm Weischedel, 8. Aufl. (Frankfurt/M.: Suhrkamp, 1991), A 25, 2:447 f. Peter Schulthess wies mich bei einem Gespräch am 4.05.2009 darauf hin, wie die drei in der Ich-Form gestellten Fragen in die vierte nach dem Menschen übergehen, d. h. im umgekehrten Sinn, wie sich in dieser Abfolge der Fragen eine Angewiesenheit der anthropologischen Grundfrage auf die Erste-Person-Perspektive abzuzeichnen scheint.

ich mir davon versprechen? Worüber lebe ich hinweg, wenn ich mich führen lasse? Was ignoriere ich, was trete ich mit Füßen, ohne darauf zu achten? Woher kommt mir der Mut, trotz Tod, Elend und Schuld weiterzuleben? Ist das alles wirklich? Wer bin ich selbst, über alles hinaus, was in mich hineingetragen und von mir übernommen ist? Was ist echt an mir, was nur Fassade? Was hat Bestand und Dauer in meinem Leben? Worauf läuft das hinaus?[312]

Fragen dieser Art formulieren in moderner Sprache die seit der Antike bestehende philosophische Forderung nach Selbsterkenntnis aus und machen dabei jede echte Selbsterforschung auch als ein philosophisches Unternehmen kenntlich. Philosophisch heißt hier, dass Fragen wie den obigen selbst nachgedacht wird, und dass sie nicht in Antworten einzelwissenschaftlicher, psychologischer oder fachphilosophischer Modelle überführt werden, wodurch ein Selbst zum Fall einer Fremderkenntnis werden – und dementsprechend keine Selbsterkenntnis vollzogen würde. In entsprechender Weise wurde die sogenannte philosophische Praxis als ein zur Verfügung gestellter Reflexionsraum definiert, in dem es um die eigenen, urechten Fragen geht.[313] In diesem Sinne können auch die obigen Beispiele als Anschauungsmaterial dienen, weil sie einer Therapierichtung entstammen, in der sich die Therapierenden der Interpretation enthalten (vgl. hierzu Kap. 7). Das Charakteristische an dieser reflexiven Übung, die man als eine protophilosophische bezeichnen könnte, ist deshalb, dass sie sich nicht nur an Texten vollzieht. Es geht um eine vor-läufigere Verstehens-Bewegung, sozusagen um eine Hermeneutik des Alltags. Sie vollzieht sich an der erlebten Situation im Bemühen, diese zur Sprache zu bringen und sich selbst dabei als erlebende Person ernst zu nehmen. Ein Mensch, der sich so (zu sich selbst) verhält, so Gendlin, „examines, evaluates, and rethinks his values and concepts, not as a pure consciousness, not as a traditional philosopher [...], but via an experiencing process which serves as base of the tissue of ideas"[314].

Der Weg- oder Prozesscharakter einer solchen alltäglichen Untersuchung ist durch ein weiteres Merkmal gekennzeichnet, das einer philosophischen Übung eignet. In den Windungen, in denen sich die Bedeutung des Erlebten – im Unterschied zur Erfassung von beobachtbaren Sachverhalten wie beispielsweise der Katze auf der Matte – in der erkundenden Aufmerksamkeit wandelt, verändert

---

312 Hermann Schmitz, *Der unerschöpfliche Gegenstand: Grundzüge der Philosophie*, 3. Aufl. (Bonn: Bouvier, 2007), 9 f.
313 Vgl. hierzu Gerd B. Achenbach, *Zur Einführung der philosophischen Praxis: Vorträge, Aufsätze, Gespräche, mit denen sich die philosophische Praxis in den Jahren 1981 bis 2009 vorstellte; eine Dokumentation* (Köln: Dinter, 2010).
314 Eugene T. Gendlin, „Review of Merleau-Ponty's *The Structure of Behavior*," *The Modern Schoolman* 42 (1964): 96.

sich, analog zu den sokratischen Dialogen, etwas zunächst anscheinend Vertrautes und Bekanntes (zum Beispiel *diese* Beziehung, *dieses* Gefühl, *diese* Situation) in etwas nicht leicht Beschreibbares. Auf die gleiche Weise wie Sokrates durch seine Art des Fragens jede vorschnelle Sicherheit bezüglich eines bekannten Begriffs oder einer bekannten Tugend (Tapferkeit, Gerechtigkeit, Schönheit) zerstäubt und somit eine andere Weise des Bewusstseins und der Reflexivität zu kultivieren und zu initiieren beginnt, entsteht mit dem Bemühen um die sprachliche Formulierung des Erlebten ein verändertes Bewusstsein erlebter Komplexität und verwickelter Zusammenhänge.[315] Auf der Hand liegende Begriffe, Kategorien oder vorgefertigte Anschauungsweisen, die man darauf anzuwenden versucht, greifen zu kurz. Hegels kritische Anmerkung bezüglich eines „sinnlichen Seins", angesichts dessen es unmöglich erscheint, dasjenige „das wir meinen, je sagen [zu] können", kann deshalb auch als Krise verstanden werden, die erst Einsicht in das beachtenswert komplexe Webmuster unserer gewöhnlichen Erfahrung ermöglicht.[316] Gendlin bestätigt in dieser Hinsicht: „People find that their inward experience is not at all only what the common categories and shared phrases say. It is vastly more, very much their own from inside, and it opens a new world of human complexity."[317]

6.4 Ausdrückbarkeit

Ausschnitt aus dem Gespräch mit Frau Z:

> „Und da ist noch etwas Vages. Ich kann nicht erkennen, was es ist. [...] Ich spüre eine große Anspannung. [...] Es ist, als möchte ich davonlaufen. [...] Jemand wird wütend auf mich sein, wenn ich diesen Teil leben lasse, und das ist sehr unbehaglich. [...] Ich möchte davonlaufen und niemals zurückschauen und einfach frei sein. [...] Dann ist das auch wieder traurig. [...]

---

315 Vgl. zu dieser Bewusstwerdungsmöglichkeit auch: Peter Bieri, *Wie wollen wir leben?*, 17.
316 Scharff fasst solche Krisen als „uneasy cases" eines gewöhnlichen Sprachgebrauchs zusammen, die es aus folgendem Grund wert seien, untersucht zu werden: „The reason for this focus is simple. These are the sort of cases most likely to reveal how experiencing actually functions in symbolization; whereas in cases in which statements, gestures, and actions come easily [...], this functioning is more likely to go unmonitored and to be less noticeable." – Robert Scharff, „After Dilthey and Heidegger: Gendlin's Experiential Hermeneutics," in *Language Beyond Postmodernism: Saying and Thinking in Gendlin's Philosophy*, hrsg. v. David Michael Levin (Evanston, Ill.: Northwestern Univ. Press, 1997), 208.
317 Eugene T. Gendlin, „Celebrations and Problems of Humanistic Psychology," *Humanistic Psychologist* 20, Nr. 2–3 (1992): 447–60, letzter Zugriff 21. November 2018, http://www.focusing.org/gendlin/docs/gol_2163.html.

> Ja. Vor dem vagen Etwas davonzulaufen ist traurig. [...] Einerseits möchte ich herausfinden, was dieses vage Etwas ist. Andererseits nicht. [...] Ich fühle mich nicht freundlich. Ich will.... draufspringen. [...] Ich bin sehr wütend. [...] Es ist ein großer Verlust, etwas Fehlendes. Das ist es, was dieses vage Etwas ist. [...] Und meine Energie ist da auch. [...] Ja, ich weiß noch nicht, was das Fehlende ist, aber trotzdem fühle ich mich leichter."[318]

Dieser Ausschnitt gibt den Beginn eines langen Prozesses der Klientin Frau Z wieder, der viele Stationen durchläuft, in denen sie sich ihrer momentanen Situation stellt und sagt, wie sie diese erlebt. Dabei lotet sie ihre Einsamkeit und Beziehungslosigkeit sowie ihr Gefühl stummer Wut und Verzweiflung aus und bemerkt dadurch den verwickelten Konnex zu einer tiefgründigen Liebe. Der winzige Ausschnitt aus diesem Prozess wirft bereits eine Menge sprachphilosophischer Fragen auf. Denn bei Sprechakten wie diesen geht es *gar nicht* um Biographisches oder um Gefühle, die Searle noch den expressiven Sprechakten zuordnet. Es scheint fraglich zu sein, wie man sie überhaupt klassifizieren sollte. Sie scheinen sich auf nichts Identifizierbares zu beziehen. Worauf referieren sie dann überhaupt? Bereits der vage Ausgangspunkt, von dem aus Frau Z zu sprechen beginnt, scheint gegen ein sprachphilosophisches Verdikt zu verstoßen, das paradigmatisch vom frühen Wittgenstein als Empfehlung formuliert wird, über dasjenige, worüber man nicht sprechen kann, zu schweigen. Frau Z schweigt nicht, sondern spricht weiter über das Vage. Wie ist es ihr möglich, über etwas zu sprechen, von dem sie nicht sagen kann, was es ist?

Gemäß dem von Searle formulierten Prinzip der Ausdrückbarkeit kann man zwar mehr meinen, als man sagt, aber man muss immerhin irgendetwas *Bestimmtes* schon meinen können.[319] Das Problem liegt im oben angeführten Bei-

---

[318] Eugene T. Gendlin, *Focusing-orientierte Psychotherapie: Ein Handbuch der erlebensbezogenen Methode*, aus d. Amerikan. übers. v. Teresa Junek (München: Pfeiffer, 1998), 186 f.
[319] Vgl. hierzu Searle, *Sprechakte*, 34 f.: „Häufig meinen wir mehr, als wir in Wirklichkeit sagen. Wenn ich gefragt werde, „Gehst du ins Kino?", kann ich darauf antworten, indem ich ‚Ja' sage; aber wie aus dem Zusammenhang deutlich hervorgeht, meine ich ‚Ja, ich gehe ins Kino' und nicht ‚Ja, es ist ein schöner Tag' oder ‚Ja, wir haben keine Bananen'. In ähnlicher Weise könnte ich sagen, ‚Ich werde kommen', und diesen Satz als ein Versprechen zu kommen meinen, d. h. damit dasselbe meinen, was ich meinte, wenn ich den Satz ‚Ich verspreche, daß ich kommen werde' äußerte und genau meinte, was ich sagte. Selbst wenn ich nicht genau sage, was ich meine, besteht doch in solchen Fällen für mich immer die Möglichkeit dazu – und ich werde mich genau ausdrücken, wenn ich annehme, daß der Zuhörer mich sonst vielleicht nicht versteht. Oft bin ich entgegen meiner Absicht nicht in der Lage, genau zu sagen, was ich meine, weil ich die Sprache nicht genügend kenne, um sagen zu können, was ich meine (wenn ich z. B. Spanisch spreche); oder, was noch schwerwiegender ist, weil der Sprache vielleicht die Wörter oder sonstigen Mittel fehlen, um in ihr das sagen zu können, was ich meine. Aber selbst in den Fällen, in denen es tatsächlich unmöglich ist, genau zu sagen, was ich meine, ist es grundsätzlich möglich dazu zu

spiel darin, dass die Sprechende noch nicht klar weiß, was sie meint. Deshalb ist es ein anschauliches Beispiel für die vor-läufige Verstehens-Bewegung, die ich bei dieser Untersuchung im Blick habe: In ihr wird das Erleben selbst klarer, indem es als ein solches Diffuses, kaum Formulierbares ernst genommen und unter Umständen erstmalig zur Sprache gebracht wird. D. h. die klaren, identifizierbaren intentionalen Referenzen bilden sich hier gleichsam erst beim Sprechen. Dies sprengt die Rahmenvorstellung, innerhalb derer Searles Prinzip der Ausdrückbarkeit angesiedelt ist. Bei allen Varianten, die dieses Prinzip erlaubt, scheint die Funktion von Sprache darin dennoch allein als eine Übermittlung von Bedeutungen von einer Person zu einer anderen angelegt zu sein. Auch Ausnahmen von diesem Prinzip bewegen sich immer noch innerhalb dieser Rahmenvorstellung, da es um das Gelingen eines Bedeutungsaustausches zwischen Sprecher und Zuhörer geht.[320] Die Fraglosigkeit, mit der dieser Untersuchungsrahmen heutige sprachphilosophische Debatten beherrscht, lässt jene Sprechakte aus dem Rahmen fallen, in denen es im persönlichen Gespräch, im Selbstgespräch, in Tagebucheinträgen, ja sogar in Fachgesprächen erst einmal darum geht, adäquater formulieren zu können, was man meint, denkt oder erlebt. Es fällt damit, mit Kleist gesagt, also genau diese sprachliche Möglichkeit aus dem Rahmen, in der sich beim Sprechen der Gedanke erst verfertigt. So ein Schluss scheint angesichts der Folgerung Searles aus dem Prinzip der Ausdrückbarkeit nahezuliegen:

> Ferner folgt aus ihm [dem Prinzip der Ausdrückbarkeit, D.S.], daß Fälle, in denen der Sprecher nicht genau sagt, was er meint – die wichtigsten Beispiele dafür sind Unaufrichtigkeit, Vagheit, Ambiguität und Unvollständigkeit – für die sprachliche Kommunikation theoretisch unwichtig sind.[321]

Searle meint, dass für sprachliche Kommunikation allein jene Sprechakte wichtig zu sein scheinen, in denen ein Sprecher S ‚X' äußert in der Absicht, beim Zuhörer H dadurch eine bestimmte Wirkung hervorzurufen, wodurch dieser S' Absicht

---

gelangen, daß ich genau sagen kann, was ich meine. Prinzipiell, vielleicht sogar tatsächlich, kann ich meine Kenntnis der Sprache erweitern; um noch weiter zu gehen: wenn die existierende Sprache oder die existierenden Sprachen nicht ausreichen, wenn ihnen einfach die Mittel fehlen, um in ihnen sagen zu können, was ich meine, so kann ich im Prinzip die Sprache zumindest durch Einführung neuerer Begriffe oder andere Mittel bereichern."
320 Vgl. hierzu ebd., 35f.: „Um zwei möglichen Mißverständnissen vorzubeugen, möchte ich zum einen betonen, daß das Prinzip der Ausdrückbarkeit nicht impliziert, daß es immer möglich ist, einen Ausdruck zu finden oder zu erfinden, der beim Zuhörer alle die Wirkungen hervorruft, die man hervorzurufen beabsichtigt – zum Beispiel literarische oder poetische Effekte, Gefühle, Ansichten und so weiter."
321 Ebd., 36.

erkennt.³²² Der Sprecher muss sich demnach jeweils der genauen Absicht, die er als bestimmte Wirkung beim Zuhörer hervorrufen möchte, bewusst sein – anders scheint Kommunikation nicht zustande zu kommen, „since the reason we talk and write is to affect the mental states of others"³²³. Auch Bezugnahmen auf sogenannte mentale Zustände werden konsequenterweise innerhalb einer Perspektive untersucht, die ausschließlich im Verhältnis zu einem „Anderen" steht. Die Fragen, die diesbezüglich interessieren, sind, wie *der Zuhörer* solche Ausdrücke nachvollziehen oder vor allem auch, wie er sie überprüfen kann. Es ist deshalb vornehmlich das Problem eines mangelnden „gemeinsamen Standards" und der daraus resultierenden Asymmetrie, das angesichts von Aussagen, die das sogenannte Innere betreffen, in gegenwärtigen sprachanalytischen Diskursen im Mittelpunkt steht.³²⁴

Es ist unschwer zu erkennen, dass ein sprachlicher Vollzug, wie ihn die drei Beispiele von X, Y und Z veranschaulichen, eines erweiterten theoretischen Ansatzes bedarf, insofern dieser nicht in einen sprachphilosophischen Untersuchungsrahmen einzuordnen ist, bei dem es um den Transfer einer bereits bestimmten, in ihrer Wirkung bekannten Bedeutung von einem Sprecher zu einem Zuhörer geht. Obwohl bei obigen Beispielen keine fertige Bedeutung vom Sprecher an den Zuhörer vermittelt wird, scheint es dennoch sinnvoll zu sein, trotz dieser „Vagheit" und „Ambiguität" zu sprechen und weiter zu sprechen, selbst wenn es schwierig ist. Was könnten angesichts dieser Ausgangslage die Bedin-

---

322 Vgl. auch Paul H. Grice, „Meaning," *Philosophical Review* 66 (July 1957): 377–88.
323 John Barwise, „On the Circumstantial Relation between Meaning and Content," in *Meaning and Mental Representation*, hrsg. v. Umberto Eco, Marco Santambrogio und Patrizia Violi (Bloomington, Ind.: Indiana Univ. Press, 1988), 37.
324 Eine gute Zusammenfassung dieser Problematik liefert Christoph Demmerling in seinem Artikel „Denken: Überlegungen zum Verhältnis von Sprache und inneren Zuständen", in *Die Artikulation der Welt: über die Rolle der Sprache für das menschliche Denken, Wahrnehmen und Erkennen*, hrsg. v. Georg W. Bertram, David Lauer, Jasper Liptow und Martin Seel (Frankfurt/M.: Humanities Online, 2006), 31–49. Gilbert Ryle schildert den Zusammenhang der Probleme, die mit der Spaltung von innen und außen einhergehen, systematisch in seinem Buch *Concept of Mind* – siehe hierzu auch Kapitel 3. Das Problem der Asymmetrie fasst Tugendhat in einem Satz wie folgt zusammen: „Prädikate, die für Bewußtseinszustände stehen und für eigene Körperzustände und Handlungen, sofern sich ihrer die Person selbst bewußt ist. Man kann diese Prädikate, etwas mißverständlich, als innere bezeichnen. Für diese Prädikate gilt eine eigentümliche Asymmetrie, wie ihr Zutreffen von der Person selbst, der sie zukommen, festzustellen ist und wie es von anderen Personen festzustellen ist. Andere Personen erkennen, daß eine Person sich in einem ‚inneren' Zustand befindet, durch ihr Verhalten; es sind Prädikate, die von außen zwar nicht in einer Beobachtung, aber auf Grund von Beobachtung festgestellt werden können, von der Person hingegen überhaupt nicht durch Beobachtung, sondern unmittelbar." – Ernst Tugendhat, *Egozentrizität und Mystik: Eine anthropologische Studie* (München: Beck, 2003), 24.

gungen wie auch Kriterien für das Gelingen solcher Sprechakte sein? Wenn man die Begriffe Bedingung und Kriterium in diesen Fällen überhaupt sinnvoll verwenden kann, dann scheint die Bedingung gerade die zu sein, dass man versucht, weiterzusprechen. Das Kriterium für das Gelingen scheint wiederum allein darin zu bestehen, dass das Vage in einer Weise klarer *wird*, die erst- und zweitpersonal weiter auszuführen ist.

Peter Bieri schreibt:

> Der Prozeß der Klärung, in dem wir uns die Situation und die Geschichte des Erlebens vor Augen führen, macht [...] etwas mit dem Gegenstand: Indem wir die Gefühle und Wünsche identifizieren, beschreiben und von anderen unterscheiden lernen, wandeln sie sich zu etwas, das genauere Erlebniskonturen hat als vorher. Aus Gefühlschaos kann durch sprachliche Artikulation emotionale Bestimmtheit werden.[325]

Mit diesem Begriff der Klärung, wie ihn Bieri auf den Punkt bringt, ist eine Performativität angesprochen, die genauer zu untersuchen ist. Um einen erweiterten Ansatz erarbeiten zu können, der die oben angeführten Sprech-akte nicht aus dem theoretischen Rahmen sprachphilosophischer Untersuchungen fallen lässt, insofern es dabei *nicht* um den Transfer einer bestimmten, in ihrer Wirkung bekannten Bedeutung von einem Sprecher zu einem Zuhörer geht, sondern um eine Veränderung des Erlebens im Vollzug der Artikulation, ist der Spur der Performativität zu folgen. Es gilt daher zu fragen, ob die Klärung des Erlebens durch den Vollzug der Artikulation unter den in der Sprechakttheorie etablierten Begriff der Performanz fallen kann. Dafür möchte ich auf den klassischen Begriff der Performativität, so wie ihn John Austin eingeführt hat, zurückgreifen. Austin führt gründlich aus der Versuchung heraus, sich der artikulierenden Klärung mithilfe folgender theoretischer Vorstellung anzunähern: Da man es nicht gänzlich unter Kontrolle hat, ob sich das Erlebte durch die Artikulation klärt (das Erleben kann beim Sprechen u.U. noch unklarer oder diffuser werden!), liegt es nahe, sich vorzustellen, dass etwas begrifflich klar oder unklar abgebildet werden kann, das *an sich* im Inneren vorhanden ist. Das würde bedeuten, dass man die sprachliche Abbildung schlicht mehr üben müsste, wie jemand, der besser zeichnen lernen muss.[326] Folgt man dieser Argumentation, gelangt man schnell wieder zu einer Verdoppelung von innen und außen sowie zu unendlichen Regressen, die ein Nachdenken über sogenanntes Inneres notorisch schwierig machen. Austins Begriff des Performativen bietet einen grundsätzlich neuen Zugang zu einer Di-

---

[325] Bieri, *Wie wollen wir leben?*, 19.
[326] Vgl. hierzu Hans Julius Schneiders Aufsätze „Reden über Inneres" und „Den Zustand meiner Seele beschreiben", siehe Fußnote 51.

mension von Sprache, die durch ihren Gebrauch Veränderung schafft. Wir wollen diesem Zugang folgen, um im Vergleich dazu einer Performativität noch schärfere Konturen zu verleihen, die mit den oben dargestellten Sprechakten in den Blick rückt.

6.5 Sprecherzentrierte Performanz

In Sibylle Krämers Überblick über sprachtheoretische Positionen des 20. Jahrhunderts liest man über den Begriff des Performativen Folgendes:

> Eine performative Äußerung beschreibt nicht einfach eine Handlung, sondern vollzieht genau das, was mit ihr beschrieben wird, und zwar durch den Akt der Äußerung selbst. In einer allgemeineren Perspektive heißt das: Sprache bezieht sich nicht einfach *auf* die Welt, sondern ist ein Geschehen *in* der Welt.[327]

Mit dem Begriff des performativen Sprechaktes führt Austin anhand von anschaulichen Beispielen eine sprachtheoretisch relevante Unterscheidung ein, auf die man in gegenwärtigen Diskursen kaum mehr verzichten kann:

> We might say: in ordinary cases, for example running, it is the fact that he is running which makes the statement that he is running true; or again, that the truth of the constative utterance 'he is running' depends on his being running. Whereas in our case it is the happiness of the performative 'I apologize' which makes it the fact that I am apologizing: and my success in apologizing depends on the happiness of the performative utterance 'I apologize'. This is one way in which we might justify the 'performative-constative' distinction – the distinction between doing and saying.[328]

Diese wenigen Zeilen genügen, um die Wende kenntlich zu machen, die durch Austins Unterscheidungskriterium des Performativen in der sprachphilosophischen Debatte stattgefunden hat.[329] Dieses Kriterium öffnet ein altes Vorstel-

---

[327] Sybille Krämer, *Sprache, Sprechakt, Kommunikation: sprachtheoretische Positionen des 20. Jahrhunderts* (Frankfurt/M.: Suhrkamp, 2001), 138.
[328] John L. Austin, *How to Do Things with Words: The William James Lectures Delivered at Harvard University in 1955*, hrsg. v. James O. Urmson und Marina Sbisà (Oxford: Clarendon Press, 1962), 47.
[329] Zur Signifikanz von Austins neuartigen sprachphilosophischen Einteilungen vgl. Cavells Hommage: „„...one form his investigations take is that of repudiating the distinctions lying around philosophy – dispossessing them, as it were, by showing better ones. And better not merely because finer, but because more solid, having, so to speak, a greater natural weight; appearing normal, even inevitable, when the others are luridly arbitrary; useful where the others seem

lungsgefüge von Sprache, das sich bis dahin zwischen realistischen, nominalistischen und idealistischen Auffassungen bewegt hat. Austin erweitert den verengten Blick auf die abbildende Funktion von Sprache und auf die damit einhergehende Anschlussfrage, ob Sätze wahr oder falsch sind, indem er eine maßgeblich *alltagsbildende* Funktion von Sprache bewusst macht. Er zeigt, dass Sprache nicht nur die Welt und ihre vielfältigen Vorgänge beschreibt, sondern diese auch *formt* und soziale Alltagsverhältnisse und -welten gestaltet, indem in einer gewissen Weise gesprochen wird – nämlich performativ. Performativ heißt, der Satz bildet Realität nicht ab, sondern das Sprechen des Satzes schafft eine bestimmte Realität. Was der Satz besagt, trifft zu, indem er gesagt wird.

Austins Begriff des Performativen gibt erstmalig zu bedenken, dass Sätze nicht nur Sachverhalte und Geschehnisse richtig oder falsch beschreiben, sondern diese durch das Aussprechen erst schaffen. Die Sprechakte, um die es mir hier geht, zeichnet auch ein Moment des Performativen aus, wie sich oben angedeutet hat. Dies ist eine Form von sprecherzentrierter Performativität, die an Austins paradigmatisch eingeführtem Begriff der Performativität schärfer zu konturieren ist.

Die Unterscheidung ist deshalb nötig, weil auch Austins Begriff der Performativität innerhalb einer gewissen sprachphilosophischen Rahmenvorstellung greift, gemäß der jedes sprachliche Geschehen vornehmlich, ja sogar ausschließlich als intersubjektives konzipiert ist. Der Rückwirkung auf den Sprechenden selbst wird nur insofern Rechnung getragen, wie sie in der intersubjektiven oder sozialen Konstellation inbegriffen ist, die der Sprechende im performativen Sprechakt schafft. Krämer betont als Performativität bzw. als die durch Austin nochmals differenziertere Fassung des Perlokutionären jenen Akt, demzufolge eine Person vor allem beim *Zuhörer* etwas bewirkt.[330] Ein solcher Performativitätsbegriff hebt die soziale Dimension der Sprache hervor und nimmt jene sprachlichen Vollzüge in den Blick, die, wie Rituale und Zeremonien, Anweisungen und Abmachungen verdeutlichen, im Aussprechen von gewissen Sätzen eine bindende Verpflichtung und eine damit angesagte Veränderung herbeiführen (Austins Beispiele beziehen sich auf das Heiraten, Taufen, Schwören, Versprechen, Befehlen etc.).

Das Bewusstsein dieser Art von Performativität bzw. von perlokutionären Sprechakten erweitert den sprachphilosophischen Reflexionskreis auch insofern, wie Krämer hervorhebt, dass nun das „Gefüge sozialer Kräfteverhältnisse sowie

---

twisted; real where the others are academic; fruitful where the others stop cold." – Stanley Cavell, „Austin at Criticism," in *Must we Mean what we Say? A Book of Essays* (1969; überarb. Neuaufl., Cambridge: Cambridge Univ. Press, 2002), 103.
330 Vgl. Krämer, *Sprache, Sprechakt, Kommunikation*, 140.

ein Machtgefälle" in den Blick geraten, „die den Sprecher als den ‚Urheber' eines performativen Sprechaktes autorisieren".[331] Dadurch wird die philosophische Aufmerksamkeit ebenso wie durch Foucaults Diskurstheorie auf die sozialen Aspekte der sprachlichen Weltgestaltung gelenkt. Das subtile Geschehen jedoch, das der Sprechakt beim Sprechenden (oder Schreibenden) auslösen kann, fällt auch hier aus dem Rahmen.

Im Zuge seiner Beschreibung der performativen Sprechakte kommt Austin auf die Relevanz eines *inneren Aktes* hinsichtlich der Performativität von Aussagen in einer Weise zu sprechen, die für die vorliegende Untersuchung eine offensichtliche Rolle spielt. Während Austin gewisse Konditionen des Gelingens solcher Sprechakte beschreibt, stellt er sich die kritische Frage, ob es dabei nur auf das Äußern der Worte ankomme oder auf mehr. Das Heiratsversprechen oder der Taufspruch beispielsweise hätten in Anwesenheit gewisser institutioneller Repräsentanten und mit gewissen Handlungen einherzugehen (beim Nachspielen der Taufe oder der Heirat im Kinderzimmer komme den gleichen Worten nicht die gleiche performative Wirkung zu). Aber ist zu den Bedingungen für das Gelingen der Sprechakte auch die Absicht zu zählen, mit der sich Menschen beispielsweise etwas versprechen? Die gewöhnliche Einschätzung, der zufolge man der Ansicht sein könnte, dass es sehr wohl darauf ankomme, ob ein Ja vor dem Altar auch als ein solches gemeint sei oder nicht, lehnt Austin jedoch mit einer überraschenden Vehemenz ab. Seine Reaktion ist zunächst nicht leicht nachzuvollziehen, auch nicht dadurch, dass Austin seine nächste Vorlesung mit der Erklärung beginnt, dass Sprechhandlungen wie Heiraten oder Wetten jedenfalls *besser* durch das Äußern gewisser Worte zu kennzeichnen wären als durch eine „different, inward and spiritual action of which these words are merely the outward and audible sign".[332]

Würde man eine Absicht als Bedingung *hinter* einem Versprechen oder einem Jawort annehmen, würde das, so Austin, zwangsläufig im nächsten Schritt zur Annahme führen, „that for many purposes the outward utterance is a description, *true or false*, of the occurrence of the inward performance".[333] In der Folge wäre die performative Aussage nicht von der konstativen zu unterscheiden, sie wäre wieder in das gleiche sprachtheoretische Schema überführt, das Sprachanalytiker vor Austin (und vor Wittgenstein) als das einzig denkbare angelegt haben. Vor allem eröffnet die Rede von der Absicht die Möglichkeit einer schillernden Ambivalenz, die Austin mit einem Ausspruch des Hippolytos von Euripides anschaulich

---

331 Vgl. ebd., 141.
332 Vgl. Austin, *How to Do Things with Words*, 13.
333 Vgl. ebd., 9.

macht: „[M]y tongue swore to, but my heart (or mind or other backstage artist) did not." Die Vorstellungsweisen, die eine solche Redensart heraufbeschwört, bezeichnet Austin kurzerhand als „fictitious inward acts" und als Ausrede der Bigamisten und Betrüger.[334]

Diese vehemente Ablehnung eines „märchenhaften inneren Aktes" hängt also eng mit der von Austin eingeleiteten Loslösung von einer eingefahrenen sprachphilosophischen Betrachtungsweise zusammen, der zufolge Sätze nichts anderes *können*, als innere oder äußere Sachverhalte wahr oder falsch zu beschreiben. Austins bahnbrechende Hinweise auf Sätze, bei denen ein solches Schema des Passens von Satz auf Welt nicht zur Anwendung kommt, ermöglichen ein erweitertes Verständnis für das, was man mit Worten *tun* kann. Wenn Äußerungen Handlungen sind, ergeben sich neue sprachphilosophische Fragen und es bedarf erweiterter Klassifikationen und Systematisierungen (mit denen es Searle ausführlich aufnimmt). Um die Veränderung des Ansatzes, die mit dem Verweis auf Performativität einhergeht, konsequent durchzuführen, ist nach Austin deshalb auch die Rest-Vorstellung aufzugeben, der zufolge performative Äußerungen irgendetwas mit unsichtbaren inneren Akten zu tun haben. Die Loslösung von dieser Vorstellung verhindert, dass notorische Verdoppelungen und endlose Regresse im Bedenken der Bedeutung von Intentionalität und inneren Zuständen, die auch Ryle[335] und Wittgenstein anhand vieler Beispiele kritisieren, gar nicht erst aufkommen.

Darüber hinaus gibt es für Austin noch weitere Gründe, sich von der Vorstellung eines inneren Aktes zu verabschieden. Mit dem Hinweis auf die Schauspielerei, auf Gedichte und auf Selbstgespräche macht er anschaulich, wie performative Äußerungen insgesamt unernst und nichtig werden, wenn die entsprechenden Umstände nicht gegeben sind, die als konventionelle Verfahren (wie Taufe, Heirat, Versprechen etc.) diese Akte gültig werden lassen. Wenn man nur mit und für sich selbst spreche, dichte oder schauspielere, dann, so Austin, spreche man nicht in eine bindende soziale Konstellation hinein: „Language in such circumstances is in special ways – intelligibly – used not seriously, but in ways *parasitic* upon its normal use [...]."[336]

Im Zuge der weiteren Charakterisierung des performativen Sprechaktes wird in einer Weise, die erstaunlich platonisch anmutet, der Sprachgebrauch in der Schauspielerei und im Gedicht als „unernst" und als „parasitär" bezeichnet. Offensichtlich kommt hier jedoch nicht wie bei Platon ein moralisches Motiv zum

---

334 Vgl. ebd., 9 f.: „Yet he [the solid moralist] provides [...] the bigamist with an excuse for his 'I do' and the welsher with a defence for his 'I bet'."
335 Vgl. Ryle, *Concept of Mind*.
336 Austin, *How to Do Things with Words*, 22.

Zug, sondern ein klassifizierendes, das auf eine strenge Differenz dringt, indem es die Umstände und Verfahren hervorhebt, von denen performative Sprechakte abhängen, um gelingen zu können.

Würde man an dieser Stelle jedoch fragen, wie künstlerische Sprechakte misslingen können, dann käme man einer erweiterten Performativität auf die Spur, die durch Austins Ablehnung des *inneren Aktes* aus dem sprechakttheoretischen Rahmen fällt. Ich will dieser Frage hier nachgehen, weil sie zeigt, dass sie nicht nur eine Frage der Ästhetik ist, sondern dass sie etwas berührt, das Performativität über den Rahmen intersubjektiver kommunikativer Praktiken hinausführt, obwohl sie als schauspielerische Performativität sehr wohl im intersubjektiven Raum angesiedelt ist. Sprechakte können in der Schauspielerei beispielsweise dann misslingen, wenn man den Schauspielern ihre Sätze nicht abnimmt. Eine solche Form von Skepsis wird von Austins Euripides-Beispiel nicht tangiert. Der Zweifel daran, ob jemand auch meint, was er sagt, selbst wenn er nicht lügt, betrifft nicht nur den künstlerischen Ausdruck. Er betrifft jeden Ausdruck, der in einem gewissen unstimmigen Verhältnis zu einer jeweils auch verkörperten Gesamtsituation steht. Austin spricht trotz seiner Verwerfung des inneren Aktes an anderen Stellen selbst von „requisite feelings" und „requisite thoughts", die beispielsweise mit Akten des Versprechens und Verzeihens einherzugehen hätten, damit diese als „felicitous" klassifiziert werden könnten.[337] Er räumt an dieser Stelle ein, dass Gefühle als Bedingung für das Gelingen gewisser Sprechakte erforderlich sein könnten, aber nicht als zu bewahrheitende dahinter liegende Sachverhalte, sondern eher im Sinne gewisser Umstände, von denen man auszugehen habe, damit ein Taufspruch wirksam sei.

Die Performativität, die einem *tentativen* Sprechakt eignet, betrifft jedoch gerade nicht das Vorhandensein bestimmter erforderlicher Gefühls- oder Gedanken-Requisiten, sondern höchstens ihre Veränderung auf eine Weise, die mit dem Artikuliertwerden zusammenhängt. Anders als in den von Austin aufgezählten Beispielen sind die Bedingungen hierfür nicht von gewissen fixierbaren Umständen oder von der klaren Dualität einer Haltung („sincere/ insincere") abhängig. Ähnliches gilt für den Schauspielakt. Ein Schauspieler kann einwandfrei sprechen und das, was er sagt, ernst meinen, und dennoch kann etwas fehlen, damit sein Ausdruck gelingt.

Was fehlen kann, so könnte man sagen, hat mit einer Form von Teilnahme zu tun, die sich beim Sprechen *äußert*. Eine Person spricht situationsgemäß, wenn sie sich auf die Situation einlässt. Mit *situationsgemäß* ist eine Art von sprachlicher Fortsetzung gemeint, die nicht anders entstehen kann als aus der *erlebten*

---

[337] Vgl. ebd., 40f.

Kontinuität dessen, was gerade geschieht, was gefühlt und erlebt wird. Diese Art von Kontinuität, die weder auf einer logischen oder kausalen Folgerung noch auf einem festgelegten Ablauf oder einer ehrlichen Haltung beruht, lässt die Frage nach dem sogenannten *inneren Akt* in anderer Weise aufkommen, als Austins sprachphilosophisch innovative Einführung des Performativen es zu denken gestattet: nämlich im Sinne eines fühlbaren Zusammenhangs,[338] auf den sich einzulassen für den künstlerischen Ausdruck ebenso kennzeichnend ist wie für die alltägliche Artikulation.

Beispiele aus dem Tanz und der Regie demonstrieren, dass eine solche Art des gelingenden Ausdrucks nicht um einen inneren Akt herumkommt.[339] Dieser Ausdruck geht jedoch nicht zwingend mit der sprachphilosophisch befürchteten Voraussetzung einher, dass die geäußerten Sätze wiederum auf (verifizierende oder falsifizierende) Feststellungen von inneren oder äußeren Tatsachen reduziert werden. Stanislawski merkt dazu an:

> I only had to think of the thoughts and cares of Stockman and the signs of short sight would come of themselves, together with the forward stoop of the body, the quick step, the eyes— And these habits came of themselves, unconsciously, and quite apart from myself. From where did they come? From where?[340]

Stanislawski beschreibt eine Art der schauspielerischen Verkörperung von Sorgen und Gedanken, die sich in oder an einer bestimmten Weise des Gehens und der Kurzsichtigkeit manifestieren können. Es scheint kein zu gewagter Schritt zu sein, zu vermuten, dass auch eine stimmige Weise des Sprechens mit den von Stanislawski beschriebenen Charakteristika zusammenhängt. Es ist das Eingehen auf die Situation dessen, der dargestellt werden soll, was Stanislawski als entscheidendes Kriterium dafür erachtet, ob der Ausdruck des Schauspielers ausdrucksvoll genug erscheint. In seinen Augen ist die Bedingung des künstlerischen Ausdrucks deshalb eindeutig als *innerer Akt* zu umschreiben: „Besides talent, an inner spiritual technique is necessary."[341]

Sich die nämlichen Gedanken und Sorgen zu machen, um wie jemand gehen, sehen und sprechen zu können, der besorgt und von seinen Gedanken umge-

---

338 Vgl. hierzu Teil III, vor allem Kap. 9.4, in dem der Diltheysche Begriff des Lebenszusammenhangs untersucht wird.
339 Die Beispiele verdanke ich Eugene T. Gendlin, *Ein Prozess-Modell*, hrsg., übers. und eingel. v. Donata Schoeller und Christiane Geiser (Freiburg/Br.: Alber, 2015), Kap. 8, 410 f. In diesem Kapitel entwickelt Gendlin interaktive sprachphilosophische Konzepte, auf die ich im dritten Teil dieser Arbeit zu sprechen komme.
340 Constantin Stanislavski, *My Life in Art* (New York: Theatre Arts Books, 1948), 405.
341 Ebd., 475.

trieben ist, zeugt von einem relevanten Zusammenhang von Innen und Außen. Aber diese Formulierung, so lässt sich mit Wittgenstein zeigen, wäre tatsächlich unglücklich, wenn damit eingefahrene Vorstellungen von der Repräsentation innerer Vorgänge evoziert würden:

> Wir sagen „Der Ausdruck seiner Stimme war *echt.*" War er unecht, so denken wir uns quasi hinter ihm einen anderen stehen. – Er macht nach außen *dieses* Gesicht, im Innern aber ein anderes. – Das heißt aber nicht, daß, wenn sein Ausdruck *echt* ist, er zwei gleiche Gesichter macht.[342]

Von einem „echten" Ausdruck zu sprechen, wird also dann problematisch, wenn dies zur Vorstellung führt, dass damit etwas, was sich *dahinter* befindet, richtig repräsentiert werden könne. Wittgenstein sagt zu Recht, dass man in dieser Hinsicht nicht von richtig oder falsch sprechen kann.[343] Und wie sollen Sorgen durch eine Weise der Kurzsichtigkeit richtig oder falsch *abgebildet* werden, oder wie kann der Gang eines Menschen die richtige oder falsche Repräsentation von Gedanken darstellen? Dennoch nimmt man Darstellern ihre Rolle nicht ab, wenn ein verbaler oder verkörperter Ausdruck der Sorge nicht als *Ausdruck* von Sorge erscheint. Sorge muss sich sozusagen verkörpert-verstimmlicht manifestieren können. Genau diesen Aspekt des Ausdrucks hat man als Schauspieler am wenigsten im Griff. Es ist, so merkt jeder Laiendarsteller, äußerst schwer, eine echt wirkende Sorge, Angst oder Fröhlichkeit zu mimen:

> Because of the lack of better means, the stage director will squeeze emotion out of the actor, urging him ahead as if he were a horse that cannot move a great load from its place. 'More, more', the stage director will cry. 'Live more strongly, give me more of it! Live the thing over! Feel it!'[344]

Gerade die einfachen, alltäglichen Gefühle sind laut Stanislawski am schwersten zu erzeugen. Angesichts der Schwierigkeit, diese einfachen Gefühle auszudrücken, vermutet der Regisseur, dass sich in ihnen tiefere, grundlegendere Zusammenhänge verdichtet haben: „The simple, in order to become the most important and move itself forward, must contain in itself the entire gamut of complex life phenomena."[345]

Statt von Innen und Außen und einer damit suggerierten Trennbarkeit von innerer *Vorlage* und äußerer Darstellung zu sprechen, scheint der Ausdruck mit

---

[342] Wittgenstein, *PU*, § 606, 462.
[343] Vgl. ebd., § 258, 362.
[344] Stanislavski, *My Life in Art*, 475.
[345] Ebd., 474f.

dem Erleben eher so zusammenzuhängen, dass sich beides gegenseitig *fortsetzt* und ineinander übergeht. Die künstlerische Ausdrucksweise kann gerade dann misslingen, wenn eine solche Kontinuität zu fehlen scheint, die an sich selbst und an anderen erlebbar werden kann, zum Beispiel als Form einer Erleichterung, die sich *im* treffenden Ausdruck einstellt oder als Unstimmigkeit, wenn ein solches Kontinuum unterbrochen zu sein scheint durch etwas, das gesagt wurde bzw. dadurch, wie es gesagt wurde. Wenn man *in* Situationen spricht, so besagt *in* hier offensichtlich nicht das Gleiche, wie wenn man sagt, dass man *in* Räumen spricht. In Letzteren kann man sagen was man will. Die Form des Raumes (unabhängig von einer jeweiligen Situation) hat keinen Einfluss auf den Inhalt und die Form der Rede und vice versa. *In* einer Situation zu sprechen, heißt dagegen auch, dass die Situation *in* den Sprechakten weitergeht.[346] Diese Form situativer Fortsetzbarkeit bringt Gendlin in folgender ungewöhnlicher Formulierung auf den Punkt: „...we are speaking-from it; we are taking it along."[347]

Die Möglichkeit, ein veränderndes Kontinuum durch diese Form des aufmerksamen *Mitnehmens* zu schaffen, indem man sich beim Sprechen auf eine Situation einlässt, findet sich aus den oben erwähnten Gründen nicht in Austins Liste dessen, was wir alles beim Sprechen tun.[348] Eine damit einhergehende sprecherzentrierte Performativität, die durch die sprachfindende Artikulation geschieht, und die als Klärung oder Stimmigkeit erst- und zweitpersonal erlebt werden kann, findet sich dementsprechend auch nicht im Diskurs, der sich um

---

346 Auf die plastische Kontinuität dessen, was wir als Situationen bezeichnen, komme ich in Teil III, Kapitel 10 eingehender zurück.
347 Eugene T. Gendlin, „The New Phenomenology of Carrying Forward," *Continental Philosophy Review* 37, Nr. 1 (2004): 134. Vgl. auch Redeweisen wie: „It is possible to enter there and speak from there." – Ders., „Implicit Entry and Focusing," *The Humanistic Psychologist* 27, Nr. 1 (1999): 82, letzter Zugriff 21. November 2018, http://www.focusing.org/gendlin/docs/gol_2032.html; oder „... to speak-from direct access to experience" – Ders., „Beyond Postmodernism: From Concepts Through Experiencing," in *Understanding Experience: Psychotherapy and Postmodernism*, hrsg. v. Roger Frie (London: Routledge, 2003), 115.
348 Vgl. Austins Liste:
„(A. *a*) always to perform the act of uttering certain noises (a 'phonetic' act), and the utterance is a phone;
b) always to perform the act of uttering certain vocables or words, i.e. noises of certain types belonging to *and as* belonging to a certain vocabulary, in a certain construction, i.e. conforming to and as conforming to a certain grammar, with a certain intonation, &c. [...]
(A. *c*) generally to perform the act of using that pheme or its constituents with a certain more or less definite 'sense' and a more or less definite 'reference' (which together are equivalent to 'meaning')."
– Austin, *How to Do Things with Words*, 92f.

Austins Begriff der Performativität gebildet hat. Diese Lücke ist zu füllen und zwar in einer Weise, der zufolge sich Austins Sorge hinsichtlich eines möglichen Rückfalls in ein reduziertes und verdoppelndes Sprachmodell als unbegründet erweist. Doch bevor ich im Folgenden eine Veränderung sprachphilosophischer Hintergrundmodelle und zwar buchstäblich im Sinne von transformativen Bedeutungsmodellen vorstellen möchte, scheint es mir wichtig zu sein, noch besser zu verdeutlichen, wie bedeutungstheoretische Ansätze mit den Möglichkeiten der Praxis *tentativer* Sprechakte verschränkt sind.

7 Spiegelung, Fluss, Pause: Psychotherapeutische Modelle

Eine gewachsene Verbindlichkeit, die sich am Verhältnis von Begriffsbedeutung und Erleben im ersten Teil gezeigt hat, manifestiert sich in der Fähigkeit, Worte mit einer Selbstverständlichkeit zu verstehen, die buchstäblich ist. In den Worten, die wir verwenden, äußern sich Kontexte, die als Lebensformen mitprägen, wer wir sind und sein können. Diese gewachsene Bedeutung von Worten vermag wiederum in situativen Kontexten zu arbeiten, so dass Menschen formulierend entwickeln können, um was es ihnen jeweils geht. Dabei spielen subtile Praktiken des aufmerksamen Einlassens eine Rolle – vor allem, wenn es darum geht die Komplexitäten menschlicher Situationen beim Sprechen mitzunehmen und nicht zu verlieren. Im letzten Kapitel habe ich diesbezüglich den *tentativen* Sprechakt eingeführt, dessen performative, auf den Sprecher zentrierte Wirksamkeit nun auch interdisziplinär weiter auszuloten ist. Die Psychotherapie gibt wichtige Denkanstöße und bietet Anschauungsmaterial, um die Wirksamkeit dieser Sprechakte zu reflektieren. Dadurch wird jedoch auch deutlich, dass die Philosophie in diesem Gespräch zwischen den Disziplinen nicht nur einiges zu lernen, sondern auch einiges beizutragen hat, um eine Wirksamkeit der Sprache, die in der psychotherapeutischen Praxis genutzt wird, gründlicher verständlich zu machen.

In der Psychotherapie zeigt sich, dass die gewachsene Verbindlichkeit, die sich als erlebtes Selbstverständnis manifestiert, empfindlich offen ist, und zwar als andauernde Verwiesenheit von situativem Erleben, Sprachgebrauch und Selbstverständnis aufeinander. Diese Verwiesenheit ist auf klärende Unterscheidung, Differenzierung, Aushandlung und Weiterentwicklung angewiesen. Diesbezüglich könnte man in Anlehnung an Martha Nussbaum von der *Fragilität des*

Klärens[349] sprechen oder mit Kafka ausrufen: „Wie ein Weg im Herbst: kaum ist er rein gekehrt, bedeckt er sich wieder mit den trockenen Blättern."[350] Die Psychotherapie macht deutlich, dass, wenn das Einlassen auf die Dichte des Erlebens nicht zu einer gewissen Klärung führt, dies existentiell überfordern kann. Der Versuch, der Überforderung zu entkommen, indem man sich auf das Erleben nicht mehr einzulassen bereit ist, da die damit einhergehende Komplexität zu überwältigend zu sein scheint, führt zu einem weiteren Übel. Mit diesem Schritt verschließt sich der Zugang zu einer qualitativen Verbindlichkeit des Erlebens, die einen dazu befähigt, sich Zusammenhänge zu erschließen und Unterscheidungen zu treffen, durch die die Sprache in Situationen sowohl klärend als auch bewusstseinssteigernd arbeiten kann.

In diesem Fall gilt es, erneut (oder bisweilen auch erstmalig) zu lernen, wie man sich auf gegenwärtiges oder vergangenes Erleben einlassen kann. Das impliziert die Notwendigkeit, eingewöhnte, abgegriffene Sprachspiele zu *entlernen*, die verhindern, dass der Sprachgebrauch empfindlicher wird und Begriffe sich vertiefen. Auf diese doppelte Weise ist eine sprachliche Wirksamkeit wiederzugewinnen oder erstmalig freizulegen, die über alltägliche Kommunikationsnotwendigkeiten hinaus eine Vermittlung ermöglicht, die sich klärend und transformierend auf das eigene Selbst-, Fremd- und Situationsverständnis auswirkt.

Die Psychotherapie ist deshalb als Schauplatz eines doppelten Umlernens im Sinne eines Ver- und wieder erneuten Erlernens zu beschreiben. Ihr Ansatz ist der sorgfältige und erlebensorientierte Sprachgebrauch, der als *Kur* gegen eine Entfremdungsspirale eingesetzt wird, in der das eigene Erleben und die gebrauchte Sprache nicht mehr in einem verbindlichen und dadurch *merklich* differenzierenden und klärenden Verhältnis zueinander stehen, sondern sich gegenseitig eher verdunkeln. Im Folgenden geht es mir vor allem darum, diesen wirksamen Praktiken in ihrem Zusammenhang von Methoden und Hintergrund-Annahmen sprachphilosophisch auf die Spur zu kommen.

7.1 Die Spiegelung

Freud hat seinen Begriff des Unbewussten, demzufolge menschliches Bewusstsein zu großen Teilen sich selbst gänzlich undurchsichtig ist, selbst als die dritte

---

349 Ich spiele hier auf den Titel von Martha C. Nussbaums Buch an: *The Fragility of Goodness: Luck and Ethics in Greek Tragedy and Philosophy* (Cambridge: Univ. Press, 1986).
350 Franz Kafka, „„Aphorismen-Zettelkonvolut (Frühjahr 1918, mit acht Zusätzen aus dem 2. Halbjahr 1920)", in ders. *Nachgelassene Schriften und Fragmente: in der Fassung der Handschriften*, hrsg. v. Jost Schillemeit, lizensierte Ausg. (Frankfurt/M.: Fischer, 1992), 2:117.

Kränkung der Menschheit bezeichnet. Mit seiner Freilegung des Unbewussten scheint nichts Geringeres als eine wesentliche Charakteristik des Menschen überhaupt infrage gestellt zu sein: Bewusstsein qua *Bewusstsein*. Ryles Charakterisierung dessen, was in der Mitte des 20. Jahrhunderts als sogenannte *official theory* zusammenfassbar zu sein scheint, stellt eine Selbst-Transparenz des Bewusstseins noch in den Mittelpunkt. Während das Wissen, das die Außenwelt betrifft, aufgrund jahrhundertelanger skeptischer Schulung problematisch geworden ist, blieb das eigene Innere als jener Bereich erhalten, der zweifellos zugänglich und einsichtig erschien. Ryle schreibt:

> Holders of official theory tend, however, to maintain that anyhow in normal circumstances a person must be directly and authentically seized of the present state and working of his own mind. [...] He can take a (non-optical) 'look' at what is passing in his mind. [...] [H]e can also reflectively or introspectively watch, without any bodily organ of sense, the current episodes of his inner life. This self-observation is also commonly supposed to be immune from illusion, confusion or doubt.[351]

In dieser Weise fasst Ryle ein Verständnis vom menschlichen Bewusstsein zusammen, das ideengeschichtlich weit zurückgreift:[352] Der Mensch ist ein sich selbst bewusstes Wesen, dessen subjektiver Innenraum ungestört wahrgenommen werden kann, während seine wahrnehmende Außenerkenntnis der Täuschung anheimfällt. Die Unsicherheit *der Möglichkeit*, sich darüber im Klaren zu sein, was in einem selbst vorgeht, wird unter den Vorzeichen der cartesianischen Einteilung gar nicht erst zum Thema. Freud weiß, was er mit der Einführung des Unbewussten tut und welches vor allem philosophisch gewachsene Tabu er berührt. Er schreibt drei Jahrzehnte vor Ryles Charakterisierung der *official theory*:

> Die erste dieser unliebsamen Behauptungen der Psychoanalyse besagt, daß die seelischen Vorgänge an und für sich unbewußt sind und die bewußten bloß einzelne Akte und Anteile des ganzen Seelenlebens. Erinnern Sie sich, daß wir im Gegenteile gewöhnt sind, Psychisches und Bewußtes zu identifizieren. Das Bewußtsein gilt uns geradezu als der definierende Charakter des Psychischen, Psychologie als die Lehre von den Inhalten des Bewußtseins. Ja, so selbstverständlich erscheint uns diese Gleichstellung, daß wir einen Widerspruch gegen sie als offenkundigen Widersinn zu empfinden glauben, und doch kann die Psychoanalyse

---

351 Ryle, *Concept of Mind*, 14.
352 Zu den ideengeschichtlichen Wurzeln dieser Vorstellung sind die Perspektiven von Hermann Schmitz in *Der unerschöpfliche Gegenstand* augenöffnend und anregend.

nicht umhin, diesen Widerspruch zu erheben, sie kann die Identität von Bewußtem und Seelischem nicht annehmen.[353]

Freuds Psychoanalyse zum Zwecke der Kur – und nicht zum Zwecke transzendentaler oder psychologischer Erkenntnis – bringt nun einen bisher noch nicht vorgekommenen Aspekt in mein Thema ein. Denn eine Kur impliziert, dass menschliches Erleben und Fühlen nicht nur deshalb klärungsbedürftig sind, weil sich darin eine implizite Vielschichtigkeit äußert, die konstitutiv für die Bedeutungen der Begriffe ist, die man gebraucht sowie für das individuelle Situations- und Selbstverständnis. Der Begriff der Kur hat die stärkere Implikation einer Störung oder Erkrankung, die mit einem Komplex einhergeht und die sich nicht mehr in einer Feedback-Schlaufe von Lebenszusammenhang bzw. gefühlter Situation und empfindlichen Kategorien klären und transformieren lässt (vgl. Kap. 4.2). Freuds dritte Kränkung betrifft im Kern Erlebnisse, die nicht auf diese Weise sprech-handelnd weiterzuentwickeln und handzuhaben sind.

Solche *nebligen* Erlebnisse wirken sich im Sinne seiner psychoanalytischen Lehre gleichsam wie eine untergründige Störung auf den übrigen Erlebenszusammenhang aus und verdunkeln diesen auf undurchschaubare Weise. Die Erlebnisse werden unzugänglich, indem sie in einer Weise vergessen werden, die sie zu erinnern verunmöglicht. Dies manifestiert sich in der Unveränderbarkeit der Situationen, denen man begegnet. Statt im Strom des sich situativ ändernden Gefühls und der unvorhersehbaren Veränderungen, die darin sprech-handelnd zu bewirken sind, wirkt sich diese Weise des Vergessens in einer zirkulären Rätselhaftigkeit dessen aus, was geschieht. Situationen sind in dieser Hinsicht nicht der fühlbare Ausgangspunkt einer offenen Klärung und unbestimmten Entwicklung, die die Zusammenhänge, die zur Gegenwart geführt haben, weiterentwickeln lassen. Sie sind nun Schauplatz eines anhaltenden undurchdringlichen Komplexes, der zu *gezwungenen* Handlungen führt, die auf der Stelle treten, sich repetitiv fortsetzen. In dieser Weise ist das Unbewusste äußerst wirksam, und zwar als „Auflösung von Zusammenhängen, Verkennung von Abfolgen, Isolierung von Erinnerungen"[354]. Vom Klärungspotential des situativen Gefühls kann in diesem aufgelösten Zusammenhang buchstäblich nicht mehr die Rede sein. Gewachsene

---

353 Sigmund Freud, „Die Fehlleistungen (1916 [1915])", in *Studienausgabe*, Bd. 1, *Vorlesungen zur Einführung in die Psychoanalyse und Neue Folge*, hrsg. v. Alexander Mitscherlich, Angela Richards und James Strachey, 11. korr. Aufl. (Frankfurt/M.: Fischer, 1989), 47 [im Folgenden: *SA 1*].
354 Sigmund Freud, „Erinnern, Wiederholen und Durcharbeiten", in *Studienausgabe*, Ergänzungsband, *Schriften zur Behandlungstechnik*, hrsg. v. Alexander Mitscherlich u. a., 3. Aufl. (Frankfurt/M.: Fischer, 1989), 209, [im Folgenden: *SA Erg-Bd.*].

Wortbedeutungen scheinen darin die überfordernde Unklarheit, die sich nicht öffnend auswirkt, eher weiter fortzusetzten.

Der psychoanalytischen Theorie zufolge gründet sich die Unzugänglichkeit gewisser Erlebnisse, die für die Auflösung eines erlebten Zusammenhangs verantwortlich zeichnen, auf einen Widerstand, der diese aktiv verdrängt und dafür unterschiedliche Strategien entwickelt. Diese Verdrängung ist durch internalisierte Verbote motiviert, die es nicht erlauben, bewusst zu erfahren, wie man etwas oder eine Person erfahren hat. Die Redekur mit dem Psychoanalytiker soll helfen, diese im Unbewussten vorhandenen, aber unterdrückten bzw. verdrängten Erfahrungsinhalte, d. h. die Wahrheit des „Urverdrängten" ans Licht zu bringen.[355] Mit der Unterstützung des Therapeuten kommt der Patient in einem schrittweisen, häufig schmerzlichen Prozess dazu, in dieser Weise Verdrängtes zum Vorschein zu bringen. Es gilt dabei gleichsam dem Spürsinn des Therapeuten zu folgen, der in den Gehalten der Träume seiner Patienten, in deren Fehlleistungen und freien Assoziation einer sich andeutenden „verdrängten Repräsentanz" auf die Spur kommt. Die Expertise des Therapeuten, der analog zum Arzt, der Symptome erkennt, solche versteckten Spuren eines verdrängten Inhaltes zu erkennen und zu deuten weiß, bahnt einen Weg, auf dem sich der Patient zu sich selbst bzw. zu seiner undurchdringlichen Vergangenheit begeben kann. Der Psychoanalytiker ist dem Analysanden bei der Entzifferung der „Abkömmlinge des Verdrängten" behilflich, die tatsächlich entziffert werden müssen, weil sie nur in dieser kodierten Weise, in ihrer „Entfernung oder Entstellung [zum Urverdrängten, D.S.] die Zensur des Bewußten passieren können"[356].

Der Therapeut wird zu einem Spurensucher und Dolmetscher, der dem Patienten die versteckten Anzeichen des Verdrängten vor Augen führt und zu Bewusstsein bringt.[357] Zuerst hat er jedoch der Patientin ihre eigenen Verdrängungsstrategien vor Augen zu führen, die habituell aufgebaut und aktiv gehalten werden, um die klar werdende Bedeutung eines Erlebnisses zu verhindern, d. h. in der Versenkung des Unbewussten zu belassen. Die Redekur ist deshalb auch im Sinne einer Aufklärung durch die zweite Person zu verstehen, die auf drittpersonal gesammelter Erfahrung und Wissen beruht. Die Patientin kann vom Therapeuten, der die psychotherapeutische Expertise innehat, über sich selbst aufgeklärt werden. Damit wird im Sinne des Patienten der gordische Knoten

---

355 Vgl. Sigmund Freud, „Die Verdrängung (1915)", in *Studienausgabe*, Bd. 3, *Psychologie des Unbewussten*, hrsg. v. Alexander Mitscherlich, Angela Richards und James Strachey, 7. korr. Aufl. (Frankfurt/M.: Fischer, 1994), 110 [im Folgenden: *SA 3*].
356 Ebd.
357 Vgl. Till Bastian, „Sigmund Freud im Kriminalroman: Therapeuten als Detektive", *Psyche – Zeitschrift für Psychoanalyse* 63 (2009): 503f.

zerschlagen, der darin besteht, an etwas heranzukommen, an das er allein nicht herankommen könnte, weil gerade er es ist, der die Verhinderung der Bewusstwerdung produziert und reproduziert: „Die Überwindung der Widerstände wird bekanntlich dadurch eingeleitet, daß der Arzt den vom Analysierten niemals erkannten Widerstand aufdeckt und ihn dem Patienten mitteilt."[358] Der Therapeut kann helfen, denn er weiß um die Beschaffenheit und Dynamik des „psychischen Apparates"[359]. Aufgrund dieses Hintergrundwissens wie auch seiner eigenen flexiblen psychischen Integrationsfähigkeit ist er im Stande, seinen Patienten zu helfen. Vor allem muss er hinsichtlich der Beziehung selbst feinfühlig sein bezüglich der Übertragung alter, verdrängter Erfahrungsdynamiken und -muster. Hans Loewald beschreibt die Tätigkeit des Analytikers in diesem Sinne wie folgt:

> The analyst, in his communication through language, mediates higher organization of material hitherto less highly organized, to the patient. This can occur only if two conditions are fulfilled: (i) the patient, through a sufficiently strong 'positive transference' to the analyst, becomes again available for integrative work with himself and his world, as against defensive warding-off of psychic and external reality manifested in the analytic situation in resistance. (ii) The analyst must be in tune with the patient's productions, that is, he must be able to regress within himself to the level of organization on which the patient is stuck [...].[360]

Es ist die innerpsychische Beweglichkeit sowie die psychoanalytisch vermittelte Kompetenz, eine Ordnung zu vermitteln, die den Analysanden dabei unterstützen soll, einen erlebten Zusammenhang zu rekonstituieren. Für diese Arbeit bedarf es als Mindestkondition der Bereitschaft dazu, den Widerstand gegen das psychoanalytische Aufklärungsprojekt Schritt für Schritt aufzugeben. Der Analytiker kann für diesen Prozess seinen theoretischen Hintergrund zur Verfügung stellen, um anhand der geschehenden Interaktion unterschiedliche Formen der Verdrängung, des Widerstandes und der Übertragung zu bemerken und darin versteckte Erlebensinhalte zu vermitteln. Zur Verfügung hat der psychoanalytisch Ausgebildete Theorien zur Frühentwicklung des Kindes, zur Vitalität von Trieben im Verhältnis zu ungenügend vorhandenen Objekten, zu Übertragungsdynami-

---

358 Freud, „Erinnern, Wiederholen und Durcharbeiten", *SA Erg-Bd.*, 214.
359 Blumenberg notiert zur neurologischen Weiterentwicklung dieses Begriffs: „Was ‚psychischer Apparat' heißt, ist nicht mehr das abstrahierte Kongruenzsystem zum neuroanatomischen Leitungsnetz; es ist die black box für die zwischen Zufuhr und Abfuhr von Reizenergie hypothetisch angenommenen Vorgänge: Stauungen und Störungen, Überlastungen und Reserven, Umleitungen und Umformungen." – Hans Blumenberg, *Höhlenausgänge* (Frankfurt/M.: Suhrkamp, 1996), 687.
360 Hans Loewald, „On the Therapeutic Action of Psycho-Analysis," *International Journal of Psycho-Analysis* 41 (1960): 26.

ken, Verdrängungsmechanismen und Sublimationsprozessen. Ein ausgefeiltes Wissenskorpus fungiert wie eine hintergründige Landkarte, die dem Analytiker – zusätzlich zu seiner eigenen psychischen Stabilität und Sensibilität – Orientierung innerhalb des Prozesses verleiht.

Mithilfe dieses Hintergrundmodells sieht der Therapeut beispielsweise, dass eine Aussage ein Rationalisierungsversuch ist, um einen „unliebsamen Gast" vor einer „verbotenen Tür durch einen ständigen Wächter bewachen" zu lassen.[361] Der unliebsame Gast wäre beispielsweise eine libidinöse Einstellung zu Vater oder Mutter, die „nach der Verdrängung [...] aus dem Bewußtsein geschwunden ist"[362]. Der Therapeut spürt diesen unliebsamen Gast in seinen verdeckten oder verwandelten Formen auf, z. B. in der irrationalen und unverständlichen Angst, die sich an ein anderes Objekt bindet, zum Beispiel an einen Wolf oder eine Spinne. Der Analytiker ist darin geschult, eine der Verdrängung „unterliegende Repräsentanz" zu erkennen (etwa eine „libidinöse oder feindselige Strebung"), um den Weg zu weisen, den der Patient sich selbst verbaut hat:[363]

> Der Arzt deckt die dem Kranken unbekannten Widerstände auf; sind diese erst bewältigt, so erzählt der Kranke ohne alle Mühe die vergessenen Situationen und Zusammenhänge. Das Ziel dieser Techniken ist natürlich unverändert geblieben. Deskriptiv: die Ausfüllung der Lücken der Erinnerung, dynamisch: die Überwindung der Verdrängungswiderstände.[364]

In der Redekur werden mit Hilfe des Therapeuten auf diese Weise Verdrängungsstrategien durchschaut, Objekte umbesetzt und der Widerstand thematisiert, um zum wahrhaften Grund der Angst und damit auch zum eigentlich verdrängten Gehalt des Gefühls oder des Erlebnisses zu gelangen. Wenn Widerstand und Verdrängung gegenüber dem Versteckten, im Dunkeln sich Befindenden aufhören, vermag der Patient endlich ungehindert zum Kern der eigenen Gefühle und Erlebnisse vorzudringen und sich Klarheit darüber zu verschaffen, worum es sich bei seiner Angst, seinem Zwang oder seiner Neurose handelt.[365]

Psychoanalytiker leiten diesen Prozess, wie gesagt, aufgrund eines hintergründigen Wissens um den *psychischen Apparat*, dessen Triebkräfte und Verdrängungsmechanismen. Analog zum physiologischen Körpermodell des Arztes wird eine Grundstruktur der Psyche angenommen, die mit unterschiedlichen (bewussten und unbewussten) Bereichen an unterschiedlichen Stellen des Ent-

---

[361] Vgl. Freud, „Verdrängung", *SA 3*, 113, teilw. Fußnote 2.
[362] Ebd., 115.
[363] Vgl. ebd., 117.
[364] Freud, „Erinnern, Wiederholen und Durcharbeiten", *SA Erg-Bd.*, 207.
[365] Vgl. hierzu auch Blumenberg, *Höhlenausgänge*, 695 f.

wicklungsprozesses bzw. auf unterschiedlichen Entwicklungsstufen gestört sein kann. Das Unbewusste ist vom Bewussten demzufolge durch eine „Zensur" getrennt, die analog einer staatlichen Organisation verhindert, dass eine Vorstellung aus dem dunklen Bereich in den bewussteren hinüberwechselt, um dadurch erkennbar und klarer zu werden. Entsprechend fragt Freud nach der buchstäblichen Verdoppelung von Vorstellungen, nachdem der Arzt dem Patienten seine Vermutungen darüber mitgeteilt hat, was dieser vor sich selbst versteckt hält. Dann, so Freud, hat der Patient

> jetzt tatsächlich dieselbe Vorstellung in zweifacher Form an verschiedenen Stellen seines seelischen Apparats, erstens hat er die bewußte Erinnerung an die Gehörspur der Vorstellung durch die Mitteilung, zweitens trägt er daneben, wie wir mit Sicherheit wissen, die unbewußte Erinnerung und das Erlebte in der früheren Form in sich.[366]

Dennoch sinnt Freud über die Beziehung von Gehörthaben und Erlebthaben nach, die für ihn zwei „ganz verschiedene Dinge [sind], auch wenn sie den nämlichen Inhalt haben".[367]

In einem solchen Therapieverständnis wirkt sich, so könnte man sagen, eine hintergründige repräsentationalistische Auffassung von Bedeutung aus. Sie manifestiert sich auch in der psychoanalytischen Fachsprache, wenn beispielsweise fraglos von verdrängten Repräsentanzen die Rede ist. Ein repräsentatives Verständnis von Bedeutung macht den psychoanalytischen Ansatz an sprachanalytische Ansätze anschlussfähig.[368] Aufgrund eines solchen Ansatzes macht es auch Sinn, von Formen des Widerstands und der Verweigerung auszugehen, wenn Patienten keinen Zugang zu dem zu finden scheinen, was sie erlebt oder erfahren haben. Die auf der Hand liegende Bedingung dafür zu unklaren und verworrenen Erfahrungsgehalten durchdringen zu können, ist die Überwindung der Verdrängung. Letztere steht im Weg, um an Unbewusstes, an verdeckte Erfahrungen, Motive oder Gefühle zu gelangen und diese wahrheitsgemäß zu repräsentieren. Vor diesem theoretischen Koordinatensystem ist Till Bastians Analogie von „Therapeuten als Detektiven" einleuchtend, insofern Therapeuten, wie oben bereits angesprochen, ähnlich wie Detektive „Spuren"[369] sammeln, um verbotene Erlebnisse oder Gefühle zum Vorschein zu bringen. Auch das wissenschaftliche Selbstverständnis der Psychoanalyse impliziert eine Repräsentierbarkeit ver-

---

366 Sigmund Freud, „Das Unbewußte (1915)", in *SA 3*, 134.
367 Vgl. ebd., 134 f.
368 Vgl. Marcia Cavell, *Becoming a Subject: Reflections in Philosophy and Psychoanalysis* (Oxford: Clarendon Press, 2006).
369 Vgl. Bastian, „Sigmund Freud im Kriminalroman", 503 f.

steckter Gehalte, die aufgrund einer Analyse dessen, was sich zeigt, mit dem entsprechenden theoretischen Handwerkzeug geborgen werden können. Blumenbergs Schilderung von der allmählichen Entfremdung zwischen Freud und Jung macht diese u. a. an genau diesem Punkt fest. Freud interpretiert einen zentralen Traum Jungs anhand seiner Ansätze, die wie eine wissenschaftliche Theorie auf das präsentierte Material angewendet werden:

Freud, als er von dem Traum erfährt, interessiert sich vor allem für die beiden Schädel. Er sucht an ihnen einen Todeswunsch des Träumers auszumachen. Dieser wiederum kennt zu genau den Auslöser des theoretischen Effekts und empfindet heftigen Widerstand gegen die drohenden Interpretationen: Ja, was will er eigentlich? Dachte ich bei mir. Und dann kommt, was in zahllosen Fällen von Analysen gekommen sein mag: Der Träumer macht dem Analytiker ein Angebot, von dem er glaubt, es werde diesem gefallen. Er folgt einer ihm zwar unbekannten, aber doch erahnbaren Intention und bekennt, es seien die Schädel seiner Frau und Schwägerin. Wohl viel später versieht er die Konzession mit dem zynischen Zusatz: Ich mußte doch jemanden nennen, dem den Tod zu wünschen sich lohnte! Jung fürchtet noch, dem Meister zu mißfallen.[370]

Die Anekdote verdeutlicht vor allem ein von Freud geprägtes wissenschaftliches Methodenverständnis, demzufolge das beschriebene Phänomen zu diagnostizieren ist, beispielsweise als Todestrieb. Träume werden gemäß einem von der analytischen Theorie erarbeiteten Schlüssel entzifferbar, der dem Analytiker zur Verfügung steht. Entsprechend versucht der Analytiker alter Schule sich so wenig wie möglich einzubringen, um das Phänomen neutral studieren und analysieren zu können. Aufgrund eines Phänomenverständnisses, das davon ausgeht, dass es in der Psyche aufzudecken gilt, was dort an Verdrängtem vorzufinden ist, versteht er sich als Beobachter. Wie in den Naturwissenschaften ermöglicht es ihm seine Beobachterposition, die Daten möglichst objektiv zu studieren und zu interpretieren. Der Psychotherapeut wird deshalb angehalten, so an sich zu arbeiten, dass er zu einem Spiegel des Prozesses werden kann. Der psychoanalytische Diskurs spricht dieses Selbstverständnis auch kritisch an, so etwa Loewald, wenn er ein gewisses psychoanalytisches Methodenverständnis beschreibt als „objective scientific research method, of a special nature to be sure, but falling within the general category of science as an objective, detached study of natural phenomena, their genesis and the ideal image of the analyst is that of a detached scientist"[371]. Selbst ein Autor wie Loewald, der die Verengungen einer gemäß wissenschaftlichen Idealen betriebenen Psychoanalyse kritisiert, spricht

---

370 Blumenberg, *Höhlenausgänge*, 695.
371 Loewald, „On the Therapeutic Action of Psycho-Analysis," 19.

seinerseits jedoch von der „Norm", an die sich der Therapeut zu halten habe, um dem Patienten dabei zu helfen, von seiner Abweichung abzukommen.[372]

Der repräsentative Ansatz als hintergründiges Modell des Prozesses lässt es als schlüssig erscheinen, dass Patienten, die in die Analyse kommen, von Natur aus „wahrheitsscheu" seien.[373] Wenn Unklarheit dessen, was gefühlt, erlebt oder gewollt wird, so interpretiert wird, dass im Untergrund ein bereits vorhandener Inhalt anzunehmen ist, dann liegt der Schluss nahe, dass Patienten, statt der Wahrheit ins Gesicht zu blicken, es bevorzugen, in – wenn auch Leid erzeugenden – Zuständen zu verharren. Wenn das Nicht-eingestehen-Müssen der Möglichkeit des Klar-Sehens vorgezogen wird, dann muss die Psychoanalyse eine natürliche Neigung des Menschen annehmen, vor der bitteren Wahrheit habituell auszuweichen, um die Unlust zu vermeiden.[374]

Die zentrale Frage, die sich dem behandelnden Arzt deshalb stellt und die Freud in seinen behandlungstechnischen Schriften mehrmals eingehend erörtert, ist: „Wann sollen wir mit den Mitteilungen an den Analysierten beginnen? Wann ist es Zeit, ihm die geheime Bedeutung seiner Einfälle zu enthüllen [...]?"[375] Der „Dringlichkeitspunkt"[376] der Kur, so schildert es Freud, markiert den Zeitpunkt, an dem der Arzt „in gemeinsamer Arbeit mit dem Analysierten die verdrängten Triebregungen auf[findet], welche den Widerstand speisen"; dieses Finden und „Durcharbeiten der Widerstände mag in der Praxis zu einer beschwerlichen Aufgabe für den Analysierten und zu einer Geduldsprobe für den Arzt werden".[377]

Der Ausdruck des Durcharbeitens scheint nun allerdings über den Rahmen eines repräsentativen Hintergrundmodells hinauszuweisen, wenn es darum geht,

---

372 Vgl. ebd., 20.
373 Diesen Ausdruck verdanke ich Alice Holzhey in einem Gespräch, das in ihrer Praxis im Juli 2009 stattgefunden hat. Freud schreibt hierzu: „Das Vergessen von Eindrücken, Szenen, Erlebnissen reduziert sich zumeist auf eine ‚Absperrung' derselben." – Freud, „Erinnern, Wiederholen und Durcharbeiten", SA Erg-Bd., 208. An anderem Ort heißt es, dass die „Forschung hier offenbar durch ein besonderes Hindernis von der eigenen Person abgelenkt und an deren richtiger Erkenntnis behindert" wird. – Vgl. Freud, „Das Unbewußte", SA 3, 128.
374 Vgl. hierzu Freud, „Verdrängung", SA 3, 114: „Wir erinnern uns, daß Motiv und Absicht der Verdrängung nichts anderes als die Vermeidung von Unlust war."
375 Sigmund Freud, „Zur Einleitung der Behandlung (Weitere Ratschläge zur Technik der Psychoanalyse I) (1913)", SA Erg-Bd., 199.
376 Vgl. hierzu auch den „Dringlichkeitspunkt" („point of urgency") von Madeleine und Willy Baranger, die sich dabei auf die Definition von Enrique Pichon-Riviere stützen – siehe bspw.: Madeleine und Willy Baranger, *The Work of Confluence: Listening and Interpreting in the Psychoanalytic Field*, hrsg. u. mit e. Kommentar v. Leticia Glocer Fiorini (London: Carnac Books, 2009), 94 ff.
377 Freud, „Erinnern, Wiederholen und Durcharbeiten", SA Erg-Bd., 215.

das Therapiegeschehen verständlich zu machen. Das Auffinden des Verdrängten, so dass propositional dargestellt werden kann, was zuvor nicht zu sagen, sondern nur unbewusst vorhanden war, genügt anscheinend nicht, damit sich das Unbewusste klärt. Freud gibt an verschiedenen Stellen zu bedenken, dass das Zeigen des Analytikers und das Einsehen des Patienten für ein solches Klärungsgeschehen nicht ausreichend sind. Wie schon Aristoteles am platonischen Optimismus kritisiert, dass mit dem Erkennen des Guten auch ein Gutwerden einhergehen sollte, so bemerkt auch Freud, dass Erkennen und Gezeigtbekommen allein nicht ausreichen, um eine Veränderung des Verhaltens und der Gefühle zu erzielen. Dass sich trotz des aufgedeckten Widerstandes und einer damit ermöglichten Durchsicht nicht viel ändert, spricht Freud offen an:

> Ich bin oft in Fällen zu Rate gezogen worden, in denen der Arzt darüber klagte, er habe dem Kranken seinen Widerstand vorgestellt, und doch habe sich nichts geändert, ja der Widerstand sei erst recht erstarkt und die ganze Situation sei noch undurchsichtiger geworden.[378]

Die Durchsicht hängt also nicht allein von der endlich gelingenden Repräsentierbarkeit dessen ab, was bislang zu verborgen war, um sprachlich abgebildet zu werden. Worte scheinen noch mehr und anderes in einer Redekur zu bewirken, als lediglich darzustellen, was es darzustellen gibt, nachdem Widerstand und Verdrängung nachlassen und einsehbar wird, wie es sich in Wirklichkeit verhält. Loewald spricht in seinen Schriften eine solche zusätzliche Funktion von Sprache im gelingenden Prozess an. Mit der folgenden Charakteristik verlässt er eindeutig den repräsentationalistischen Ansatz als hintergründiges Modell des Therapiegeschehens:

> Language, in its most specific function in analysis, as interpretation, is thus a creative act similar to that in poetry, where language is found for phenomena, contexts, connexions, experiences not previously known and speakable. New phenomena and new experience are made available as a result of reorganization of material according to hitherto unknown principles, contexts, and connexions.[379]

Jonathan Lear scheint heute in ähnlicher Weise ein wissenschaftlich geprägtes Selbstverständnis der Analyse für andere Beschreibungsweisen zu öffnen, die ein Sprachmodell sprengen, das früheren Analyse-Konzeptionen implizit zu sein schien. In einer ausführlichen Studie über den Prozess einer gewissen Ms. A. sucht er nach neuartigen Beschreibungsweisen, die den gelingenden Prozess als innerpsychische Vereinigung charakterisieren, in der das Erleben wieder als

---

378 Ebd.
379 Loewald, „On the Therapeutic Action of Psycho-Analysis", 26.

Ganzes zur Sprache kommen könne. Einer solchen Sprache schreibt auch Lear eine „poetische Wirksamkeit" zu. Es sei deshalb nicht ausreichend, so Lear, die Psychoanalyse nur als eine Art von analytischer Selbsterfassung zu betrachten; vielmehr habe sie mit der Ermöglichung einer inner-psychischen Kommunikation zwischen „rational and non-rational parts of the soul" zu tun.[380] Diese Einigung sei Lear zufolge vor allem phänomenologisch und nicht analytisch zu charakterisieren. Ein solches Einigungsgeschehen bestätige keine Vermutung des Analytikers, die ihrerseits einen theoretischen Rahmen affirmiert. Es gehe nicht nur um die propositionale Wahrheit, wenn Unzusammenhängendes, nämlich Unbewusstes (qua Irrationales) und Bewusstes (qua Rationales), in der Aussage endlich vereint würde. Lear beschreibt, wie sich ein unterbrochener Zusammenhang für Ms. A überall auswirke, beispielsweise auch in ihrer Hemmung, um einen neuen Termin zu bitten. Die neu gefundene Einigung manifestiere sich vor allem darin, wie sie nun sprechen könne:

> This speaking-with-the-same-voice has a phenomenology, of vibrancy and efficacy. [...] For lack of a better term, this seems to me a kind of *poetic* efficacy, one that occurs when the non-rational soul and the rational soul come to speak with the same voice. With laughter, relief and relish she could ask me: might I be willing to schedule a different hour. I could hear that she was, as it were, *all in*. She herself could feel her world changing. The speaking-with-the-same-voice is itself a moment of integrating the rational and non-rational soul.[381]

In dieser Weise spricht Lear eine Performativität an, die im repräsentationalistischen Modell nicht unterzubringen ist. Denn die Performativität dieses Sprechens äußert sich selbst als ein Moment der stattfindenden Integration und zeugt nicht nur von dem Umstand, dass nun endlich innere Begebenheiten wahr abgebildet werden können. Diese „all-in"-Charakteristik des oben beschriebenen Sprechaktes, in dem sich ein wiedergefundener Zusammenhang manifestiert, ist bedeutungsvoll als *Akt* und nicht so sehr als Inhalt. Dieses „all-in" manifestiert sich, so betont Lear, in allem, was sie zu ihrer Situation zu sagen hat bzw. darin, wie sie von ihrer erlebten Situation aus nun weitersprechen kann. Es manifestiert sich beispielsweise im offenherzigen und humorvollen *Ton* der Frage, wie sie nun – endlich – um einen neuen Termin bitten kann.

Diese Andeutungen sollen genügen, um eine spannungsvolle Verschränkung von Theorie und Praxis in der analytischen Redekur anzusprechen, die neuere Autoren dieser Schule zu überwinden versuchen. Die Erneuerung besteht vor

---

[380] Vgl. Jonathan Lear, „Integrating the Non-Rational Soul," *Proceedings of the Aristotelian Society* 114, Nr. 1 (2014): 78, letzter Zugriff 4. Dezember 2018, doi: 10.1111/j.1467–9264.2014.00365.x.
[381] Ebd., 91f.

allem darin, das Bild des Analytikers als eines allwissenden Wissenschaftlers hinter sich zu lassen, der einen Prozess von außen beobachtet und seine Patienten besser zu kennen scheint als diese sich selber. Ein Durchbruch in diese Richtung ist durch die Thematisierung der Gegenübertragung in der Praxis der Psychoanalyse gelungen. Sie sensibilisiert den Analytiker dafür, selber zu spüren von welchen Konflikten er getrieben ist, um diese Realisation auch in den Prozess mit dem Patienten einzubringen.[382] Die Weiterentwicklung der Gegenübertragung ist vornehmlich durch Bions Konzept des *Container-contained* geschehen.[383] Dieses beschreibt im Detail, dass Analyse nicht darin besteht, fertige Theorien oder vorgefertigtes Wissen auf die PatientInnen anzuwenden, sondern dass Einsicht und Erkenntnis nur durch ein gemeinsames Durcharbeiten, Aushalten, teilweise auch Ausagieren gegenseitiger Verstrickungen anlässlich jedes einzelnen Klienten wieder neu gelingen können.

Diese Innovationen und Erneuerungen des ursprünglichen Paradigmas bewegen sich aber immer noch im theoretischen Rahmen einer prinzipiellen Spiegelbarkeit innerpsychischer Begebenheiten, aufgrund derer der *psychische Apparat* auch theoretisch abzubilden ist. Die Kur ist der zur Verfügung gestellte Sprach-Raum, in dem sich die Wahrheit in Interaktion mit dem Therapeuten Stück für Stück rekonstituiert. Eine entsprechend große Verantwortung kommt diesem zu. Von seiner professionellen Kompetenz und ihrem Hintergrundwissen hängt ab, ob entgegen der Dynamik der Verdrängung und des Widerstandes, eine verdrängte Wahrheit ans Licht kommen kann. Die Heilung hängt vom therapeutischen Vermögen ab, die Spuren des Verdrängten im Traum, in den Fehlleistungen, in der freien Assoziation zu finden. Sie hängt von seinem Standhalten ab, nicht einer Übertragungsdynamik Folge zu leisten und von der Flexibilität, sich in die verirrten Gefühlswindungen seines Patienten hineinzuversetzen, um diese entwirren zu helfen. Die Praxis ist getragen von der Verantwortungshaltung des Therapeuten, der ähnlich wie der Arzt federführend dafür verantwortlich ist, dass die Kur erfolgreich ist. Ihr Verlauf wird durch das hintergründige theoretische Verständnis des Prozesses gelenkt. Deshalb hat der Therapeut zu erwägen, zu welchem Zeitpunkt er sein akkumuliertes Wissen über die Widerstandsmuster seines Patienten preisgibt, wann der *Dringlichkeitspunkt* erreicht ist, um eine Wende in der Therapie herbeizuführen, die den Patienten über sein eigenes verdrängendes Verhalten aufklärt. Ein solches hintergründiges Muster prägt auf

---

[382] Vgl. Paula Heimann, „On Countertransference," *The International Journal of Psycho-Analysis* 31 (1950): 81–84; Heinrich Racker, „The Countertransference Neurosis" (1948), in ders., *Transference and Countertransference* (London: Hogarth Press, 1968), 105–26.
[383] Vgl. Wilfred Ruprecht Bion, „Attacks on Linking," *The International Journal of Psycho-Analysis* 40 (1959): 308–15.

diese Weise eine Praxis, wobei dieses Modell, wie Bion, Loewald, Lear und andere exemplifizieren, teilweise nicht mehr genügt, um den damit in Gang gekommenen Prozess durchgehend zu verstehen und zu beschreiben. Die hintergründige Kartographie des seelischen Apparats auf der einen Seite, die dem Experten zur Verfügung steht, um den Patienten auf die Spur zu sich selbst zu bringen, und eine in einem Spannungsverhältnis dazu stehende Notwendigkeit des Durcharbeitens und des offenen, interaktiven Prozesses lassen unterschiedliche Interpretationen der Funktionen von Sprache in der Analyse nebeneinander bestehen.

Loewald bedient sich des Rückgriffs auf die Dichtung, um zu erklären, dass in der Therapie nicht nur Verdecktes und Verstecktes an die Oberfläche kommen, sondern neue Phänomene und Erfahrungsweisen sprachlich kreiert werden. Lear verweist auf phänomenologische Charakteristika dieses Sprechens, um nicht so sehr ein Repräsentationsgeschehen, sondern ein Einigungsgeschehen kenntlich zu machen. Die Redekur wird dann zu einem Raum, in dem nicht nur klare Spiegelverhältnisse etabliert werden, um psychische Begebenheiten abbilden zu können, sondern wo neu erlebte Wirklichkeit interaktiv geschaffen wird, wo veränderte Kontexte auftauchen oder Einigung zwischen den zerrissenen, psychischen Bestandteilen erreicht wird. Zwischen diesen unterschiedlichen Deutungsmustern scheint bis heute eine Grundspannung im theoretischen Selbstverständnis der Psychoanalyse fortzubestehen.

7.2 Der Fluss

Dem vorhergehenden Theorieverständnis, in dessen Zentrum die Rolle der etwas transparent machenden Interpretation des Analytikers steht, könnte kaum ein kontrastreicherer Ansatz entgegengesetzt werden als der personenzentrierte von Carl Rogers. Die Provokation, die mit seinem Ruf als Therapeut in den 1960er Jahren einherging, hatte genau damit zu tun, dass eine Kur ohne Interpretation und mit so wenig Intervention als möglich gelingen konnte.

Die von Carl Rogers u. a. am Counseling Center an der University of Chicago ausgebildeten Therapeutinnen und Therapeuten bekommen kein Modell zur Hand, mit dem sie den Klienten über sich selbst aufklären könnten, sie haben auch keine zusätzliche Expertise zur Hand, um die Berichte der Klienten besser entschlüsseln zu können als diese selbst. Dass Rogers im Unterschied zu Freud philosophisch noch wenig Beachtung gefunden hat, ist umso bemerkenswerter, als seine Ansätze eine erstaunliche Nähe zum klassischen Pragmatismus bzw. zu seinem Theorieverständnis aufweisen. Rogers will seine Vorstöße explizit nicht als Lehre oder Theorie verstanden wissen, sondern als eine hypothetisch vorgehende Methode.³⁸⁴ Diese Verwandtschaft zum Pragmatismus ist kein Zufall, sie verläuft u. a. über Maslow, der den Deweyschen Einfluss auf seine Arbeit betont.³⁸⁵ Rogers reflektiert das theoretische Selbstverständnis seiner Therapieweise folgendermaßen:

> In the first place the theory of client-centered therapy has been seen from the first not [sic!] as dogma or as truth but as a statement of hypotheses, as a tool for advancing our knowledge. It has been felt that a theory, or a segment of a theory, is useful only if it can be put to test.³⁸⁶

Psychoanalyse und klientenzentrierte Psychotherapie unterscheiden sich also nicht dadurch, dass Erstere beansprucht, wissenschaftlich zu arbeiten und Letztere nicht. Beide manifestieren vielmehr ein unterschiedliches Wissenschaftsverständnis. Das psychoanalytische Wissenschaftsverständnis manifestiert sich in einer anwendbaren Theorie, nämlich der Freudschen, und setzt auf die Neutralität und Detachiertheit des Therapeuten. Dem klientenzentrierten Wissenschaftsverständnis zufolge ist eine schulübergreifende Zusammenarbeit leitend. Damit wäre in der Folge der begrüßenswerte Abbau unterschiedlicher therapeutischer Schulen, Doktrinen oder Lehren, „including this one", möglich.³⁸⁷ Dadurch soll eine Form der Zusammenarbeit angeregt werden, die nicht mehr dadurch blockiert wird, dass Meinungsverschiedenheiten wie unüberbrückbare

---

384 Peirce schreibt über den Pragmatismus, dieser sei „a method of reflexion having for its purpose to render ideas clear". – Peirce, *CP 5*, 9. James schreibt in seiner Schrift zum Pragmatismus: „Dabei stellt der Pragmatismus keineswegs bestimmte Ergebnisse fest. Er ist nur eine Methode." – James, „Was will der Pragmatismus", 32.

385 Zur Verbindung von Pragmatismus und humanistischer Psychologie insgesamt siehe: Kevin Rathunde, „Toward a Psychology of Optimal Human Functioning: What Positive Psychology Can Learn from the 'Experiential Turns' of James, Dewey, and Maslow," *Journal of Humanistic Psychology* 41, Nr. 1 (Winter 2001): 135–63; Katherine Ernst, „A Comparison of John Dewey's Theory of Valuation and Abraham Maslow's Theory of Value," *Educational Theory* 24, Nr. 2 (April 1974): 130–41; Maslow zum Einfluss Deweys: Abraham Maslow, „A Theory of Human Motivation," *Psychological Review* 50, Nr. 4 (July 1943): 372; Rogers zum Einfluss Maslows: Carl R. Rogers, „A Theory of Therapy, Personality, and Interpersonal Relationships: As Developed in the Client-Centered Framework," in *The Carl Rogers Reader*, hrsg. v. Howard Kirschenbaum und Valerie Land Henderson (Boston: Houghton Mifflin, 1989), 238. Sowohl Rogers als auch Maslow haben an der Columbia University studiert bzw. geforscht, kurz nachdem Dewey dort 1930 emeritiert wurde. Vgl. hierzu: Jessica Lynn Grogan, „A Cultural History of the Humanistic Psychology Movement in America" (PHDdiss.; University of Texas, 2008), 69 u. 98, letzter Zugriff 21. November 2018, http://catalog.lib.utexas.edu/record=b7065501~S29.

386 Carl R. Rogers, *On Becoming a Person: A Therapist's View on Psychotherapy* (London: Constable, 2004), 244.

387 Vgl. ebd., 268.

ideologische Differenzen den gegenseitigen Austausch verhindern. Dabei will Rogers zu den psychotherapeutisch zersplitterten Begriffen von Erfahrung und Bewusstsein, die je nach Therapieschule durch unterschiedliche Komponenten und Grundstrukturen festgelegt werden, keine weiteren beisteuern. In sokratisch anmutender Offenheit sieht Rogers auch von jeder weiteren Festlegung einer Norm hinsichtlich *kranker* oder *gesunder* psychischer Bestandteile ab. Sein Forschungsinteresse beschränkt sich allein darauf, besser beschreibbar zu machen, was während eines Therapieverlaufs geschieht. Werden unterschiedliche Ansätze und Prozeduren empirisch überprüfbar, so seine Hoffnung, wird sichtbar, welchen Unterschied eine Intervention in welchem Prozessverlauf macht. Ein Team des Counseling Centers ist erstmalig in der Geschichte der Psychotherapie jahrzehntelang damit beschäftigt, geeignete, d.h. überprüfbare Hypothesen zu formulieren sowie experimentelle Verfahrensweisen und Forschungsinstrumente zu entwickeln, um in Langzeitstudien feststellbar und messbar zu machen, *ob* eine Entwicklung während der Therapiesitzungen geschieht, und wenn ja, wie diese Veränderung zu beschreiben und sogar zu messen ist. Rogers schreibt hierzu:

> Let it be said at the very outset that in the present state of our knowledge we do not really know what is the essential process of therapy. We have become more and more deeply impressed with the many ramifications of the process, and the way in which it takes on a different meaning depending upon the point of view of the observer, but we recognize that its definitive description is still a task for the future. Rather than dogmatically attempting to make perfectly clear that which is not perfectly clear, it seems best to present the many hypotheses which are currently held in regard to the process of client-centered therapy, and the research evidence which supports some of them. Perhaps the very variety of the hypotheses will serve to broaden professional thinking and will stimulate the discovery of more accurate and inclusive hypotheses.[388]

Die von Rogers geforderte Offenheit gegenüber dem Erfahrungsbericht des Klienten zeigt sich eben darin, dass er sich prinzipiell weigert, von einem untergründigen Strukturmodell auszugehen bzw. ein solches zu bilden, wodurch das Geschilderte modellgemäß abgeglichen oder interpretiert werden könnte. Diese Offenheit manifestiert sich in der Betonung des interpretationslosen Nachvollzugs der Schilderungen des Klienten. Es ist diese Art des Nachvollzugs, der im Zentrum der Methode steht und damit im Zentrum der Aufmerksamkeit des klientenzentrierten Therapeuten.[389] Bereits die Bezeichnung Klient (statt Patient) macht

---

388 Rogers, *On Becoming a Person*, 131.
389 Vgl. hierzu Eugene T. Gendlin, „Carl Rogers (1902–1987)," *American Psychologist* 43, Nr. 2 (1988): 128: „In the therapist's chair, this way of listening is entirely different. Instead of being set to deal with what a person says, to move it in some way, to agree with one part and differ with

deutlich, dass Rogers die Psychotherapie nicht innerhalb des medizinischen Paradigmas verortet.[390] Sein Zutrauen hinsichtlich der Klienten-Berichte erstaunt ob ihrer theoretischen Voraussetzungslosigkeit und wirkt aus analytischer Perspektive naiv.[391] Die Distanz zum Geschehen scheint hier jedoch anders angelegt, nämlich in der nachträglichen Forschungsperspektive auf den Gesprächsprozess.[392] Die Erforschung des Prozesses der Gesprächsverläufe baut Wissenschaftlichkeit erst als nachträglichen Schritt ein. Dabei wird das Counseling Center zum Studienort für ein Explikationsgeschehen, das gewissermaßen nicht mit einem essentiellen Interesse hinsichtlich der menschlichen Psyche an die Arbeit geht. Der dort betriebenen Forschung geht es nicht darum, zu kartographieren, *was* (also welche Objekte, Triebe, Dynamiken) die menschliche Psyche konstituiert. Gemachte Erfahrungen und Erlebensweisen werden nicht durch das Raster einer leitenden Struktur gelesen, so dass das Rogerssche Zentrum wie ein großangelegtes Experiment eines explikativen Entfaltungsraums anmuten kann, dessen Verlauf, Vertiefung und Veränderungen in erstpersonaler und zweitpersonaler Dynamik sich entfalten können, wie sie wollen und erst nachträglich aus der Dritte-Person-Perspektive systematisch als Prozess studiert und reflektiert werden.

Nach Paul Ricoeur ist die Ausübung der Psychoanalyse eine Übung des Zweifelns, insofern der Analytiker wachsam darauf zu achten hat, dem eigenen Impuls zu misstrauen, den Begründungen der Analysanden zu glauben. Gegen

---

another, one listens to grasp what the person intends to convey—the sense that makes when felt as that person feels it."

390 Vgl. hierzu Edwin Kahn, „A Critique of Nondirectivity in the Person-Centered Approach," *Journal of Humanistic Psychology* 39, Nr. 4 (1999): 95: „In the person-centered approach, there is less of an emphasis on being an 'expert', and terms relevant to the medical model, such as 'patient', 'analyst', and 'treatment', are absent."

391 In Gesprächen mit Psychoanalytikern wurde diese klientenzentrierte Haltung mir gegenüber etwa als Ausdruck eines „amerikanischen Optimismus" gedeutet.

392 Vgl. hierzu Gendlin, „Carl Rogers", 127: „He insisted on testing his new therapy to show that it worked. To Rogers, that meant objective, quantitative research. But there were few usable procedures and no examples of research in psychotherapy. Such research was considered impossible because therapists had never let anyone listen in, let alone measure and compare. Rogers recorded therapy sessions on the clumsy glass disks of that time. He was accused of 'violating the sanctity of the analytic relationship' – another war. Rogers wanted comparative research, and he tried hard to get the psychoanalysts to record and test their therapy. For years their reply was 'You can record the residents' (in other words, the trainees). It showed whose sanctity was being protected. Rogers' group was the first (by 20 years) to analyze every sentence of hundreds of transcripts and to measure outcomes on psychometric (and other newly devised) tests given to clients before and after therapy, and also given to a control group. Rogers won that war too; such research is now common."

diesen Impuls hat er die Grundhaltung der Skepsis zu lernen, um sich von jeder unmittelbaren, noch so überzeugenden Motivbeschreibung oder Selbsterklärung nicht einnehmen zu lassen, sondern darin eine Rationalisierungs- bzw. Abwehrstrategie zu erkennen, die die Spur zum Verdeckten verwischt.[393] Im Gegensatz dazu könnte man die Ausübung der personenzentrierten Psychotherapie als Übung des Zutrauens bezeichnen. Der Therapeut muss hier eine andere, wenn auch nicht ganz gegenteilige Grundhaltung lernen. Er muss versuchen, seine eigenen Interpretationen und Vorstellungen, seinen Glauben oder Unglauben bezüglich des Gesagten zur Seite zu stellen, um zunächst lediglich zuhören zu können, was der Klient genau beschreibt und berichtet. Der Philosoph David Levin notiert hierzu: „Carl Rogers has learned, from many years of listening to people classified as 'mentally ill', that the continued experience of not being heard, really heard, 'makes some individuals psychotic'."[394] Diese Haltung des Hörenden, die mit dem Erlernen der Kompetenz des vorbehaltlosen Verstehenwollens[395] verbunden ist, ist keine Vertrauen generierende Strategie, die es der Klientin ermöglichen soll, zu einem gewissen Zeitpunkt unangenehme Deutungen vom Therapeuten hinzunehmen. Der Therapeut hat hier, wie gesagt, kein Handwerkszeug zur Hand, das er deutend auf das Gehörte anwenden könnte. Die Steuerung und die Impulse, die den Prozess leiten, kommen vom Klienten. Der Therapeut hat sich allein darum zu bemühen, den Bericht des Klienten soweit wie überhaupt möglich nachzuvollziehen.

Diese minimale (nicht mit Theorie beladene) Herangehensweise bringt einen Aspekt ans Licht, der wiederum philosophisch beachtenswert erscheint: Der freie, sich selbst überlassene Prozess, der vom Therapeuten lediglich Schritt für Schritt nachvollzogen zu werden versucht, führt *von selbst* zu einer Vertiefung. Der Klient gewinnt durch die vorbehaltlose Verstehensarbeit des Therapeuten die Befähigung, seine Erfahrens- und Fühlweise selbst vorbehaltloser zuzulassen und da-

---

393 Vgl. Paul Ricoeur, *Freud and Philosophy: An Essay on Interpretation*, übers. v. Denis Savage (New Haven, Conn.: Yale Univ. Press, 1970). Offensichtlich ist eine solche pauschale Beschreibung der psychoanalytischen Haltung wiederum verfehlt, insofern bereits Sándor Ferenczi, direkter Schüler und Vertrauter Freuds, feststellt: „*It is this confidence that establishes the contrast between the present and the unbearable traumatogenic past* [...]." – Sándor Ferenczi, „The Principles of Relaxation and New-Catharsis," in *Final Contributions to the Problems and Methods of Psychoanalysis*, hrsg. v. Michael Balint, übers. v. Eris Mosbacher u. a. (1955; Neuaufl., London: Karnac Books, 2002), 160. Zum Einfluss von Ferenczi über Sullivan und Fromm auf die erste Generation der humanistischen Psychologen siehe: Dassie Hoffman, „Sandor Ferenczi and the Origins of Humanistic Psychology," *Journal of Humanistic Psychology* 43, Nr. 4 (2003): 59–87.
394 David Michael Levin, *The Listening Self: Personal Growth, Social Change and the Closure of Metaphysics* (London: Routledge, 1989), 86.
395 Vgl. hierzu ebd., Kap. 4 „Skilful Listening".

durch den Weg hin zu einer erlebten Zusammenhangstiefe zu beschreiten, in die die geschilderten Gefühle und Erlebnisse führen.

Die Haltung des Zutrauens soll zunächst nur als eine Start-Hypothese dienen, deren methodische Rechtfertigung nicht von vornherein bewiesen werden kann und die sich jeweils neu durch die therapeutische Erfahrung zu bewähren hat. Der Therapeut kann allein hypothetisch davon ausgehen, dass Menschen die Kapazität zu einem solchen selbstorganisierten und sich selbst vertiefenden Prozess zugesprochen werden kann, wenn ihnen auf diese Weise zugehört wird, wobei es auch Ausnahmefälle gibt.[396] Diese Anfangshypothese muss durch die eigene therapeutische Erfahrung bestätigt oder revidiert werden. Sie kann sich jedoch nur bestätigen oder auch nicht, wenn sie als Haltung zunächst einmal eingeübt wird. Rogers ist hinsichtlich der Bestätigung der Hypothese aufgrund seiner eigenen Erfahrung jedoch äußerst zuversichtlich:

> Against the less vital quality of the experience in those situations where he, the counselor, has endeavored to interpret, evaluate, and guide, he cannot help but contrast the quality of the experience in those situations where the client has learned significantly for himself. [...] So, little by little, the hypothesis upon which he bases all his therapeutic work shifts to an increasingly client-centered foundation.[397]

Die Hypothese des Zutrauens beruht also nicht auf einer theoretischen Grundlage, sondern hat sich auf der Grundlage der sich kumulierenden Therapieerfahrung des Therapeuten zu bewahrheiten.[398] Die Herausforderung für den klientenzentrierten Therapeuten besteht deshalb darin, allein mit einem solchen hypothetischen Zutrauen und einer Methode des Zuhörens ausgestattet zu sein, jedoch mit keiner hintergründig orientierenden Lehre, die ihm mehr Durchblick zu gewährleisten schiene als seinen Klienten. Klientenzentrierte Therapeuten haben keinen Übersetzungscode zur Hand, der die Erzählungen zu entschlüsseln und zu analysieren erlaubt. Ihre Kunst ist auf sokratische Weise auf die Unterstützung des Prozesses beschränkt. Sie beanspruchen es nicht für sich, den Prozess durch ei-

---

396 „I will hypothesize that the individual has a limited capacity to understand and reorganize himself to some degree in certain types of situations. In many situations and with many clients, I, as a more objective outsider, can better know the situation and better guide it." – Rogers, *On Becoming a Person*, 22.
397 Ebd., 23.
398 Dieses scheinbar klientenzentrierte Credo der weitgehenden Eigenkompetenz des Klienten ist Rogers zufolge wohlgemerkt als Hypothese zu verstehen, der solange zu folgen ist, wie sich die Evidenz verstärkt, dass man mit ihr therapeutisch gut arbeiten kann: „The counselor acts upon this hypothesis in a specific and operational fashion, being always alert to note those experiences (clinical or research) which contradict this hypothesis as well as those which support it." – Ebd., 24.

gene Einsichten und Deutungen zu entwickeln. Indem der vorbehaltlose Nachvollzug auf den Prozess selbstverstärkend wirkt, wächst der Therapeut in die Kompetenz hinein, einen *Geltungsraum* zur Verfügung zu stellen, in dem der Klient geschützt vor Kritik, Skepsis und Interpretation das Erfahrene elaboriert und exploriert, und damit mitunter erstmalig die Chance erhält, das eigene Erleben als solches ernst zu nehmen und auszuloten.

Die Nähe zum klassischen Pragmatismus wird an diesem Punkt besonders deutlich. Die von Rogers ermutigte schrittweise Exploration der eigenen Erlebenswelt, die sich als gefühlte, erlebte, beschriebene bisweilen zum ersten Mal selbst auslotet, scheint mit James von einer prinzipiellen Musterlosigkeit des Erlebens auszugehen. Ihr zufolge wäre es naiv, das erstpersonal Erlebte in ein Schema von Erfahrung zu überführen, das einem epistemologischen oder medizinischen Modell entspricht. Vielmehr scheint es in diesem Prozess darum zu gehen, eine andere Möglichkeit der Ordnungsentstehung zuzulassen, als jene, die durch verallgemeinerbare Strukturen und Gesetzmäßigkeiten (therapeutischer oder sonstiger Art) auferlegt ist. Rogers Emphase der Methode scheint zudem James' Metapher des „Korridors"[399] für den pragmatistischen Zugang zu entsprechen, der in völlig unterschiedliche Zimmer führt. Es kommt dem Pragmatisten nicht auf die Festlegbarkeit der zu erreichenden Erkenntnis-Zimmer an, denn das würde einer essentialistischen oder apriorischen Festlegbarkeit des Erfahrbaren gleichkommen. Es kommt dagegen auf den Vollzug an, durch den Korridor eines explikativen, suchenden, forschenden Prozesses zu gehen, der in eine nicht auszudenkende Unterschiedlichkeit der Zimmer führt. Die klientenzentrierte Methode des Einlassens auf den Prozess, um von dort aus – auf eine von anderen unvertretbare Weise – einen Sinn zu generieren, kommt auch dem Deweyschen Hinweis auf die regulative Funktion einer situativen Qualität entgegen. Nur wer sich auf die situative Qualität einer (familiären, wissenschaftlichen, politischen) Situation erstpersonal einlässt, kann diese in eine relevante Semantik überführen, die ihre einzigartige Qualität bezeugt.

Die Betonung auf den offenen Nachvollzug macht nun im Unterschied der Analyse eine andere Herausforderung bemerkbar: So, wie der Therapeut einen solchen Nachvollzug zu üben hat, so hat auch der Klient die Offenheit gegenüber seinem eigenen Erlebensprozess erst zu erlernen. Er hat eine Form von Stabilität aufzugeben, die damit zu tun hat, dass man unter Umständen in einer Art festgestellter, beobachtender Haltung sich auf das eigene Erleben erst gar nicht einlässt, sondern jeweils schon damit beschäftigt ist, dieses in ein (implizit oder explizit) gelerntes Muster zu überführen, im Sinne eines habituellen Verhältnisses

---

399 Vgl. James, „Was will der Pragmatismus", 34.

bzw. Verständnisses. Diese vor-eingestellte Stabilität kann während des Therapieprozesses einer anderen Form von Stabilität weichen. Rogers fasst verschiedene phänomenale Stufen eines solchen Prozessverlaufs zusammen: Im Anfangsstadium einer Therapie bezieht sich der Klient nicht direkt auf sein Erleben bzw. darauf, was tatsächlich wie erlebt wurde:

> He does not communicate himself, but only communicates about externals [...] the problems he recognizes are perceived as entirely external to himself. There is much blockage of internal communication between self and experience. The individual at this stage is represented by such terms as stasis, fixity, the opposite of flow or change.[400]

Die Veränderung, die sich während des Therapievorgangs einstellen kann, wird nicht wie in der klassischen Psychoanalyse durch eine größere Wahrheitsbereitschaft charakterisiert, z. B. als Bereitschaft, den eigenen Verdrängungsmustern zu begegnen. Solche inhaltlichen Bestimmungen weichen im personenzentrierten Ansatz der Beschreibung einer veränderten Haltung gegenüber dem eigenen Bewusstseinsstrom, die sich in der phänomenalen Beschreibung des sich verändernden Prozesses niederschlägt. Die beiden letzten Stadien („Sixth and Seventh Stage") eines fortschreitenden Prozesses beschreibt Rogers folgendermaßen:

> Stage 6
> 'The relevant personal construct is dissolved in this experiencing moment, and the client feels cut loose from his previously stabilized framework.
> The moment of full experiencing becomes a clear and definite referent.
> [...]
> In this stage, there are no longer „problems", external or internal. The client is living [...] a phase of his problem. It is not an object.'

> Stage 7
> 'New feelings are experienced with immediacy and richness of detail, both in the therapeutic relationship and outside.
> [...]
> There is a growing and continuing sense of acceptant ownership of these changing feelings, a basic trust in his own process.
> Experiencing has lost almost completely its structure-bound aspects and becomes process experiencing – that is, the situation is experienced and interpreted in its newness [...].'[401]

---

400 Rogers, *On Becoming a Person*, 133.
401 Ebd., 148 ff.

Eine Randbemerkung hier: Wenn durch die Freudianische Brille bestimmte literarische und philosophische Motive als Symptom-Indikatoren lesbar werden,[402] so kann durch die Rogerssche Brille das Symptomatische einer habituellen philosophischen Einstellung gegenüber der Erfahrung aufscheinen. Ein Klassifizierungsprojekt von Erfahrungsweisen, welches Nagel dadurch zu erweitern vorschlägt, dass sämtliche Erfahrungen aus der ersten Person in die Dritte-Person-Perspektive überführbar sein könnten,[403] kann in Anbetracht dieser Resultate der Therapieforschung in einem neuen Licht erscheinen: als generationenübergreifender Versuch, das Erleben festzulegen, um ein Risiko zu umgehen, das darin zu bestehen scheint, sich dem offenen, nicht kontrollierbaren, nicht voraussehbaren und nicht feststellbaren Erlebensprozess jeweils neu zu stellen. Zugleich scheint in der obigen Prozessbeschreibung das pragmatistische wie neopragmatistische Misstrauen gegenüber einer „transcendental hermeneutics"[404] reflektiert zu sein. Bei Rogers beruht die Betonung einer nicht zu fixierenden Veränderlichkeit des Erlebens auf salutogenetischen Gesichtspunkten: eine Beobachter-Haltung zum Erfahrungsprozess etablieren und halten zu wollen, um aus dieser Distanz heraus Halt zu finden bzw. Muster bestimmen zu können, die die Wechselhaftigkeit der Erfahrung überbrücken, ist unter dieser Perspektive insgesamt Anzeichen einer psychischen Pseudostabilität.

Auf dieser Linie entwickelt sich ein provokatives Konzept menschlicher Reife. Entgegen der Festlegung einer Werte-Skala im Sinne von Kohlbergs Theorie der Moralentwicklung, die den Reifegrad anhand der Unverrückbarkeit moralischer Prinzipien bemisst, scheint sich mit Rogers eine Sichtweise auf menschliche Reife abzuzeichnen, die die Befähigung zur situativen Kontextbezogenheit in den

---

402 Vgl. Sigmund Freud, *Studienausgabe*, Bd. 2, *Traumdeutung*, hrsg. v. Alexander Mitscherlich, Angela Richards und James Strachey, 12. korr. Aufl. (Frankfurt/M.: Fischer, 2010) und ders., *Studienausgabe*, Bd. 10, *Bildende Kunst und Literatur*, hrsg. v. Alexander Mitscherlich, Angela Richards und James Strachey, 12. korr. Aufl. (Frankfurt/M.: Fischer, 2000); vgl. auch Stanley Cavell, „Freud and Philosophy: A Fragment," *Critical Inquiry* 13, Nr. 2 (Winter 1987): 386–93.
403 Vgl. Nagel, *View from Nowhere*, 17: „We assume that we ourselves are not just parts of the world as it appears to us. But if we are parts of the world as it is in itself, then we ought to be able to include ourselves – our minds as well as our bodies – in a conception that is not tied exclusively to our own point of view. We ought, in other words, to be able to think of ourselves from outside – but in mental, not physical terms. Such a result, if it were possible, would qualify as objective concept of mind."
404 Rorty schreibt mit Verweis auf Sartre: „For it seems to promise just what Sartre tells us we are not going to have – a way of seeing freedom as nature (or, less cryptically, a way of seeing our creation of, and choice between, vocabularies in the same 'normal' way as we see ourselves within one of those vocabularies)." – Richard Rorty, *Philosophy and the Mirror of Nature* (Princeton, NJ: Princeton University Press, 1979), 380.

Vordergrund rückt.⁴⁰⁵ Ein zu kultivierendes Zutrauen in den erstpersonalen, veränderlichen Erlebensprozess ist die Bedingung für die Einübung einer empfänglichen Haltung. Sie wiederum ermöglicht eine Interaktion mit der Umwelt, aus der Prioritäten und Werte erwachsen, die nicht gemäß Prinzipien ein für allemal festzulegen sind. *Involviertsein* und *Mitgehenkönnen* werden zu Indizien einer reifen Persönlichkeit, die im Stande ist, sich einer wirklichkeitsprägenden Dynamik zu stellen und immer wieder bereit zu sein, etwas aufs Neue zu lernen und alte Überzeugungen aufzugeben:

> Values are not held rigidly, but are continually changing. The painting which last year seemed meaningful now appears uninteresting, the way of working with individuals which was formerly experienced as good now seems inadequate, the belief which then seemed true is now experienced as only partly true, perhaps false.⁴⁰⁶

Insofern dreht Rogers eine tradierte Reifehierarchie um. Ein Erwachsener, der sozusagen mit seinen eigenen Erfahrungen Schritt halten kann, gleicht in gewisser Weise wieder dem Kinde. Und das Kind scheint jenem Erwachsenen überlegen, dessen Werte und Prinzipien ihn unbeugsam, rigide und starr werden lassen und damit nur geeignet sind, einen kleinen Ausschnitt des Erlebenshorizontes zu berücksichtigen. Entgegen dem Wert der Standhaftigkeit der Prinzipien fördert die einlassende Nähe zum erlebten Geschehen einen anderen Wert: die situationsgemäße Differenziertheit.⁴⁰⁷ Der Unterschied zwischen einem in dieser Weise *wieder* beweglich gewordenen Erwachsenen und dem Kind ist deshalb dann doch gegeben:

> In getting close to what is going on within himself, the process is much more complex than it is in the infant. In the mature person, it has much more scope and sweep, for there is involved in the present moment of experiencing the memory traces of all the relevant learnings from the past. This moment has not only its immediate sensory impact, but it has meaning growing out of similar experiences in the past. It has both the new and the old in it. [...] Past and future are both in this moment and enter into the valuing.⁴⁰⁸

---

405 Carol Gilligan verfolgt ein ähnliches Konzept, vgl. dies., *In a Different Voice: The Psychological Theory and Women's Development* (Cambridge, Mass.: Harvard Univ. Press, 1993).
406 Carl R. Rogers, „Toward a Modern Approach to Values: The Valuing Process in the Mature Person," in Kirschenbaum und Land Henderson, 178.
407 Vgl. ebd.: „I have already indicated, in going through the examples, how much more differentiated are the individual's reactions to what were previously rather solid monolithic introjected values."
408 Ebd., 179.

Eine solche Beschreibung reifer persönlicher Erfahrung, in der Vergangenes sich im Gegenwärtigen auswirkt und gelernte verflochtene Zusammenhänge die Gegenwartserfahrung bereichern, erinnert an die Diltheysche Charakterisierung des sich vertiefenden Erlebens. Sie erinnert aber auch an pragmatistische und phänomenologische Beschreibungen des Reichtums an Aspekten erlebter situativer Gegenwart von James, Dewey, Mead und Merleau-Ponty. Die Ähnlichkeit der Rogersschen Zugangsweise mit diesen philosophischen Ansätzen ist unübersehbar. Wie sie rückt auch er eine Prozessualität, eine fühlbare Veränderlichkeit und eine dadurch entstehende Komplexität von Verbindungen in den Mittelpunkt, um ein grundsätzlich neues Verhältnis von Theorie und Praxis in der Psychotherapie einzuleiten. Einer nach dem medizinisch-naturwissenschaftlichen Hintergrundmodell vorgehenden Analyse setzt er einen theoretisch buchstäblich nicht festzustellenden Ausgangspunkt entgegen, ähnlich wie die genannten Denker die Erlebens- und Erfahrungsprozesse einer „aprioristisch-transzendentalistischen" Epistemologie gegenübergestellt hatten.[409] Im Sinne der Unhintergehbarkeit, aus der Mitte des Erfahrens zu denken, und dadurch konzeptionell sich selbst einschränkende Erkenntnisweisen zu überwinden, geht es Rogers in seinem Ernstnehmen der konkreten, theoretisch uneinholbaren individuellen Lebenssituation um eine Zugangsweise, die es erlaubt, vom Erlebensprozess zu lernen (sowohl in theoretischer als auch in persönlicher Hinsicht). Zu lernen gilt es auch, dass das Muster sprengende Potential, selbst jener Überschuss, der zunächst in keinen verfügbaren Sinnrahmen zu passen scheint, nachzuvollziehen ist und dadurch eine eigene Form der Stabilität gewährleistet.

Für eine solche Entwicklungsmöglichkeit ist Rogers zufolge ein „empathisches Klima" in der Therapie ausschlaggebend:

> It seems to me that only when a gut-level experience is fully accepted and accurately labeled in awareness, can it be completed [...]. It is the sensitive *empathic climate* that helps to more experiencing forward to its conclusion, which in this case is the uninhibited experiencing."[410]

Inhaltlich fördert der Prozess Einsichten zu Tage, die, wie gesagt, kein vorliegendes psychologisches Theoriegebäude bestätigen könnte. Nur die Prozess-Momente scheinen beschreibbar zu sein. Der Klient hat sich in dieser Dynamik der interpretativen Offenheit der eigenen Erlebenswelt zu stellen, um dadurch eine Sicherheit zu erlangen, die im Einlassen auf den eigenen fortlaufenden Prozess zu

---

[409] Vgl. hierzu auch Joas' Darstellung von Meads Kritik am Szientismus wie an der lebensphilosophischen Kritik daran: Hans Joas, *Praktische Intersubjektivität: Die Entwicklung des Werkes von Georg Herbert Mead* (Frankfurt/M.: Suhrkamp, 1980), 44f.
[410] Carl R. Rogers, *A Way of Being* (Boston: Houghton Mifflin, 1980), 158.

finden ist. Die Kompetenz zu einer solchen dynamischen Stabilität wird als maßgebliches Resultat einer erfolgreichen Therapie erachtet. Einsichten gewinnen ihr Gewicht nicht im Sinne adäquater Repräsentationen verborgener Gehalte, sondern dadurch, dass sie zu Momenten werden, die ein neu *erfahrbares* Verhältnis zum eigenen Erfahren einläuten.

Der Umstand, dass nicht skeptisch geprüftes oder dialektisch überführtes, sondern nachvollzogenes Erleben in einen Prozess gerät, der mit der damit einhergehenden Veränderlichkeit nicht nur versöhnt, sondern sie als Ressource einer tiefer liegenden Stabilität erleben lässt, macht auf Bedingungen aufmerksam, die philosophisch in folgender Weise herausfordernd sind: Während die Philosophie von der Psychoanalyse darauf hingewiesen worden ist, dass Rationalisierungsstrategien ein Abweichen vom Thema sein können, dass es doppelbödige Symbolisierungen gibt, dass Wahrheitsfindung nicht nur mit der Darstellung von beobachtbaren Sachverhalten zusammenfällt, sondern durch einen schmerzvollen Prozess der Überwindung von Widerständen zu gehen hat, dass Erfahrung nicht nur bewusst, sondern unbewusst und triebhaft ist, lehrt die klientenzentrierte Psychotherapie eine einfachere, aber um so rätselhaftere Lektion. Ihr zufolge können Individuen sich ohne Interpretation von außen, allein durch die Selbst-Verstärkung eines Explikationsprozesses vertiefter verstehen, wobei dieser Prozess nachhaltig gefördert wird, wenn die eigene Aufmerksamkeit durch die nachvollziehende einer anderen Person unterstützt wird.

Das therapeutisch gewährleistete Ernstnehmen *als* genaue Verständnisarbeit am diffusen oder scheinbar sinnlosen Erleben und Fühlen ermöglicht eine Bewegung, die das Erleben in dieser Weise selbst machen kann:

> Rogers eliminated all interpretation. Instead, he checked his understanding out loud, trying to grasp exactly what the patient wished to convey. When he did that, he discovered something: The patient would usually correct the first attempt. The second would be closer, but even so, the patient might refine it. Rogers would take in each correction until the patient indicated, „Yes, that's how it is. That's what I feel." Then there would be a characteristic silence. During such a silence, after something is fully received, the next thing comes in the client. Very often it is – *something deeper*. Rogers discovered that a self-propelled process arises from inside. When each thing is received utterly as intended, it makes new space [...]. Then the steps go deeper and deeper. [...] He found that *every* person makes internal sense. That sense evolves and corrects itself as it deepens.[411]

Ein auf diese Weise entstehender Sinn formt sich unabhängig von einem hintergründigen Expertenraster, das zur Verfügung gestellt wird. Die Selbstermächtigung, die damit in Gang kommt, liegt an der Erfahrung, die man an seiner Er-

---

411 Gendlin, „Carl Rogers", 127 f.

fahrung auf diese Weise macht. Die Herausforderung dieser Therapieform liegt für den Klienten genau darin. Wenn eine Person einen Therapeuten aufsucht, weil sie ihren Alltag und ihre Beziehungen als entfremdend, schwierig, widersprüchlich, sinnlos, abtrennend, abhängig oder chronisch erfolglos etc. erlebt, und wenn auch keine gewohnten, anerzogenen oder kollektiven Orientierungsgrößen und keine Ratschläge mehr hilfreich zu sein scheinen, um mit der eigenen Situation zurechtzukommen, dann gleicht ein solches – vom Experten ungesteuertes – Einlassen auf die Unordnung des eigenen Erlebens einem Sprung ohne Netz.[412] Beruhigender könnte es erscheinen, das Erlebte durch den Seelenarzt erkennen und bestimmen zu lassen, wodurch es in eine erkennbare Symptomatik überführt werden würde, die einen zugleich über die eigene Isolierung hinweghebt. Diese scheint mit Mitteln der Heilbarkeit ausgestattet zu sein, die erforscht und erprobt sind. Die Identifizierung eigener Symptome kann zwar als Stigmatisierung aufgefasst werden, das ist aber nicht zwangsläufig der Fall. Sie ermöglicht auch, die eigene idiosynkratische Erlebensweise, die isolierend wirkt, aufgehoben zu wissen in einem erkannten bzw. anerkannten Erfahrungsmuster, das in der Fachliteratur beschrieben und erfasst ist. Diese Beruhigung kann eine doppelte sein. Einerseits wird die eigene Isolation, die einen daran hindert, reibungslos in Gemeinschaften zu *funktionieren*, überführt in eine Gemeinschaft derjenigen, die am gleichen Symptom leiden, zum Beispiel in die Gesellschaft der Neurotiker oder der sogenannten „ADSler". Die Gesellschaft, in die man geraten ist, ist nicht einmal schlecht, bedenkt man jenen Typus des kreativen Chaoten à la Woody Allen, den man mit dem Ausdruck des Stadtneurotikers verbindet und dem man heute vielleicht ein ADS-Syndrom zuschreiben würde. Die Beruhigung kann andererseits darin bestehen, dass man nicht *aus der Ordnung gefallen* ist, weil der eigene Zustand von einer breit abgestützten Wissenschaft bestätigt ist. Mit dem solchermaßen klassifizierten eigenen Zustand bestätigt man damit eine Form von Wissenschaftlichkeit, die dem eigenen Selbstverständnis entspricht. Eine solche Beruhigungserwartung wird durch die Rogerssche Methode nicht eingelöst. Hier

---

[412] Goldfarb spricht entsprechend vom Paradoxon der Therapie: „A paradox occurs in psychotherapy. People come to rid themselves of uncomfortable feelings, unwelcome thoughts, and disturbing behaviors. They want to replace painful experiences with pleasant, fulfilling ones. However, as therapy progresses, the more clients try to rid themselves of unwelcome experiences, the more they end up stuck with them. Conversely, the more they can allow themselves to experience what they resist, allowing acceptance, expression [...] the more change becomes possible. Whatever allows this process of inclusion, or making room for all aspects of experience, facilitates succesful psychotherapy." – Mical Goldfarb, „Making Room For it All: Inclusive Experiencing in Psychotherapy," *Journal of Humanistic Psychology* 39, Nr. 4 (1999): 82.

ist Sinn unter Umständen nur an dem sinnlos gewordenen Erleben erstmalig und einmalig durch den Erlebenden selbst explizierend zu generieren.

Im Hinblick auf das Verhältnis von Theorie und Praxis präsentieren die beiden hier skizzierten Therapieformen zwei unterschiedliche Grundmodelle mit je unterschiedlichen Konsequenzen für ihr Vorgehen, die wie folgt zusammenzufassen wären: Die psychoanalytische Vorstellung einer (verdrängten) Repräsentanz, die eine repräsentative Bedeutungstheorie zu implizieren scheint, geht davon aus, dass Strukturen, Erlebnisse und Gefühle in der Psyche so vorhanden sind, dass sie entsprechend theoretisch abgebildet und in ihrer individuellen Ausprägung sprachlich repräsentiert werden können. Das Grundmodell einer Klärung scheint hier dasjenige der ungestörten Spiegelung zu sein. Die Schleier in Form von Widerstand, internalisierten Verboten, Fehlprojektion etc. müssen aufgedeckt werden, damit man erkennen kann, wie es um einen selbst steht. Damit gehen Normvorstellungen einher, die den Prozess lenken. Dem Therapeuten wird eine große Verantwortung abverlangt. Er übernimmt die kompetente Lenkung des Prozesses und mit Wachsamkeit verfolgt er die versteckten Spuren und deckt Zeichen auf, die aus der Verdrängung hervorgehen. Die Klarheit, die sich dank einer solchen Kur einzustellen mag, entspricht metaphorisch also der Klarheit des Spiegels: Nur der klare Spiegel kann zurückreflektieren. Oder andersherum betrachtet: nur die spiegelglatte Fläche gibt die Sicht dafür frei, was *darunter* liegt.

Die personenzentrierte Therapie gibt dagegen eine festzulegende Struktur der menschlichen Psyche als untergründige Normvorstellung auf. Wegen des geringen Stellenwerts der Interpretation von Seiten des Therapeuten hat sie wenig im Sinne eines theoretischen Modells zu bieten, das die Psyche zu definieren oder strukturell zu beschreiben erlaubt. Die klientenzentrierte Therapieform exemplifiziert jedoch einen anderen Aspekt, der im Alltagsverständnis metaphorisch mit Klarheit verbunden wird. Dafür ist auch ein anderes Metaphernfeld kennzeichnend: nämlich die Fließbewegung des Wassers. Ein stehendes Gewässer ohne jede Fließbewegung wird dumpf, undurchsichtig und schmutzig; mit dem fließenden Bach dagegen geht das ihn kennzeichnende Adjektiv *klar* in der alltäglichen Rede buchstäblich einher. Diese Klarheit verdankt sich einer sprudelnden, unkontrollierten Bewegung. Der mit den verschiedenen Metaphernfeldern angesprochene Unterschied hat auch mit den darin implizierten Zugangsdifferenzen zu tun. Der Spiegel impliziert den Beobachter: Er erkennt die sich spiegelnden Gegenstände. Die Klarheit des Baches entsteht dagegen durch seinen eigenen Fluss, durch die Bewegung selbst. Diese metaphorischen Beschreibungsweisen will ich jedoch nicht weiter strapazieren. Sie dienen lediglich dazu anzudeuten, wie die jeweiligen unterschiedlichen theoretischen Ausgangspunkte unterschiedliche Methodiken mit komplexen, unterschiedlichen Wirkungen nach sich ziehen. In der

Fachsprache des klassischen Analytikers geht man von Objekten aus,[413] die durch definierbare Triebe und analysierbare Übertragungsdynamiken in Beziehung zueinander stehen. Die Struktur impliziert eine Außenperspektive, die diese wahrnimmt und wahrheitsgemäß repräsentiert. Beim klientenzentrierten Ausgangspunkt steht dagegen der Prozess im Zentrum. Der Therapeut kann nur behilflich sein, diesen freizulegen oder zu reaktivieren, so dass Klärung von selbst *geschehen* kann, für jeden in unverwechselbarer und einzigartiger Weise. Dabei kommt es nicht auf adäquate Repräsentation oder Wahrnehmung, sondern auf Kontaktnähe zum eigenen Erleben an, d. h. gerade auf den Abbau der Beobachterposition, und zwar zugunsten der Integrität des erlebten Prozesses.

7.3 Die Pause

Als junger Philosoph und Praktikant im Team um Carl Rogers macht Eugene Gendlin bald hartnäckig auf ein Phänomen aufmerksam, dem in Beschreibungen des therapeutischen Prozesses, egal welcher Schule, kaum Rechnung getragen worden ist. Es besteht darin, dass Menschen in der Psychotherapie nicht nur über bestimmte Erlebnisse, über autobiographische Vorkommnisse, vergangene oder gegenwärtige Beziehungen oder über Probleme reden. Sie sprechen auch nicht allein über ihre Emotionen, ihre Ängste, ihre Wut, Eifersucht, unerfüllte Liebe etc. Was aber kann neben all dem noch thematisiert werden? Die kursorische Aufzählung scheint nahezulegen, dass nichts Wesentliches zu fehlen scheint, worüber man sonst in einer Therapie sprechen könnte.

---

413 Hinsichtlich der psychoanalytischen Objekt-Sprache, insbesondere jener des Objektverlustes, findet sich bei Sloterdijk im Hinblick auf die Melancholie eine eindringliche Kritik formuliert, die vorschlägt, den Begriff des Objekts mit dem des Nobjekts zu vertauschen: „Das Ärgernis der Melancholie für die psychoanalytische Theoriebildung und die ihr zugrunde liegende individualistische und dingontologische Dogmatik besteht nun darin, daß im melancholischen Verlust unleugbar ein Etwas verlorengeht, das es dem Theoriemodell zufolge gar nicht geben dürfte: ein Objekt, das nie wirklich ein solches gewesen wäre, weil es dem Subjekt auf so intime Weise nahesteht, daß ein integres Alleinzurückbleiben des letzteren nach dem Rückzug des ersten psychologisch sich als ein Ding der Unmöglichkeit erweist. Der Melancholiker verliert also das Objekt nicht so, wie er es nach den Regeln der Kunst verlieren sollte: so nämlich, daß er selbst *in fine* als Trennungsgewinner zurückbliebe – existentiell frei zu neuen Libidoinvestitionen und symbolisch inspiriert zur schöpferischen Klage – : vielmehr verlöre er mit dem ‚Objekt' zugleich den größten Teil seiner kommunikativen und musikalisch-erotischen Kompetenz. Dadurch wird aber klar, warum der Begriff des Objektverlusts hier fehl am Platz ist." – Peter Sloterdijk, *Sphären* (Frankfurt/M.: Suhrkamp, 1998), 1:473.

Gendlin macht dagegen darauf aufmerksam, dass therapeutische Gespräche häufig um etwas kreisen, das begrifflich nicht identifizierbar zu sein scheint, ohne dass es sich um Verdrängtes im Freudschen Sinne handeln würde. In diesen Fällen bemühen sich Klienten mit ihren Sätzen, Bildern, Vergleichen um etwas schwer Formulierbares, auf das sie bezogen bleiben, auch wenn der Ausdruck zunächst noch nicht so recht gelingt. Ausgerechnet die Aufmerksamkeit auf derart Unklares, wofür dem Klienten die Worte fehlen, wird sich als zentrales Merkmal für einen erfolgreichen Prozessverlauf erweisen und eine Neubeschreibung der therapeutischen Methode ermöglichen.[414] Zusätzlich zu der von Rogers betonten Dynamisierung des Erlebens rückt nun eine Art von Pause in den Blick, die eine noch detailliertere Auffassung und Beschreibung der Veränderungsmöglichkeiten während einer Therapiesitzung erlaubt.

Der Philosoph Gendlin, den Rogers zum Psychotherapeuten ausbildet, ist maßgeblich an dessen Forschungsprojekt beteiligt, Skalen zu entwickeln, um den Prozessverlauf in Gesprächstherapien auszuwerten. Dieses innerhalb der Psychotherapie umstrittene Unternehmen wird von Rogers und Gendlin hartnäckig trotz des Tabus, erforschbar zu machen, was hinter der Tür des Praxisraums besprochen wird, verfolgt.[415] Nach dem Abhören und dem Analysieren von „thou-

---

[414] Vgl. hierzu Gendlin, „Celebrations:" „Reflective listening was promulgated as an easily-learned technique, and as a complete method of therapy, all one needs. A deep therapy process does indeed arise just from active listening, when genuine. But it isn't a complete method alone. More than half the clients did not know where in themselves they could find organismic knowing and internal evaluating."

[415] Vgl. hierzu Mitscherlichs Einleitung zum ersten Band der Studienausgabe der Schriften Sigmund Freuds: Alexander Mitscherlich, „Über mögliche Mißverständnisse bei der Lektüre der Werke Sigmund Freuds", in Freud, SA 1, 19. Dagegen setzt Carl Rogers: „As solid knowledge increases as to the conditions which facilitate therapeutic change, the nature of the therapeutic process, the conditions which lock or inhibit therapy, the characteristic outcomes of therapy in terms of personality or behavioral change, then there will be less and less emphasis upon dogmatic and purely theoretical formulations. Differences of opinion, different procedures in therapy, different judgments as to outcome, will be put to empirical test rather than being simply a matter of debate or argument." – Rogers, On Becoming a Person, 266. Vgl. auch: Eugene T. Gendlin und Fred Zimring, „The Qualities or Dimensions of Experiencing and their Change," Counseling Center Discussion Paper 1, Nr. 3, 27 S. (Chicago, Ill.: University of Chicago Library, 1955); Eugene T. Gendlin und Jerome L. Berlin, „Autonomic Correlates of Inter-Action Process" [1961], unveröffentlichtes Manuskript, University of Wisconsin; Eugene T. Gendlin, „Experiencing: A Variable in the Process of Therapeutic Change," American Journal of Psychotherapy 15 (1961): 233–45; Eugene T. Gendlin und Jerome L. Berlin, „Galvanic Skin Response Correlates of Different Modes of Experiencing," Journal of Clinical Psychology 17, Nr. 1 (1961): 73–77; Eugene T. Gendlin, „Process Variables for Psychotherapy Research," in Wisconsin Psychiatric Institute Discussion Paper 42, 16 S. (Madison: University of Wisconsin, January 1963); Eugene T. Gendlin, „Research in Psychotherapy and Chemotherapy: Research Problems and the Relationship Between Psychological and

sands of therapy-patient sessions recorded on tape"[416] lässt sich, so das therapeutisch bestürzende Ergebnis, feststellen, dass diejenigen Klienten, bei denen es zu einer Veränderung innerhalb der Therapie kommt, bereits nach der ersten oder zweiten Sitzung auszumachen sind. Charakteristisch für sie ist, dass sie weniger reibungslos sprechen als andere. Sie stocken häufiger und machen Pausen, aber nicht aus Verlegenheit oder aus Unkonzentriertheit, im Gegenteil. Das Stocken geschieht vielmehr konzentriert. Die Pause, so macht Gendlin deutlich, hat mit einer Verlagerung der Aufmerksamkeit zu tun, die nicht mehr auf den Austausch mit dem Therapeuten, und auch nicht mehr nur auf die narrative oder analytische Ebene gerichtet ist, sondern darauf, was *momentan* erfahren wird. Gendlin beschreibt eine solche Aufmerksamkeitswendung wie folgt:

> Clients frequently speak of feeling something without knowing what it is they feel. Both client and counselor call such a feeling „this feeling" and continue to communicate about it although it isn't clear to either person just what the feeling is. Here, both persons directly refer to the client's ongoing experiencing. They do so without having a conceptualization of it. The symbols used (such as the term „this") do not conceptualize. They only point.[417]

Die Fähigkeit, sich auf ein unklares Gefühl in dieser nur hinweisenden Art beziehen zu können, wird sich als eine der wenigen Variablen erweisen, um die Entwicklungsmöglichkeit während einer Therapie zu ermessen. Klienten, die ihre Aufmerksamkeit auf etwas richten können, das Gendlin in unorthodoxer Beschreibungsweise als „murky sort of down or in"[418] beschreibt, unterscheiden sich nicht durch die Inhalte, sondern durch die Art und Weise, *wie* sie sprechen und durch die unvorhersehbare Entwicklung im Gespräch, die dadurch ausgelöst wird. Sein Team entwickelt Fragen und sammelt Beschreibungen, um erfassbarer zu machen, was in den Pausen und während der stockenden Rede geschieht. Ein Klient beschreibt, was er währenddessen fühlt und tut, folgendermaßen:

> 'Something I thought we couldn't do turned out to be quite possible for us.' 'I desired that the therapist really feels the force of what I was expressing.' 'I was wrapped up in what I was communicating to the therapist.' [...] 'I said various, contradictory things, but I felt very

---

Physiological Variables," Paper presented at the National Institute of Mental Health Conference on Schizophrenia: The Implications of Research for Treatment and Teaching (Washington, D.C., May 1970).
416 Eugene T. Gendlin, *Focusing*, 25. Aufl. (London: Ryder 2003), 3.
417 Eugene T. Gendlin, *Experience and the Creation of Meaning: A Philosophical and Psychological Approach to the Subjective* (1962; Neuaufl., Evanston, Ill.: Northwestern Univ. Press, 1997), 233 [im Folgenden *ECM*].
418 Eugene T. Gendlin, „How Philosophy Cannot Appeal to Experience, and How it Can," in Levin, *Language Beyond Postmodernism*, 16.

intensely.' 'I felt large and undefinable.' [...] 'I had a certain shaky feeling because it was up to me how we proceed.'[419]

Aussagen wie diese werden zu Leitfäden, an denen messbar abgefragt werden kann, wie sehr im Stocken ein Modus der Distanz unterbrochen wird, mit dem über Erlebtes unbeteiligt hinweg gesprochen oder analysiert werden kann. Im Stocken, so bestätigen die Auswertungen, *äußert* sich ein gegenwärtiges Erleben, das eine andere Weise des Sprechens einleitet oder begleitet. Statt *über* Erlebnisse, Gedanken und Gefühle zu sprechen, wird *eine momentan erlebte Bedeutsamkeit* formuliert. Dadurch verlangsamt sich das eingespielte Tempo des Berichtens oder Unterhaltens. Das Stocken hat nicht nur damit zu tun, dass in diesen Momenten die passenden Worte fehlen, sondern eher damit, dass eine solche Redeweise, in Anlehnung an Austin formuliert, etwas Neuartiges tut („something I thought we couldn't do turned out to be quite possible for us"). Die Person arbeitet verbal *in Tuchfühlung* mit einem vor sich gehenden Erfahrungsgeschehen, in dessen gefühlter Dichte gewöhnliche oder gewohnte Formulierungsweisen nicht mehr gut greifen.

Während Gendlin und seine Kollegen die Klienten zur Intensität des Erlebens während der Sitzung befragen, werden Therapeuten dazu angehalten, zu bemerken, *wie* sich ihre Klientin mit ihren Erfahrungen auseinandersetzt: ob Geschehnisse, Meinungen, Episoden aus der Distanz erzählt und Analysen erstellt werden, oder ob *experiencing* beim Sprechen offensichtlich wird. Mit diesen Informationen entwickeln sie sogenannte „Experiencing Scales"[420]. Diese Erhe-

---

[419] Gendlin, *ECM*, 249 f.
[420] Eugene T. Gendlin, „Befindlichkeit: Heidegger and the Philosophy of Psychology," *Review of Existential Psychology and Psychiatry* 16, Nr. 1–3 (1978/79): 43–71, letzter Zugriff 25. November 2018, http://www.focusing.org/gendlin/docs/gol_2147.html. Vgl. hierzu auch: „I devised an 'Experiencing Scale'. With the permission of the patients, randomly chosen parts of each taped clinical interview are recorded and coded. The segments are shuffled and given to two raters. Working independently the raters listen to each segment and assign it a number based on the scale. The scale has ratings from one to seven, each number representing a specific behavior shown during the interview. Thus, one means that the patient talked only about events or other people or that he was quite detached; three indicates that the patient talked about experiences and persons that were meaningful to him, but he was incapable of focusing on felt meanings directly. He might have told a long story and cried without attending to the feeling of why. A rating of five means that the patient could speak directly from felt meanings, letting words come *from* the feeling. Instead of pursuing only words and thoughts, he spoke from his felt sense of what he had been saying. The highest rating, seven, is given to patients who are able to move in 'experiential shifts'." – Eugene T. Gendlin und Carol Tavris, „A Small, Still Voice," *Psychology Today* (June 1970): 59. Oder: „As predicted, the scale measuring expression of immediate experiencing correlated highly with several success measures, while the scale of past or present content did not." –

bungen zusammen mit einer weiteren Kombination von zusätzlichen Erfassungsmethoden zeigen, dass der Grad an erfahrungsnaher Artikulation körperlich fühlbar ist und gemessen werden kann:

> How was it possible to *measure* the degree to which patients engage in this process? It turns out to be quite measurable. Patients are highly consistent in how they approach psychotherapy. Two four minute segments from a tape-recorded interview are sufficient to give the same result as an analysis of whole hours. It is possible to pick out phrasings such as „I don't know what *that* is," [...], statements that refer to something directly sensed but not known in a sharp cognitive way. It is noticeable that this kind of phrasing occurs between two quite different versions of content. There are also other signs, such as metaphoric language, often very original, that would have no meaning at all if it did not refer to what is sensed but not yet capable of being thought in usual terms. Raters of such tape-recorded segments arrive at reliable agreements. These scores correlate with the patient's, the therapist's, and the test's evaluation of outcome."[421]

Gendlin, *ECM*, 248; vgl. auch Eugene T. Gendlin, „The Function of Experiencing II: Two issues; Interpretation in Therapy; Focus on the Present," *Counseling Center Discussion Papers* 4, Nr. 3, 15 S. (Chicago, Ill.: Univ. of Chicago Library, 1958); Gendlin, „Experiencing: A Variable in the Process of Therapeutic Change"; Eugene T. Gendlin, „Need for a New Type of Concept: Current Trends and Needs in Psychotherapy Research on Schizophrenia," *Review of Existential Psychology and Psychiatry* 2, Nr. 1 (1962): 37–46; Majorie H. Klein u. a., *The Experiencing Scale: A Research and Training Manual* (Madison: Univ. of Wisconsin Extension Bureau of Audiovisual Instruction, 1969); Marjorie H. Klein, Philippa Mathieu-Coughlan und Donald J. Kiesler, „The Experiencing Scales," in *The Psychotherapeutic Process: A Research Handbook*, hrsg. v. William P. Pinsof und Leslie S. Greenberg (New York: Guilford, 1986), 21–72.

421 Vgl. hierzu auch: „We have tape-recorded several thousand psychotherapy sessions over the last few years. We asked: what are patients doing when therapy is successful? What are they *not* doing when sessions fail to help them? [...] There are several ineffective routes to pinpointing a trouble. One can go over and over events: what specifically happened, what other persons did, what one wishes he had done, and so on. This process never really reaches what is wrong. Secondly, one can trot out various theories designed to *explain* the causes convincingly ('clearly I am hostile because of projected hostilities reflecting unresolved anger at my father'); still one usually remains unchanged, no matter how many intellectual explanations he is able to apply. Finally, one may concentrate on an *emotional tone*, such as depression. This, however, only makes one all the more depressed. In contrast, a felt meaning is the *bodily felt sense* one has of one's trouble. It contains elements of the above approaches, but goes beyond them." – Gendlin und Tavris, „A Small, Still Voice," 57; vgl. auch ebd., 59: „Measuring outcomes of therapy of course is a difficult project and in recent years there have been numerous attempts to devise accurate tests. We used several ways of evaluating outcomes: patient reports, therapist reports and psychometric tests given before and after therapy. Using any one of these methods to define successful cases, patients who improved greatly in therapy were those who showed a significantly higher level of experiencing in their interviews."

Als folgenlos für einen wirkungsvollen Prozessverlauf erweist sich das wiederholte Berichten über gemachte Erfahrungen sowie die Versuche, Erlebtes oder Gefühltes durch Theorien oder Annahmen zu erklären oder zu analysieren. Folgenlos erscheint auch, sich den starken Emotionen zu überlassen, die gewisse Erlebnisse auslösen, z. B. Trauer oder Wut. Folgenreich hingegen ist eine Form von Aufmerksamkeit auf eine unklar gefühlte Gesamtsituation und auf eine beim und durch das Sprechen sich ereignende Veränderung:

> More intensity of familiar feelings does not bring change. People often feel and strongly express repetitious feelings, yet process-steps do not come. The steps of change and process do not come directly from the recognizable feelings as such. They come, rather, from an *unclear*, fuzzy, murky „something there", an odd sort of direct datum of awareness. But most often there is no such datum at first, when people turn their attention inward. Typically one finds the familiar feelings and no indefinable sense. One person describes it this way: „For a long time I could not find that unclear 'sense.' I would pay attention to emotions but they seemed to be just what they were, clear and obvious, and felt in my body. The breakthrough about this came when I began to notice that the emotions had more to them. An analogy: If the emotions were a triangle with smooth edges and fixed angles, the felt sense appears when I look more closely and find that a cloudy shape sticks out from behind the triangle..."[422]

Die Bereitschaft, sich nicht nur auf ein klares Gefühl zu beziehen, sondern auch dessen Umfeld zu bemerken, erweist sich als wirkmächtiger Veränderungshebel. Diese Bereitschaft impliziert die Aufmerksamkeitsverlagerung auf den *jetzigen* Erlebensprozess, statt darüber im Bericht über die vergangenen Erfahrungen hinwegzugehen.

Gendlins Resultate gehen mit einem aus psychotherapeutischer Sicht frustrierenden Resultat einher, dass Klienten diese Art der Kompetenz nicht durch die Therapie erlernen. Sie bringen sie bereits in die erste Sitzung mit. Zur Enttäuschung von Carl Rogers und anderer und ihrer berechtigten Überzeugung, dass Veränderungsmöglichkeiten stark von der Befähigung des Therapeuten abhängen bzw. der jeweiligen psychotherapeutischen Schule und Theorie, legt dieser Befund den Schluss nahe, dass der Therapieerfolg weder nur vom Verhältnis noch nur vom Können des Therapeuten oder der therapeutischen Schule abhängt.[423] Es

---

422 Eugene T. Gendlin, „The Client's Client: The Edge of Awareness," in *Client-Centered Therapy and the Person-Centered Approach: New Directions in Theory, Research and Practice*, hrsg. v. Ronald L. Levant und John M. Shlien (New York: Praeger, 1984), 76–107.
423 Gendlin schreibt hierzu: „Therefore, Carl Rogers and I at one time thought that the successful client would begin psychotherapy with little use of felt meaning and then move toward more and more use of his feelings. Research proved us wrong: we found that successful clients are mostly those who use this process of explicating felt meanings *throughout* therapy. Clients who fail in

scheint zu einem so hohen Grade auf eine bestimmte Aufmerksamkeitspraxis anzukommen und auf die Bereitschaft, sich auf eine momentan erlebte, wenn auch nicht formulierbare Situation einzulassen, dass Gendlin die Frage nicht mehr loslässt, wie man dasjenige, was die einen können, denjenigen, die es nicht können, beibringen kann. Aus seiner eigenen Erfahrung als Psychotherapeut weiß er, dass so ein Anliegen unmöglich erscheint. Denn wie soll etwas beizubringen sein, das nur erfahren werden kann? Mit dem Vorhaben, die therapeutische Redekur durch genaue Lehrschritte zu ergänzen, eckt er überdies bei den Vertretern der damals herrschenden Vorstellung an, dass Therapie eine Kunst oder gar ein Mysterium sei.[424]

Trotz dieser Zweifel entwickelt er mit Hilfe seiner Kollegen schrittweise eine Anleitung dazu, was jene seltenen erfolgreichen Patienten instinktiv vollziehen.[425] Er entwickelt sechs Schritte und schreibt ein Buch zur Methode.[426] Damit hat sich die Idee, diesen „inner act"[427] als eine Art westliche Meditationstechnik erlernbar zu machen, verselbstständigt.[428] Für seine Forschungen und seine praktizierbaren Beschreibungen der Funktionen von *experiencing* und *felt sense* wird Gendlin vier Mal von der American Psychology Association ausgezeichnet. Für ihn selbst kommt die Tatsache der Erlernbarkeit einer Art „Revolution"[429] gleich. Sie bedeutet u. a., dass man nicht zwingend auf eine teure Psychotherapie angewiesen und nicht von Experten abhängig ist, um einen tiefgehenden Wandlungsprozess zu erfahren:

> The happiest change of all is that we can build the change process into society generally and not only in doctor-patient therapy that costs so much and sometimes gives so little. Now the inner act is teachable, we can teach it not just to therapy patients but to anyone. We have

---

therapy never refer to or employ felt meaning at all." –Gendlin, „The Discovery of Felt Meaning," 53; vgl. auch ders., *Focusing*, 5: „This finding was contrary to my predictions, and to what had been my own firm subjective conviction. I thought I had experienced the gradual opening and increasing ability of patients to come into touch with their feelings. [...] One reason why research is so important is precisely that it can surprise you and tell you that your subjective convictions are wrong. [...] With hindsight I realize, I was thinking only of the successful patients and not of the many patients with whom I failed.".
424 Vgl. Gendlin, *Focusing*, 6
425 Vgl. ebd.
426 Vgl. zur Entstehung von Focusing: Gendlin, „Celebrations."
427 Vgl. Gendlin, *Focusing*, 6.
428 Gendlins Buch *Focusing* erschien 1978 und wurde in 16 Sprachen übersetzt. Focusing wird heute an Universitäten in China, Japan, Südamerika, Europa und USA gelehrt und in Konfliktzonen weltweit eingesetzt. Vgl. hierzu www.focusing.org und Focusing Initiatives International (http://focusinginternational.org).
429 Vgl. Gendlin, *Focusing*, 6.

found that it can be taught in a school system, in church groups, in community centers, in many other settings.[430]

Die Ausbildung zu einer Aufmerksamkeitshaltung, die zu einer erlern- und erlebbaren Veränderung im Explizieren des Erfahrenen führen kann, handelt ihm den Vorwurf ein, die Therapie aus der Hand zu geben („giving therapy away"[431]). Dagegen wendet Gendlin ein, dass diese Kompetenz eine Form von Eigenständigkeit gegenüber dem Therapeuten und jedweder Autorität fördert, da individuelle Erlebens- und Zugangsweisen dadurch vor fremdbestimmter, auch suggestiver Interpretation geschützter seien und sich dadurch Therapeuten erst recht als hilfreich erweisen können.[432]

Zum Metaphernfeld des Spiegels und des Flusses tritt hiermit also das metaphorische Feld der Pause hinzu. In der Unterbrechung alltäglicher Redegewohnheiten liegt die Möglichkeit, einen formulierbaren Eingang in die gefühlte Komplexität zu finden. Die Pause ist in diesem Sinn funktional und nicht symptomatisch, etwa als Hinweis auf versteckte Gehalte, zu werten. Ihr Klärungspotential besteht darin, dass in ihr etwas geschieht: Es ist die Pause, in der sich eine Form des Fühlens äußert, welche die gewohnten Denk- und Redemuster unterbricht und neu herausfordert, insofern sie nicht (mehr) klärend auf die basal erlebte Verwicklung einwirken können. Im Fühlen äußert sich eine Dichte, die ansonsten den Redefluss implizit vorantreibt. Sie kann durch das Gesagte verdeckt oder unterdrückt werden. Sie kann weiter kompliziert oder davon unberührt bleiben, so dass im Reden (oder Schreiben) keine Entwicklung geschieht. Die unterschiedlichen Weisen, den therapeutischen Prozess theoretisch zu verstehen, führen demnach zu unterschiedlich praktizierbaren Entfaltungsmöglichkeiten der Artikulation. Je nachdem, welche Hintergrundmodelle leitend sind, entstehen andere Praxismöglichkeiten, Hilfestellungen oder Rahmeneinstellungen, um das Formulieren als transformierende Kur kultivieren zu können.

---

430 Ebd., 9.
431 Vgl. Eugene T. Gendlin, „The Politics of Giving Therapy Away: Listening and Focusing," in *Teaching Psychological Skills: Models for Giving Psychology Away*, hrsg. v. Dale Larson (Monterey, Calif.: Brooks/Cole, 1984), 287–305.
432 Vgl. hierzu auch Donata Schoeller, „Einleitung", in Gendlin, *Prozess-Modell*, 11–47.

Teil III:
Der situative Stoff tentativer Sprechakte

> Um eine Sprache sich vollständig anzueignen, müßte man die Welt übernehmen, die in ihr Ausdruck findet [...].[433]

8 Erkenntnistheoretische Zwischenreflexion

Das Erleben im erkenntnistheoretischen Kontext zur Sprache zu bringen, kultiviert ein kritisches Bewusstsein, das eine durch die Aufklärung initiierte Tradition der Kritik kritisiert und zugleich erweitert oder verschärft. Denker der Hermeneutik, des Pragmatismus und der Phänomenologie werden in dieser Hinsicht zu Verwandten eines Anliegens. Die von ihnen angestoßene Modifikation, die gleichzeitig eine Verschärfung der Aufklärungskritik ist, hat das Potential einer Dialektik der Aufklärung entgegenzuwirken, wie sie Horkheimer und Adorno bahnbrechend vor Augen geführt haben. Eine solche verschärfende Kritik der Kritik lehrt die buchstäblich vorläufigen Funktionen des Erlebens zu reflektieren und zu berücksichtigen. Dadurch werden sowohl der Macht der Begriffs- und Erkenntnissysteme als auch der Macht der Analysen nicht nur Grenzen gesetzt, sondern diese Macht wird kreativ und verantwortungsvoll als formbares Resultat lang andauernder Entwicklungen wahrnehmbar und nutzbar.

8.1 Mit Merleau-Ponty zum Beginner werden

Die erkenntnistheoretische Relevanz einer Reflexionsweise, die das Erleben nicht vergisst, gebietet, so Dilthey, einerseits einem einseitigen Vernunftkonzept Einhalt, andererseits einer damit einhergehenden verkürzenden Auffassung menschlichen Denkens und Erfahrens.[434] An dieser Stelle sei an die berühmte Polemik Diltheys erinnert, dass durch die Adern eines erlebnislosen erkenntnistheoretischen Konstruktes der „verdünnte Saft der Vernunft als bloßer Denktä-

---

433 Merleau-Ponty, *Phänomenologie der Wahrnehmung*, 222.
434 Vgl. hierzu Dilthey, „Leben und Erkennen", *GS 19*, 348: „Der Intellekt, diese vorübergehende, nur in Zwischenräumen am Leben auftretende Funktion machte sich selbst zum Prinzip des Universums. In seinen Kategorien gewahrte er die Formen des Wirklichen. Demgegenüber haben wir erkannt, daß das Erkennen nie hinter das Leben greifen kann, an welchem es auftritt."

tigkeit" fließe.⁴³⁵ Mit der Anerkennung der fortlaufend erlebten (biologisch und soziokulturell geprägten) Zusammenhänge erwächst der Philosophie ein erweiterter Horizont und die besonders heute durch die Digitalisierung und weitere Spezialisierung der Wissenschaften angesagte Aufgabe, dazu beizutragen zu können, sich aus einer theoretisch gewachsenen „Isolierung durch Abstraktion"⁴³⁶ immer wieder aufs Neue zu befreien. Diltheys Satz der Phänomenalität und die daraus entstehenden Reflexionsmöglichkeiten sind heute aktueller denn je, wie man auch an den Bemühungen der Gegenwartsphilosophen ablesen kann, die, wie beispielsweise Thomas Nagel, nach wie vor um einem Aspekt des Bewusstseins ringen, der nicht auf dessen analysierte Bestandteile zu reduzieren ist:

> ...an organism has conscious mental states if and only if there is something that it is like to be that organism – something it is like for the organism. We may call this the subjective character of experience. It is not captured by any of the familiar, recently devised reductive analyses of the mental, for all of them are logically compatible with its absence. It is not analysable in terms of any explanatory system of functional states, or intentional states, since these could be ascribed to robots or automata that behaved like people though they experienced nothing.⁴³⁷

Das Erleben in erkenntnistheoretischer Hinsicht zur Sprache zu bringen, bedeutet zu lernen, die Frage danach, *was* Erfahrung ist, über jede Form der Antwort hinaus offen zu halten. Neurowissenschaftliche oder philosophische Gleichsetzungen von biochemischen Substraten mit psychischen Zuständen, von synaptischen Vorgängen mit Freiheit, oder auch philosophische Definitionen von Qualia wären mit dem Zusatzbewusstsein auszustatten, dass selbst jede Gleichsetzung und Definition, mit Dilthey gesprochen, eine „Verfestigung dessen in Gedanken"

---

435 Wilhelm Dilthey, *Gesammelte Schriften*, Bd. 1, *Einleitung in die Geisteswissenschaften: Versuch einer Grundlegung für das Studium der Gesellschaft und der Geschichte; Erster Band*, hrsg. v. Karlfried Gründer, 9. unveränd. Aufl. (Göttingen: Vandenhoeck und Ruprecht, 1990), XVIII.
436 Dilthey, „Grundgedanke meiner Philosophie", *GS 8*, 172. Vgl. hierzu auch seine Beschreibung der komplementären Aufgabe von Natur- und Geisteswissenschaft, in Dilthey, „Aufbau", *GS 7*, 81 f. Wie aktuell Diltheys Sicht der Notwendigkeit dieser Komplementäraufgabe der Philosophie ist, davon zeugen auch Helmut Papes Vorlesungen zum Thema „Alltägliche Erfahrung und wissenschaftliche Erklärung: Allgemeine Erkenntnistheorie" – siehe vor allem die erste Vorlesung: „Warum das alltägliche Leben und alltägliche Erfahrungen den wissenschaftlichen Erkenntnissen erst Sinn und Zweck verleihen", letzter Zugriff 25. November 2018, http://www.philoso.de/de_neu/000002themen/000003Rationalitaet/000003Pragmatismus/000002Erfahrung%20und%20Wissenschaft/index.php.
437 Thomas Nagel, „What is it Like to Be a Bat?" *The Philosophical Review* 83, Nr. 4 (October 1974): 436.

ist, was ein erlebter Vorgang, Verlauf oder ein Geschehen ist.[438] Erleben ist nicht hinter sich zu lassen. Es wird nicht aufgehoben und verliert sich nicht im Laufe der Reflexion. Es begleitet das unreflektierte, vor-wissenschaftliche Bewusstsein sowie es den wissenschaftlich Arbeitenden und den philosophisch Analysierenden begleitet. Es ist mit im Spiel, selbst bei der abstrakten Bestimmung dessen, was Denken, Wissenschaft oder Bewusstsein heißt.[439]

Matthias Jung hebt das Bewusstsein eines Ausgangspunktes, den man im Fortgang des wissenschaftlichen Arbeitens nicht vergisst, als Grundcharakteristikum des hermeneutischen Denkens hervor. Der Prozess des Erkennens wird demnach nicht als linearer Fortgang von Nicht-Wissen zu Wissen aufgefasst oder von unmittelbar ungeordnetem Wahrnehmen zu kategorial geordneter Erkenntnis. Genau genommen gibt es für das Wissen „keine absoluten Anfänge, es hat immer die Struktur einer Vertiefung und Kritik des bereits vorhandenen Vorwissens".[440] Während Nagel die Möglichkeit der objektiven Erfassung subjektiver Erfahrung auslotet, lässt sich mit Diltheys Befund und der Einsicht in den hermeneutischen Zirkel ein radikaler Schritt vollziehen: nämlich die Legitimation eines gegebenen Koordinatensystems von objektiv und subjektiv zu hinterfragen.[441] Ein Koordinatensystem, das die Welt in subjektive und objektive Erfahrungsbereiche einteilt, ist praktisch und nützlich, aber es wird naiv und auch im Alltag häufig verabsolutierend verwendet, wenn es die Möglichkeit einer unbeteiligten Beobachterposition (z. B. die Position des Wissenschaftlers) voraussetzt, von der aus sozusagen traditions- und kontextlos Wahrheit und Erkenntnis objektiv zu verorten wäre. Dabei wird u. a. die ideengeschichtlich drastische Veränderung dessen, was unter Objektivität über die Jahrhunderte hinweg verstanden worden ist, selbst nicht in Rechnung gestellt bzw. übersehen oder nicht gewusst.[442] Gibt man dieses Koordinatensystem auf, bleibt die Nützlichkeit des

---

438 Vgl. Dilthey, „Aufbau", *GS 7*, 157.
439 Misch fasst dies im Sinne seines Lehrers Dilthey wie folgt zusammen: „Dieses vorwissenschaftliche Wissen verlangt aber auch schon um seiner selbst willen Berücksichtigung in der Logik, da in ihm ein unmittelbares, unreflektiertes Bewußtwerden der Erlebnisse sich darstellt, das eine andauernde Kraft besitzt und nicht etwa aufgehoben wird durch den Fortgang, der vom Bewußtwerden hinführt zum reflektierten Bewußtmachen, wie es in den wissenschaftlichen Theorien über die Gegenstände der Erfahrung erfolgt." – Misch, *Aufbau der Logik*, 72.)
440 Vgl. Jung, *Dilthey zur Einführung*, 142.
441 Entsprechend notiert auch Jung: „Ungleich entschiedener als in der Einleitung macht er [Dilthey] aber in seinem Spätwerk die Einsicht geltend, daß im individuellen, psychologisch beschreibbaren Bewußtsein intersubjektive Sinngehalte repräsentiert sind, die dem einzelnen als eine kulturell-sprachliche Realität vorausliegen." – Ebd., 145.
442 Vgl. hierzu das eindrückliche Überblickswerk von Lorraine Daston und Peter Galison, *Objectivity* (New York: Zone Books, 2007).

Unterschieds zwischen subjektiv und objektiv bestehen, wobei dieser Unterschied sich immer wieder neu, je nach Kontext, mit Bedeutung aufzuladen hat. Wissenschaft wird dadurch nicht unterminiert, sondern als ein hochkomplexer Prozess anerkannt, den Wissenschaftstheorien bis ins Detail erforschen und der sich in mehr oder weniger stabilen Begriffen und in lang- oder kurzfristigeren Erkenntnissystemen manifestiert, verfestigt und stets ändert.

Merleau-Ponty, der am phänomenologischen Impuls Husserls anknüpft, geht es ebenfalls darum, Bedingungen einer Reflexionsweise auszuarbeiten, die ihre eigenen Ursprünge im Bewusstsein zu halten vermag und nicht chronisch übersieht. Er weist als Bedingung einer solchen Kompetenz einen Naivitätsverlust aus, der darin besteht, einen Ausgangspunkt, der der wissenschaftlichen und philosophischen Methode vorausgeht, weder zu vergessen noch zu verlieren. Seine Kritik an Formen einer *Reflexionsphilosophie*, deren Anfänge er bis in die hellenistische Zeit zurückverfolgt, richtet sich gegen eine Vorgehensweise, deren Verkehrung einer methodischen Reihenfolge er – der Hermeneutik und dem klassischen Pragmatismus verwandt – wie folgt zusammenfasst:

> ...jeder Versuch, sie [die Welt, D.S.] herzuleiten aus Reihen von Synthesen – zuerst der Empfindungen, dann der Wahrnehmungsaspekte des Gegenstandes – bleibt künstlich, da Empfindungen und Erscheinungen selbst erst Produkte der Analyse und nicht dieser zuvor zu realisieren sind. Die reflexive Analyse glaubt, in umgekehrter Richtung dem vorangegangenen Konstitutionsprozeß nachzugehen und im „inneren Menschen" – mit Augustin zu reden – ein konstitutives Vermögen zu fassen, das er immer schon war. Die Reflexion überträgt und verlegt so sich selbst zurück in eine, diesseits von Sein und Zeit, unverletzliche Subjektivität. Eben das aber ist Naivität oder, wenn man so lieber will, jedenfalls unvollständige Reflexion, da sie so das Bewußtsein ihres eigenen Anfangs verliert.[443]

In einer derartig eingespielten Rekonstruktion eines Anfangs, so Merleau-Ponty, gewinnt die Philosophie ein unverletzliches Subjekt im Unterschlagen einer damit einhergehenden Empfindlichkeit. Ohne die Verletzlichkeitserfahrung einzubeziehen, büßt der Erfahrungsbegriff das zentrale Merkmal alltäglichen Lebens ein. Die Kritik am unempfindlichen Subjekt führt Merleau-Ponty nicht nur gegen eine klassische Spielart der Erkenntnistheorie ins Feld. Er äußert sie gegenüber unterschiedlichen philosophischen Methodenverständnissen: gegenüber einer sensualistischen Theorie, die die Welt aus Zuständen von Wahrnehmungen und Bewusstsein zusammensetzt, genauso wie gegenüber den Ansätzen der Wiener

---

[443] Merleau-Ponty, *Phänomenologie der Wahrnehmung*, 6. Vgl. auch: „Die Wahrnehmung ist nicht der Anfang der Wissenschaft; in Wahrheit ist die klassische Wissenschaft eine Weise der Wahrnehmung, die ihren eigenen Ursprung vergessen hat und sich für vollendet hält." – Ebd., 80.

Schule, ja selbst gegenüber den Ambitionen einer Wesensphänomenologie.[444] Trotz der Unterschiedlichkeit der erwähnten Denkschulen diagnostiziert Merleau-Ponty jeweils den strukturell ähnlichen Verlust einer Anfangssituation, die man jedoch nicht hinter sich lassen kann. Ein Denken, das als Grundlage unverletzliche Begriffe oder Wesensbestimmungen setzt, deren Konstitutionsgesetze und Gültigkeitskriterien die Welt der „Gegenstände" (bzw. die Welt *als* Gegenstand), zusammensetzen, blendet je schon das „natürliche Feld und Milieu"[445] eines verletzlichen Menschen aus, der denkt, wahrnimmt und erkennt. Ein Methodenverständnis, mit dem eine Immunisierung gegenüber einem Beginn geschieht, der vor der Prämisse liegt, vergisst, so Merleau-Ponty in aller Deutlichkeit, dass die Welt nicht ist „was ich denke, sondern das, was ich lebe"[446].

Sich in der Philosophie dem „tatsächliche[n] Engagement in der Welt" zu stellen, das „es zu verstehen und zu begreifen" gilt,[447] um aus einer Naivität herauszufinden, die die Wirklichkeit mit Begriffssystemen verwechselt, wird jedoch erschwert durch ebendiese nach wie vor herrschende Tradition detachierter Reflexionsmethodiken, die zu dieser Naivität geführt hat.[448] Engagement ist der Kern alltäglichen Erlebens, der nicht einmal am Rande berührt wird, wenn Erfahrung nach klassischer erkenntnistheoretischer Manier als Ursache des Wissens diskutiert wird. Mit Blick auf diesen Kern rücken anders geartete erkenntnistheoretische Probleme als die skeptizistischen in den Vordergrund, so zum Beispiel die alltägliche Herausforderung, die in der „Fremderfahrung"[449] liegt. Die Begegnung mit dem Fremden löst im Alltag keine Zweifel an dessen Gegebenheit aus, vielmehr gehen damit Unsicherheit und Gefühle von Gefährdung einher, die

---

444 Vgl. hierzu Merleau-Ponty, *Das Sichtbare und das Unsichtbare*, 147: „Ist die Frage nach dem Wesen die letzte Frage? Sind wir mit dem Wesen und dem reinen Zuschauer, der es schaut, wirklich an der Quelle angelangt? Das Wesen ist sicherlich eingebunden. Das Auflisten von Wesensnotwendigkeiten geschieht immer unter folgender Voraussetzung (derselben, die bei Kant so oft wiederkehrt): wenn diese Welt für uns existieren soll, wenn es eine Welt geben soll oder wenn es etwas in ihr geben soll, dann müssen sie dieses oder jenes Strukturgesetz befolgen. Aber woher nehmen wir die Hypothese, woher wissen wir, daß es etwas, daß es eine Welt gibt? Dieses Wissen liegt unterhalb des Wesens, es ist die Erfahrung, an der das Wesen teilhat und die es nicht in sich einschließt. [...] das Wesen ist nicht *die* Antwort auf die philosophische Frage, und nicht ein reiner Zuschauer in uns ist es, der die philosophische Frage stellt: zuerst muß man wissen, wie und auf welchem Hintergrunde der reine Zuschauer sich einrichtet und aus welcher tieferliegenden Quelle er selbst schöpft."
445 Vgl. Merleau-Ponty, *Phänomenologie der Wahrnehmung*, 7.
446 Ebd., 14.
447 Vgl. ebd., 11.
448 Vgl. hierzu auch: Matthias Gillissen, *Philosophie des Engagements: Bergson, Husserl, Sartre, Merleau-Ponty* (Freiburg/Br.: Alber, 2008).
449 Vgl. Merleau-Ponty, *Phänomenologie der Wahrnehmung*, 9.

die menschliche Erfahrung prägen und den Alltag kennzeichnen. Diese Formen kommen im skeptischen Diskurs um die Gegebenheit der Dinge oder ihre begriffliche Konstituiertheit nicht zur Sprache. Sie sind es aber, die das menschliche Erkennen im Alltag prägen und aktuelle Situationen schaffen, die ein philosophisch fundiertes Verstehen dringlich erfordern. Wenn Erfahrung nur jenen Objekten begegnen können soll, die nach den Gesetzen und Begriffen der eigenen Vernunft *zugerichtet* sind, dann, so Merleau-Ponty, versäumt es die Philosophie auf grundsätzliche Weise, eine Sprache und ein Sensorium zu entwickeln, mit denen das zentrale Phänomen des Fremden innerhalb menschlicher Erfahrung aufgefasst werden kann.[450]

Im Unterschied zu Husserls Topos des Anfangs geht es Merleau-Ponty daher nicht um einen Anfang im Sinne eines Fundamentes einer möglichst voraussetzungsfreien Philosophie. Vielmehr setzt sich bei ihm die Husserlsche Forderung, dass der Philosoph ein „Beginner" bleiben müsse, in einem veränderten Verständnis der philosophischen Aufgabe um.[451] Merleau-Ponty versteht Philosophie eher im Sinne Adornos, und damit nicht als Lieferant eines „endgültige[n] Erkenntnissystem[s]", das Husserl sich erhofft, und das sich durch „absolute Sicherheit"[452] abzuheben sucht von der „Unvollkommenheit", „Einseitigkeit", „Unklarheit" und „Undeutlichkeit" der „vorwissenschaftlichen Erfahrungen".[453] Für Merleau-Ponty liegt die Aufgabe einer auf den Anfang orientierten Philosophie hingegen darin, den steten reflexiven Rückbezug auf den vorwissenschaftlichen Bereich, auf das „natürliche Feld und Milieu", von wo aus das alltägliche und auch wissenschaftliche Denken ansetzt, zu pflegen und zu leisten. Im Kontrast zum cartesianischen *Cogito* ist dieser Ansatz niemals als absoluter Ausgangspunkt eines autonomen Subjektes angelegt. Denkende haben sich vielmehr immer wieder neu zu verstehen im steten Wandel einer verletzlichen und fortwährend neu dem Fremden ausgesetzten Alltagserfahrung. Merleau-Pontys Philosophieverständnis entsteht daher im konsequenten Rückbezug auf Phänomene, die „unterhalb" von Wesens- und Begriffsbestimmungen liegen. Einem mächtigen vorgeprägten Diskurs zum Trotz besteht nach dem französischen Phänomenolo-

---

450 Vgl. ebd.
451 Vgl. Edmund Husserl, *Cartesianische Meditation: Eine Einleitung in die Phänomenologie*, 3. durchges. Aufl. (Hamburg: Meiner, 1995), etwa § 2 zur Notwendigkeit eines radikalen Neubeginns der Philosophie; oder Formulierungen wie: „Wir müssen uns alles, was ein philosophisches Anfangen ermöglicht, allererst selbst erwerben." (14); oder: „Gemäß dem vorhin schon Gesagten formt sich als eine erste bestimmte Frage anfangender Philosophie die [...]." (18). Vgl. Merleau-Ponty, *Phänomenologie der Wahrnehmung*, 11.
452 Vgl. Husserl, *Cartesianische Meditation*, 16.
453 Vgl. ebd.

gen die Aufgabe der Philosophie heute darin, die wirkliche tagtägliche „Erfahrung" neu in die philosophische Reflexion zu heben.[454]

Diese von ihm angestrebte radikal reflexiv gewordene Philosophie verabschiedet sich nicht von der Vernunft, sondern lediglich von einem verengten Vernunftkonzept, um sich den Anforderungen einer „erweiterte[n] Vernunft"[455] zu verpflichten. Diese Erweiterung zieht in der Folge eine Rekonzeptionalisierung dessen nach sich, was „Seiendes", was „Empfindung", „Vorstellung", „Denken", „Bewußtsein" und vor allem auch, was Leib bedeutet. Wollte Reflexion, so führt er aus,

> ihren eigenen Wunsch nach Radikalität erfüllen, so müßte sie gerade die Nabelschnur, durch die sie immer schon mit dem Sein verbunden ist, den unveräußerlichen Horizont, der sie seit eh und je umgibt, jene vorgängige Initiation, auf die sie vergeblich zurückzukommen versucht, zum Thema machen.[456]

Der nicht radikal Reflektierende dagegen vermeint sich zum reinen „Beobachter" machen zu können. Er vergisst dabei, wie bereits erwähnt, dass er selbst ein „Feld der Erfahrung" ist, aus dem er nicht heraustreten kann, auch wenn er diese zu klassifizieren und zu bestimmen unternimmt, unter welcher Perspektive und mit welchen Verfahren auch immer.[457] Die konstruierte Position des reinen Betrachters entspringt dem blinden Fleck einer Rationalität. Letztere ist gegenüber der eigenen leiblichen Positioniertheit als verkörperte Erfahrungslage „aus der Mitte" heraus blind geworden. Sie gesteht sich nicht ein, dass diese Position ohne Überblick, ohne Privileg der detachierten Außenansicht tief in leibliche Verhältnisse eingebettet ist. Ihr blinder Fleck betrifft also nicht nur einen gewissen Aspekt der Wirklichkeit, sondern den Zugang zu ihr insgesamt,

> weil das Sein nun nicht mehr *vor mir* liegt, sondern mich umgibt und mich in gewissem Sinne durchdringt, weil meine Sicht auf das Sein nicht anderswoher entsteht, sondern aus der Mitte des Seins selbst, weil die vorgeblichen Tatsachen, die raum-zeitlichen Individuen von vornherein in den Achsen, den Angeln, den Dimensionen und der Generalität meines Leibes angebracht und die Ideen folglich immer schon in das Gefüge meines Leibes eingebaut sind. Es ist nicht eine Stelle im Raum und in der Zeit, die nicht von anderen abhinge, die nicht eine Spielart der anderen wäre wie diese von ihr […].[458]

---

454 Vgl. Merleau-Ponty, *Das Sichtbare und das Unsichtbare*, 147.
455 Vgl. Merleau-Ponty, *Sinn und Nicht-Sinn*, 83. Siehe zu diesem Erweiterungsprojekt auch: Bernhard Waldenfels, *Deutsch-französische Gedankengänge* (Frankfurt/M.: Suhrkamp, 1995), 1:18 ff. u. 105 ff.
456 Merleau-Ponty, *Das Sichtbare und das Unsichtbare*, 144.
457 Vgl. ebd., 149.
458 Ebd., 153.

Die massive Verschiebung, die durch diese Form leiblicher Zentrierung in philosophische Ansätze gerät, lässt Merleau-Ponty das menschliche Bewusstsein nicht mehr nur begrifflich erschließbar erscheinen. In seiner *Phänomenologie der Wahrnehmung* arbeitet der Philosoph deshalb mit einer Fülle von psycho-pathologischem Untersuchungsmaterial, wobei er sich beispielsweise dem Phantomschmerz zuwendet, um ein erweitertes philosophisches Verständnis von Sprache (!) zu gewinnen.[459] Epistemologische Funktionen des Leibes kommen zum Vorschein, die bis anhin dem Geistigen, dem Bewusstsein allein zugeordnet worden sind.[460]

Merleau-Pontys Emphase des Ausgangspunktes allen Denkens „in der Mitte" eines natürlichen Milieus leiblicher Situiertheit zeugt von den basalen Schwierigkeiten, diesen gegen den Strom eines jahrhundertealten, skeptisch geprägten Diskurses überhaupt anformulieren zu können. Die Mühsal, jene Situiertheit freizulegen, die der Diskurs kaum mehr zu denken erlaubt, ist eine doppelte. Denn die radikal Reflektierende in Merleau-Pontys Sinn hat dadurch auch jene Anstrengung auf sich zu nehmen, der man entkommen kann, indem man sich in übersichtlichen Erkenntnissystemen einrichtet:

> Es wäre angenehm, endlich die wirre und irritierende Situation eines Wesens verlassen zu können, welches das *ist*, worüber es spricht, und Sprache und Gesellschaft so betrachten zu können, als wäre man in ihr nicht engagiert, etwa vom Standpunkt des Sirius oder vom göttlichen Verstande aus, der ohne Standort ist.[461]

8.2 Mit Dewey das Denken situieren

Im Anliegen und auch im Ansatz den vorhergehenden verwandt möchte Dewey jenen Charakteristika gewöhnlicher Erfahrung philosophische Beachtung schenken, die nicht auf den Begriff gebracht werden können und dennoch den sinnvollen Begriffsgebrauch bedingen. Das heißt philosophisch mehr zu beachten, als sich in einer Theorie von Erfahrung abhandeln und erfassen lässt. Auf

---

459 Vgl. Merleau-Ponty, *Phänomenologie der Wahrnehmung*, 210 f.
460 Vgl. ebd., Erster Teil: Der Leib, 89 ff. Vgl. hierzu auch Merleau-Pontys Cézanne-Interpretation: „Der Geist anderer bietet sich uns nur als inkarniert dar, muß sich in einem Gesicht und in Gesten verkörpern. Es ist nutzlos, dem die Unterscheidungen von Seele und Körper, von Denken und Sehen entgegenzuhalten, denn Cézanne geht eben auf die primordiale Erfahrung zurück, aus der diese Begriffe und Vorstellungen stammen und wo sie noch untrennbar verbunden sind." – Merleau-Ponty, *Sinn und Nicht-Sinn*, 20.
461 Maurice Merleau-Ponty, *Die Prosa der Welt*, hrsg. v. Claude Lefort, aus d. Franz. v. Regula Giuliani, mit e. Einl. zur dt. Ausg. v. Bernhard Waldenfels (München: Fink, 1984), 39.

diese Weise untergräbt der Deweysche Begriff der *Situation* dezidiert die philosophische Tendenz, von analysierbaren Strukturen, Begriffen, Bedingungen, Qualitäten, Qualia oder Essenzen auszugehen, von denen man annimmt, dass sie Erfahrung *als solche* konstituieren.

So wie Dilthey mit seinem phänomenalen Befund auf einen Zusammenhang verweist, der nur erlebt werden kann, spricht Dewey in seinem Verweis auf die Situation eine Form von Kontextualisierung an, die im Fokus auf wahrgenommene Gegenstände, bestimmte Qualitäten und auch angesichts der heute vorherrschenden Fragen, ob diese (im sogenannten Inneren des Menschen oder außen oder überhaupt) existieren oder begrifflich konstituiert sind, aus dem Blick gerät:

> I have mentioned the extent in which modern philosophy had been concerned with the problem of existence as perceptually and conceptually determined. The confusions and fallacies that attend the discussion of this problem have a direct and close connection with the difference between an object and a situation. [...] In actual experience, there is never any such isolated singular object or event; an object or event is always a special part, phase, or aspect of an environing experienced world – a situation.[462]

Dewey macht auf eine im Gegenstandsbezug hintergründig mitwirkende situative *Bezogenheit* aufmerksam, die nicht nur im wissenschaftlichen Diskurs seiner Zeit wenig thematisiert wird. In dieser Situationsvergessenheit erinnert Dewey wissenschaftliche und philosophische Kolleginnen und Kollegen daran, dass Dinge erst dann eine Rolle spielen, eine Wichtigkeit oder Unwichtigkeit, eine Relevanz oder Brauchbarkeit haben, wenn diese durch eine Situation bestimmbar werden. Je nach Situation wiederum entstehen andere Probleme, Fragestellungen und Handlungsnotwendigkeiten. Blendet man die Situation aus, bleiben zwar Sachverhalte, Gegenstände, Qualitäten und Propositionen bestehen, die diese beschreiben, aber man verliert zugleich eine (Lebens-)Welt, in der es Sinn macht, von den Dingen zu sprechen und über sie nachzudenken:

---

[462] Dewey, *LW 12*, 72. Vgl. ebd.: „For we never experience nor [sic!] form judgments about objects and events in isolation, but only in connection with a contextual whole. This latter is what is called a 'situation'. [...] Psychology has paid much attention to the question of the *process* of perception, and has for its purpose described the perceived object in terms of the results of analysis of the process. I pass over the fact that, no matter how legitimate the virtual identification of process and product may be for the special purpose of *psychological* theory, the identification is thoroughly dubious as a generalized ground of philosophical discussion and theory. I do so in order to call attention to the fact that by the very nature of the case the psychological treatment takes a *singular* object or event for the subject-matter of its analysis."

> This larger and inclusive subject-matter is what is meant by the term „situation" [...] To call it „implicit" does not signify that is it implied. It is present throughout as that of which whatever is explicitly stated or propounded is a distinction.[463]

Die Form des Impliziten, auf die Dewey hier aufmerksam macht, ist nicht gleichzusetzen mit dem logisch Implizierten. Vielmehr versucht er mit diesem Begriff etwas hervorzuheben, das, ähnlich wie Diltheys Erleben, *zu implizit* ist, um als solches als Gegenstand oder als Bedeutung verhandelbar zu sein. *Wie* eine Situation der Bedeutung eines Gegenstandes oder eines Sachverhaltes implizit ist, kann nicht aus expliziten Voraussetzungen gefolgert oder abgeleitet werden. Deshalb kann die Explikation einer Situation niemals mit dieser identifiziert werden. Vielmehr funktioniert die Situation implizit in den Unterscheidungen, die im Hinblick auf eine Sache getroffen werden können. Es wäre daher ein Widerspruch, so Dewey, wenn man mit den Mitteln des Diskurses die Existenz der darin impliziten erfahrenen Situation zu demonstrieren versuchte. Es sei jedoch kein Widerspruch, mit den Mitteln des Diskurses die Leser auf eine, und zwar ihre eigene Situation aufmerksam zu machen, und dabei zu bemerken, wie sie (auch lesend) eine gewisse Situation *haben*, in der sie sich auf den Diskurs einlassen. Das erfordert jedoch eine ungewohnte Wendung der Aufmerksamkeit, weg vom Text und den expliziten Inhalten, hin zur Erfahrung des Lesens selbst. Diese Wendung empfiehlt Dewey schon lange vor der Mikrophänomenologie. Um darauf hinzuweisen, spricht Dewey seine Leser indirekt an, indem er den Vorgang des Lesens selbst in den Blick rückt:

> The reader, whether he agrees or not with what has been said, whether he understands it or not, *has*, as he reads the above passages, a uniquely qualified experienced situation, and his reflective understanding of what is said is controlled by the nature of that immediate situation. One cannot decline to *have* a situation for that is equivalent to having no experience, not even one of disagreement.[464]

Auf diese Weise macht Dewey darauf aufmerksam, dass das, was jemand liest oder versteht, jeweils schon in eine Situation eingebettet ist, die man auf eine gewisse ungegenständliche Weise *hat*. Erkenntnistheoretische Ansätze sind wenig hilfreich, um darüber nachdenken zu können, wie man eine Situation *hat*. Denn die *Bezogenheit* auf Situationen ist ja, wie gesagt, prinzipiell vorläufig. Sie ist weder einzuholen noch im Fokus auf Propositionen, auf einzelne Wahrnehmungen oder Allgemeinbegriffe zu beschreiben. Dewey schreibt:

---

463 Dewey, „Qualitative Thought," *LW 5*, 247.
464 Dewey, *LW 12*, 74.

> By the term situation in this connection is signified the fact that the subject-matter ultimately referred to in existential propositions is a complex existence that is held together in spite of its internal complexity by the fact that it is dominated and characterized throughout by a single quality. [...] The special point made is that the selective determination and relation of objects in thought is controlled by reference to a situation – to that which is constituted by a pervasive and internally integrating quality [...].[465]

Um die Wirkungsweise einer Situation philosophisch zu bemerken, bedarf es daher einer nicht-analysierenden Aufmerksamkeit, deren Beschreibung durch Dewey wiederum an die „non-observational awareness" der Mikrophänomenologie erinnert. Der integrale Ausgangspunkt gewöhnlicher Erfahrung, dessen „complex existence" der Verstand nicht als *begriffene* Verbindungen konstituiert, wird als Situation, so Dewey, vornehmlich *gefühlt*. Er beschreibt dies wiederum auf überraschend phänomenologische Weise:

> Situation is a whole in virtue of its immediately pervasive quality. When we describe it from the psychological side, we have to say that the situation as qualitative whole is sensed or felt. [...] Stating that it is felt is wholly misleading if it gives the impression that the situation is a feeling or an emotion or anything mentalistic. On the contrary, feeling, sensation and emotion have themselves to be identified and described in terms of the immediate presence of a total qualitative situation.[466]

Wie den Begriff der Qualität hat Dewey auch den Begriff des Fühlens, den er hier gebraucht, von traditionsbedingten Konnotationen zu befreien. Sonst verführt dieser Begriffsgebrauch zu einem Verständnis des Fühlens als etwas Innerem, einer Emotion oder etwas „Mentalistischem". Deweys Begriff des Gefühls meint gerade nicht jene Gefühle, die in klassifizierender Weise aufzuzählen sind als *identifizierbare* – wie Trauer, Freude, Verzweiflung, Ärger oder Schmerz – und um die auch heute die philosophischen Emotions- und Gefühlstheorien kreisen. Das Fühlen, von dem Dewey spricht, gibt nicht über einen inneren Zustand Auskunft. Es ist vielmehr durch und durch situiert. Es qualifiziert eine Situation und wird von ihr qualifiziert in gegenseitiger und zugleich offengehaltener Verschränkung. Eine Situation als Einheit ist nämlich weder synthetisch noch analytisch herzustellen, sondern jeweils nur als gefühlte zu *haben*. Allerdings sprengt die Möglichkeit eines solchen Fühlens, wie Dewey verdeutlicht, zugleich eine subjektivistische und psychologistische Engführung des Gefühlsbegriffs. Der klassische Pragmatist verweist dabei wie die Hintergrund-Denker im ersten Teil auf die

---

[465] Dewey, „Qualitative Thought," *LW 5*, 246.
[466] Dewey, *LW 12*, 73.

Grenzen der Sprache, die er durch seine Vorstöße freilich zugleich zu erweitern weiß:

> It is not anything that can be expressed in words for it is something that must be *had*. Discourse may, however, point out the qualities, lines and relations by means of which pervasive and unifying quality is achieved.[467]

Mit dem Hinweis auf die Verschränkung von Gefühl und Situation überwindet Dewey also nicht nur eine mentalistische Engführung von Emotionen. Dieser Schritt, der sich selbst einer ausgesprochen phänomenologischen Methode, d. h. Aufmerksamkeitswende verdankt, ermöglicht noch eine fundamentalere Überwindung, nämlich jene der Subjekt-Objekt-Spaltung. Hinsichtlich der Verschränkung von Gefühl und Situation sind Denkende oder Wahrnehmende vom Gegenstand des Denkens oder der Wahrnehmung nicht zu trennen. Der im Fokus auf Gegenstände und Sachverhalte kaum merkliche Umstand des situativen Kontextes, der als Gefühl verkörpert ist, weist auf eine grundsätzliche Untrennbarkeit des menschlichen Auffassungsvermögens von der (natürlichen und kulturellen) Umwelt hin.

Deweys Beschreibung von der Qualität der Situation hat daher radikale epistemologische Folgen: Interaktion bzw. Integration werden als Primäres gesetzt, von wo aus erst alles andere, d. h. Subjekte, Objekte, Begriffe, Wahrnehmungen, Sprachsysteme etc. entstehen. Der Grundschritt einer solchen Epistemologie beruht daher nicht auf der Analyse der Erfahrung, sondern auf dem Eingeständnis, dass Körper und Umwelt untrennbar miteinander verbunden sind. Damit ist im Ansatz jenes skeptizistische Problem überwunden, das aus der Frage resultiert, auf welche Weise Denkakte, mentale Vorgänge und Gefühle im Inneren des Menschen, das als von der Außenwelt trennbar erscheint, etwas mit der Welt zu tun haben können. Nimmt man den phänomenalen Umstand ernst, dass Menschen jeweils schon in Situationen sind, um überhaupt irgendetwas denken zu können, und stellt man sich der dadurch denkbaren primären Integration von Organismus und Umwelt, dann werden skeptizistische Fragestellungen dazu, wie das Innere mit dem Äußeren zusammenhängt, zu einem voraussetzungsreich konstruierten Problem. Deweys Hinweis auf die stille Dimension einer situativen Mitwirkung, die gefühlt ist, hat daher radikale epistemologische Konsequenzen. Sein integraler Ausgangspunkt von Organismus und Umwelt entwirft bereits vor Ryles Kritik an einer *official theory*, die die Spaltung von Geist und Körper, privat und öffentlich, innen und außen als primär setzt, ein grundsätzlich verändertes

---

467 Ebd., 75.

Fundament menschlicher Erkenntnismöglichkeit.[468] Setzt man bei der Untrennbarkeit und Interaktion von Organismus und Umwelt an, werden die Möglichkeiten einer intelligenten Entwickelbarkeit von Situationen bzw. auch der Entwicklung der Intelligenz selbst besser verständlich. Wie sehr dieser interaktionelle Ansatz die tradierten Gewohnheiten gegen den Strich bürstet, das macht Dewey selbst deutlich:

> Unfortunately, however, a special philosophical interpretation may be unconsciously read into the common sense distinction. It will then be supposed that organism and environment are „given" as independent things and interaction is a third independent thing which finally intervenes. In fact, the distinction is a practical and temporal one, arising out of the state of tension in which the organism at a given time, in a given phase of life-activity, is set over against the environment as it then and there exists. There is, of course, a natural world that exists independently of the organism, but his world is environment only as it enters directly and indirectly into life-functions. The organism is itself a part of the larger natural world and exists as organism only in active connections with its environment.[469]

In dieser Weise nimmt Deweys Pragmatismus Ansätze des *Embodiment* vorweg, welche Interaktionalität, Intersubjektivität und Interdependenz von Körper und Umwelt, wie Susan Stuart prägnant formuliert, als *Bedingung* und nicht als Problem erfassen.[470] Was Wahrnehmen unter dieser Bedingung heißt, geht weit über die Beispiele hinaus, die in erkenntnistheoretischen Debatten zu finden sind. Stuart veranschaulicht auf diese Weise, inwiefern es, um etwas zu erleben mi-

---

468 Vgl. hierzu Dewey, *LW 12*, 39 f.: „Any account of inquiry that supposes the factors involved in it, say, doubt, belief, observed qualities and ideas, to be referable to an isolated organism (subject, self, mind) is bound to destroy all ties between inquiry as reflective thought and as scientific method. Such isolation logically entails a view of inquiry which renders absurd the idea that there is a necessary connection between inquiry and logical theory. But the absurdity rests upon the acceptance of an unexamined premise which is the product of a local 'subjectivist' phase of European philosophy. If what is designated by such terms as doubt, belief, idea, conception, is to have any objective meaning, to say nothing of public verifiability, it must be located and described as behavior in which organism and environment act together, or inter-act."
469 Ebd., 34.
470 Vgl. Susan A. J. Stuart, „Enkinaesthesia: Reciprocal Affective Felt Enfolding, a Further Challenge for machine consciousness," *APA Newsletter Philosophy and Computers* 9, Nr. 3 (2010): 3; vgl. dies., „Enkinaesthesia: The Fundamental Challenge for Machine Consciousness," *International Journal of Machine Consciousness* 3, Nr. 1 (2011): 145–62; vgl. auch: Jung, *Der bewusste Ausdruck*; Matthew Crippen, „Embodied Cognition and Perception: Dewey, Science and Skepticism," *Contemporary Pragmatism* 14, Nr. 1 (2017): 112–34; oder ders., „Dewey, Enactivism and Greek Thought," in *Pragmatism and Embodied Cognitive Science: From Bodily Interaction to Symbolic Articulation*, hrsg. v. Roman Madzia und Matthias Jung (Berlin: De Gruyer, 2016), 229–46.

krophänomenologischer Übungen und auch theoretischer Beschreibungserweiterung bedarf, um einer simultanen, interaktiven Dichte auch nur annähernd gerecht werden zu können, in der sich lebendige und jeweils situierte Körper wahrnehmen:

> ...the skin, overrun with an abundance of receptors – sixty kilometers of nerve fibers, fifteen kilometers of veins, with millions of sense receptors for pain, temperature, pressure, and touch – opens us up to the world and discloses it through our inescapable engagement with it [...], and the skin is supplemented by the plenisentience of visual, proprioceptive, kinaesthetic, auditory, gustatory, and olfactory senses which open us up in their own way, are affected by change or motion within our world and which, with internal feedback, can bring about affective change within themselves.[471]

Heute buchstabieren kognitionswissenschaftliche Perspektiven weitere Implikationen eines Gefühlsbegriffs aus, die in Deweys Hinweis auf die fühlbare Qualität von Situationen angelegt sind. Die komplexe Reichhaltigkeit einer plenisentienten Wahrnehmung, die Stuart schildert, wird durch ein Feedback-Geschehen bereichert, auf das Damasios Forschungen aufmerksam machen (siehe Kap. 9.2). Denn Wahrnehmungen lösen als mentale Akte ihrerseits gesamtorganismische Reaktionen aus, die wiederum auf das Gehirn zurückwirken. Die Körper-Umwelt-Interaktion und die damit einhergehende Plenisentienz sind auf diese Weise zusätzlich durch ein inner-organisches Interaktionsspiel reflektiert und verstärkt. Daran weist Damasio eine Form von gesamtorganismischer Empfindlichkeit aus, die im Blick auf die Beschreibung von Wahrnehmungen und auf das sichtbare Interaktionsverhalten zusätzlich zu berücksichtigen ist:

> The organism constituted by the brain-body partnership interacts with the environment as an ensemble, the interaction being of neither the body nor the brain alone. But complex organisms such as ours do more than just interact, more than merely generate the spontaneous or reactive external response known collectively as behavior. They also generate internal responses [...].[472]

Diese gegenseitige Einwirkung und Veränderung zwischen Organismus und Gehirn fasst Damasio, wie wir im nächsten Teil sehen werden, seinerseits als Gefühl auf und verstärkt somit Deweys Vorstoß. Mit Damasio erweitert sich der Ge-

---

471 Stuart, „Enkinaesthesia: Reciprocal Affective Felt Enfolding," 3.
472 Antonio R. Damasio, *Descartes' Error: Emotion, Reason and the Human Brain* (New York: Putnam, 1994), 87 f. Zuvor betont Damasio: „Even a simplified summary reveals the intricacy of the relationships [...]. When I say that body and brain form an indissociable organism, I am not exaggerating. In fact, I am oversimplifying. Consider that the brain receives signals not only from the body but, in some of its sectors, from parts of itself that receive signals from the body!" – Ebd.

fühlsbegriff und erlangt eine Bedeutung, die hinsichtlich des Bewusstseins kaum zentraler sein könnte.[473]

Deweys merkwürdige Formulierung, dass man eine Situation jeweils schon *hat*, öffnet einen Zugang, der auch die rigide Trennung des Beobachtbaren vom Nicht-Beobachtbaren als theoretische Konstruktion erkennbar werden lässt. Die Verhältnisse, Qualitäten und Besonderheiten einer Situation und die Notwendigkeiten, auf welche Weise eine Situation zu Handlungen veranlasst, *entstehen* aus der Art und Weise, wie sie als Ganzes von den plentisentient wahrnehmenden Situationsteilnehmern nicht beobachtbar erlebt und gefühlt und entsprechend verhandelt wird. Auf der gleichen Linie wird gegenwärtig beispielsweise auch das propriozeptive Selbstempfinden hinsichtlich seiner Eigenschaft untersucht, die Körpergrenze zu überschreiten.[474] Der vieldiskutierte Begriff des „Körperschemas"[475] manifestiert eine Art von Körperwahrnehmung, die wie Joas betont, im „Spannungsverhältnis zu den Selbstverständlichkeiten eines cartesianischen Weltbildes steht"[476]. Ein damit angesprochenes Bewusstsein des eigenen Körpers umfasst nicht nur Körperliches, sondern Assoziationen, Erinnerungen, Erfahrungen, Ziele und Tendenzen.[477] Der Übergang vom Körperschema zum Situationsgefühl scheint ein fließender zu sein. Diese Charakteristik kontinuierlicher Übergänge des Selbsterlebens oder -fühlens ist in den Ansätzen des *Embodiment* zentral geworden,[478] wie auch Thomas Fuchs beschreibt:

---

473 Vgl. hierzu Antonio R. Damasio, *Feeling of What Happens: Body and Emotion in the Making of Consciousness* (New York: Harcourt Brace, 1999), 312: „Perhaps the most startling idea in this book is that, in the end, consciousness begins as a feeling, a special kind of feeling, to be sure, but a feeling nonetheless. I still remember why I began thinking of consciousness as feeling and it still seems like a sensible reason: consciousness feels like a feeling, and if it feels like a feeling, it may well be a feeling. It certainly does not feel like a clear image in any of the externally directed sensory modalities."
474 Vgl. hierzu auch die Arbeiten von Alva Noë, vor allem *Action in Perception* (Cambridge, Mass.: MIT Press, 2006); und dies., *Out of our Heads: Why You Are Not Your Brain and Other Lessons from the Biology of Consciousness* (New York: Macmillan, 2013).
475 Eine übersichtliche Darstellung der unterschiedlichen Interpretationen dieses Begriffs findet sich bei Shaun Gallagher, *How the Body Shapes the Mind* (Oxford: Clarendon Press, 2005).
476 Joas, *Kreativität des Handelns*, 257.
477 Vgl. ebd., 259 ff.
478 Lakoff und Johnson setzen diese Wende in den Kognitionswissenschaften in den 1979er Jahren an und liefern eine übersichtliche Zusammenstellung von Punkten, wie sich eine „Cognitive Science of the Embodied Mind" von einem vorgängigen Paradigma unterscheidet, das auf „computational models" (d. h. „disembodied minds") beruht. In ihrer Auflistung benennen sie u. a. folgende Aspekte: „Mental structures are intrinsically meaningful by virtue of their connection to our bodies and our embodied experience. They cannot be characterized adequately by meaningless symbols. [...] Reason is embodied in that our fundamental forms of inference arise

Das primäre Erleben ist aber nicht reines Selbsterleben, sondern schließt auch eine sensomotorische *Beziehung* von erlebendem Subjekt und Umwelt ein, die durch den Leib und seine habituellen Vermögen vermittelt ist (Merleau-Ponty 1965). Über seine Sinne, Glieder und Vermögen ist der Leib eingebettet in den Umraum, der sich ihm seinerseits als Feld von Möglichkeiten und Valenzen präsentiert. Durch die strukturelle Koppelung des subjektiven Leibes mit einer komplementären Umgebung wird das basale Selbst zu einem leibräumlichen oder „*ökologischen Selbst*" (Neisser 1988). Diese verkörperte Dimension des Selbst ist so eng an die Interaktion mit der Umwelt gebunden, dass seine Grenzen nicht einmal notwendig mit denen des Körpers zusammenfallen.[479]

9 Embodied Context

Einen integralen, situativen und interaktiven Ausgangspunkt *vor* der Sprache philosophisch zu untersuchen, führt nicht in einen absurden Regress, wenn man bereit ist, sich auch theoretisch immer mehr darauf einzulassen, *worin* der Gebrauch von Sprache arbeitet. Damit öffnen sich Perspektiven auf die Befähigungen des Gefühls, die, wie bereits James und Dewey gezeigt haben, über die Engführung auf die Emotion hinausgehen und ein bedeutungsstiftendes Gewebe weiter anzudenken erlauben, das sich verfestigt und u. a. auch durch die Art und Weise, wie davon gesprochen wird, zugleich verändert.

---

from sensorimotor and other body-based forms of inference." – Vgl. George Lakoff und Mark Johnson, *Philosophy in the Flesh: The Embodied Mind and Its Challenge to Western Thought* (New York: Basic Books, 1999), 77. Mit ihrer Metapherntheorie scheinen sie jedoch wiederum die verkörperte Erfahrung gemäß metaphorischen Strukturen mit entsprechenden Folgerungs(inference)-Möglichkeiten festlegen zu wollen. Im Unterschied dazu machen Varela, Thompson und Rosch deutlich, wie der Ansatz des *Embodiment* eine andere Methodologie beansprucht, als diejenige, das Phänomen in seinen Strukturen zu determinieren. Sie machen darauf aufmerksam, dass die kognitivistische Voraussetzung, Erkenntnis mit Repräsentation gleichzusetzen, der hauptsächliche Hinderungsgrund für die Entwicklung einer veränderten Methode ist. Diese Voraussetzung setzt wiederum eine Welt im Sinne von Objekten mit Eigenschaften, die wahrgenommen und repräsentiert werden können, und von davon abgetrennten Subjekten voraus. Siehe dazu Varela, Thompson und Rosch, *Embodied Mind*, 11 f. Vgl. auch die Darstellung der Entwicklung des *Embodiment* von Anthony Chemero, *Radical Embodied Cognitive Science* (Cambridge, Mass.: MIT Press, 2011).

479 Thomas Fuchs, „Selbst und Schizophrenie", *Deutsche Zeitschrift für Philosophie* 60, Nr. 6 (2012): 889; vgl. hierzu auch: Thomas Fuchs, *Gehirn*, 37 f.; sowie seine Artikel „Embodiment: Das verkörperte Selbst", in *Medizin und die Frage nach dem Menschen – Wittener Kolloquium für Humanismus, Medizin und Philosophie*, hrsg. v. Peter Heusser und Johannes Weinzirl (Würzburg: Königshausen und Neumann, 2013), 1:69–82; und „Verkörperung, Sozialität und Kultur", in *Interdisziplinäre Anthropologie: Leib – Geist – Kultur*, hrsg. v. Thiemo Breyer, Gregor Etzelmüller, Thomas Fuchs und Grit Schwarzkopf (Heidelberg: Winter, 2013), 11–33.

9.1 Existential Feelings

In seinem Buch *Feelings of Being* entwickelt Matthew Ratcliffe ein solches grundsätzliches Nachdenken über die bedeutungskonstitutive Rolle des Fühlens weiter, indem er den Begriff der „existential feelings" einführt.[480] Im Durchgang durch die Gefühls- und Emotionsdebatten der letzten Jahrzehnte und der darin ausgetragenen Diskussion um die Rationalität von Gefühlen sowie um die Unterscheidung von körperlichem Gefühl und intentionaler Emotion öffnet auch er einen theoretischen Raum, um über eine Charakteristik von Gefühlen nachzudenken, die derart selbstverständlich und hintergründig ist, dass sie selbst philosophische Positionen unmerklich mitkonstituiert und durchdringt. Im Folgenden möchte ich an das von Ratcliffe Erarbeitete in ganz spezifischer Weise anknüpfen, indem ich den Fokus vor allem auf seine Andeutungen zur Veränderbarkeit von *existential feelings* lege. Von hier aus ergeben sich beachtenswerte Folgerungen hinsichtlich der Wirkung *tentativer* Sprechakte, die dann mit Damasio und Gendlin näher auszuarbeiten sind. Gendlin und Ratcliffe miteinander in Beziehung zu bringen lohnt sich auch deshalb, weil Letzterer Dewey in seinem Fokus auf die Phänomenologie und auf Heidegger nicht im Blick hat. Mit Gendlin als klassischem Pragmatisten dritter Generation wird die Bedingung der Möglichkeit des *felt sense* dagegen explizit in der offenen und veränderungsträchtigen Dynamik der Körper-Umwelt-Interaktion verankert. Damasio erforscht einige Jahrzehnte später eine Dimension des Fühlens, die eine prä-reflexive Funktion von Situationen und Erlebnissen beim Denken und Entscheiden kenntlich macht. Diese Funktion wiederum beruht auch bei ihm auf der Verkörperung *erlebter* Umweltinteraktion als gefühlter Hintergrund des momentanen Denkens, Fühlens und Entscheidens.

Mit allen dreien kommt heute erneut der blinde Fleck von Sprachtheorien zum Vorschein, die die sprachliche Bedeutung, implizite Hintergründe und die Aporie, sich ihnen stellen zu können, ohne die Mitwirkung des Gefühls erfassen. Sie blenden auf diese Weise jene plastische Verbindlichkeit aus, die durch die erlebte und auch fühlbare Untrennbarkeit von Körper und gewachsener Situation entsteht. Je genauer man auf dieser Basis über Möglichkeiten und Voraussetzungen einer empfindlichen Sprachpraxis nachdenkt, die sich in *tentativen* Sprechakten äußert, desto weniger sind rigide Einteilungen zwischen privat und öffentlich, Intention und Repräsentation, Verstand und Gefühl, Körper und Geist

---

[480] Vgl. Matthew Ratcliffe, *Feelings of Being: Phenomenology, Psychiatry and the Sense of Reality* (Oxford: Oxford Univ. Press, 2008), Teil 1: „The structure of existential feeling"; darin besonders Kap. 2: „Existential Feeling."

oder regressgefährdetem Inneren und kommunikablem Äußeren aufrechtzuerhalten. Ratcliffe spricht diesbezüglich von der epistemischen Pathologie einer Theoriesorte, in der

> the world we live in is ignored altogether and replaced by an abstract, meaningless realm. In this place, subjects somehow hook up with objects by having 'intentional states', states that do not fit in with the scientific view of things themselves and so need to be 'naturalized'.[481]

Mit *existential feelings* schlägt Ratcliffe eine Form von Gefühlen vor, die nicht mit den *intentional states* identifizierbar ist, deren Rationalität oder Irrationalität in gegenwärtigen gefühlstheoretischen Debatten diskutiert wird. Eine kurze und kursorische Erinnerung an die Hauptströmungen dieser Debatten genügt, um zu zeigen, welche Erweiterung dieser Positionen damit angesagt ist.

Jan Slaby vergegenwärtigt in seinem klaren Überblicksartikel, wie „Emotionen" als gerichtete „spezifisch auf Objekte, Personen oder Situationsaspekte bezogene Gefühle" wie beispielsweise Freude, Trauer, Ärger, Stolz, Eifersucht etc. heute die Grundlage jener kognitiven Theorien bilden, die den Urteilscharakter von Gefühlen betonen. Dabei werden sie als „Formen des evaluativen Weltbezugs" interpretiert, die sich hinsichtlich ihrer intentionalen Gehalte kategorial unterscheiden lassen.[482] Emotionen werden auf diese Weise in den Diskursen der klassischen Vertreter einer kognitiven Emotionstheorie, z. B. Anthony Kenny, zu Überzeugungen und Urteilsformen, die mit Wertzuschreibungen einhergehen. Zwischenpositionen gestehen der Emotion eine Phänomenalität zu und bringen somit die Rolle des Fühlens ein. Autoren wie Martha Nussbaum, Peter Goldie und Ronald de Sousa führen darüber hinaus vor Augen, dass Gefühle keineswegs *einfache* Urteile sind. Sie verdeutlichen, dass Emotionen nicht nur mit einem klaren intentionalen Gehalt einhergehen, sondern dass sie mit komplexen Narrationen zusammenhängen können,[483] die als gefühlte ins Denken eingewoben sind und Werte und Wichtigkeiten vermitteln, die den spezifischen Urteilscha-

---

481 Ebd., 291.
482 Vgl. Jan Slaby, „Emotionen", in *Handbuch Handlungstheorie: Grundlagen, Kontexte, Perspektiven*, hrsg. v. Michael Kühler und Markus Rüther (Stuttgart: Metzler, 2016), 185–92.
483 Vgl. Martha C. Nussbaum, *Upheavals of Thought: The Intelligence of Emotions* (Cambridge, Mass.: Cambridge Univ. Press, 2001) und dies., „Emotions as Judgments of Value and Importance," in *Thinking About Feeling: Contemporary Philosophers on Emotions*, hrsg. v. Robert C. Solomon (Oxford: Oxford Univ. Press, 2004), 183–99; Peter Goldie, *The Emotions: A philosophical Exploration* (Oxford: Oxford Univ. Press, 2000); Robert C. Solomon, *The Passions: Emotions and the Meaning of Life* (Indianapolis, Ind.: Hackett, 1993).

rakter von Gefühlen ausmachen.[484] Die Diskussion, ob dieser Urteilscharakter propositional und sprachlich artikulierbar ist oder nicht, prägt heutige Debatten. Vor diesem Hintergrund machen Publikationen beispielsweise von Hilge Landweer und Christoph Demmerling auf unbewusste Aspekte aufmerksam und buchstabieren den Grundkatalog der Gefühle in ihrer leibbezogenen Charakteristik aus.[485] Dem Körpergefühl wird Intentionalität jedoch nach wie vor tendenziell abgesprochen, wie auch Ratcliffe kritisiert.[486]

Die Gegenposition zu kognitiven Emotionstheorien, so führt wieder Slaby vor Augen, besteht in Ansätzen, die als Empfindungstheorien Gefühle als irrationale Regungen verstehen, als Motivatoren im Sinne von Lust und Unlust, gegen die mit Gründen nicht anzukommen ist. Eine solche Auffassung gehe auf eine Dichotomie zurück, die Hume eingeführt hat, indem er eine klare Linie zwischen rationalen Überzeugungen und emotionalen, triebhaften Motivationen zog. Aus dieser Dualität führen die kognitivistischen Ansätze der Emotionstheorie heraus. Ihre Fortentwicklung bestehe darin, Merkmale eines emotionalen Welt- und Selbstbezugs, die er im Unterschied zu Überzeugungen und Urteilen als affektive Intentionalität bezeichnet, in den Ansatz zu integrieren.[487] Diesbezüglich weist Slaby auf die Vorläuferrolle Heideggers und Merleau-Pontys hin. Hier darf m. E. allerdings auch die Vorläuferrolle Deweys nicht übersehen werden, wodurch sich, wie oben bereits erwähnt, schon eine Erweiterung des kognitiven Ansatzes abgezeichnet hat, die erst heute durch kognitionswissenschaftliche Ansätze des Enaktivismus neu erkannt und ausgebaut wird.[488]

Durch die Einführung von *existential feelings* führt Ratcliffe einen zusätzlichen Aspekt einer solchen Erweiterung vor Augen. Die gefühlstheoretischen Diskussionen im Hinblick auf die kognitiven und nicht kognitiven Komponenten, auf die Form des Urteilscharakters sowie auf die intentionalen oder affektiven

---

484 Vgl. hierzu auch Ronald de Sousa, *The Rationality of Emotion* (Cambridge, Mass.: Cambridge Univ. Press, 1987).
485 Vgl. Christoph Demmerling und Hilge Landweer, *Philosophie der Gefühle: von Achtung bis Zorn* (Stuttgart: Metzler, 2007).
486 Vgl. hierzu auch die klare Zusammenfassung der Diskussion in: Ratcliffe, *Feelings of Being*, Teil 1: „The structure of existential feeling." Vgl. außerdem Goldie, *The Emotions*; Michael Stocker, „Intellectual Desire and Emotion," in Solomon, *Thinking about Feeling*, 135–48.
487 Vgl. hierzu auch Jan Slaby, *Gefühl und Weltbezug: Die menschliche Affektivität im Kontext einer neo-existentialistischen Konzeption von Personalität* (Paderborn: Mentis, 2008).
488 Vgl. hierzu Slaby, „Emotionen", 11 f.: „Im Enaktivismus wird das Mentale insgesamt als aktives Vollzugsgeschehen aufbauend auf grundlegenden Organismus-Umwelt-Interaktionen verstanden. Das Mentale ist in dieser Sichtweise keine separate Struktur, sondern Teilmoment der adaptiven, lebenserhaltenden Aktivität eines Organismus bzw. der Existenzbewältigung einer Person."

physiologischen Merkmale des Gefühls kommen nämlich, so macht Ratcliffe bewusst, an eine Realitäts- oder Realitätssinn-stiftende Rolle von Gefühlen nicht heran, die er zu umschreiben beginnt. Diese Rolle manifestiert sich auch körperlich, aber gerade nicht nur als gefühlter Körper.[489] Vor allem hat die Art der Gefühle, auf die Ratcliffe hinweist, keinen eindeutigen intentionalen Gehalt (wie die kategorial unterscheidbaren Emotionen Liebe, Glück, Zorn, Eifersucht etc.) und auch sie unterlaufen die Subjekt-Objekt-Trennung bzw. die klare Grenze zwischen Welt und Selbst. Dennoch macht er sie als Grundlage des Weltbezugs geltend und als charakteristisch für einen Realitätsbezug insgesamt, der sich der propositionalen Auffassung entzieht. Im Hinblick auf diese Rolle des Gefühls, die Ratcliffe umkreist, äußert sich zugleich eine massive Kritik an der unhinterfragten fachphilosophischen Überzeugung, Behauptungen, Aussagen und Propositionen als Grundlage des menschlichen Bezugs zur Wirklichkeit deklarieren.[490] Wirklichkeit würde, so Ratcliffe, somit identisch werden mit dem Inhalt von propositionalen Gehalten: „Our sense of reality just becomes the sum total of what we take to be the case."[491] Die Gefühle jedoch, die Ratcliffe beschreibt, haben ihren Gegenstand nicht als „special entities or entities in general. Instead, they are ways of finding ourselves in the world, existential backgrounds that shape all our experiences"[492].

Hierfür sammelt Ratcliffe nun eindrückliche Zeugnisse aus der Alltagswelt, zahlreiche autobiographische und auch psychiatrische Berichte sowie literarische Beschreibungen. Sie verdeutlichen in ausdrucksstarker Manier, wie sich eine Alltagserfahrung insgesamt ändern kann, und zwar nicht im Sinne einer bestimmten Veränderung, sondern im Sinne der Veränderung eines hintergründigen Gefühls, wodurch sich *alles* ändert, selbst wenn sich faktisch nichts geändert hat. In dieser gefühlten Veränderung steht nichts Geringeres als eben die Art und Weise des Weltbezugs oder der Weltzugehörigkeit („a sense of belonging to the world"[493]) insgesamt auf dem Spiel. Mit seinen Berichten vergegenwärtigt Ratcliffe, wie sich Alltagserfahrungen insgesamt *einfärben* können – und damit auch

---

[489] Vgl. hierzu Ratcliffe, *Feelings of Being*, 107 f.: „....the feeling body more generally is a framework through which world-experience is structured. The body can play an experiential role without being an object of experience [...]. The difference between the lived body as a whole and a localized tactile experience or other specifically focused feeling is that the former is a medium that constitutes the sense of finding oneself in a world [...]."
[490] Vgl. ebd., 59: „It is the propositional attitude of 'belief' that is assumed to facilitate our appreciation of what is and is not the case."
[491] Ebd., 60.
[492] Ebd., 41.
[493] Ebd., 61.

die Wahrnehmung von Dingen, Sachverhalten, Tageszeiten, von Mitmenschen oder von einem selbst. Ein solcher gefühlter Realitätsbezug wird auch in alltäglichen Redewendungen deutlich, z. B. wenn jemand sagt, „'things just don't feel right', 'I'm not with it today', 'I just feel a bit removed from it all at the moment', 'I feel out of it' or 'it feels strange'"[494]. Ratcliffes Beispiele arbeiten auf diese Weise der Verkürzung einer philosophischen Vorgehensweise entgegen, aufgrund derer Erfahrung häufig nur auf die Kenntnisnahme von Sachverhalten reduziert wird, auf die Zulieferung von Inhalten zum Zwecke von Überzeugungen und Urteilen, die angenommen oder abgelehnt werden. In Wirklichkeit, so Ratcliffe, verhalte es sich doch „much more interesting than this"[495].

Ratcliffe erweitert mit seinem Gefühlsbegriff deshalb auch den Erfahrungsbegriff, und zwar in pragmatistischer Richtung, auch wenn die Vertreter dieser Richtung in seinem Fokus auf die Phänomenologie und auf Heidegger nicht vorkommen. In fast verblüffender Ähnlichkeit zu Dewey erklärt Ratcliffe, dass Erfahrung

> incorporates a background sense of belonging to a world through which all specific experiences, beliefs and thoughts are structured. Disturbances in this background reshape the modalities of belief, the sense of what it is for something to be or not be.[496]

Wenn es sich jedoch so verhält, dass hintergründige Fühlweisen alle anderen spezifischen Erfahrungen, Überzeugungen und Gedanken prägen, dann drängt sich die Frage auf, wie man sich solcher Hintergrundgefühle überhaupt bewusst werden kann. Wie sind sie zu bemerken, geschweige denn zu beschreiben, wenn sie konstitutiv für die Art und Weise sind, *wie* alles andere erfahren wird? Gerät man hier nicht zwangsläufig in einen Regress, der sich als argumentatives Muster in der Behandlung eines prä-reflexiven Hintergrundes bei so unterschiedlichen Denkern wie Ryle, Adorno, Polanyi und Searle wiederfindet (vgl. Kap. 2)? Ratcliffe wendet sich dieser methodisch wichtigen Frage eher beiläufig zu. Er erwähnt hierzu:

> Existential feelings are most amenable to phenomenological reflection when they shift. When this happens, what was an unreflective experiential background becomes conspicuous in its absence.[497]

---

494 Ebd., 68.
495 Ebd., 70.
496 Ebd.
497 Ebd., 40. Vgl auch: „The kind of philosophical enquiry I have pursued here does not itself rely upon the implicit assumption of a single, constant existential background. Rather, it is made possible by the changeability of existential feeling. A shift in existential feeling reveals something

Eine gefühlte und erfahrene Hintergründigkeit, so Ratcliffe, kann also überhaupt erst bewusst und somit beschreib- und thematisierbar werden, indem sie sich verändert. Nur in der gefühlten Differenz zwischen vorher und nachher wird bemerkbar, *wie* dasjenige, was erlebt wird, *in* gewisser Weise erlebt wurde, wie es mit Heidegger gesprochen gestimmt oder mit Dewey formuliert qualifiziert war. Ratcliffe beschreibt diese Veränderungen einerseits als krisenhafte Einbrüche; andererseits merkt er an, dass *existential feelings* ständig in Veränderung begriffen und kein statischer Zustand seien: „There are all sorts of subtle permutations in our feeling of belonging to the world, which are, at the same time, changes in the sense of reality."[498] Schließlich notiert er gegen Ende des Buches, dass auf dieser Veränderbarkeit die methodologische Basis seiner eigenen Untersuchung des Themas beruhe:

> ...existential orientations [...] are more usually *implicit,* meaning that they operate as background to experience and thought rather than being objects of experience and thought. The kind of philosophical enquiry I have pursued here does not itself rely upon the implicit assumption of a single, constant existential background. Rather, it is made possible by the changeability of existential feeling. A shift in existential feeling reveals something of what was previously implicit, and different kind of shifts cast light on different ways of belonging to the world.[499]

Wie eine solche Veränderung, die er als methodische Ermöglichung seiner eigenen Untersuchung offenlegt, methodischer oder systematischer beansprucht werden könnte, das behandelt Ratcliffe nicht. Er scheint jedoch mit dem Thema zu ringen, beispielsweise in seiner Reaktion auf die mögliche Kritik, dass durch die Rolle, die er diesen Gefühlen einräumt, unser Befinden in der Welt als allzu passiv dargestellt werde.[500] Dagegen führt er ins Feld, dass wenn *existential feelings* bewusster werden, sich neue Öffnungen des Denkens und Handelns erge-

---

of what was previously implicit, and different kinds of shift cast light on different ways of belonging to the world." – Ebd 253; oder: „The structure of existential feeling is revealed through changes in existential feeling." – Ebd., 266.
498 Ebd., 70. Vgl. auch: „The sense of reality and belonging embedded in the natural attitude is changeable, not just in intensity but also in character. There are many different variants, some fleeting, some sustained and some that pervade an entire life. These seldom feature as explicit objects of reflection but they are phenomenologically accessible." – Ebd., 70 f.
499 Ebd., 253. An anderer Stelle schreibt er auch: „The shift in existential feeling that facilitates contemplation of an existential orientation that one used to take for granted is, at the same time, a sense of there being other possibilities. It has to be given that the changed existential orientation which phenomenological enquiry itself involves is one such possibility." – Ebd., 255.
500 Vgl. ebd., 237.

ben.⁵⁰¹ Aber auch diese Möglichkeiten seien wiederum damit verbunden, dass mit ihnen ein „sense of their own contingence, a possibility of change" einhergehe.⁵⁰² Ob eine solche Basis für ein erweitertes Bewusstwerden nur Sache des reinen Zufalls ist, bleibt jedoch offen. Nur an wenigen Stellen in Ratcliffes Untersuchung scheint die Möglichkeit eines veränderten und auch verändernden Umgangs mit *existential feelings* auf, so zum Beispiel, wenn er mit James die Überzeugung teilt, dass es möglich wäre, Gefühle zu „kontrollieren"⁵⁰³. Auch gegen Schluss des Buches wendet er sich der Frage zu, wie man sich dieser Gefühlen bewusster werden kann: „In some cases at least, we can seek out the conditions that bring forth certain feelings and thus sustain, enhance or reshape the ways in which we find ourselves in the word." Und er fügt hinzu: „So we are not wholly passive before our feelings."⁵⁰⁴ Die wichtigste methodische Bedingung eines aktiveren Verhältnisses macht er schließlich anhand der Husserlschen *epoché* namhaft: „... one has to suspend commitment to a stance – at least to some extent – in order to describe that stance."⁵⁰⁵ Sich des Urteils zu enthalten, ob, was man fühlt oder erfährt, der Wirklichkeit entspricht, und nur zu beschreiben, wie man es fühlt und erfährt, wird zur Bedingung, um gewisse hintergründige Gefühle verstärken, erhalten oder umgestalten (*to reshape*) zu können. Denn nur dadurch könne die gefühlte Qualität der Realitätserfahrung zunächst einmal beschrieben werden. Wie sich etwas ändern können soll, wenn vormals implizit Gefühltes nun expliziter wird, fragt sich Ratcliffe selbst:

> It might be objected that the same stance can be adopted either implicitly or explicitly and that making an implicit stance explicit does not therefore require any change in one's commitment to it, any disengagement or reorientation of stance. However, whereas implicitly inhabiting a stance implies unthinking acceptance of it, explicit contemplation of that same stance accommodates a range of different attitudes towards it, including rejection, doubt or acceptance.⁵⁰⁶

Was Ratcliffe bei der Aufzählung dieser Möglichkeiten nicht bedenkt, ist die Veränderung, die durch die Formulierung des gefühlten Hintergrunds geschieht. In dieser Hinsicht wiederholen sich auch bei Ratcliffe, wenn auch sehr subtil,

---

501 Vgl. ebd., 105.
502 Vgl. ebd., 238.
503 Vgl. ebd.
504 Ebd.
505 Ebd. Etwas ausführlicher sagt er auch auf derselben Seite: „....the project of describing a stance involves suspending commitments that are ordinarily unthinkingly accepted, facilitating in the process the possibility of explicit attitudes towards them other than that of acceptance."
506 Ebd., 254.

tradierte Trennungen. Denn in der *epoché* ist seiner Meinung nach nur deshalb der gefühlte Hintergrund umzugestalten, weil man sich zu dem Zustand, in dem man sich befindet, nun verhalten, ihn befürworten, zurückweisen oder bezweifeln kann. Dadurch bleibt er in seiner Ausdrucksweise, wenn auch subtil einer statisch-repräsentativen Metaphorik verhaftet. Die aufgezählten Verhaltensmöglichkeiten suggerieren eine Art *Vorhandenheit* des „stance", zu dem man auf Distanz gehen könne. Die Distanzierung ermöglicht es wiederum dazu Stellung zu nehmen. So einleuchtend und eingespielt eine solche Beschreibung erscheint, so wenig nachvollziehbar ist die Trennbarkeit von Selbst und Gefühl, die dadurch auf einmal wieder ins Spiel kommt. Vor allem, wenn hier zwei säuberlich trennbare Schritte beschrieben werden – nämlich zuerst die neutrale Beschreibung des impliziten Zustandes und dann eine veränderte Stellungnahme und Haltung dazu; dann scheint ein Beobachtermodell beansprucht, das in diesem Kontext nicht zum Tragen kommen kann. Zudem wird übersehen, was James und dann Gendlin so detailliert zu denken begonnen haben: dass die treffende Formulierung an sich schon eine Veränderung ist, die mit einer neuen Haltung, mit einem veränderten Gefühl und unterschiedlich bemerkbaren Zusammenhängen einhergeht, wenn auch nur ansatzweise. Was sich dadurch verändert, übersteigt allerdings auch die drei von Ratcliffe erwähnten Varianten der Befürwortung, der Zurückweisung und des Zweifels.

Um dieser Art der Veränderung näherkommen zu können, möchte ich Gefühle als komplexe Hintergründe von zwei zusätzlichen Quellen aus beleuchten. Dadurch bekräftigt sich einerseits die verkörperte Dimension von Gefühlen als Manifestation eines *embodied context*, wie ich ihn nennen will; zum anderen wird mehr Licht auf die verändernde Wirksamkeit des Sprachgebrauchs selbst geworfen.

9.2 Somatic Marker und Felt Sense

Mit Damasio und Gendlin verstärkt sich ein Verständnis für die grundlegende Rolle von Gefühlen, die mehr umfasst als intentionale Einstellungen gegenüber Sachverhalten, Menschen und Gegenständen. Beide Forscher und Denker machen in ihren unterschiedlichen Ansätzen deutlich, wie Gefühle eine Art von hintergründigem Resonanzsystem bilden, welches an allen Akten des Denkens, Sprechens und Entscheidens beteiligt ist. Durch beide Denker wird deutlich, wie sogar eine gewisse veränderte Weise, sich auf ein Gefühl einzulassen, selbst schon ein nicht zu unterschätzender Veränderungsprozess sein kann.

Auf die Verwandtschaft von Gendlins *felt sense* und Damasios Beschreibung von somatischen Markern hat bereits Giovanna Colombetti hingewiesen.[507] Gendlins Begriffseinführung des *felt sense*[508] nimmt als Neologismus das Spannungsfeld vorweg, in das die Emotionsdebatte in der Gegenüberstellung von Gefühl als rein körperlichem, intentionslosem Phänomen und Emotion als nonverbalem Urteil geraten ist.

Die Verwandtschaft der Ansätze von Gendlin und Damasio basiert darauf, dass Ersterer schon seit den frühen 1960er Jahren auf die Untrennbarkeit von Denken und Fühlen aufmerksam macht, die der Neurologe seit den 1990er Jahren in seinen Werken erneut betont – nach wie vor ausdrücklich als Gegenposition zum sogenannten Mainstream. Gendlins einschlägige Begriffsprägung des *felt sense* hat in so unterschiedliche Bereiche wie die Traumaforschung[509] oder in Debatten um „the hard problem of consciousness"[510] Eingang gefunden. Mit dem *felt sense* führt Gendlin die Erweiterung des Gefühlsbegriffs, die James, Dewey und Heidegger eingeleitet haben, in aller Konsequenz fort:

> Feeling is always a living texture of environmental interaction. Therefore the flow of felt sense which – along with verbal sound-images – is our thinking, this flow of felt sense implicitly contains the complex world we live in, the environment, our perceptions, the context of all that has been done and said till now, what is being gotten at, the purpose, the definitions, and a *very* great deal more. And therefore, thinking can be about something, we can arrive at possible truths with it, even though it seems to be only sound echoes and felt sense.[511]

Die Nähe zu Damasio, vor allem in *The Feeling of What Happens* (1999), ergibt sich sowohl aus der von beiden betonten Differenz von Emotion und Gefühl als auch aus der entscheidenden Rolle, die beide dem Fühlen in Denk- und Entscheidungsprozessen zuweisen. Emotion steht nach Damasio für ein auch öffentlich zu beobachtendes Verhalten oder einen körperlichen Ausdruck, während das Gefühl aus all den komplexen organischen Veränderungen resultiert, die mit einer Emotion einhergehen. Unter Emotionen versteht Damasio aber auch nicht nur sogenannte primäre Emotionen wie Freude, Trauer, Ärger, Abscheu etc., sondern

---

507 Vgl. Giovanna Colombetti, „What Language Does to Feelings," *Journal of Consciousness Studies* 16, Nr. 9 (2009): 8 f.
508 Vgl. Gendlin, „The Discovery of Felt Meaning"; Gendlin und Tavris, „A Small, Still Voice."
509 Vgl. Peter A. Levine, *In an Unspoken Voice: How the Body Releases Trauma and Restores Goodness* (Berkeley, Calif.: North Atlantic Books, 2010).
510 Vgl. Evan Thompson, *Mind in Life: Biology, Phenomenology and Sciences of Mind* (Cambridge Mass.: Harvard Univ. Press, 2010).
511 Gendlin, „The Discovery of Felt Meaning," 45.

er fasst sie sehr viel differenzierter auf. Er versteht sie als körperliche (biochemische, neuronale, organische, muskuläre etc.) *responses*, die einem Organismus dazu verhelfen, sein Leben zu führen und zu erhalten: „Emotions are about the life of an organism, its body to be precise, and their role is to assist the organism in maintaining life."[512] Die emotionsbedingten Veränderungen in den subkortikalen und höheren Hirnarealen und die dadurch ausgelösten Veränderungen in der biochemischen Homöostase des Körpers, d. h. in den viszeralen und muskulösen Zuständen sind, so Damasio, dasjenige, was Gefühle ausmacht. Auch die Veränderungen, die dieses Fühlen auslöst, können wir fühlen. Hinsichtlich eines in seiner Komplexität kaum nacherzählbaren Resonanzgeschehens zwischen Emotion, Gefühl und dem Fühlen des Gefühls schreibt der Neurowissenschaftler zusammenfassend:

> We can feel our emotions consistently and we know we feel them. The fabric of our minds and of our behavior is woven around continuous cycles of emotions followed by feelings that become known and beget new emotions, a running polyphony that underscores and punctuates specific thoughts in our mind and actions in our behavior.[513]

Fühlen, so die folgenreiche Pointe seiner Darlegung, ist der Übergang, „the very threshold", zwischen Sein und Bewusstsein.[514] Es ist dieser Prozess, sowohl auf phylogenetischer als auch auf ontogenetischer Ebene, der nachvollziehbare Übergänge von sehr spezifischen, wenn auch prä-reflexiven Formen des Fühlens zu einem Bewusstwerden ermöglicht. Diese Sichtweise verbindet die Perspektive Damasios mit der von Gendlin[515] hinsichtlich einer Gefühlsauffassung, die keine *starren* Grenzen zwischen unbewussten und bewussteren Gefühlsweisen kennt. Bei beiden wird Fühlen als ein komplexes, mehrfach verdoppeltes sowie verdoppelndes Geschehen ausgewiesen und verständlich. Bei Damasio zeigt es sich daran, dass für ihn das Fühlen ein verkörpertes Echo auf die Veränderung der

---

512 Damasio, *Feeling of What Happens*, 51.
513 Ebd., 43.
514 Vgl. ebd.
515 Colombetti schreibt hierzu mit Verweis auf Petitmengin, die sich wiederum auf Gendlin bezieht: „As Petitmengin (2007) emphasizes, pre-reflective lived experiences are fuzzy. This fuzziness should not be confused with meaninglessness or absence of what I call affective specificity. An emotion experience can in fact be pre-reflective and affectively specific at the same time. A state of depression, for example, need not be reflected upon in order to feel different from a state of elation; the difference, I would argue, lies in how one is pre-reflectively aware of the world and of oneself in it. As Gendlin (1996, p. 17) puts it, a felt sense, especially when just tapped, is unclear and nevertheless 'very definite', with 'its own unique quality'." – Colombetti, „What Language Does to Feelings," 9, Fußnote 7.

Emotion ist, die wiederum gefühlt wird. Fühlen ist hier ein Zusatzgeschehen, das emotionale neuronale Muster von Ereignissen, Situationen, Gedanken, Plänen etc. mit einer ebenso zerebral manifestierten körperlichen *response* versieht. Gespürte und gefühlte Doppelungsprozesse sieht auch Gendlin im Kern der Möglichkeit eines Prozesses, der von Verhaltenssequenzen zu Symbolisierungssequenzen und von dort zu einem Bewusstsein führt, wie ich im vorigen Teil angedeutet habe.[516]

Auf der Ebene menschlichen Bewusstseins beschreibt auch Gendlin eine dauernde gefühlte polyphonische Begleitmusik als hintergründiges *experiencing*. Er elaboriert damit in Anknüpfung an klassisch pragmatistische und phänomenologische Perspektiven eine folgenreiche Erweiterung eines epistemologisch geprägten Erfahrungsbegriffs. Auf einer phänomenologischen und sprachphilosophischen Ebene macht Gendlin auf den Übergangscharakter, auf die fließenden Grenzen zwischen Fühlen und bewusstem Erleben aufmerksam. Folgendes Zitat kann regelrecht als Hommage an die Plastizität des Fühlens und Erlebens (*experiencing* – beides wird synonym verwendet) gelesen werden – im Sinne einer merklichen oder unmerklichen Begleiterscheinung jedweden Tuns, einer Übergangsmöglichkeit von somatischen Empfindungen zu komplexen und detaillierten Gefühlen und einer treibenden Kraft hinter allem, was wir tun:

> In a theoretical way we could consider it as the inward receptivity of a living body, although we must take care not to forget that one can „specify" highly detailed aspects of it, each of which can be referred to very specifically by our attention, each of which can be employed to give raise to very many specific meanings. Experiencing is a constant, ever present, underlying phenomenon of inwardly sentient living, and therefore there is an experiential side of anything, no matter how specifically detailed and finely specified, no matter whether it is a concept, an observed act, an inwardly felt behavior, or a sense of a situation. We can be very modest, or very grandiose, about experiencing. In a modest way we can say: experiencing is simply feeling, as it concretely exists for us inwardly, and as it accompanies every lived aspect of what we are and mean and perceive. Or we can be grandiose about it and say that for the sake of (this or that aspect) of experiencing mankind do all they do in a lifespan. Within experiencing lie the mysteries of all that we are.[517]

Beide, Damasio und Gendlin, machen eine zentrale Rolle namhaft, die sie dem Fühlen für das Denken zuschreiben. Das Gefühl wird darin zum informativen Schatten eines kognitiven Prozesses, der es ermöglicht, dass mehr und Weiteres *zu erfahren* ist, wenn man *über etwas* nachdenkt. Aber es gibt auch merkliche Unterschiede in ihren Beschreibungen, auf die ich im Folgenden aufmerksam ma-

---

516 Vgl. Gendlin, *Prozess-Modell*, Kap. 5–7.
517 Gendlin, *ECM*, 14f.

chen möchte. Diese wirken sich maßgeblich auf die Möglichkeiten einer transformativen Formulierungspraxis aus.

Damasio beschreibt, wie erwähnt, eine stete Begleitung des Denkens durch das Fühlen, die er entgegen der gängigen Auffassung in den Kognitionswissenschaften in folgender Weise stark machen will:

> Feelings are just as cognitive as any other perceptual image, and just as dependent on cerebral-cortex processing as any other image. [...] Feelings let us mind the body, attentively, as during an emotional state, or faintly, as during a background state. They let us mind the body „live," when they give us perceptual images of the body, or „rebroadcast," when they give us recalled images of the body state appropriate to certain circumstances, in „as if" feelings. Feelings offer us a glimpse of what goes on in our flesh, as a momentary image of that flesh juxtaposed to the images of other objects and situations; in so doing, feelings modify our comprehensive notion of those other objects and situations.[518]

Gendlin macht, wie Damasio, früh deutlich, dass und *wie*, also auf welche Weise vage Fühlprozesse einen Großteil des Denkens ausmachen, wobei sie weder nur als Emotion noch nur als körperliches Fühlen kategorisiert werden können.[519] Dabei beschreibt Damasio neurologisch genau, wie das Fühlen den Körper ins Spiel bringt. Die vielfältigen und komplexen körperlichen Reaktionen auf Situationen bis in feine viszerale und muskuloskeletale Adjustierungen hinein begleiten als eigenständige zerebrale Signale die zerebralen Muster von Situationen, Gedanken, Entscheidungsprozessen etc. Sein Forschungsteam hat insbesondere im Hinblick auf Entscheidungssituationen gezeigt, dass wenn diese Feedbackschlaufe des Fühlens fehlt, die Priorität der zu bedenkenden Aspekte kaum auszumachen ist. Dann fehlt im Übermaß an Informationen die ausschlaggebende Zusatzinformation, die in der körperlich gefühlten Reaktion liegt. Dann ist ein alltäglicher Sachverhalt in keiner Weise mehr effizient und lebenstauglich zu handhaben.[520] Hier kommt Damasios Begriff des somatischen Markers ins Spiel: In den meisten Entscheidungssituationen entfalten sich die zu bedenkenden Komponenten schlagartig – wenn auch nur in angedeuteter Weise und nicht bis

---

518 Damasio, *Descartes' Error*, 159.
519 Vgl. hierzu Gendlin, „The Discovery of Felt Meaning," 45: „...thinking is not only sounds but also felt sense. Really we should call it a *flow* of felt *sensing*, not individual bits. Such sensing may seem as if it were only *one* unit, *the* meaning of a given set of words, *the* sense of this question, but when explicated in words, it turns out to be many, *many* things. For example, if you were now to stop reading and instead continue with words of your own, you might now say quite a lot about this question I asked. But if you do not actually work it out in words, you have only this one felt sense of 'oh yes'—you know what the question means. Such felt sensing always contains *implicitly*, in one feeling, a great many different facets we *could* explicitly verbalize."
520 Vgl. Damasio, *Descartes' Error*, 191 ff.

ins Detail ausgedacht – so schnell, dass diese gar nicht alle bedacht werden können. In diesem Geschehen kommt die buchstäblich entscheidende Rolle eines begleitenden „gut feeling"[521] zum Tragen. Es ist wie ein automatisiertes Signal, das in früheren Situationen oder antrainierten Lernsequenzen, in Bestrafungs- und Belohnungserfahrungen als verkörpertes Muster eingespeichert worden ist. Somatische Marker enthalten auf diese Weise Informationen in komplexen Konstellationen, die sich mit der weiteren Lebens- und Lernerfahrung verändern können. Da solche Marker Lernprodukte sind, sind die entsprechenden signalhaften Muster relevanter Informationen bei jedem unterschiedlich. Sie unterstützen den Entscheidungsprozess hinsichtlich der Fülle unterschiedlich zu bedenkender Szenarien, Hinsichten, Risikoabschätzungen sowie kaum aufzuzählender Erwägungen. Dies reduziert den Aufwand des Durchgangs durch alle Details, „because they provide an automated detection of the scenario components which are more likely to be relevant".[522]

An dieser Stelle greift im Übrigen die von Ratcliffe in Übereinstimmung mit Gallagher hervorgebrachte Kritik an Damasio m. E. zu kurz. Ratcliffe kritisiert, dass mit den somatischen Markern nur der Körper gefühlt würde. Er wendet dagegen ein, dass sie als Medium der Wahrnehmung und nicht als Objekt der Wahrnehmung aufgefasst werden sollten:

> It is far from clear how a consistent way of perceiving the body could amount to the 'sense of being,' given that a sense of being surely includes a lot more than how one's body is feeling. However, once we think of the body as that which feels rather than that which is felt, it becomes apparent how background feeling can be bodily feeling and at the same time a way of experiencing something other than the body.[523]

Die philosophischen Implikationen von Damasios somatischen Markern gehen jedoch weiter und machen ihrerseits die Begrenzung einer solchen Kritik kenntlich. Die in solcher Kritik vollzogene klare Gegenüberstellung von körperlichem Fühlen (oder Fühlen des Körpers) und dem Fühlen, das über den Körper hinausgeht, verharrt noch in einem Denkmodell, welches den Körper von der Umwelt und von erlebten Situationen scharf trennt und dabei Gefühle, die nur den Körper zu betreffen scheinen, abwertet. Damasio führt mit seinem Gefühlsbegriff und dem somatischen Marker eine Übergangsform an, die zeigt, dass sich in dem anscheinend *nur* körperlichen, somatischen Gefühl bereits ein Netz von Erlebnissen, Situationen und Lernerfahrungen äußert oder manifestiert. Was *nur* kör-

---

521 Ebd., 173.
522 Vgl. ebd., 175.
523 Ratcliffe, *Feelings of Being*, 110.

perlich ist, enthält in dieser somatischen Form welthaltige Informationen. Die gefühlte Sprache des Körpers als blitzschnelle Reaktion des Wohlgefühls wie der Verspannung, der lustvollen wie der lustlosen Haltung betrifft dann natürlich nicht nur den Körper, sondern eine verkörperte Vergangenheit, inkarnierte Situationen und erlebte Zusammenhänge als somatisierte Lernmuster. Man könnte sogar sagen, dass sich in diesen Mustern sowohl die Individualität als auch die Kultivierung des Körpers manifestiert. Damit deutet sich ein psycho-somatisches Kontinuum an. Fühlbare körperliche Reaktionen können dann als der eine Pol des Spektrums erscheinen, an dem entlang komplexe Weltbezüge oder gefühlte Einstellungen klarer werden können. Das sich damit eröffnende Kontinuum erscheint mir auch medizinisch im Sinne der Psychosomatik oder des nach wie vor unerklärbaren Placebo-Effekts hoch relevant.

Obwohl Damasio die Rolle dieser Marker weit fasst – beispielsweise als zentrale Vereinfachungshilfe bei täglichen Entscheidungen, die aufgrund ihrer Signale kaum mehr bewusst getroffen werden müssen –, sind es vor allem duale Möglichkeiten, die er mit seinen Beschreibungen ihrer Wirkung betont. Es ist vor allem diese Dualität, die sich auch in der populärwissenschaftlichen Literatur dazu widergespiegelt findet:[524] Somatische Marker signalisieren unter anderem „happy" oder „sad feelings", „danger" oder „go for it", gut oder schlecht, „painful" oder „not-painful".[525]

Gendlins *felt sense* kann wie eine Vorwegnahme des somatischen Markers erscheinen, insofern der Begriff die komplexe Art der Informationen des körperlichen Fühlens unterstreicht.[526] Der Gehalt des *felt sense* überschreitet einfache intentionale Urteile und leitet komplexe Sprechakte ein, die, wie wir gesehen haben, verstärkte Aufmerksamkeitsbedingungen benötigen. Die von Damasio beschriebene Partnerschaft von *cognition* und *feeling* legt Gendlin hinsichtlich des semantischen Gehalts des Fühlens jedoch komplexer aus, als er es im Fall von dual angelegten Signalen tun würde, die im Denken und Entscheiden mitwirken.

Man könnte das Verhältnis so formulieren: Was Damasio als die komplexen Bedingungen der Möglichkeit eines somatischen Markers beschreibt (nämlich alle Situationen, in denen sich dieser als Marker geformt hat), erweist sich durch Gendlin als zugänglicher, wenn auch komplexer Informationsgehalt, der sich als

---

524 Vgl. z. B. Maja Storch, *Das Geheimnis kluger Entscheidungen* (München: Goldmann, 2005).
525 Vgl. Damasio, *Descartes' Error*, Kap. 8.
526 Colombetti beschreibt diesen Gendlinschen Begriff auch mit Verweis auf Ratcliffe als ein Gefühl, das in gewissen Bereichen des Körpers stärker gefühlt werden kann als in anderen (beispielsweise Bauch, Brust, Hals), das aber zugleich weltbezogen ist. Sie beschreibt es als ein welthaltiges Gefühl, das mit und durch den Körper gefühlt wird. – Vgl. Colombetti, „What Language Does to Feeling," 9.

felt sense öffnen kann. Letzterer ist keine duale Entscheidungshilfe, sondern eine enorme Differenzierungsressource.

Die beiden Begriffe des *felt sense* und *somatic marker* können sich auf diese Weise ergänzen. Während Damasio auf den somatischen Marker als eindeutiges Signal verweist, das uns so oder so – häufig eher unbewusst – entscheiden lässt, verweist Gendlin mit dem *felt sense* auf die Möglichkeit des Einlassens auf eine verwobene Intentionalität, die einen Zusammenhang von erlebten Situationen, Einstellungen, Emotionen, Wertungen und untergründigen Überzeugungen freigeben kann.

Ein *felt sense* ist als ein Gegenstand eben nicht *gegeben*, er wird erst dazu im *nach-fühlenden* Einlassen darauf. Wie in der von Ratcliffe betonten *epoché*, in der man nicht nach Mustern reagiert, sondern sich auf das Gefühlte innerhaltend und urteilslos einlässt, wird es im *felt sensing* möglich, bewusster zu merken, *wie* man eine Situation, eine Entscheidung, ein Problem, eine Beziehung, einen Moment etc. erlebt. Dabei verdeutlicht sich, was in Ratcliffes Behandlung der Veränderbarkeit von *existential feelings* fehlt: nämlich dass das Einlassen auf das Gefühlte an sich schon der Anfang eines Veränderungsprozesses sein kann.

Mit Gendlin und Damasio lässt sich nachvollziehen, wie eine Entwicklung oder Veränderung des gegenwärtigen situativen Erlebens im *Eingehen* darauf geschehen kann. Dabei erweist sich ein somatisches Signal als Konnex zu anderen Erlebnissen, Wertungen, befürchteten Folgen, Erinnerungen oder eingeprägten Lernmustern. Im Einlassen geschieht ein *Nach-Fühlen*, in dem sich das verkörperte Netz der Zusammenhänge entfalten kann. Dass und wie die Muster des Markers selbst zum Gegenstand der Aufmerksamkeit gemacht werden können und sich nicht nur in schnell gefühlte Impulse umsetzen, deren Hintergründe zu komplex erscheinen, um verstanden zu werden, hat mit dieser subtilen Praxis des Nachfühlens zu tun, die vor allem eine Pause, d. h. ein Innehalten im habituierten Denk- oder Verhaltensablauf erfordert. *Felt sense* schafft einen bewusstseinssteigernden Freiraum in der Praxis des innehaltenden Einlassens. Das *scheinbar* eindeutige Signal des somatischen Markers, das tatsächlich eine Komplexität aktivierter Erfahrungshintergründe indiziert, wird dadurch formulier- und reflektierbarer.

Der Bezug auf den somatischen Marker ist also nur als Fühlen zu haben. Der Bezug *ist* das Nach-Fühlen oder das Fühlen des Fühlens, wodurch sich schrittweise Zusammenhänge nachempfinden lassen, die Damasio als Bedingung der Möglichkeit solcher fühlbaren Marker beschreibt.[527] In diesem Einlassen, so

---

527 Vgl. hierzu Damasio, *Descartes' Error*, 179: „Somatic markers are thus acquired by experience, under the control of an internal preference system and under the influence of an external set

möchte ich an dieser Stelle wiederholen, bezieht man sich daher nicht auf eine innere Entität und auch nicht auf eine identifizierbare Intention, die gemäß Searle Bedingung der Bedeutung intentionaler Sprechakte ist.

Diese Möglichkeit des Einlassens spricht Gendlin mit seinem umstrittenen Begriff der „Direkten Referenz"[528] an. In ihr fallen Referenz und Gegenstand sozusagen zusammen. Statt *aus* dem unklar Gefühlten heraus zu reagieren und über das implizit Gefühlte hinweg zu sprechen oder zu handeln, während man vielleicht auf klarere Intentionen, Gefühle, Sachverhalte und Beobachtungen bezogen ist, *entsteht* in und mit der Aufmerksamkeit auf das *Gefühlte* ein verändertes Situationsverständnis und damit erst der komplexe Gegenstand als solcher, um den es geht. Ein *felt sense*, d. h. die Zugänglichkeit dazu, *wie* eine Situation erlebt wird, ist selbst als Übung und Praxis zu verstehen. Er entsteht nur *im Einlassen* auf das unklare Feld situativer Zusammenhänge:

> The great amount of pre-separated information I mentioned earlier is implicit in the felt sense. But at first, when a felt sense comes, it is an unclear, murky sense, and seems quite unpromising. One does not know what it is one feels. To spend time attending to such a concrete sense of something, without quite knowing what it is, that is what we call 'focusing'.[529]

Gendlins phänomenologische Beschreibungen zielen daher immer zugleich auch auf die „feinkörnige" Praxis, die mit dem Begriff des *felt sense* einhergeht. Die Vernetzungsmuster, die sich, mit Adorno formuliert, dabei auftun, sind höchst individualisiert. Darin tritt eine Unerschöpflichkeit des Erlebens ans Licht, die die Unersetzbarkeit individueller Zugänge für den vielschichtigen Aspektreichtum

---

of circumstances which include not only entities and events with which the organism must interact, but also social conventions and ethical rules."
528 Vgl. u. a. Gendlin, *ECM*, 91 f. Vgl. zur Diskussion um diesen Begriff: Hans-Julius Schneider, „What is it that Wittgenstein denies in his philosophy of psychology?," in *Wittgenstein Studien* (Berlin: de Gruyter; der genaue Band, in dem der Artikel erscheinen wird, ist noch nicht festgelegt). Gendlin nimmt in seinem Hauptwerk *Ein Prozess-Modell* (1977) den Begriff der „Direkten Referenz" im Abschlusskapitel VIII erneut auf und elaboriert ihn so differenziert weiter, dass er nicht mehr fraglos mit dem Begriffsgebrauch aus *Experience and the Creation of Meaning* aus dem Jahr 1962 zu identifizieren ist, wobei eine Kontinuität bestehen bleibt. Darauf komme ich in Kapitel 11 zurück. Bei Jung findet sich der Begriffsgebrauch der direkten Referenz z. B. im Zusammenhang mit moralischer Reflektiertheit. Darin äußere sich das Bewusstsein, dass „symbolische Artikulation mit vorsymbolischen Zeichenformen untrennbar verbunden bleibt und dementsprechend zentrale Aspekte moralischer Situationen nur durch die Mittel direkter Referenz, also im qualitativen Erleben von likenesses und in der physischen Interaktion gegenwärtig gemacht werden können". – Vgl. Jung, *Der bewusste Ausdruck*, 498.
529 Eugene T. Gendlin, „On Emotion in Therapy," in *Emotion, Psychotherapy and Change*, hrsg. v. Jeremy D. Safran und Leslie S. Greenberg (New York: Guilford, 1991), 258.

einer jeden Situation verdeutlichen. Die Feintarierung eines Fühlens, das zunächst nur somatisch „fuzzy" und „murky" wirkt, erstreckt sich bei Gendlin weit über das dual gefasste leibliche Alphabet von Enge und Weite bei Hermann Schmitz hinaus. Dem darauf Fokussierenden eröffnet sich ein nicht zu reduzierendes leibliches Alphabet.[530]

Das differenzierende Einlassen auf komplexe Gefühle oder Erlebensweisen hat deshalb Konsequenzen für eine Praxis des erweiterten Selbst- und dadurch auch Fremdverstehens, die Ratcliffe nur streift und Damasio gar nicht behandelt. Die bewusstseinssteigernde Entfaltung im *aufmerksamen Nach-Fühlen* gibt ein somatisch-semantisches Kontinuum frei, wodurch das Fühlen des Fühlens als Übergangsmedium, als ein sich durchziehender Faden von körperlich Gefühltem bis hin zu bewusster realisierten Situationszusammenhängen erkennbar wird.[531] Dieses Fühlen ist an sich schon ein veränderndes, differenzierendes Geschehen. Das Einlassen darauf ist eine subtile Handlung und nicht nur passiv. Gendlin schreibt:

> To sense all of that texture at once, would be a felt sense, but that texture is no static fact – the whole texture changes, the quality of the parts changes, the felt sense changes, shifts, as each new bit emerges.[532]

Selbst eindeutige Gefühle der Trauer oder des Zorns geben dadurch mehr welthaltige Zusammenhänge frei als nur den Gegenstand der Trauer und des Zorns. Auch sie ändern sich im reflexiven Nachfühlen. Das Wort reflexiv benutze ich hier, weil das nachfühlende Einlassen oder einlassende Nachfühlen auf diese Weise Reflexion initiiert. Es führt aus einem prä-reflexiven Reaktionsmuster heraus und macht bewusster, worum es bei dem deutlich, aber unklar und eventuell nur somatisch Gespürten geht. Dies macht es häufig erforderlich, wie auch Martha Nussbaum gezeigt hat, eine ganze Geschichte zu erzählen. Denn der gefühlte situative Stoff, auf den man sich einlässt, ist, wie Gendlins Forschungen demonstrieren, unvorhersehbar zu entfalten: „Sometimes the texture of the context goes on and on [...]"[533].

---

530 Vgl. die Transkripte in Gendlin, *Focusing-orientierte Psychotherapie*, z.B. Kap. 8, 164 ff.; Kap. 10, 195 u. 211.
531 Vgl. Schoeller, „Somatic Semantic Shifting: Articulating Embodied Cultures", in Schoeller und Saller, *Thinking Thinking*, 112–35.
532 Gendlin, „On Emotion in Therapy," 262f.
533 Vgl. ebd.

9.3 Situation

Das sich hier abzeichnende rudimentäre Verständnis eines *embodied context* kann hilfreich sein, um das Ausmaß der performativen Wirksamkeit tentativer Sprechakte deutlicher zu Bewusstsein zu bringen. In den erlebbaren Knotenpunkten aus Bedeutung, Gefühl und Situationen besteht die Möglichkeit einer unvorhersehbaren Veränderung durch den Sprachgebrauch, die zugleich in einer verkörperten Kontinuität mit der erlebten Verbindlichkeit entsteht. Bei Formulierungsprozessen, die das dichte Gewebe des situativen Erlebens zur Sprache zu bringen versuchen, geht es um etwas, das auf äußerst buchstäblich verkörperte Weise von der klärenden Person nicht zu trennen ist.

Der Begriff der Situation schafft selbst eine benennbare Einheit für einen Lebensausschnitt, der nicht als gegebene Einheit ordentlich getrennt vor sich zu bringen ist oder vorliegt. Obwohl es den Begriff der Situation gibt, ist dennoch *situationsgemäß* jeweils neu zu bestimmen, wie eine Situation zu beschreiben ist. Dabei ist nicht von außen, aus der Beobachterposition allein zu determinieren, welche Umstände und Zeitspannen dazugehören, wann eine Situation aufhört und eine neue beginnt. Dennoch können wir, mehr oder weniger leicht, von Situationen sprechen. Zugleich ist es wiederum die Situation, die mitbestimmt, wie ein Begriff überhaupt arbeiten kann. Das macht das philosophische Sprechen von Situationen heikel, man scheint in einen logischen Teufelskreis zu geraten, der als Gefahr überall lauert, wenn man sich reflexiv den bedingenden Hintergründen von Bedeutung stellt. Der Teufelskreis ist jedoch nur dann eine Gefahr, wenn man das Phänomen phänomenal zu wenig komplex auslegt. Wie wir bisher gesehen haben, gibt es unterschiedliche Einstiegsmöglichkeiten, die verschränkte und sich gegenseitig bedingende Zusammenhänge freigeben, die über das logische Problem des Teufelskreises hinausführen, weil sowohl das Einlassen als auch das Formulieren bereits mit Veränderungen einhergehen.

Die Klärung dessen, was ein Wort *für eine* Person bedeutet, hat beispielsweise gezeigt, dass in der Herausbildung einer Wortbedeutung viele Situationen mitwirken können. Die Situation, in der sich jemand befindet, der ein Buch schreibt oder eine wissenschaftliche Theorie entwickelt, oder eine Beziehungssituation, in der man sich befindet, besteht aus vielen Situationen und zugleich auch neben vielen anderen Situationen, die sich in *existential feelings*, *somatic markers* oder als *felt sense* äußern können. Eine gewisse Situation wird wiederum nur im Zusammenhang mit vielen anderen zu *dieser* Situation. Die Frage, die sich dabei stellt, lautet: Was für eine Art von komplexer Einheit ist mit dem Sprechen über Situationen „angesagt"? Diese Frage mag merkwürdig erscheinen. Sie zielt nicht auf *eine* Antwort, sondern wiederum auf eine befriedigende Beschreibung einer Praxis, die derart selbstverständlich ist, dass sie kaum je fraglich wird. Schließlich spricht man fraglos von Situationen im Alltag. Die Frage, *wie* man darüber sprechen kann, hilft dabei, das Bewusstsein dafür erneut zu schärfen, dass angesichts einer solchen Kompetenz Bedeutungsmodelle scheitern, die von einem trennbaren Gegenstand oder Sachverhalt ausgehen, der die Bedeutung von Symbolen garantiert. Der emergente Stoff, aus dem Situationen gemacht sind, ist nicht von der Interaktion zu trennen, in die diejenigen direkt oder indirekt involviert sind, die davon sprechen. Von einer Situation zu sprechen ist nämlich selbst schon eine situative Interaktion.

Indirekt betrifft die Frage, *wie* man von einer Situation sprechen kann, bereits jenen erstpersonalen Anteil von Begriffsbedeutungen, den wir in Kapitel 3 betrachtet haben. Wie kann Ben beispielsweise von den Situationen sprechen, die das Wort *böse* hervorruft? Er muss sie nicht alle einzeln erinnern, denn schließlich hat er sie nicht mit der Wortbedeutung im Sinne einer relevanten Liste von Ereignissen gelernt.

Wenn eine momentane Situation mitbestimmt, was ein Wort bedeutet, in einer Wortbedeutung jedoch bereits Situationen mitwirken, dann wird dieses komplexe Zusammenspiel noch verwickelter, wenn man mitberücksichtigt, dass, *wie* eine momentane Situation erlebt wird, auch davon abhängt, wie vorangehende durchlebt wurden, wie darin agiert wurde und wie sie kommuniziert bzw. expliziert werden konnten. *Wer* und *wie* wir sind bzw. sein können, steht mit jeder neuen Situation gewissermaßen, wenn auch meistens nur subtil oder kaum merklich, wieder auf dem Spiel. Zugleich ist ein gegenwärtiges Situationsgeschehen wiederum davon geprägt, *wer* und *wie* wir schon in bisherigen Situationen sein konnten. Wie ein gegenwärtiges Erleben verstanden wird, kann den gewachsenen Lebenszusammenhang aus Situations- und Selbstverständnis verändern – und damit auch die Bedeutungen der Sprache, die in dieses situative Geflecht hineingebracht werden und arbeiten.

Auch Heidegger greift zum Begriff der Situation, um eine komplexe Verschränkung von Selbst-, Mit- und Umwelt zu denken, die sich in Form gelebter Situationen weit in die Vergangenheit hinein erstreckt und deren Kontinuität und Fortsetzung nicht intellektuell hergestellt zu werden braucht. Unzähliges Vergangenes wirkt im Gegenwärtigen so, dass man sich nicht erst daran erinnern muss. Dies schafft einen Kontext, einen Bedeutsamkeitszusammenhang, in dem sich Menschen *in* ihren Situationen bewegen. Der frühe Heidegger kreist in vielen Anläufen um eine erlebte Reihenfolge der Begebenheiten, die jegliche Linearität durchkreuzt. So beschreibt er, wie sich das „Gestern, Vorgestern, der letzte Sonntag, die letzten Ferien, die Zeit am Gymnasium – meine damalige Selbstwelt und sogar mein damaliges Selbst […] in bestimmten, mir widerfahrenden Begebenheiten aus[drücken]" und zwar so, dass „diese Begebenheiten meist in ganz bestimmter Weise mit meiner aktuellen Selbstwelt in Zusammenhang [stehen]"[534].

In den Begebenheiten, die man erlebt drückt sich ein chaotisches Netz früherer Begebenheiten aus. In dieser Art von Verbindung der Vergangenheit mit der „aktuellen Gegenwart" lebt das Selbst in immer neuen und „neu sich durchdringenden" Situationen, in denen die „Lebenswelt, die Umwelt, Mit- und Selbstwelt [...] in einer Situation des Selbst"[535] gelebt wird. Heidegger wird nicht müde, dieses gelebte Ineinander mit dem Begriff der Situation zu beschreiben.

> Ich gehe auf in der jeweiligen Situation und in der ungebrochenen Situationsfolge und zwar in dem, was mir in der Situation begegnet. Ich gehe auf darin, d. h. ich sehe mir nicht an oder bringe mir zu Bewußtsein: jetzt kommt das, jetzt das, sondern *in dem*, was kommt, bin ich, vollebendig es lebend, *verhaftet*. Ich lebe den Bedeutsamkeitszusammenhang.[536]

Der Soziologe und Philosoph Schütz bringt dies auf den Punkt, wenn er jede Situation als „Produkt aller vorangegangenen Situationen" bewusst macht. Deshalb kann er auch von der „Totalität der von Situation zu Situation wechselnden Selbstverständlichkeiten"[537] sprechen. Aber diese Anschauungsweise, so berechtigt sie ist und wie sehr sie auch die gewöhnliche Erfahrung artikuliert, ist selbst linear. Sie geht zwar nicht von einem linearen fließenden Übergang von der Gegenwart in die Vergangenheit, aber doch zumindest von einer gegenläufigen Linearität aus, nämlich dem einseitigen Einfluss der Vergangenheit auf die Gegenwart.

Dass Situationen tief und nahe gehen können und Teil einer Selbstverständlichkeit sind, die sich, pragmatistisch ausgedrückt, als Sprach-Körper-Umwelt-Integration manifestiert, macht die Komplexität einer Veränderung deutlich, die geschieht, wenn es gelingt, Erleben zur Sprache zu bringen. Um diese Veränderung bedeutungstheoretisch erfassen zu können, ist erforderlich, genau und nah an der dynamischen und verwickelten Entstehung von Bedeutung zu arbeiten. Dabei werden sowohl die erstaunliche Komplexität des alltäglichen Sprachgebrauchs als auch die verkörperten Entwicklungsbedingungen einer Plastizität von Bedeutung bewusster, die gerade deshalb präzise in Situationen arbeitet.

---

534 Martin Heidegger, *Gesamtausgabe*, Bd. 58, *Grundprobleme der Phänomenologie*, hrsg. v. Hans-Helmuth Gander (Frankfurt/M.: Vittorio Klostermann, 1993), 46.
535 Ebd., 62.
536 Ebd., 117.
537 Alfred Schütz und Thomas Luckmann, *Strukturen der Lebenswelt* (Frankfurt/M.: Suhrkamp, 1979), 1:31.

9.4 Emergenz: Gendlin und Mead

Gendlin macht in diesem Sinne bewusst, dass eine Situation, so statisch dieses Nomen wirkt, als Prozess aufzufassen ist, als Sequenz sich verändernder Kontexte, deren Veränderung nie nur willkürlich geschieht. Was in einer Situation geschieht, so seine an Dewey anknüpfende Prozess-Formel, „geschieht in ein Implizieren hinein"[538], das gefühlt werden kann. Dabei legt er eine Erweiterung des Begriffs des Gefühls nahe, wie sie im vorigen Kapitel untersucht wurde. Situationen folgen aufeinander nie einfach nur so, wie ein Zeitstückchen auf das andere Stückchen folgt. Eine Situation folgt einer anderen aufgrund einer internen Verbindung, in der jeweils etwas in eine situative Anforderung hinein geschieht. Vielschichtige oder eindeutige Implikationen, wie einer Situation zu begegnen ist, brauchen meistens nicht explizit gemacht zu werden. Schneidet man den erlebten, gefühlten Aspekt dessen, was eine Situation bedeutet, von dem wahrzunehmenden oder beobachtbaren weg, so fällt die Hälfte der menschlichen (aber auch tierischen) Wirklichkeit weg.[539] Diese besteht nicht in einem mysteriösen „Inneren", sondern in der erlebten und gefühlten Kontinuität, in der vergangene Erfahrung dem Geschehen von etwas Neuem implizit ist bzw. Neues, wie Gendlin sagt, „in das Implizieren" des Vergangenen fortsetzend aber auch verändernd hinein geschieht.[540]

Diese erlebte und gefühlte Kontinuität kann man in unterschiedlichen Dimensionen ansprechen: zum einen in der temporalen Dimension, wodurch sich Gegenwart und Vergangenheit nicht gemäß einer rein linearen Zeitachse anordnen lassen; zum anderen in der kulturellen Dimension, wodurch Individualität und kulturelles Muster nur in gegenseitiger Verschränkung zu begreifen sind. In

---

538 Gendlin, *Prozess-Modell*, 62.
539 Vgl. hierzu Gendlin, ebd., 310: „Häufig wird zum Beispiel argumentiert, dass nur das als Basis des Denkens zu gebrauchen ist, was öffentlich beobachtbar ist. Damit verfehlt man allerdings die Tatsache, dass unser inneres Erleben in öffentlich wahrnehmbaren Kontexten (in Verhaltenskontexten) genauso wie die Sprache geschieht. Wir haben unsere inneren Erfahrungen in Kontexten (Situationen) mit anderen, und sie haben ihre öffentliche Bedeutung genauso, wie Worte sie haben. Inneres Geschehen ist weder privat (im Sinne von nicht-öffentlich) noch unpassend für eine Theoriebildung. Nicht darüber nachdenken zu können, heißt so viel wie: unfähig zu sein, über das meiste im menschlichen Leben nachdenken zu können. Aber wie konnte nur ein solcher absurder Irrtum unterlaufen, inneres Erleben aus der Theorie und sogar aus der Philosophie auszuschließen? Das konnte nur geschehen, weil die Außen-Innen-Unterscheidung kritiklos akzeptiert wurde. Deshalb wurde ‚innen' als etwas erachtet, das räumlich jenseits des Sichtbaren existiert, und es wurde so getan, als ob der Umstand, dass es nicht berücksichtigt wird, keine Lücke in der öffentlichen Welt hinterlassen würde."
540 Vgl. ebd., 212.

diesen Verhältnisweisen tritt einerseits die vielbeschworene Macht des Diskurses zutage; andererseits tritt hervor, was man die transformierende Macht des Impliziten nennen könnte, oder aktiver formuliert, die Macht des Implizierens. An der Schnittstelle von Handlungen, Sprechakten und der *Wirkung* komplexer situativer Hintergründe, die als Erlebte und Gefühlte anders funktionieren als explizite Diskurse, geschehen (sprech-)handelnd Transformationen, die mit einer *Hebelwirkung* auf alle soeben aufgezählten Dimensionen zurückwirken. Dies möchte ich zunächst anhand der zeitlichen Dimension eines gewachsenen situativen Hintergrundes zu beschreiben versuchen.

Kennzeichnend für eine Kontinuität, die als Situation zu erfahren ist, ist auch ein komplementärer Aspekt, den vor allem Mead und Gendlin hervorheben. Sie setzen jeglicher linearen Vorstellung von Zeitlichkeit eine zunächst kontraintuitiv wirkende Behauptung entgegen, nämlich dass die *Gegenwart* auch auf die Vergangenheit zurückwirkt. Mit dieser These wird die Einseitigkeit einer linearen Vorstellung von Temporalität als Abstraktion, nämlich als Abstraktion und Ausblendung der eigenen (auch Reflexions- oder Forschungs-)Situation kenntlich. Mead und Gendlin machen auf eine Rückwirkung der Gegenwart auf die Vergangenheit aufmerksam, die, so könnte man sagen, unter dem Druck linearer Vorstellungen schwer zur Sprache kommen und bemerkt werden kann. Wenn man sie explizit macht, wird sie jedoch überdeutlich. Mead setzt diese radikale Alternative jener Vorstellung entgegen, die, wie er zeigt, auf einer fixierten geometrischen Raum-Zeit beruht, in der eine Vergangenheit eine Gegenwart determiniert, die notwendigerweise von der Gegenwart unabhängig ist:

> An ordered space-time involves such a metaphysical necessity. From this standpoint the different pasts of experience are subjective reinterpretations, and the physicist is not interested in making them part of the whole scheme of events.[541]

Gegen diese Auffassung macht Mead eine emergente Charakteristik der Gegenwart stark, die auf die Vergangenheit zurückwirkt. Auch wenn von Emergenz, wie Mead bemerkt, hinsichtlich der Phänomene des Lebens und des Bewusstseins viel die Rede ist, so wird die Konsequenz dieser Berücksichtigung nicht in das Strickmuster rationaler Erklärungen aufgenommen. Diese Erklärungen, so Meads Kritik, würden sich nicht zufrieden geben, bis das Universum wiederum so verstanden werde, dass alles Neue auf das Vorhergehende zurückführbar zu sein scheint. Dabei werde übersehen, dass aufgrund des Neuen in der Vergangenheit neue Konditionen und Ursachen dafür entdeckt werden können:

---

541 George Herbert Mead, *The Philosophy of the Present* (1932; Neuaufl., Amherst, NY: Prometheus Books, 2002), 42.

> The difficulty that immediately presents itself is that the emergent has no sooner appeared than we set about rationalizing it, that is, we undertake to show that it, or at least the conditions that determine its appearance, can be found in the past that lay behind it. Thus the earlier past out of which it emerged as something which did not involve it are taken up into a more comprehensive past that does lead up to it. Now what this amounts to is that whatever does happen, even the emergent happens under determining conditions [...].[542]

Dabei übersehe der Forscher, solcherart fokussiert auf das rationale Gebäude, das er baut und korrigiert, verwirft und neu entwirft, die Situation, in der er sich selbst befindet und die mitwirkt, wenn er seine Hypothesen und Gesetzmäßigkeiten modifiziert und entwickelt.[543]

Die Blindheit, die eigene Forschungssituation nicht (radikal-reflexiv) in das Universum miteinzubeziehen, das man erforscht, ist Mead zufolge von der Überzeugung getragen, dass das Gegenwärtige durch das Vergangene determiniert ist und vergangene Ereignisse irreversibel sind. Die Veränderungen, die in der Gegenwart geschehen, betreffen demnach nur die Zukunft. Dass dieses Gefüge plastischer und kreativer ist, das wird nur sichtbar, wenn man die gesamte Situation betrachtet: die rationalen Erklärungen der Forschung und den Forschungsprozess selbst. Mead liest am Gewebe einer solchen integralen Situation eine Plastizität und Kreativität im Verhältnis von Vergangenheit und Gegenwart ab, die neue Perspektiven auf Zeitlichkeit eröffnen, die zugleich neue Formen nicht-linearer Rationalität beanspruchen und kultivieren lassen. Mead kehrt die lineare Reihenfolge nicht einfach um, er macht sie komplexer, verwickelter. So beschreibt er folgendes verschränktes temporales Muster:

> ...the conditioning of that which is taking place by that which has taken place, of the present by the past, is *there*. The past in that sense is in the present; and, in what we call conscious experience its presence is exhibited in memory, and in the historical apparatus which ex-

---

542 Ebd., 46.
543 Vgl. hierzu Mead, ebd., 44: „Confessedly, the complete rationality of the universe is based upon an induction, and what the induction is based upon is a moot point in philosophic doctrine. Granted any justifiable reason for believing it, all our correlations greatly strengthen it. But is there such a reason? At this crucial point there is the greatest uncertainty. Evidently the scientist's procedure ignores this. It is not a moot question with him. It is not a question in his procedure at all. He is simply occupied in finding rational order and stretching this back, that he may previse the future. It is here that his given world functions. If he can fit his hypothesis into this world and if it anticipates that which occurs, it then becomes the account of what has happened. If it breaks down, another hypothesis replaces it and another past replaces that which the first hypothesis implied. The long and short of it is that the past (or the meaningful structure of the past) is as hypothetical as the future."

> tends memory, as that part of the conditioning nature of passage which reflects itself into the experience of the organic individual.[544]

Noch deutlicher schreibt er an anderer Stelle:

> Given an emergent event, its relations to antecedent processes become conditions or causes. Such a situation is a present. It marks out and in a sense selects what has made its peculiarity possible. It creates with its uniqueness a past and a future. As soon as we view it, it becomes a history and a prophecy. Its own temporal diameter varies with the extent of the event.[545]

An der detaillierten Umstellung einer Denkgewohnheit, die in der Vorstellung besteht, dass Entstehendes determiniert ist von Vorausgehendem, wobei nicht bemerkt wird, dass neue Erkenntnisse Konditionen oder Ursachen hervorbringen, die die Welt, die man bis anhin kannte, verändern, arbeitet auch Gendlin. Meads Ernstnehmen der Konsequenzen von Emergenz führt Gendlin fort und entfaltet eine neue Sorte von Prinzipien, die es erlauben, sich tiefer in eine Art Gesetzmäßigkeit hineinzudenken, die Emergenz zu erfassen erlaubt, ohne in das gehabte Determinationsmuster zurückzufallen. Die Beispiele, die er hierfür nutzt, sind Alltagsbeispiele; sie entstammen gewöhnlicher Erfahrung. Was Gendlin darin zur Aufmerksamkeit bringt, sind ihre erstaunlich kreativen Möglichkeiten, selbst wenn diese spontan, ohne viel zu überlegen zutage treten. Darin erkennt er eine Ansatzmöglichkeit, um über Funktionen des Impliziten genauer nachzudenken. Ein solches alltägliches Emergenzphänomen macht er an folgendem Beispiel deutlich:

> Stellen Sie sich vor, Sie reden mit jemandem und würden gern etwas Witziges sagen. Aber dafür kann man bekanntlich nicht viel tun! Ein andermal kommt ein komischer Kommentar einfach, er entschlüpft einem sogar. Betrachtet man ihn, dann bemerkt man, dass er auf wunderbare Weise gewisse Schwächen der anderen Person und gewisse hintergründige Sachverhalte der Situation integriert hat, häufig gleich mehrere davon. Man hätte es lieber nicht gesagt, hätte man es zurückhalten können, weil der Kommentar in so vielen Hinsichten ‚so wahr' ist. Dabei ist allerdings offensichtlich, wie die Vergangenheit in der Produktion dieser treffenden Bemerkung, die eine neue gegenwärtige Kreation ist, funktioniert hat.
> Von dieser komplexen Vergangenheit, die zumindest die Rolle spielt, die wir bemerken können, wollen wir uns leiten lassen.[546]

---

544 Ebd., 48.
545 Ebd., 52.
546 Gendlin, *Prozess-Modell*, 102f.

Von einer Einsicht, einem Kommentar oder einem Geschehnis her wird erst bestimmbar, was für seine Herausbildung relevant gewesen ist. Relevanz, so macht Gendlin deutlich, ist nur retroaktiv herzuleiten. Vom gegenwärtigen Ereignis aus wird denkbar, welche vergangenen Faktoren es mitgeformt haben. Auf unsere Begriffsbeispiele aus Kapitel 3 übertragen, könnte man daher sagen, dass nur von der Gegenwart aus zu klären ist, welche Situationen relevant für ein Begriffsverständnis sind. Relevanz, so folgert Gendlin, entsteht aus der Funktion und Rolle von vielen situativen und erlebten Faktoren in der Herausbildung von etwas Bestimmtem. Sind wir dadurch nicht wieder in einem Determinationsmodell gelandet? Nein, denn zu betonen ist, dass nur vom gegenwärtigen Geschehen aus (sei dies ein Ereignis, ein Satz, eine Erkenntnis, ein neu gefundenes Teilchen) auf diese erlebbare Weise bestimmbar wird, was relevant gewesen ist. Nimmt man dies ernst, so hat es radikale Konsequenzen hinsichtlich der Art, wie man eine solche Herausbildung begreift. Sie ist dann nicht mehr aufzufassen als linear konditioniert durch bereits determinierbare und definierbare Faktoren. Vielmehr bedarf sie eines Zugangs, der erfassbar macht, dass die herausbildenden Faktoren sich durch die bzw. in der Herausbildung verändern und weiter verändern, wenn man sich dieser bewusster wird oder sie formulieren kann. Gendlin schreibt:

> ...viele vergangene Erfahrungen funktionieren jetzt innerhalb einer neuen. Das ist nicht die Vergangenheit, wie sie früher war, sondern wie sie jetzt hier ist, jetzt relevant, einbezogen und gelebt, am Erleben teilnehmend, das unser Körper impliziert und ausübt – jetzt. Die Vergangenheit enthält viele Ereignisse, aber die Gegenwart ist nur diese eine. Viele Erfahrungen partizipieren darin. Wir werden ein Konzept benötigen für die Weise, wie in dem einen Jetzt eine ungetrennte Vielheit in einer frischen Herausbildung funktioniert.[547]

Die Konzepte, die hierfür benötigt werden, sind jedoch selbst Produkte eines Prozesses der Herausbildung. Sie entstehen, wenn sich der Philosophierende nicht methodisch distanziert, indem er diese erlebten Phänomene in Modelle überführt, die den Anschein haben, ihre Funktionen in der theoretischen Explikation nicht beanspruchen zu müssen. Es bedarf daher eines selbstreflexiven Denkstils, der die theoretischen Muster, die er verwendet, nicht vom Erleben abschneidet, um sie theoriefähig zu machen. Was dabei entstehen kann, so zeigt Gendlin, ist keine subjektive Assoziationskette, sondern eine systematische Begriffsbildung, die vertiefend und differenzierend im Erleben funktioniert, das expliziert wird. Eine der Verbindlichkeit des Erlebens verpflichtete Systematik geht davon aus, dass „ungetrennt Vieles zuerst in Interaktion [ist] und erst dann

---

547 Ebd., 103.

[...] eins nach dem anderen spezifizierbar ist. Was jedes ist, war bereits affiziert von den anderen, die wiederum bereits von diesem affiziert waren"[548].

Ein Denken in definierbaren Einheiten oder in Identitäten als Ausgangspunkt aufzugeben, kann wie ein Sprung ins Nichts erscheinen, denn die „frische Herausbildung", so notiert Gendlin weiter, ist nicht von „vorhergehenden Mustern oder einem Satz von Einheiten ableitbar", vielmehr können von ihr aus „neue Einheiten und Muster generiert werden"[549]. Was aufzugeben ist, ist vor allem das Vorurteil, dass die Welt aus definierbaren gegebenen Identitäten, Einheiten und vergangenen Geschehnissen besteht, die alles andere und Weitere in unterschiedlichen Kombinationsmöglichkeiten konstituieren und verursachen. Natürlich glaubt das niemand ausdrücklich, dennoch fällt es merkwürdig schwer, eine emergente Charakteristik gegenwärtiger Situationen konsequent zu denken.

Gendlin führt *von hier aus* (statt von nirgendwo) interaktionale Konzepte ein, die die Praxis der Formulierung kultivierbarer machen. Im Mittelpunkt dieser Konzepte steht keine Struktur, sondern die Explikation einer Interaktion, die geschehen muss, damit Strukturen bestimmbar werden. Folgender selbst-reflexiver Grundschritt ist der Ausgangspunkt: Jedes Formulieren des Erlebens (dazu gehören auch Denken und Fühlen) geschieht in ein Implizieren hinein, das Übergänge erlaubt, die erst durch die geschehene Formulierung hervortreten. Aber selbst wenn man das Implizieren mit Worten wie interagieren, interaffizieren, koordiniert entwickeln oder ineinander wirken beschreibt, rufen sie nach wie vor die Vorstellung hervor, dass ein impliziter Hintergrund aus bestimmten Faktoren, Situationen oder Prozessen besteht, die interagieren etc. Gendlin weist dagegen im Deweyschen Sinne darauf hin, was es bedeutet, Interaktion konsequent als Kennzeichen des situativen Implizierens zu durchdenken:

> Wenn eine Veränderung eines Prozesses die anderen Prozesse verändert und wenn wir keine einzelne Identität unseres ersten Prozesses annehmen, dann hängt der Unterschied, den dieser macht, auch davon ab, wie die anderen Prozesse wiederum unseren ersten affizieren und differenzieren. Das heißt, die zuerst erwähnte Veränderung in unserem ersten Prozess ist selbst bereits affiziert durch die Unterschiede, die sie macht. Ein Prozess oder Teil funktioniert nicht als er selbst; er funktioniert nicht als ein individuiertes ‚dieses'; er funktioniert stattdessen bereits interaffiziert. Was ‚dieses' ist (und seine Wirkung), ist schon affiziert durch die Unterschiede, die es in den anderen Prozessen macht, die wiederum es selbst affizieren.[550]

---

548 Ebd., 103 f.
549 Ebd., 111.
550 Ebd., 110.

Im erlebten Zusammenhang, auf den Dilthey hinweist, oder im Bedeutsamkeitszusammenhang, den Heidegger hervorhebt, geschehen vergangene Erfahrungen *jetzt* und zugleich nicht so wie die früheren, sondern als relevant, einbezogen und gelebt. Was in einer Situation geschieht oder über eine Situation gesagt wird, geschieht zwar in ein Implizieren hinein, kann es aber eben dadurch auch verändern. Was auf diese Weise geschieht, verändert die Faktoren, Prozesse und Bestandteile, die das Geschehen mitgeformt haben.

Die Formel, dass alles Geschehen in ein Implizieren hinein geschieht, wird auf einer basalen Ebene durch das interaktive Verhältnis von Körper und Umwelt veranschaulicht. Geschehen gewisse Umweltfaktoren nicht so, wie ein Körper sie impliziert, so verändert dies körperliche Prozesse auf eine Art und Weise, dass ein Lebewesen entweder stirbt oder sich verändert. Darüber nachzudenken, was Veränderung heißt, wird jedoch äußerst komplex, wenn man das Implizite im Geschehen mitberücksichtigt. Denn eine „Veränderung in einem der Prozesse verändert, wie die anderen im Implizieren des nächsten körperlichen Ereignisses impliziert sind"[551]. Dabei entstehen neue prozesshafte Umweltbegriffe. Sie machen bewusst, *wie*, also auf welche Art und Weise das selbstgesponnene Netz der Spinne, das selbstgebaute Nest des Vogels, aber auch der Körper selbst als generative Umwelten zu verstehen sind, die aus dem Körper-Umwelt-Prozess entstehen und auf den Lebensprozess wirken.

Von diesem Ansatz her kann schließlich auch die Genese von Sprache als eine solche erweiterte, selbstgemachte Umwelt des Körpers verstanden werden. In ihren Möglichkeiten wirkt sich eine verkörperte Interaktion aus, in der in jedem Moment „vastly more" mitwirkt, als auszubuchstabieren möglich wäre. Menschliche Sprachkörper, wie ich sie nennen will, sind genau dadurch charakterisiert, dass sie dazu befähigt sind, in Situationen so *hineinzusprechen*, zu handeln und denken, dass viel mehr mit angesprochen ist, als momentan sichtbar oder begrifflich explizit ist. In diesem Sprechen differenziert sich Relevantes im Sinne von Aspekten eines mitwirkenden Hintergrundes bisweilen zum ersten Mal aus.

In ähnlicher Weise wie Dewey, der seine Leser in ungewöhnlicher Direktheit anspricht, um ihre Aufmerksamkeit auf eine Situation zu richten, die zu naheliegend ist, um gewöhnlich bemerkt zu werden, spricht auch Gendlin seine Leser direkt an, um sie für Naheliegendes zu sensibilisieren, das im Fokus auf den Text unbemerkt mitwirkt. Im Bemerken wird deutlich, welche neuen Reflexionsdimensionen sich eröffnen, wenn einer verkörperten Situation nach-gedacht wird, in der eine *enorme* Vergangenheit ganz spezifisch im Jetzt funktioniert:

---

551 Ebd., 109.

Wenn Sie Ihre Aufmerksamkeit in diesem Moment auf die Mitte Ihres Körpers richten, werden Sie Ihr gegenwärtiges komplexes (mehr als definierbares) Körpergespür (body sense) finden, das aus meinen Worten, die Sie gerade lesen, und aus weit mehr besteht. Sprache ist immer implizit in menschlichen Körpern, so dass das gegenwärtige Körpergefühl, wenn man es zulässt, zu einer jeweils neuen Herausbildung frischer Begriffe führt. Sogar bevor diese Begriffe kommen, ist die Vergangenheit, die in diesem Moment funktioniert, spürbar: das eigene Denken und Lesen (mehr, als man explizit erinnern kann); die Gründe, dies hier zu lesen und was Sie sich davon erhoffen; Neugier, Aufregung, vielleicht Ablehnung gegenüber einigem, was ich sage; das Gewahrsein, was heute sonst noch alles gelaufen ist und Ihnen gestattet hat, sich Zeit zu nehmen für die Lektüre; was die Alternativen gewesen wären; vielleicht auch all das, was Sie vermeiden wollten; vielleicht ein Gespür dafür, worin Sie immer gut waren in Philosophie oder was Ihnen häufig schwerfiel – viele vergangene Ereignisse, die sich nicht nur auf das Lesen auswirken, sondern auch darauf, was sonst noch gerade jetzt in Ihrem eigenen Leben vor sich geht. Das sind jetzt meine Worte. Sie selber würden zunächst nur eine etwas ziehende Körperqualität finden (häufig nur Behagen und Unbehagen), die sich öffnen kann in Ihre eigene Version von ‚all dem'.[552]

10 Individuierte und kultivierte Sprachkörper

Macht man sich die Möglichkeiten einer Situation, auf die Dewey als Erster hingewiesen hat, bewusst, gerät man leicht in eine Art des Staunens, so wie die antiken Denker zu Beginn der Philosophie. Stellt man sich reflexiv den durch Abstraktion nicht verkürzten Hintergründen, die man als und in Situationen erlebt, dann steht man philosophisch gewissermaßen auch buchstäblich wieder am Anfang. Hier wird eine schwer begreifbare Selbstverständlichkeit offenbar bzw. bewusst gemacht, die mit den philosophisch tradierten Zugängen und Mitteln der Skepsis nicht erfassbar ist. Sie ermöglicht (auch im Zweifel), dass man *in* Situationen nicht zwischen tausenden von Worten wählen muss, um etwas Relevantes zu sagen; dass man *in* Situationen ein Gefühl oder Vorgefühl davon hat, wovon man sprechen kann; dass man *in* gemeinsamen Situationen spricht, in denen Worte, Gefühle, Bedeutungen koordiniert zusammenspielen und ermöglichen, dass man sich verstehen kann, ohne dass man diese Ermöglichung verstehen muss; dass man den vielschichtigen Bedeutsamkeitszusammenhang, in dem man sich situativ befindet, allein oder gemeinsam in Worten weiterspinnen, verändern, thematisieren, interpretieren, erzählen und verhandeln kann.

---

[552] Ebd., 102.

10.1 Nochmals Gendlin und Mead

Es ist vor allem Gendlin, der auf die erstaunliche und wenig verstandene Möglichkeit aufmerksam macht, dass in einer Situation Worte *kommen*, ohne dass man darüber bewusst nachdenken müsste.[553] In einem Gespräch zum Beispiel, in dem man etwas sagen will, *kommen* die Worte, um genau den Punkt zu formulieren, um den es einem geht. Gendlin macht darauf aufmerksam, wie viel in diesem *Kommen* berücksichtigt ist: alles, was bereits gesagt wurde, die besondere Weise, in der gewisse Worte von den Gesprächsteilnehmern verwendet werden, gewisse Tagesereignisse oder was gerade dazu gelesen oder in einem anderen Gespräch besprochen worden ist etc. Es ist „unser körperliches Sein in der Situation, in der wir sind, das die passenden Worte kommen lässt", so Gendlin. Man muss dafür unpassende Worte nicht zuvor aussortieren, so „als ob wir durch eine Datei gingen". In der Situation zu sein, so macht Gendlin bewusst,

> lässt die Worte kommen. Das System zusammenhängender Worte und das System zusammenhängender Situationen und Interaktionen ist auf eine grundlegende Weise ein einziges System. Und auf eine andere grundlegende Weise sind es zwei miteinander zusammenhängende Systeme: das System der Worte und das System unserer gelebten Situationen.[554]

In dieses Gewebe aus Situation, (Handlungs-)Kontext, Gefühl und kommenden Worten, in diesen Interaktionskontext, der als gelebter, gehandelter, gefühlter und gesprochener ein System und zugleich nicht nur *ein* System ist, hat bereits der klassische Pragmatismus mit Mead eingeführt. Er schreibt hierzu:

> Wenn man sich Geist einfach als eine Art bewußte Substanz vorstellt, in der es gewisse Eindrücke und Bewußtseinsinhalte gibt, und annimmt, daß einer dieser Bewußtseinsinhalte ein Allgemeinbegriff ist, wird ein Wort zu etwas rein Willkürlichem – es ist dann lediglich ein Symbol: man kann Wörter, so wie Kinder es tun, rückwärts buchstabieren, man scheint absolut frei verbinden zu können, die Sprache scheint eine völlig mechanische Sache zu sein, die außerhalb des Intelligenzprozesses liegt. Wenn man aber anerkennt, dass die

---

553 In diesem *Kommen* der Worte bemerkt Gendlin eine typische körperliche Charakteristik: „This *coming* is characteristic of the body. What else comes like that? Sleep comes like that, and appetites. If they don't come, you just have to wait. We all know that. Tears come like that, and orgasm. Emotions come like that, and so also this felt sense, which is wider and at first not clear, comes like that. Then steps come from that felt sense, and they can be quite new steps, and often more intricate than any common concept or distinction." – Eugene T. Gendlin, „The Wider Role of Bodily Sense in Thought and Language," in *Giving the Body Its Due*, hrsg. v. Maxime Sheets-Johnstone (Albany, NY: State Univ. of New York Press, 1992), 194.
554 Gendlin, *Prozess-Modell*, 348.

Sprache nur Teil eines kooperativen Prozesses ist, jener Teil, der zu einer Anpassung an die Reaktion des anderen führt, so daß die ganze Tätigkeit fortgesetzt werden kann, dann ist Sprache nur begrenzt willkürlich.[555]

Es ist der kooperative Prozess in seiner Abgestimmtheit und in seinen unwillkürlichen Abläufen, den Mead als Grundlage des Nachdenkens über Sprache heranzieht, damit eine Herausbildung von Bedeutung denkbar wird, die in vielerlei Hinsicht wirksam ist. Von diesem Ansatz aus öffnet sich eine phylogenetische Perspektive auf das Phänomen, dass Worte in Situationen *kommen* und *arbeiten* können, statt wirkungslos zu bleiben bzw. nur zu „feiern", wie Wittgenstein humorvoll und kritisch hinsichtlich einer alltagsfernen Philosophensprache formuliert, wie bereits in früheren Kapiteln erwähnt wurde.

Im Folgenden entwickeln sich modellartig Ansätze, die über den individuellen und kulturellen Rahmen der Bedeutungsentstehung hinausführen, um die Anfänge der Bedeutungsbildung im Verhalten und in der Körper-Umwelt-Interaktion zu verankern. Es ist allerdings dieser weit ausholende Ausgriff, der die oben beschriebene Wirksamkeit der Situation, die sich im *Kommen* der Worte äußert, besser nachvollziehbar werden lässt. Die Ansätze machen denkbar, wie die menschliche Welt als Inbegriff von Situationszusammenhängen mit der Sprache *zusammen* entstanden ist und dass diese Entstehung nicht zu trennen ist von der Entstehung menschlicher Sprachkörper, wie ich sie nennen will. Letztere erleben die Situationen und können darin sprachlich agieren, weil in Situationen, wie Gendlin bewusst macht, Worte ähnlich *kommen*, wie Hunger, Gefühle, ja selbst das Einatmen nach dem Ausatmen. Damit öffnet sich der Blick auf einen entwicklungsgeschichtlichen Hintergrund, den man nicht in genauer Tiefenschärfe *vor sich* bekommt.[556] Alltägliche Kompetenzen des Erlebens und Kapazitäten des gewöhnlichen Sprachgebrauchs können jedoch zum Leitfaden werden, um darüber nachzudenken, was an einer Entwicklung relevant gewesen sein muss, um diese zu ermöglichen. Das Eingehen auf eine erlebte Selbstverständ-

---

[555] George Herbert Mead, *Geist, Identität und Gesellschaft aus der Sicht des Sozialbehaviorismus*, mit e. Einl. hrsg. v. Charles W. Morris, aus d. Amerikan. v. Ulf Pacher (Frankfurt/M.: Suhrkamp, 1968), 113 f.
[556] Siehe dazu ebd., 152 f.: „Unsere ganze Erfahrungswelt – die Natur, so wie wir sie erfahren – ist grundlegend mit dem gesellschaftlichen Verhaltensprozeß verbunden, einem Prozeß, in dem Handlungen durch Gesten eingeleitet werden, die deshalb als solche funktionieren, weil sie wieder anpassende Reaktionen anderer Organismen auslösen, die auf die Vollendung oder die Resultate der durch die ausgelösten Handlungen hinweisen oder sich darauf beziehen. D. h., daß der Inhalt der objektiven Welt, so wie wir sie erfahren, zum größten Teil durch das Verhältnis des gesellschaftlichen Prozesses zu ihr konstituiert wird [...]." Während Mead eine solche integrale Entwicklung beschreibt, entfaltet Gendlin sie systematisch in seinem *Prozess-Modell*.

lichkeit ist auch in dieser Hinsicht methodisch notwendig für das Generieren von Ansätzen, die nicht verunmöglichen, was es zu erfassen gilt.

10.2 Bedeutungsgenese: Kampf und Tanz

Mead verankert die Möglichkeiten eines derart situierten Feintunings des Sprachgebrauchs u. a. in koordinierten, gemeinsamen Verhaltensabläufen, in denen Gesten eine Rolle spielen, die von Symbolen zu unterscheiden sind. In einem Kampf beispielsweise, führt die Geste des einen zur Geste des anderen, die Bewegung des Zweiten löst wiederum eine veränderte Bewegung des Ersten hervor – es kommt zu einer „gegenseitig abgestimmte[n] Veränderung der Positionen und Haltungen"[557]. Ähnlich verhält es sich mit vielen gemeinsamen Handlungsabläufen, in denen die Geste des einen die Geste des anderen auslöst. Diese Form von Koordination, in der im Interaktionskontext die Körperhaltung, Position, Bewegung oder Geste des einen durch die Bewegung, Geste, Haltung oder Position des anderen hervorgerufen wird, ist ein Merkmal verbaler Kommunikation. Darin führt dasjenige, was der eine sagt, zu dem, was der andere sagt. Dabei ist es für diesen Austausch in der typischen alltäglichen Geschwindigkeit selbstverständlich, dass man nicht überlegen muss, wie man auf das Gesagte reagiert und vice versa. Statt dass man auf repräsentativem Wege kommunikativ interne und externe Entitäten einander symbolisch vermittelt, ist nach Mead Sinn und Bedeutung von einem Prozess her zu verstehen, nämlich aus den prozessualen und koordinierten Gesten und dem Verhalten von Organismen. Es ist die Beziehung zwischen einer Geste und „den späteren Phasen der gesellschaftlichen Handlung, deren frühere (wenn nicht erste) Phase die Geste darstellt", in der sich Sinn innerhalb der Phasen einer gesellschaftlichen Handlung entwickelt und nicht als „psychisches Anhängsel zu dieser Handlung" oder als „Idee im traditionellen Sinne"[558] Die Möglichkeit, dass Worte einen Sinn vermitteln, ist auf rudimentärer Ebene analog zum Sinn dieser Gesten zu denken. In diesen Handlungsvollzügen, ihren abgestimmten Gesten und dem darin angelegten Sinn entstehen zugleich die Objekte und die Situationen, die an diesen Vollzügen beteiligt sind. Der Sinn entsteht in diesem dreiseitigen Verhältnis, in dem Gesten, interaktionelle Handlungsvollzüge, Objektbildungen und Situationen zueinander stehen. Eine Perspektive auf die tiefgehende Verschränkung der Entwicklung von Sinn, Objekten und Situationen zeichnet sich somit ab.

---

557 Ebd., 103.
558 Vgl. ebd., 115.

Von dieser Perspektive aus scheint ein im Kern sitzendes Transformationspotential von Sprechakten auf, welches nicht zu erfassen ist, wenn man Bedeutung auf der Linie der Repräsentation gegebener Entitäten (Ideen, Objekte etc.) auffasst, wo vor allem die Frage nach wahrer oder falscher Repräsentation dringlich erscheint. „Symbolisation", so schreibt Mead,

> schafft bislang noch nicht geschaffene Objekte, die außerhalb des Kontextes der gesellschaftlichen Beziehungen, in denen die Symbolisation erfolgt, nicht existieren würden. Die Sprache symbolisiert nicht einfach Situationen oder Objekte, die schon vorher gegeben sind; sie macht die Existenz oder das Auftreten dieser Situationen oder Objekte erst möglich, da sie Teil jenes Mechanismus ist, durch den diese Situationen oder Objekte geschaffen werden.[559]

Gesten, die etwas bedeuten, setzen einen gesellschaftlichen Erfahrungs- und Verhaltensprozess voraus, aus dem der Kontext entsteht, in dem diese wirksam sind. Mead macht jedoch zusätzlich auf einen entscheidenden Unterschied zwischen Gesten und Symbolen aufmerksam. Während die Geste des einen in einem Handlungsvollzug die Geste des anderen auslöst, bewirken solche Gesten nicht notwendigerweise das Gleiche bei den Interaktionsteilnehmern. Mead zufolge wird der auslösende Reiz der Geste erst dann signifikant, wenn

> der Einzelne auf die von ihm ausgelösten Reize so reagiert wie andere Menschen [...]; dann sagt man etwas aus [...]; drückt man [...] durch seinen eigenen vokalen Prozeß etwas Signifikantes aus, so sagt man es zu sich selbst genauso wie zu jedermann innerhalb der Reichweite der eigenen Stimme.[560]

Mead drückt hier den feinen Unterschied zwischen dem Begriff der Geste und dem Begriff des signifikanten Symbols aus. Dieser Unterschied ist hervorzuheben, weil er auch in analytischen Sprechakttheorien der Gegenwart in Vergessenheit gerät: Ein Symbol vermittelt seinen Gehalt nicht nur einem Empfänger, sondern in gleicher Weise immer auch dem Sender. Was vermittelt wird, ist nicht nur ein von beiden identifizierbarer Referenzgegenstand oder Sachverhalt, sondern es sind gleiche *Reaktionen*, die durch Bedeutungen auf beiden Seiten ausgelöst werden. Mead beschreibt dies an anderer Stelle so:

> Wir lösen ständig, insbesondere durch vokale Gesten, in uns selbst jene Reaktionen aus, die wir auch in anderen Personen auslösen, und nehmen damit die Haltungen anderer Personen in unser eigenes Verhalten herein. Die kritische Bedeutung der Sprache für die Entwicklung

---

559 Ebd., 117.
560 Ebd., 107.

der menschlichen Erfahrung liegt eben in der Tatsache, daß der Reiz so beschaffen ist, daß er sich auf das sprechende Individuum ebenso auswirkt wie auf andere.[561]

Um zu zeigen, wie dieser Übergang innerhalb eines bedeutungsbildenden Kontinuums in Verhaltens- und Handlungsprozessen denkbar werden kann, eignet sich wiederum Gendlins *Prozess-Modell*, das Meads Ansätze an dieser Schwelle genau weiterdenkt. Gendlin macht nachvollziehbar, *wie* Worte immer zugleich auch beim Sender und beim Empfänger wirken. Er zeigt aber auch, wieso sie ein ganzes Spektrum der Bedeutsamkeit auslösen können, das für jeden anders ist, und das wiederum mit der Fühlbarkeit von Situationen zusammenhängt. Werden diese Zusammenhänge verstehbar, so wird immer nachvollziehbarer, wie sich Situationen beim Sprechen ändern können und was sich dadurch alles verändert.

Gendlin nimmt Meads Anstoß der Sinnverankerung in gestischer Interaktion sehr genau auf, auch in den Beispielen, die er wählt. Er fokussiert dabei jedoch genauer auf die verkörperten Aspekte dieser Verankerung, wobei sein prozessualer Körperbegriff zum Tragen kommt, der, wie bereits gezeigt wurde, als Körper-Umwelt-Interaktion aufzufassen ist. Gendlin expliziert deutlich, wie in koordinierten Verhaltens- und Handlungssequenzen, in denen die Geste des einen die Geste des anderen auslöst, der Sinn dieser Gesten nicht nur in der Reaktion des anderen, sondern auch in den Reaktionen des eigenen Organismus verankert ist. Denn jede Geste löst als Verhalten immer auch *gefühlte* Veränderungen im Verhalten aus.

Während jedoch in einem tatsächlich ausgeführten Kampf gesamtkörperliche Veränderungen, die von den beidseitigen Bewegungen ausgelöst werden, allein dem Kampf gelten, aber nicht vom Kampf handeln, weist Gendlin auf Übergangsformen hin. Er bezeichnet diese als Tier-Rituale. Der Geste, mit der z. B. ein rangniederer Affe dem ranghöheren den Rücken zukehrt oder eine Katze sich zum Kampf bereit macht, ist der Kampf implizit; er könnte sofort mit allen hormonellen und sonstigen körperlichen Veränderungen einsetzen, er muss aber nicht. In diesen Gesten ist der Verhaltenskontext implizit, aber er wird (noch) nicht ausagiert. Solche Gesten zeigen beispielsweise das erste oder letzte Bisschen einer Verhaltenssequenz an. Mit dieser Geste kann sich das Verhalten verändern (der Kampf setzt u. U. nicht ein), ohne dass die ganze Verhaltenssequenz ausgeführt wird.

Der Hinweis auf das Ritual als Übergangsform zum Symbolsystem bzw. zum signifikanten Symbol in Meads Sinne scheint einen Lösungsvorschlag vorwegzunehmen, den Deacon später ebenfalls machen wird. Die Schwierigkeit eines

---

561 Ebd., 108.

Modells, das von einem zunächst einmal erlernten konkreten Bezeichnungsverhältnis von Gegenständen ausgeht, um von dort aus zu einem abstrakteren Umgang zu gelangen, den die Sprache ermöglicht, besteht in mühevollen und ineffizienten Lernschritten, die das Lernen und Ent-lernen von direkten Bezeichnungsverhältnissen mit sich bringen würden. Auch Deacon verweist deshalb als Übergangsform auf Rituale als repetitive physische Vollzüge in einem intersubjektiven Rahmen.[562] Solche Übergangsformen, denen bestimmte Verhaltenssequenzen implizit sind und die sich in ihrer repetitiven Ausführung allmählich verändern, bezeichnet Gendlin als Tanz.

Die Möglichkeit solcher Übergangsformen verankert Gendlin in klassisch pragmatistischer Manier im Rückgang auf eine Körper-Umwelt-Interaktion, die desto komplexer wird, je bewusster (und sprachlicher) sie wird. Die verkörperten Grundlagen einer semiotischen Infrastruktur beruhen letztlich auf der Untrennbarkeit einer gegenseitig sich implizierenden Körper-Umwelt-Interaktion. Letztere elaboriert Gendlin als Grundlagenmodell seiner prozessualen Bedeutungstheorie, in der auch der Umwelt-generierenden Wirkung des jeweiligen Lebensprozesses Rechnung getragen wird. In seinem Hauptwerk zeigt er, wie auf verschiedenen Entwicklungsstufen neuartige Umwelten entstehen können, die auf den sie hervorbringenden Lebensprozess wiederum modifizierend zurückwirken. Die Entwicklung lässt sich durch eine *gerichtete* Offenheit charakterisieren, wodurch Körper und Umwelt in präziser Weise aufeinander angewiesen sind und sich zugleich in nicht prädeterminierter Weise modifizieren und umgestalten. Indem dieser Interaktionsprozess für seine eigenen Bewegungen und Veränderungen sensibel wird, entsteht erst eine Umwelt als „Verhaltenskontext", deren Genese Gendlin in den ersten sechs Kapiteln des *Prozess-Modells* herausarbeitet. Der Verhaltenskontext erweitert den bereits hochkomplexen Prozess der Körper-Umwelt-Interaktion durch neue Arten von Bewegungs- und Handlungssequenzen, die als Verhaltenskontext diesem Prozess *implizit* werden. Eine erneute Erweiterung geschieht durch die allmähliche Entwicklung symbolischer Formen aus Gesten, die zunächst aus dem Verhalten entstehen und dadurch körperlich spürbare Veränderungen bis in den Herzschlag und die Hormonausschüttung hinein auslösen. Diese generieren einen symbolischen Raum, der auf allen früheren Schichten aufbaut und diese zugleich „differenzholistisch"[563] verändert. Neue und symbolvermittelte Übergangsmöglichkeiten zwischen Verhaltensweisen bilden sich heraus. Ab einem gewissen Punkt „kippt" der *Verhaltenskontext*

---

562 Vgl. Deacon, *Symbolic Species*, 402 f.
563 Zum Begriff des Differenzholismus vgl. Jung, *Der bewusste Ausdruck*, vor allem Abschnitt 1.1.2. „Der Differenzholismus des Menschlichen", 54–62.

(den Gendlin auch Verhaltensraum bezeichnet) in einen sprachlich generierten (sprachlich zu bewegenden) situativen *Interaktionskontext* (ihn bezeichnet Gendlin auch als symbolischen Raum).

An dieser Stelle möchte ich meine Ausführungen verlangsamen, um detaillierter zu zeigen, wie Gendlin Meads revolutionäre Anstöße einer verkörperten Intersubjektivität, von der aus sprachliche Bedeutung zu denken ist, weiterentwickelt. Wie in Meads Kämpfen, so sind auch in Gendlins Tänzen Bewegungen und Gesten interdependent: Die Bewegung des einen löst die Bewegung des anderen aus. Während Mead den Kampf starkmacht, untersucht Gendlin die Übergangsform zwischen Verhalten und symbolischer Handlung als Tanz. Im Tanz verhält man sich und man verhält sich auch nicht, insofern man kein Verhalten ausführt, z. B. kämpft oder jagt. Den Bewegungen sind jedoch Verhaltenssequenzen implizit – mit allen körperlichen Veränderungen, die damit einhergehen und die diese Gesten im Verhaltenskontext auslösen. So fühlt man in der aufeinander abgestimmten Bewegung eine durch die gegenseitigen Bewegungen ausgelöste Variante eines *gefühlten Verhaltenskontextes*.

Gendlin zeigt, wie in solchen Tänzen (Übergangsformen) eine „Zeitspanne durch eine Sequenz" von Gesten und Gebärden entsteht, die wiederum von einem Verhaltenskontext handeln ohne diesen auszuführen.[564] Diese Tänze sind deshalb wie Pausen im Verhalten, in denen zugleich ungeheuer viel passiert, weil sich, wie man auch mit Damasio sagen könnte, eine Art des doppelten Fühlens einstellt. Die komplexe und gestenreiche Verhaltensweise und der damit einhergehende Verhaltenskontext werden nicht ausgeführt, sondern gewissermaßen in der Ausführung als solche gefühlt. Denn ein solches Verhalten führt nicht von A nach B, es vollbringt nichts. Es wird in diesem doppelten Fühlen als kontextualisiertes fühlbar. Natürlich *verhält* man sich in diesen Pausen auch, aber nicht im Sinne des direkten Verhaltens. Vielmehr entstehen zwei Ebenen oder eben eine Verdoppelung: zum einen die Ebene der Bewegung und zum anderen die der damit einhergehenden Versionen einer körperlichen Veränderung, die durch die Gebärde innerhalb des Verhaltenskontextes ausgelöst werden.[565]

Auf diese Weise entsteht zusätzlich zum Verhaltensraum ein „Raum einfacher Gesten", wobei die Gesten zunächst nur als Pausen im Verhalten vorzustellen sind. Aus dem gestisch *versionierten* Verhalten entsteht etwas Neues: eine rudimentäre Form des Bewusstseins, konstituiert durch eben diese Bewegungen, die als *solche* den Verhaltenskontext rekonstituieren. Der Verhaltenskontext, den man in diesen Bewegungen fühlt, „ist genau genommen nicht wie zuvor, sondern

---

564 Vgl. Gendlin, *Prozess-Modell*, 255.
565 Vgl. ebd., 257.

derjenige, der jetzt versioniert wird. [...] Die neue Sequenz rekonstituiert ‚den gleichen' Verhaltenskontext nicht als erinnert oder zurückgeschaut, sondern als Resultat des Versionierens"[566]. Auf diese Weise zeichnet sich der verkörperte Ursprung der Möglichkeit eines (Selbst-)Bewusstseins ab, das mit einer Form von Symbolisierung in musterhaften Gesten entsteht, die buchstäblich von einem Verhaltenskontext *handeln*, der durch sie *versioniert* und dadurch *gleich-gehalten* und als solcher erlebbar wird. Gendlin schreibt:

> Muster können auf uns nicht **als Muster** einwirken, außer sie handeln *von* (etwas anderem als dem Muster), und sie können dies nur, indem sie uns in einer verdoppelten Weise vorantragen (sowohl als Muster als auch durch eine Versionierung von etwas). Wir fühlen uns fühlen, worum es geht, und deshalb fühlen wir uns fühlen.[567]

Ich möchte die Entwicklung, die Gendlin in detaillierter Genauigkeit entwirft, hier nur skizzenhaft vorstellen. Meine Zusammenfassung zielt vor allem darauf ab, die Plastizität eines Gewebes deutlicher zu machen, das in der Vernetzung von symbolischer Bedeutung, Objekt- und Situationsbildung entsteht. Dabei wird ein Bedeutsamkeitszusammenhang, den Dilthey als erster bewusst gemacht hat, in seiner verkörperten Dimension erkennbar.

Dass Worte das Gleiche bei einem Sender und Empfänger auslösen, wie Mead bemerkt, kann zur Grundlage werden, die verständlicher macht, wie *tentative* Sprechakte, die das vernetzte Gewebe von Lebenszusammenhängen und Situationen zur Sprache bringen, subtil handeln und formulierend verändern. Gendlin entwirft modellartig, wie es mit der Zunahme der gestischen-musterhaften Pausen zu einem Wendepunkt gekommen sein mag, in dem Vernetzungen, die im Verhaltenskontext durch die gestischen Pausen implizit geworden sind, neue Handlungsmöglichkeiten und Kontexte entstehen lassen. Nach dem Wendepunkt sind Handlungen nur noch zu einem geringen Teil reines Verhalten; zum Großteil

---

566 Ebd., 263.
567 Ebd., 265. In einer noch deutlicheren Passage dazu heißt es: „Die einfachen Bewegungen der Gebärde lassen einen den Verhaltenskontext sequenzieren, versionieren, haben und fühlen, ohne ihn zu verändern. Gebärden verändern einen Verhaltenskontext nicht, jedenfalls nicht in der Weise, wie eine Verhaltensweise diesen ändern würde (insofern eine Sequenz eine Veränderung dessen ist, wie alle anderen körperlich möglich sind). [...] Wir müssen berücksichtigen, dass Fühlen, Spüren oder Wahrnehmen Zeit generiert, es handelt sich jeweils um eine Sequenz. Wenn wir sagen, wir fühlen ‚etwas', dann sprechen wir im Rahmen eines verdinglichenden Modells, wir fühlen ein ‚Ding', ein ‚Etwas'. Aber Fühlen ist eine Veränderungssequenz. Das ‚Alles-durch-Alles' des Verhaltens wird gefühlt, während es vorangetragen wird. Im Versionieren gibt es wieder einen Strang von sich verändernden ‚Alles-durch-Alles', aber sie handeln nun alle vom ‚gleichen' Verhaltenskontext." – Ebd., 311.

vollziehen sie sich in einem symbolischen Interaktionsraum. Dieser ist entstanden auf der Basis der Veränderungen durch gestisch versionierte Verhaltenskontexte: Den Gesten ist eine komplexe Vernetzung von Verhaltenskontexten implizit, die in den Gesten körperlich erlebbar und weiter zu vernetzen sind, wobei sich immer vielmehr ändert, als von außen zu beobachten ist.

Dieses Anwachsen symbolischer Bedeutung beruht also auf einem verkörperten Verhaltenskontext, auf Bewegungsabläufen und -sequenzen, die immer auch andere Sequenzen implizieren, wobei eine geschehende Verhaltenssequenz bestimmt, welche impliziten Sequenzen mitfunktionieren und welche nicht. Eine Verhaltensweise schließt eine andere aus, impliziert aber eine nächste. Je nachdem, was geschieht, verändern sich die Anschlussmöglichkeiten: Klettert man auf einem Baum, kann man diesen nicht gleichzeitig fällen; pflückt man Äpfel, dann ist eine andere Art von Koordination implizit, als wenn man eine Hütte bauen würde. Je feiner man in die Verhaltensweisen hineinzoomt, desto subtilere Beschreibungen von Verhaltens- und Bewegungsabläufen sind möglich, die mit anderen zusammenhängen, wieder andere jedoch ausschließen. Sie bilden gemeinsam den sogenannten Verhaltenskontext. Jede Verhaltensweise verändert wiederum die Anschlussmöglichkeiten der daran beteiligten anderen Sequenzen. Die Komplexitätsformen mitwirkender impliziter Sequenzen baut Gendlin in seinem Modell sorgfältig auf. Wird ein Verhaltenskontext daher durch Gesten (wie im Tanz) versioniert, so funktionieren in jeder Geste und je nach Geste andere implizite Sequenzen des Kontextes mit:

> Jeder Kontext ist ein Gewebe sich gegenseitig implizierender Sequenzen. Wir sprachen von ihnen auch als mögliche Sequenzen, Verhaltensmöglichkeiten, oder jetzt als gestische Möglichkeiten. Mit weiteren Entwicklungen enthalten die Kontexte unserer Sequenzen neue implizite Sequenzen. Wenn die Sequenz wieder geschieht, ist sie nicht ganz die gleiche. Neue Sequenzen werden in unserer Sequenz implizit sein und umgekehrt. Anders gesagt: indem die Sequenz in der Formierung neuer Sequenzen impliziterweise funktioniert, verändert sie sich selbst. Worin sie impliziterweise funktioniert, wird in ihr implizit. Wir können auch sagen: Jede neue Weise, in der sie zur Anwendung kommt (in der sie funktioniert), wird in ihr implizit.[568]

Das Grundprinzip dieser Interaktion ist, wie bereits oben erwähnt, dass keine Identifizierung der impliziten Sequenzen vorgenommen werden kann. Nur in der geschehenden Sequenz manifestiert sich die interagierende Wirkung der implizit daran Beteiligten.[569] Berücksichtigt man die Mitwirkung impliziter Sequenzen

---

568 Ebd., 292.
569 Folgendes Zitat ist ein Beispiel dafür, mit welcher Sorgfältigkeit Gendlin diese Komplexität formulierbar zu machen versucht: „Die implizit funktionierenden Sequenzen geschehen also,

wird eine symbolische Bedeutungsbildung denkbar, die als Geste oder Lautbildung ihre Bedeutung als Versionierung eines Kontextes *ansammelt*. Die Lautbildung versioniert einen zu fühlenden und dadurch zu habenden Kontext.

Nach dem Kipp- oder Wendepunkt, an dem sich der Verhaltenskontext in einen symbolisch vermittelten Interaktionskontext transformiert hat, ist jedes Zeichen als Symbol nicht mehr nur eine Pause des Verhaltenskontextes, sondern es *löst* seinen eigenen Kontext *aus*. Gendlin arbeitet vorsichtig am Übergang von der Geste zum Symbol, wobei er die Grundlage jener Eigenschaft signifikanter Symbole verdeutlicht, auf die Mead hingewiesen hat: Ein signifikantes Symbol kann die gleiche Reaktion sowohl beim Sender wie auch beim Empfänger auslösen, weil symbolische Muster ursprünglich auf der Basis von Verhaltenskontexten miteinander verbunden sind – auch wenn sich diese Verbindung ins Uferlose vernetzt und verkompliziert hat. Dennoch erwächst das, was symbolische Muster bedeuten, daraus, „was sie versionieren, rekonstituieren, was sie uns haben, fühlen, sequenzieren und ‚gleich halten' lassen"[570]. Es sind die Veränderungen des Körpers im gefühlten Verhaltenskontext, die in dieser *Herausbildung* eines symbolisch herausgelösten, gleich-gehaltenen Kontextes funktionieren, der aus der Versionierung und Interaktion der Verhaltenskontexte entstanden ist.[571]

Die gleiche Wirkung des signifikanten Symbols beim Sprecher und Empfänger, die Mead hervorhebt, entwickelt Gendlin Schritt für Schritt weiter. Ähnlich

---

indem sie an der Herausformung dieses einen Geschehens teilnehmen. Jede andere Sequenz (die jetzt implizit ist) wäre auch ein Strang von Kontexten, welche diese (jetzt geschehende) Sequenz vorantragen würde, aber anders. Da die fortlaufende Sequenz den Kontext voranträgt, sind alle impliziten Sequenzen noch implizit, nun aber auf andere Weise. Wenn eine andere Sequenz stattdessen stattgefunden hat, hätte diese auch verändert, wie alle Sequenzen implizit sind. Wie eine implizite Sequenz funktioniert, ist deshalb nicht in direkter Weise Teil der geschehenden. Die fortlaufende Sequenz verändert den Kontext der impliziten, aber sie verändert ihn nicht so, wie die implizite diesen verändert hätte, wenn sie geschehen wäre." Dabei betont Gendlin, dass das implizite Funktionieren aber nicht in dieser Weise, analog zu den Veränderungen einer geschehenden Sequenz, aufzufassen ist. Denn „[e]ine Sequenz funktioniert impliziterweise nicht nur als sie selbst", weil sie immer schon in ihrer Wirkung durch andere implizite Sequenzen interaffiziert ist. – Vgl. ebd., 296.
570 Ebd., 338.
571 Siehe hierzu ebd., 333: „Stellen wir uns beispielsweise vor, dass es zuvor einen Tanz gab, der Kämpfe versionierte. Der ganze Cluster von Verhaltenskontexten wurde elaboriert durch Gebärden, die sich vom Kampf-versionierenden Tanz ableiten. Danach entwickelte sich ein Tanz, der Jagen versionierte. Nun ist das ganze System von Kontexten elaboriert durch Ableitungen des Jagd-Tanzes, die sich in gekreuzter Weise mit den vorhandenen abgeleiteten Mustern des Kampf-Tanzes bilden. Ein weiterer Tanz, der Paarung versioniert, würde nun weitere Gebärden zur Verfügung stellen, die implizit funktionieren, so dass die Gebärden in all den Handlungskontexten sich als gekreuzte aus vorhandenen Gebärden mit neuen bilden."

wie die Gesten im Verhaltenskontext diesen versioniert und nur so als Gesten funktioniert haben, muss auch eine verbale Mustersequenz so funktioniert haben, dass sie den gekreuzten, versionierten Verhaltenskontext rekonstituiert hat. Man könnte auch sagen, dass sie nur zu einer Muster-Sequenz geworden ist, indem sie so *funktionieren* konnte. Die Bedeutung entsteht nicht im Verweis auf den Gegenstand oder den Kontext, der rekonstituiert wird; vielmehr wird „im Rekonstituieren" erst die Art des Gegenstandes oder Kontextes geschaffen. Ein Wort entsteht, wenn die verbale Lautfolge den Personen ermöglicht,

> Kontext(e) jetzt zu fühlen (zu haben, zu sequenzieren) [...]. Jede neue Rekonstitution wird im gegenwärtigen [Kontext] jetzt versioniert, indem er als Kontext rekonstituiert wird. Jede frische Herausbildung hat natürlich erneut Anteil an dieser Sammlung und affiziert, wie und was die anderen, die jetzt rekonstituiert werden, sind.[572]

Ein Laut wird zu einer Worteinheit, wenn dieser Kontexte rekonstituiert. Damit entsteht er in Beziehung zu anderen Kontexten und Worteinheiten. Denn ein Kontext, so sei erinnert, besteht aus vielen anderen impliziten Sequenzen, die nicht geschehen. Was geschieht, „trägt" den Kontext auf eine andere Weise „voran", als es eine implizite Sequenz tun würde. Was geschieht, *ist* implizite Beziehung zu anderem. So folgert Gendlin:

> Jede Worteinheit ist deshalb impliziterweise ein riesiges System von sich gegenseitig implizierenden Sequenzen und zugleich ihr eigenes Geschehen, ihr eigenes Vorantragen ihrer eigenen Kontexte. [...] Sowohl die Laute als auch die Kontexte implizieren sich gegenseitig, sie sind implizit als Kontext, den die Wort-Einheit rekonstituiert.[573]

Auf implizite Weise wird ein ungewöhnlich verkörpertes Verständnis dessen möglich, was das schwergewichtige Wort *allgemein* bedeutet. Während Kunstwerke jeweils ein neues Ganzes darstellen, das nicht aus Einheiten gemacht wird, so entsteht in der Sprache etwas Neues durch Einheiten, die, wie Gendlin formuliert, „selbst-abgeschlossen" sind.[574] Das heißt, diese Einheiten müssen zuerst ihre eigene Wirkung haben, bevor daraus etwas Neues oder Ganzes entstehen kann, das wiederum diese Einheiten modifiziert. Denn die Verlautbarungen eines gesprochenen Satzes gehen nicht wie die Töne einer Melodie ineinander über. Ihre Wirkung beruht auf der Bedeutung ihrer Bestandteile und nicht auf ihrer Tonfolge. Worte lassen, mit Wittgenstein gesagt, in familienähnlicher Weise, wie

---

572 Ebd. 345.
573 Ebd.
574 Vgl. ebd., 363.

die oben charakterisierten Gesten, Kontexte versionieren und sequenzieren, „sie lassen uns damit Zeit verbringen"[575]. Kennzeichnend für ein Wort ist, dass es einen eigenen Kontext *geschehen* lässt, so, wie die erstpersonalen Wortbedeutungen, die ich weiter oben behandelt habe, gezeigt haben. Eine Sprachbildung besser zu verstehen, in der Worte dies tun können, und zwar in gleicher oder zumindest verwandter Weise bei derjenigen, die sie gebraucht und demjenigen, der sie hört oder liest, führt tief in den gewachsenen Zusammenhang von Situation, Handlung und Bedeutung hinein. Dieser Zusammenhang wiederum eröffnet die ungeheure Plastizität und Differenziertheit einer alltäglichen Verbindlichkeit, die als Kontext implizit in jeder Bedeutung mitwirkt.

Irgendwann einmal muss die Entwicklung der Worteinheiten abgeschlossen gewesen sein, in der sich Interaktionskontexte zusammen mit Symbolen herausgebildet haben. An diesem Punkt funktioniert der Interaktionskontext symbolisch. Die Worteinheiten darin, so ist deutlich geworden, sind in ihrer Wirksamkeit vor allem *prozessual* zu verstehen. Sie funktionieren versionierend und sequenzierend. Zudem zeichnen sie sich dadurch aus, dass sie wiederholbar sind. Wiederholbar heißt, dass sich durch sie ein Aspekt des Interaktionskontextes, der aus dem Verhaltenskontext erwachsen ist, nun *in* und *mit* einem Wortlaut bilden kann. D.h. auch, dass Wortlaute nicht nur vom Verhaltenskontext handeln, sondern als solche den Interaktionskontext ausbauen, differenzieren und vorantragen, *in* dem und *mit* dem sich wiederum die Worte bilden. Die (Weiter-) Entwicklung oder Herausbildung der Sprache geht mit der Entwicklung bzw. Herausbildung des Interaktionskontextes einher. Während dieser Entwicklung sammeln Worte eigene Kontexte. Sammeln bedeutet, dass Worte im Gebrauch von Situationen so funktioniert haben, dass sich eine spezifische Interaktion (d.h. auch Situation) auf gewisse Art und Weise dadurch selbst *voranträgt*. Der Wortgebrauch und ein spezifischer Aspekt des Interaktionskontextes funktionieren gemeinsam handlungsermöglichend und zugleich differenzierend. Vielfältig unterscheidbare Situationen können sich in dieser verschränkten Entwicklung herausbilden. Dadurch wird dieser Gebrauch des Wortes der Interaktion (oder Situation) implizit, aber auch die Situation den Kontexten des Wortes. Die sich in dieser Weise sammelnden, verschiedenen situativen Gebrauchsweisen eines Wortes kreuzen sich, verweben sich in der verbalen Version entstehender Kontexte.[576] All die Aspekte, die die Gebärden als Bewegungsmuster versionieren,

---

575 Ebd., 365.
576 Vgl. ebd., 371: „Wie sie jetzt frisch gebraucht werden, kommt zu ihren eigenen Kontexten hinzu (und kreuzt mit ihnen), so dass mit jedem Gebrauch eines Wortes oder eines Ausdrucks seine jeweilige Bedeutung zunimmt."

fühlen und haben lassen, werden damit nun in einer neuen Kreuzung, mit einer neuen Musterdimension elaboriert. Gendlin beschreibt dies als „ungeheure Differenzierung"[577]:

> Eine riesige Anzahl neuer Facetten wird bemerkbar, erfahrbar, fühl- und hab-bar. Darum vermehrt jedes Kreuzen die Anzahl der Facetten ungeheuerlich, die man getrennt sequenzieren kann. Die Vielfalt, die möglich ist, vermehrt sich enorm. Die Feinheit [...] der Struktur – das heißt die Anzahl der Facetten, die durch eine neue Handlung [...] vorangetragen werden müssen, – ist riesig, und das Leben wird komplex. Was eine Situation ist und impliziert (bedeutet), wird subtil.[578]

Das komplexe System aus Situationen, eine kulturelle Welt der alltäglichen Lebensweisen, -praktiken und -gewohnheiten wie auch der Gegenstände und das System der Sprache haben sich auf diese Weise gemeinsam gebildet und bilden sich weiter, wobei in der Bildung, wie langsam immer klarer wird, viel mehr mitwirkt, als das, was beobachtet werden oder was als vorhandenes Sprachsystem analysiert werden kann.[579] Auch wenn die Komplexität der Situation nicht damit identifizierbar ist, was darüber gesagt werden kann, so ist die Komplexität von Situationen gemeinsam mit der Herausbildung sprachlicher Versionierung und den dadurch fühlbaren (!) und weitere Handlungen ermöglichenden Differenzierungs- und Veränderungsmöglichkeiten entstanden.[580]

---

577 Ebd., 377.
578 Ebd.
579 Vgl. zu diesem gewachsenen Zusammenhang ebd., 367.: „Kultur wurde in Bezug auf merkwürdige Rituale und Glaubensweisen erforscht. Aber natürlich ist Kultur die Art und Weise, wie man sich in verschiedenen Situationen benimmt; Kultur ist, was diese Situationen sind. Kultur ist, wie man ‚Auf Wiedersehen' sagt und was man sonst tut, bevor man geht; wann man aufsteht, um zu gehen und die Art von Treffen, die man haben kann; die Rollen, die verschiedene Arten von Menschen einnehmen; wann man sich beleidigt fühlt und wann und wie man über etwas hinwegsehen kann; wann und wie man kämpft und argumentiert und worüber. Kurz gesagt, Kultur ist das in-Muster-Fassen von Situationen, und das ist zu einem großen Teil (natürlich nicht ganz) linguistisch. Man würde die wichtigsten Lebensinteraktionen ignorieren, wenn man sagen würde, alles wäre linguistisch – aber selbst die ganz physischen oder spirituellen Interaktionen, die scheinbar vor oder jenseits der Worte liegen, sind impliziterweise reich an Unterscheidungen und Erfahrungen, die Worte brauchen oder gebraucht haben als Teil dessen, was geschieht."
580 Vgl. hierzu ebd., 389: „Jede menschliche Handlung und jede Erfahrung ist so oder so geartet, sie ist ‚eine' solche. Aber sie entspricht nicht nur den Arten, die wir in existierenden Worten und Ausdrücken verbalisieren können. Es gibt immer enorm viele Arten, wie etwas verbalisiert werden kann und wofür eine gegebene Erfahrung als Fallbeispiel gekennzeichnet werden kann. Dann sagen wir, das ‚war' ein Beispiel dieser Art oder dieser Ähnlichkeit. Wir können sagen, das ‚war', nachdem wir expliziert haben. Diese Zeit-Relation ist der Explikation inhärent."

Jede Wort-Einheit besteht also – analog zu den vorhergehend beschriebenen einfachen Bewegungen und Gesten – aus darin mitfunktionierenden impliziten Sequenzen, in denen das Wort in Interaktionen (Situationen) gebraucht werden konnte. Haben sie einmal funktioniert, so determiniert dies nicht den Gebrauch. Die unterschiedlichen Gebräuche, Gendlin spricht von Gebrauchsfamilien, interagieren miteinander. Die Interaktion der Gebrauchsfamilien des Wortes mit den Situationen, in denen es brauchbar wird, manifestiert sich im Implizieren der Situation, die Worte *kommen* lässt:

> In einer Situation kommen die Wörter schon gekreuzt – der Körper lässt sie entstehen als Implizieren der Veränderung, die wir in dieser Situation brauchen. Was gerade diese Wörter kommen lässt, hängt damit zusammen, wie ihre Gebrauchsfamilie mit unserer Situation kreuzt.[581]

Das Bedeutungsspektrum von Worten und Wendungen entsteht durch die unzähligen unterschiedlichen Weisen, wie sie gebraucht werden konnten. Was mitgewirkt hat an der Herausbildung einer spezifischen Bedeutung, kann erst identifiziert werden, wenn das Wort in einer gewissen Weise brauchbar werden konnte, d. h. wenn die sprachliche Wendung mit der Situation *interagiert* hat, oder anders ausgedrückt, arbeiten konnte.

Mit dem enorm differenzierten Netz unterschiedlicher Situationen, die Worte implizieren, denen wiederum ein Netz an Gebrauchsfamilien eigen ist, hat sich ein buchstäblicher Sprachkörper entwickelt. Diesem sind sowohl Verhaltensweisen implizit als auch ein Leben in Situationen (denen wiederum Wörter auf die gleiche Weise implizit sind wie den Worten die Situationen etc.). In diesem Körper *kommen* in *gefühlten* Situationen deshalb die Worte, die wiederum mit unzähligen anderen Worten und Situationen verbunden sind. Die darin funktionierenden Kontexte verändern kreuzend die Situationen, auf die sie im Wortgebrauch angewendet werden. Gendlins Begriff des Kreuzens („crossing") spielt auf den Begriff des Kreuzens in der Genetik an. Er hebt damit ein organismisches Geschehen als nicht-repräsentative Basis für eine unvorhersehbare Differenzierung und Erneuerbarkeit von Bedeutung hervor.

Während also einfache Bewegungen im Verhaltenskontext Veränderungen bewirken, die den gesamten Verhaltenskontext transformiert haben, ist eine solche umfassende Veränderung nach der Herausbildung von Sprache mit sprachlichen Mitteln nicht mehr in gleicher Weise möglich. Lebenssituationen sind jetzt immer auch sprachlich verfasst und damit dichter, komplexer, vielschichtiger. Es ist deshalb ungeheuer schwierig, eine Kultur als Netzwerk zu-

---

581 Ebd., 215, Fußnote 21.

sammenhängender Situations-, Handlungs-, Rede-, Erlebens- und Gefühlsweisen zu ändern. Dennoch ist damit nicht wie bei Heidegger ein Kulturdeterminismus angesagt. Vielmehr wird verständlicher, warum eine kulturelle Prägung so tief geht, wie Heidegger zu sehen begonnen hat. Der dynamische Prozess der Herausbildung kultureller Systeme erlaubt zu denken, wie diese zu ändern sind, und zwar im großen wie im kleinen Maßstab. Eine neue Weise der ganzheitlichen, kontextuellen Herausbildung ist möglich, in der der implizite Reichtum gewachsener Kontexte *versionierend* überhaupt zu einem Gegenstand der Veränderung gemacht werden kann. Dabei zeichnet sich die Möglichkeit ab, *wie* eine sprachliche (symbolische) Formulierung eine (individuell oder kollektiv einschlägige) kulturbildende Veränderung leisten kann, wie ich im Folgenden beleuchten möchte. Dabei kann das Verständnis der unvorhersehbaren Tiefe der Performativität *tentativer* Sprechakte an Schärfe gewinnen.

11 Bewegung eines hintergründigen Ganzen

Am *tentativen* Sprechakt manifestiert sich eine Art von Vertiefung, in der die gebrauchten Begriffe im Öffnen (oder „Auftun", wie Adorno es nennt) weiterer, impliziter, d. h. erlebbarer und fühlbarer Verbindungen *neu* bedeuten können. Die Innovation, die darin möglich wird, tritt deutlich in kreativen Prozessen zutage. Sie äußert sich zunächst als eine Hemmung, im Gehabten, in den eingespielten Formulierungen fortfahren zu können. Die Hemmungen, die Deacon als *constraints* in jeder Artikulation namhaft macht, werden in kreativ-transformierenden, tentativen Symbolisierungsakten radikal steigerungsfähig. Im gelingenden Fall verändert sich durch sie nämlich an einem gewissen Punkt das bekannte Muster einer (kulturell und individuell gewachsenen) Verbindlichkeit, die sich auf die Art und Weise fortproduziert, wie man etwas sagen kann (alltäglich, wissenschaftlich, künstlerisch, religiös etc.). Eine solche Transformation gelingt nicht als willkürliche Veränderung. Sie gelingt, indem sie *im* Netz der erlebten Verbindlichkeit, deren poly- und transmodale, synchrone und diachrone Charakteristika neurophänomenologisch und neurowissenschaftlich heute detaillierter beschrieben werden, neue Möglichkeiten zu denken, zu sprechen, zu fühlen und zu handeln anbahnt.

11.1 Fühlen als Index

Die Formulierung als verändernde Handlung wird heute zunehmend auch in ihren soziologischen Wirkungen beschrieben, wobei z. B. der „Looping-Effekt" stark gemacht wird. Der Begriff des „Loopings" geht auf Ian Hacking[582] und seine Beobachtung zurück, dass wenn ein Erlebensaspekt oder vor allem auch eine erlebte Dysfunktionalität medizinisch-psychiatrisch formuliert worden ist, dieser bzw. diese merklich verstärkt auftritt, mit all den gesellschaftlichen, medizinischen, soziologischen Veränderungen, die damit einhergehen können.[583]

Die mit dem Looping-Effekt einhergehende Kritik an einer essentialistischen und linearen Kategorisierbarkeit menschlicher Eigenschaften wird durch die oben umrissenen Transformationsmöglichkeiten der Artikulation untermauert. Um diese Möglichkeiten genauer zu erfassen, bedarf es jedoch der feinkörnigen Beschreibungen Gendlins, die wiederum radikal-reflexive Methodologien beanspruchen, um die beschriebenen Charakteristika nicht wiederum essentialistisch, d. h. formal-kategorisch festzuschreiben. Denn was hier am Beispiel menschlicher Formulierungsfähigkeit beschrieben wird, wird von der Beschreibung offensichtlich selbst affiziert, die auch als wissenschaftliche nicht mehr naiv von einem *Mythos der Trennungen* ausgehen kann, in der die Beschreibung und das Beschriebene zueinander in einem Abbildungsverhältnis stehen, welches beide Seiten nicht affiziert. *Wie* also von der transformierenden Wirkung des *close talking* wissenschaftlich und doch nicht naiv, abstrahierend und doch nicht in immunisierenden Verallgemeinerungen gesprochen werden kann, dafür hat Gendlins Arbeitsweise nach wie vor nicht eingeholte methodologische Standards gesetzt, während er zugleich die Ansätze von Merleau-Ponty, James und Dewey präzise und entscheidend weiterentwickelt. Die Vorreiterrolle, die Gendlin diesbezüglich zukommt, wird heute kognitionswissenschaftlich und neurophänomenologisch erkannt.[584] Dadurch dass die Möglichkeiten der bedeutungsentwi-

---

[582] Vgl. Ian Hacking, „The Looping Effects of Human Kinds," in *Causal Cognition: A Multidisciplinary Debate*, hrsg. v. Dan Sperber, David Premack und Ann James Premack (Oxford: Clarendon Press, 1995), 351–83.

[583] Unterschiedliche Studien heben noch andere Wirkungen der Artikulation und ihre möglichen Gründe hervor. Vgl. hierzu Colombetti, die in „What Language Does to Feelings" mehrere Forschungsansätze zusammenfasst (u. a. auch Gendlin und Petitmengin); oder auch Sue Campbell, *Interpreting the Personal: Expression and the Formation of Feelings* (Ithaca, NY: Cornell Univ. Press, 1997).

[584] In ihrem Buch *On Becoming Aware*, das eine interdisziplinäre Annäherung an die *Pragmatics of Experience* leistet, schreiben die Autoren Depraz, Varela und Vermersch über ihr avantgardistisches Methodenverständnis: „Perhaps our closest ancestor in the English-speaking world is the pioneering work of Gendlin (1962/1997)." – Natalie Depraz, Francisco J. Varela und Pierre Vermersch, *On Becoming Aware: A Pragmatics of Experience* (Amsterdam: John Benjamins Publishing Company, 2002), 3. Vgl. auch Petitmengin, die schreibt: „However, the pioneering work carried out by Eugene Gendlin proves that it is possible to create concepts and words which allow us to refer to this dimension, and study the different types of functional relationship existing

ckelnden Formulierungspraxis *tentativer* Sprechakte im *close talking* gründlicher beschrieben werden können, vor allem auch hinsichtlich der darin mitwirkenden Funktion des Fühlens, führt dies Schritt für Schritt zu einem transformierten Grundmodell sprachlicher Bedeutung.

Bislang haben wir die Transformation von Seiten eines Begriffsgebrauchs beleuchtet, der *tentative* Sprechakte kennzeichnet und der sich in der Vertiefung (Veränderung) der gebrauchten Kategorien manifestiert. Dann haben wir anhand von Beispielen einen gefühlten Ausgangspunkt („anticipatory intention", „stumme Erfahrung") beschrieben, der einen Artikulationsprozess in Gang bringt, der u. U. die Möglichkeiten des Denkens und Sprechens individuell oder kollektiv erweitern kann. Mit der sprachphilosophischen Beschreibung eines einleitenden, begleitenden und regulierenden Gefühls beim Formulieren kam eine subtil erlebbare Dynamik zur Sprache, die Ideen, Wahrnehmungen, ja sogar Gefühle kennzeichnet und die über die Linearität oder Kausalität des vordergründig Gefühlten, Wahrgenommenen, Gewussten oder Bekannten transmodal hinausführt. Die transformative Kraft *tentativer* Sprechakte hat, so wird zunehmend klar, mit dieser Dynamik zu tun und mit der Art und Weise, wie diese beim Sprechen engagiert werden kann.

Die Vermutung drängt sich auf, dass in *tentativen* Sprechakten die Mitwirkung dieser Hintergründe zu unterschiedlichen Graden in Anspruch genommen werden kann. Je nachdem ist eine Veränderung zu bewirken, die sich als subtile oder auch als massive Transformation der (mitwirkenden) Hintergründe äußern kann. Eine solche Veränderung hat Ratcliffe als Bedingung der Bewusstwerdung von *existential feelings* betont.

Gendlins *functional relationships* von *felt meaning*[585] und *symbols* erlauben es an dieser Stelle, der Frage danach, wie eine solche Veränderung allein durch die Formulierung gelingen kann, mit noch feinkörnigeren Denkmitteln und Beschreibungsweisen zu begegnen.[586] Sie führen systematisch die Anstöße fort, die

---

between a felt meaning and its symbolisation." – Petitmengin, „Towards the Source of Thoughts," 59.
585 In seinem ersten Werk *Experience and the Creation of Meaning* (1962) gebraucht Gendlin die Begriffe *felt* und *experienced meaning* als Synonyme. Später entwickeln sich diese Begriffe zum Begriff des *felt sense* weiter und nochmals später zum Begriff des *direct referent*. Diese Entwicklung wäre Thema einer eigenen Untersuchung, die noch aussteht.
586 Gendlin definiert das funktionale Verhältnis in einer minimalen Weise, nämlich als eine Beziehung zwischen Symbol und gefühlter Bedeutung, „in which each has a role that depends on a role of the other. Hence, we can call these roles 'functions' and the relationship a 'functional relationship'". – Gendlin, *ECM*, 98. In der Gegenwartsphilosophie spricht man von einem Perspektivwechsel von der Repräsentierbarkeit zu den Funktionen der qualitativen Erlebnisperspektive (vgl. Matthias Jung und Jan-Christoph Heilinger, Hg., *Funktionen des Erlebens: Neue*

von James mit dem Hinweis der begrifflichen Unersetzbarkeit der *anticipatory intention*, von Dewey mit der Offenheit der *felt quality* einer Situation und von Merleau-Ponty mit dem Unterschied von sprechender und gesprochener Sprache gegeben wurden. Man kann sich den *functional relationships* von Symbol und *felt meaning*, auf die Gendlin 1962 in seinem ersten philosophischen Werk *Experience and the Creation of Meaning* aufmerksam macht, auch mit Hilfe von Deacons Verweis auf eine semiotische Infrastruktur annähern, die im vorsprachlichen Alter zu entstehen beginnt. Sie geht, wie mit Peirce und heute auch entwicklungspsychologisch zu zeigen ist, mit ikonischen Bedeutungsschichten einher, wodurch ein Säugling bereits multisensorisch seine Mutter (am Gang, Geruch, Ton etc.) erkennen kann. Die erlebten, gefühlten ikonischen Vernetzungen hören aber nicht im Kleinkindalter auf. Sie begleiten, unterfüttern und verweben symbolische Bedeutungen auf die Art und Weise miteinander, wie es die Wort-Beispiele in Kapitel 3 anschaulich gemacht haben. Der Begriff einer semiotischen Infrastruktur linguistischer Kommunikation, die auf das vorsprachliche Kleinkindalter zurückgeht, geht, wie oben angedeutet, zugleich weit darüber hinaus. Diese Infrastruktur hat ihre Wurzeln in der evolutionären Entwicklung einer Sprachum-

---

Perspektiven des Bewusstseins (Berlin: De Gruyter, 2009)). Er führt zu vielfältigen Untersuchungen über die erlebensbedingten Möglichkeiten des Objektbewusstseins und Metakognitionen des begrifflich strukturierten Selbstbewusstseins. Vgl. dazu Katja Crone, „Selbstbewusstsein und Identität – die Funktion der qualitativen Erlebnisperspektive", in Jung und Heilinger, *Funktionen des Erlebens*, 337– 63; sowie Eva-Maria Engelen „Zur Bedeutung von Sprache, Intentionalität und Erleben für das Verständnis von Emotionen", in ebd., 385 – 415. Dabei kann gerade die Verwendung des Ausdrucks *funktional* missverständlich wirken. Maturana und Varela, beispielsweise, verzichten in ihrem autopoietischen Ansatz aufgrund der maschinellen Konnotationen, die dadurch hervorgerufen werden, auf diesen Begriff: „The notion of function arises in the description made by the observer of the components of a machine or system in reference to some encompassing entity, which may be the whole machine or part of it, and whose states constitute the goals that the changes in the components are to bring about. [...] Accordingly, since the relations implied in the notion of function are not constitutive of the organization of an autopoietic system, they cannot be used to explain its organization." – Francesco J. Varela und Humberto R. Maturana, *Autopoeisis and Cognition: The Realization of the Living* (Dordrecht: Reidel, 1980), 86. Ein davon zu unterscheidender Begriffsgebrauch, der sich auch bei Gendlin manifestiert, knüpft an den klassischen Pragmatismus an. Mead führt diesen in exemplarischer Weise vor, indem er eine funktionale Perspektive auf Erfahrung und Bewusstsein vorstellt, die gerade als funktionale ein kontextualisierend-integratives Verständnis des Verhältnisses von Geist und Gehirn einleitet. Mead schreibt: „Bewußtsein oder Erfahrung, im Rahmen des gesellschaftlichen Prozesses erklärt oder dargestellt, kann aber nicht im Gehirn lokalisiert werden; nicht nur, weil eine solche Lokalisierung eine räumliche Auffassung des Geistes voraussetzt [...], Bewußtsein ist funktional, nicht substantiv. In beiden Hauptbedeutungen des Begriffs muss es in der objektiven Welt und nicht im Gehirn lokalisiert werden – es gehört der uns umgebenden Welt an und ist für sie charakteristisch." – Mead, *Geist, Identität und Gesellschaft*, 153.

welt oder eines Interaktionskontextes, welcher aus sprachimplizierenden Situationen besteht, in und aus denen sich menschliche (Sprach-)Körper entwickeln. Sie manifestiert sich in der tiefgehenden, alles durchdringenden, gefühlten Hintergründigkeit, auf die Ratcliffe, Damasio und Gendlin aufmerksam machen.

Gendlins sprachtheoretische Untersuchungen machen differenzierte Funktionen des Fühlens in der Bedeutungsentstehung systematischer formulierbar. In einem ersten Schritt weitet sich mit seinen *functional relationships* jene Verweismöglichkeit aus, die im indexikalischen Zeichenbezug angelegt ist, und die Gendlin als *direct reference* bezeichnet.[587] So wie der Satz „Da ist er doch!" seine eindeutige Bedeutung *nur* dann erhält, wenn *dort* tatsächlich der Hund steht, den man gesucht hat, so zeigt Gendlin, dass Gefühltes ähnlich indexikalisch *funktioniert*. Betrachtet man die indexikalische Funktion des Fühlens am Beispiel der nun folgenden Sprechakte, dann sieht man sogleich, dass sie nicht nur auf diese beschränkt ist.

Wird man beispielsweise gefragt, wie man ein Bild findet, so kann man dies leicht sagen oder auch nicht so leicht. Auf jeden Fall kann man sich beim Sprechen direkt darauf einlassen, was das Bild bei einem auslöst. Man sagt dann beispielsweise: „Es ist merkwürdig, ich weiß nicht, ob es mir gefällt, irgendwie spricht es mich aber an." Was in diesen Fällen gesagt wird, ist etwas Gefühltes, auf das die Worte nur zeigen können. Gendlin macht darauf aufmerksam, dass die Bedeutung des Satzes allein im verweisenden Zeigen auf Gefühltes liegt: „In 'direct reference' we need a pointer in order to refer. We cannot assume that 'a' feeling (some unity or reference in any sense) exists without something to mark it off and thus create it as 'a' felt meaning."[588] Das funktionale Verhältnis der *direct reference* ist aber keine Konstruktion, die durch das begriffliche Zeigen allein geschaffen würde. Vielmehr beruht die Bedeutung in diesem Fall, wie bei der Indexikalität, auf einer gegenseitigen Verwiesenheit von zeigendem Symbol und *etwas*, das jetzt und hier zu verorten ist, und zwar als Gefühltes: „Apart from direct reference to felt meaning, the symbols mean nothing. The felt meaning, thus, has

---

587 Vgl. hierzu Gendlin, *ECM*, 94: „By 'direct reference,' then, we shall mean an individual's reference to a present felt meaning, not a reference to objects, concepts, or anything else that may be related to the felt meaning itself." Auf die Kritik von Hans Julius Schneider an dieser Terminologie von Eugene Gendlin sei an dieser Stelle hingewiesen. Schneiders Kritik ist von einer wittgensteinschen Lesart geprägt, die daher dem klassisch pragmatistischen Hintergrund dieses Konzeptes nicht genügend Rechnung tragen kann, zugleich jedoch das Missverständliche an der Begriffswahl der direkten Referenz klar und deutlich herausarbeitet. Ich hoffe auf eine fruchtbare Auseinandersetzung mit dieser wichtigen Kritik in einer zukünftigen Veröffentlichung. Vgl. Hans Julius Schneider, „What is it that Wittgenstein Denies in His Philosophy of Psychology?", in *Wittgenstein Studien* (Berlin: de Gruyter, voraussichtlicher Erscheinungstermin Frühjahr 2019).
588 Ebd., 98.

a vital and independent function."[589] Das Symbol bildet nichts ab, es *funktioniert* im Zusammenspiel mit Gefühltem, das dadurch wiederum zu *etwas* Bestimmtem oder Bestimmbarem wird, auf das man sich weiter beziehen kann. Es ist diese interdependente Wirkung, die Gendlin als *functional relationship* bezeichnet.

In einem weiteren Schritt macht Gendlin darauf aufmerksam, dass gefühlte Bedeutsamkeit nicht nur in *direkter Referenz* eine Rolle spielt, also wenn Begriffe auf etwas zeigen können, was in diesem Fall erstpersonal zu fühlen ist; die gegenseitige Verschränkung von Gefühl und Symbol ist auch in Wortbedeutungen auszumachen:

> For example, take a sentence that symbolizes its meaning quite well: „Democracy is government by the people." Here, we are not normally called upon to refer directly to the felt meaning. Instead, we normally consider the symbols to contain the meaning. In order to become aware that in this case also, our felt meaning can be directly referred to, we must strain the normal experience. We must ask ourselves what we really meant by the word „democracy" or „government" or „people." Then we become aware of the felt meaning of these words for us, and in this becoming aware we „directly refer" to felt meaning. We may say with sureness, then, that direct reference is always possible, but it requires an extra willful act (reflection, it is often called) when the symbols appear to symbolize the meaning adequately.[590]

Besinnt man sich also auf den Satz „Democracy is government by the people", muss man als erfahrener Sprachverwender in der Regel nichts Auswendiggelerntes von sich geben, um ihn zu definieren. Man *hat* die Bedeutung einfach. Aber wie? Wiederum, so wird durch Gendlins phänomenologischen Zugang deutlich, besinnt man sich auf eine Form des Verstehens, die als *felt meaning* zu bezeichnen ist. Man merkt dies vor allem, wenn man Sätze in einer anderen Sprache hört. Dann hört man nur Töne, während man in der eigenen Sprache nie nur den Ton des Wortes hört, sondern immer schon Bedeutung. *Felt meaning* ist scharf zu unterscheiden von dem Vorhandensein einer *inneren* Entität, für die der Satz oder das Wort steht. Wenn wir Worte verstehen, gehen sie (in aller Selbstverständlichkeit) mit einer gefühlten Bedeutung einher. Strapaziert man die gewöhnliche Sprecherfahrung, indem man aufgefordert ist, einen Ausdruck zu definieren oder zu erklären, dann wird diese Wirksamkeit deutlich: Man hat eine *gefühlte Bedeutung*, die es ermöglicht, das Wort mit anderen Worten zu erklären. Diese Wirksamkeit ist das zweite funktionale Verhältnis, die *recognition*. Während bei der *direkten Referenz* die Symbole ihre Bedeutung allein im Verweis auf Gefühltes gewinnen, das sie *nicht* hervorgerufen haben, das sie aber zu *etwas* Be-

---

589 Ebd., 100.
590 Ebd., 99.

stimmbarerem machen, besteht *recognition* darin, dass mit Worten Bedeutungen einhergehen, die immer auch *gefühlte* sind. Das wird deutlich erkennbar, wenn man ein Wort mit anderen Worten beschreiben, erklären oder definieren will, beispielsweise das Wort Demokratie.

Dieser Schritt führt Gendlin schließlich zur Komplementärfunktion und zum dritten funktionalen Verhältnis, der *explication*. Lässt man sich beispielsweise wiederum auf die *felt meaning* von Demokratie ein, so zeigt er, dann kommen Worte und Beispiele, um sie zu erklären oder zu definieren. Am klarsten ist diese wechselseitig wirksame Funktion zu bemerken, wenn sie unterbrochen wird. Was macht man, wenn man z. B. vergessen hat, was man sagen wollte? Man kann wenig machen! Was man sagen wollte, *hatte* man noch nicht in Worten. Erinnert man sich, hat man *es* wieder – wieder nicht nur in Worten, sondern als eine *felt meaning*, die weitere Worte kommen lässt. Zum wechselseitigen Verhältnis von *recognition* und *explication* schreibt Gendlin:

> ...for explication, the „recognition" relationship must already obtain. Explication depends upon a prior functional relationship (recognition) between certain symbols and certain felt meanings, such that the former can call out the latter. „Explication" is that same relationship, except that the latter calls out the former.[591]

Diese wirksamen Verhältnisse sind in folgender Hinsicht erstaunlich: Sie demonstrieren im Detail den verkörperten Aspekt einer semiotischen Infrastruktur, deren indexikalische Dimension Deacon bis ins vorsprachliche Alter zurückverfolgt, die man aber, mit Mead und Gendlin, als sprachbildende Arbeit von Generationen ausweisen könnte, aus der sich situationssensible Sprachkörper entwickelt haben und weiterentwickeln. Mit Peirce ist diese Form von Wirksamkeit vielleicht am besten zu beschreiben. Man kann sie ikonisch beschreiben: So wie sich mit dem Geruch eine Erinnerung einstellt, so stellt sich mit dem Wort eine gefühlte Bedeutung ein und andersherum. Was in dieser Weise mit einer Selbstverständlichkeit funktioniert, über die wir nicht nachdenken müssen, geht über das Bild des antrainierten Sprachspiels hinaus, welches als Metapher vor allem jene sprachphilosophischen Anstrengungen angeregt hat, die auf die Regelhaftigkeit und die Kriterien des gelingenden Spiels fokussieren. Mit der wechselseitigen Wirksamkeit von gefühlter Bedeutung und Symbol kommt die verkörpererlebte, sprich somatische Verankerung der Semantik in den Blick. Indem Gendlin seine Aufmerksamkeit auf funktionale Verhältnisse von Symbol *und* gefühlter Bedeutung richtet, lässt sich die verkörperte Dimension des Sprachspiels besser untersuchen, welches mitsamt den Situationen, in denen es gespielt wird, in

---

591 Ebd., 109.

gewisser Weise in Fleisch und Blut des Sprachkörpers des Sprachspielers übergegangen ist. Worte sind fähig, auch unabhängig von momentanen Situationen gefühlte Bedeutsamkeiten hervorzurufen. Sie sind in dieser Weise wie verbale Erlebenskapseln. Gefühlte Bedeutsamkeit muss wiederum, egal in welcher Situation, so funktionieren, dass Worte *kommen*.

Cavell betont einen verwandten Punkt, der allerdings weniger *verkörpert* ist, wenn er darauf aufmerksam macht, wie ein gewachsenes Daseins- und Selbstverständnis nicht getrennt von den Initiationswegen betrachtet werden kann, in denen man als jugendlicher Sprachverwender in Wortbedeutungen eingeführt worden ist. Eine lebensförmige (komplex gewachsene und zugleich offene) Bedeutung von Worten ist durch Damasio, Ratcliffe und Gendlin, aber auch durch James als Form des Fühlens zu begreifen. Was zur Folge hat, dass die situative Plastizität von Bedeutung, die Wittgenstein betont, als verkörperte aufzufassen ist.

Das Fühlen als implizite „unseparated multiplicity"[592] wird vor allem auch an der Möglichkeit von Relevanz deutlich. Ein gefühltes Verständnis dessen, um was es etwa im Verlauf eines Gesprächs geht, funktioniert, um an einem gewissen Punkt etwas Relevantes sagen zu können. Offensichtlich wirkt die langjährige Erfahrung auf einem Gebiet als ebensolche *unseparated multiplicity*, die sich beispielsweise in der scharfen und pointierten Kürze einer Bemerkung äußern kann. Relevanz wird so definierbar, dass „a set of symbols is understood by means of many experienced meanings"[593]. Das funktionale Verhältnis der Relevanz gewährleistet jedoch, dass in *einer* symbolischen Formulierung sehr viele unterschiedliche gefühlte Bedeutsamkeiten mitwirken. Wenn Worte hierfür leicht *kommen*, so funktioniert das Relevanz-Verhältnis *explikativ*. Wenn es nicht explikativ funktioniert, dann entsteht die oben beschriebene (kreative) Hemmung: Man kann nicht sagen, was man will, gerade weil es zu viel zu sagen gibt. Eine (individuell oder kollektiv sich auswirkende) Erweiterung des Sprachspieles ist angesagt, indem das Formulieren in neuer Weise Bedeutung bahnt in der funktionierenden Verschränkung von Symbol und *felt meanings*. Die Formulierungen, die man nutzt, ändern sich, wenn neue gefühlte Bedeutsamkeiten zu den Worten, die funktionieren, hinzukommen können. Wie das geschehen kann, expliziert Gendlin als funktionales Verhältnis der *Metapher* und als *comprehension*.

In Metaphern werden Symbole (Worte, Ausdrucksweisen, Redewendungen) mit ihrer gewöhnlichen gefühlten Bedeutung (*recognition*) in ungewöhnlicher Weise gebraucht, d. h. auf neue Erfahrungsaspekte bzw. auf andere *felt meanings*

---

592 Vgl. Gendlin, „Thinking Beyond Patterns."
593 Gendlin, *ECM*, 130.

angewendet. Dann geschieht etwas, was im subordinierenden (oder subsumtionslogischen) Begriffsgebrauch undenkbar ist: Die Bedeutung aller metaphorisch verwendeten Begriffe verändert sich zugleich. Für diese Wirkung führt Gendlin, wie bereits erwähnt, einen innovativen sprachphilosophischen Fachterminus ein: das Kreuzen („crossing")[594]. Die organismische Begriffskonnotation aus der Genetik erlaubt es eine Wirkung des Begriffsgebrauchs hervorzuheben, die aus der statischen Konnotation der Repräsentation sowie aus der mechanischen Konnotation der Konstruktion herauskatapultiert. Der Begriff des Kreuzens macht deutlich, dass diejenige Bedeutung, die in einem solchen Sprachgebrauch entsteht, erst in der *geschehenen* Kreuzung der *felt meanings*, die die metaphorisch verwendeten Begriffe als *recognition* auslösen, entstehen kann: „Words that are already meaningful can, in a particular metaphor, mean something new, which they again cease to mean if taken out of the metaphor."[595]

Das funktionale Verhältnis der *comprehension* führt diese bedeutungsbildende Plastizität einen Schritt weiter. Sie kommt der andrängenden, aber offenen Artikulationssituation am nächsten, die in den Zitaten zu Beginn von Kapitel 7 beschrieben worden ist. Während in Fällen der *explication* die Symbole, d. h. die Worte und Sätze fraglos *kommen*, gibt es Situationen, in denen dieses Verhältnis (noch) nicht in dieser Weise funktioniert. In diesem Fall ist die gefühlte Bedeutsamkeit *chiefly active*, d. h. leitend:

> Since there are no exact symbols for it extant, we are likely to make many false starts and say many things that we don't quite mean. As we hear them, we say, „No, that isn't exactly what I mean," or „No, that's only part of it," or „No, it's sort of like that, but not quite." All through this process the felt meaning to be symbolized functions both as selector and as arbiter. We concentrate on (directly refer to) this felt meaning and words come to us (explication). The felt meaning also enables us to feel whether these words succeeded or failed to symbolize it (arbiter).[596]

Mit Gendlins funktionalen Verhältnissen lassen sich Formulierungsversuche sehr direkt als verkörperte Prozesse verstehen, die Differenzierungen und Kontraste schaffen. Minutiöse Veränderungen werden durch diesen doppelten Ausgriff auf das gemeinsame bedeutungsbildende Funktionieren von Symbol und gefühlter Bedeutsamkeit nachvollziehbar. Mögliche semantische Verschiebungen durch die verschiedenen funktionalen Verhältnisse werden nachvollziehbar als Verände-

---

594 Vgl. Eugene T. Gendlin, „Crossing and Dipping: Some Terms for Approaching the Interface Between Natural Understanding and Logical Formulation," *Minds and Machines* 5, Nr. 4 (1995): 547–60.
595 Gendlin, *ECM*, 115.
596 Ebd., 119.

rungen, die geschehen, wenn *mit* Symbolen immer auch gefühlte Bedeutsamkeiten aufeinandertreffen und (sich) kreuzen, die einen *embodied context* verändern. Eine buchstäblich gefühlte Differenzierung macht andere *felt meanings* zugänglich, die funktionieren, indem wiederum andere Worte *kommen* können usf. Durch den Gebrauch von Worten kann das plastische Medium der gefühlten Bedeutung sich komplex verändern. Dadurch kann im Sprechen eine veränderte Bedeutung entstehen, die unvorhersehbar *frisch* hervortreten kann. Diese bringt weitere erlebbare Aspekte einer impliziten „unseparated multiplicity"[597] hervor, die, wenn sie im funktionalen Verhältnis der *explication* funktioniert, weitere Worte *kommen* oder etwas fühlbarer werden lassen kann, das weitere Formulierungsbemühungen ermöglicht, um verbal, gefühlt und erlebt beim Sprechen differenzierbar zu werden. In enger Verwandtschaft zu James schreibt Gendlin: „By the time we say exactly what we meant, it isn't quite the same; it is richer, more explicit, more fully known. We use symbols not only to tell others what we mean, we tell ourselves."[598]

Während die begriffliche Seite des Sprachspiels seit Jahrzehnten im Mittelpunkt von (analytischen) Sprachphilosophien steht, fallen erst durch eine phänomenologisch scharfgestellte Lupe *felt meaning*-Funktionen in der Bedeutungsbildung auf. Sie eröffnen neue Wege, um über einen innovativen Wortgebrauch und über dessen komplex entwickelnde Wirkung nachzudenken. Eine implizite *unseparated multiplicity*, die erst durch die Formulierung differenziert werden kann, erlaubt es die Kontextualisierung, deren bedeutungsstiftende Rolle seit Wittgenstein zunehmend erkannt wird, als verkörperte zu verankern. Ohne diese Verkörperung des Kontextes scheint die bedeutungsstiftende Mitwirkung des Kontextes oft gleichsam geheimnisvoll und unabhängig von der Teilnahme der die Situation erlebenden Menschen vorausgesetzt zu werden.

11.2 Bedeutungswachstum

Ein kreativer Prozess der Formulierung kann deshalb immer auch als gefühltes Geschehen der Transformation angesehen werden. Die Formulierung bringt eine *erlebbare* Entwicklung und Differenzierung mit sich. Es sind nicht schon vorhandene, analytisch zu gewinnende Bausteine, die eine solche unvorhersehbare Veränderung verursachen können. Es sind die *geschehenden* Kreuzungen und ihre

---

[597] Vgl. Eugene T. Gendlin, „Thinking Beyond Patterns: Body Language and Situation," in *The Presence of Feeling in Thought*, hrsg. von Bernard den Ouden und Marcia Moen (New York: Lang, 1991), 25–151.
[598] Ebd., 120.

Wirkungen, die erst (mehr) denken und (mehr) sagen lassen, z. B. auch dazu, wieso man nun mehr sagen kann. Diese Interaktion löst das hinderliche Modell der Repräsentation ab, das ja auch die Vertiefung und Selbstreflexivität eines solchen Prozesses undenkbar gemacht hatte, weil man beim Versuch das Repräsentieren zu repräsentieren nur im unendlichen Regress und in Verdopplungen landet. Der minimalen (und zugleich auch steigerungsfähigen) methodischen Bedingung für die Vertiefung eines kreativen Formulierungsprozesses und die Möglichkeit, diesen als solchen zu reflektieren, ist auf der Basis eines Interaktionsmodells Aufmerksamkeit zu schenken.

Auch wenn zunächst kein treffendes Wort, keine stimmige Sprache *kommt*, die im verkörperten Kontext *arbeiten* kann, so geschehen auch durch falsche Formulierungen fühlbare Wirkungen. Die geschehenden, differenzierenden Kontrastierungen helfen weiter, um andere Worte *kommen* zu lassen, wobei dadurch wiederum weiterführende Wort- und Situationsnetzwerke zugänglich werden.[599] Merleau-Ponty sagt berechtigterweise, dass solche Sprechakte durch eine *Erstmaligkeit* charakterisiert sein können, als ob man in gewisser Weise neu zu sprechen lerne.

Das Interaktionsverhältnis, dem Gendlins funktionale Verhältnisse Rechnung tragen, ist gut geeignet, um die Hebelwirkung zu berücksichtigen, welche die Performativität *tentativer* Sprechakte kennzeichnet. Sich einzulassen bleibt dabei die Bedingung einer kreativen Erweiterung, die als Interaktionsspiel zwischen gefühlter Bedeutsamkeit und sprachlichen Mitteln nachvollziehbarer wird. Indem

---

[599] Vgl. hierzu Gendlin, ebd., 81: „It is an important theoretical question why it makes so much difference to a person to conceptualize a feeling in words that really seem to convey it. However, in describing the experience of such conceptualizing, there is simply no question that it does make the feeling more intense, more clear, more real, and more capable of being handled. [...] He feels as if he had grappled with it and now owns it, instead of being dogged by something partly unknown. We could multiply descriptions of the difference it makes. Among other differences, accurate conceptualization tends to allow the client to continue exploring the feeling and other feelings connected with it, so that he soon finds himself again confronted by something vague yet important and once again proceeds to symbolize that. *In this way a flow or a process develops.* The exploration of feeling develops on its own power, even though the client may have come in feeling that he had nothing to say. Or, if he has come with a very full, prepared agenda of intellectual or situational content, he soon drops the agenda. One reason for the development of this flow of feeling is that a person nearly always has some feeling – for example, being stuck, being embarrassed at not knowing what to say or do next, being uncomfortable about expressing something, feeling unwilling to go into something. Some feelings are expressed along with intellectual content, others by silence or gesture or voice quality. They are not 'conscious' most of the time, but they are not unconscious either. They have a kind of subliminal status such that any attention developed to them makes them conscious. The client himself often is surprised by what he finds he just expressed."

einem hintergründigen *embodied context* in seiner impliziten undifferenzierten Vielfalt nachgefühlt wird, kommen die darin wirksamen gefühlten Bedeutsamkeiten in den symbolischen Mitteln, die funktionieren, bewusster zum Tragen. Als Beispiel hierfür rekurriert Gendlin im letzten Kapitel seines *Prozess-Modells* auf die darstellende Kunst:

> Stanislavski, [...] verlangt von seinen Schülern, dass sie zunächst still sind und dass sie ein ‚Fühlen' entstehen lassen, das seine eigene Richtigkeit hat. Erst dann sollten sie aufstehen und spielen, so dass ihr Spielen sich aus diesen gebildeten inneren ‚Datum' heraus entwickeln könnte. Richtige Haltungen und Bewegungen würden dann kommen. Er insistiert also auch auf einer Pause [...], auf einer Zeit, in der man nicht spielt oder spricht oder sich [verhält]. [...] Alles, was jemand dann tut, ist anders, insofern es aus diesem veränderten Körperspüren heraus gelebt wird. [...] Deshalb kommen solche Weisen zu stehen, zu sprechen und zu schauen wie von selbst und sind angemessen. Stanislawski bezeichnet es als Befähigung, ‚aus der inneren Natur etwas Neues zu kreieren'. [...] Was Stanislawski in sich nutzt, ist der implizite Situations- und Interaktionsreichtum seines ganzen Körpers, der durch dieses spezielle gerichtete Implizieren als Ganzes jetzt verändert wird. So etwas brauchen wir in jeder Lebenssituation, auch in jedem neuen theoretischen Denken. Sein Prozess besteht aus dem lebendigen Vollzug eines körperlich impliziten Ganzen, und daraus entspringen veränderte und richtigere Handlungen und Gedanken. Um was für eine Art der Sequenz, um welche neue Art des ‚Fühlens' handelt es sich hier?[600]

In Gendlins *Prozess-Modell* wird die weitreichende Veränderung, die im Einlassen auf einen gefühlten Kontext und in dessen Formulierungen geschehen kann, wie bereits erwähnt, systematisch auf der Basis einer Körper-Umwelt-Interaktion entwickelt. *Embodied context* bildet sich also als Interaktionskontext zusammen mit der Sprache, umfasst jedoch als gefühlter, verkörperter Kontext mehr, als gesagt wird, und wächst, wie ich betonen möchte, durch die sprachliche Differenzierungsarbeit.

Mit Gendlin ist, in offensichtlicher Anknüpfung an die von Dewey bewusst gemachte Funktion der Situationsqualität, eine relevante Unterscheidung der Wirksamkeit von eingespielten (gewöhnlichen) und nicht eingespielten *tentativen* Sprechakten zu treffen. Transformierende Differenzierungen haben mit einer *Praxis* des Nachfühlens und einer damit einhergehenden *Herausbildung* eines neuartigen Ganzen (Kontextes) zu tun. Die darin entstehende Bedeutung ist deutlich von derjenigen zu unterscheiden, die man in routinierten Sprachspielen *in* Alltagssituationen und -kontexten konstituiert. Diese Praxis spricht Gendlin in seinem Spätwerk erneut als *direkte Referenz* an, wodurch er das *funktionale Verhältnis* gleichen Namens aus *Experiencing and the Creation of Meaning* weiterentwickelt. Der Begriff formuliert nun selbst auf innovative Weise eine Möglich-

---

[600] Gendlin, *Prozess-Modell*, 410 f.

keit, über die sich sprachphilosophisch kaum sprechen ließ: nämlich einen Sprechakt zu explizieren, der im Einlassen auf eine Situation bzw. einen Kontext ein relevantes Ganzes – im Sinne einer neuen Situation oder eines Kontextes – herausbildet, welches als Gegenstand nicht *in* der gewöhnlichen Interaktionsdynamik gebildet werden kann. Dieses Neue wird aktiv in einer *neuen* Form von Interaktion in einem neuen Raum *geschaffen*. Eine solche Artikulationsmöglichkeit entwickelt Gendlin im letzten Kapitel seines Hauptwerks (Kap. VIII), wobei er es von gewöhnlichen Sprechakten *in* Situationen abgrenzt, die in Kapitel VII behandelt werden (Letztere werden im folgenden Zitat in der Kurzform als „VII-Komplexität" angesprochen):

> Der Raum, in dem sich der Direkte Referent bildet, ist in gewisser Hinsicht leer [...] in anderer Hinsicht ist er jedoch die ganze körperliche Komplexität, die versioniert wird. Der neue Raum ist leer, weil die VIIer-Komplexität nicht wirklich da ist, und doch wird diese Komplexität ganzheitlicher vorangetragen als in jeder VIIer-Sequenz.
>
> Dadurch wird die ungeheure Weite dieses Raums verstehbar: Es handelt sich hier nicht um die Art von Raum, wie Situationen es sind. In denen sind wir ja. Das hier ist ein Raum, in dem sich DIE GANZE SITUATION BEWEGT. Wir sind nicht mehr in der Situation, sondern in einem neuen Raum, und wir sind hier, die Situation ist jetzt ein ‚Etwas', ein neues ‚Datum', dort, uns gegenüber.[601]

Auf der Grundlage einer immer komplexer werdenden Entwicklung, die auf Interaktion beruht, arbeitet Gendlins *Prozess-Modell* im letzten Kapitel sorgfältig weiter aus, wie im sprachlich gewordenen Interaktionsraum das Einlassen auf das Situationsgefühl oder auf das situative Implizieren selbst ein komplexer Veränderungsprozess ist, der als solcher wiederum einen *neuen Raum* bedeutungsbildender Möglichkeiten schafft. Dieser bedarf einer Pause, einer Unterbrechung routinierter Denk-Abläufe, alltäglicher Handlungsmuster und Konversationsgepflogenheiten. So wie die Herausbildung der Gesten den Verhaltensablauf unterbrochen hat, so geht mit der *direkten Referenz* auch buchstäblich eine Pause in automatisierten Sprech- und Handlungsabläufen einher, in der sich ein komplexes Ganzes fühlend durchspielt – durch interagierende Situationssequenzen hindurch. Eine solche Reflexionsform ist selbst ein hochkomplexer Veränderungsprozess:

> Wir verstehen unsere Sequenz bislang nur so weit, dass gewisse interaktive Bewegungen hin zu einem noch nicht-direkt-präsenten ‚Fühlen' dieses ‚Fühlen' generieren und einen neuen Raum bilden, in dem es sich formen kann.

---

601 Gendlin, *Prozess-Modell*, 439.

> Wir haben auch gesehen, dass jedes kleine bisschen einer solchen Sequenz zugleich eine Veränderung des Ganzen ist, eine veränderte Version der ‚gleichen' Gesamtsituation, der gleichen gesamten Relevanz. [...]. Jedes kleine bisschen der neuen VIIIer-Sequenz verändert ‚alles', und aus dieser Abfolge sich ändernder Versionen bildet sich das neue ‚Fühlen', der Direkte Referent als ein gehabter, gefühlter heraus. Dieses Haben des Ganzen (oder Fühlen als solches) war in Kapitel VII nicht möglich. Es ist eine neue Art von körperlichem Gespür (bodily sense) für die gesamte Komplexität selbst. Um es zu haben, muss man eine Pause im VIIer-Symbolisierungsprozess machen.[602]

Auf diese Weise unterscheidet Gendlin zwischen verschiedenen Symbolisierungsprozessen (er nennt sie Typ VII und VIII). In Anlehnung an die von Jung modifizierte Brandomsche Grundidee einer „Leiter der Explikation", könnte man sagen, dass der Unterschied zwischen der Ebene VII und der Ebene VIII die Differenz der vorletzten und letzten Sprosse dieser Leiter aufnimmt (oder vorwegnimmt). Auf dieser Ebene können die impliziten Beziehungen, die in situativen Sprachspielen herrschen, selbstreflexiv expliziert werden. Jungs Ergänzung und Verlängerung der Brandomschen Leiter durch eine unterste „qualitativ bestimmte Sprosse"[603] wirkt sich in Gendlins Stufen noch auf der obersten qualifizierend aus. Während die Brandomsche Leiter eine völlige Explizierbarkeit voraussetzt – ein Anspruch, den Jung überzeugend kritisiert –, wird ein impliziter Hintergrund auf jeder Stufe der Gendlinschen Leiter (qua Verhaltenskontext, symbolischem Interaktionskontext und jener letzten Reflexionsstufe) komplexer. Gendlins Stufung ließe sich deshalb als komplementäre Leiter zu der Brandoms auffassen. Sie stellt gleichsam die implizite Gegenseite explizierbarer Stufen dar. Anders gesagt, entstehen Gendlins Ebenen offensichtlich nicht durch die immer endgültigere Explikation der sprachlichen Geltungsansprüche und Inferenzbeziehungen. Sie entwickeln einen nicht auf den Begriff zu bringenden Begriff des Impliziten auf der Basis einer Körper-Umwelt-Interaktion, die sich auf jeder Stufe differenzholistisch verändert. Dieses Implizite funktioniert durchgängig anders als Explizites; aber es muss in der Explikation funktionieren, damit Bedeutung *entsteht*. In der Artikulation jedoch, in der Interaktion mit symbolischen Formen entsteht kein Abbild dessen, was implizit war, sondern es entstehen neue Wirklichkeitsräume mit neuen Geltungsansprüchen, Verbindlichkeiten, Gegenständen, Entitäten und vor allem Situationen. Der Komplementärbereich des Impliziten wächst in der Versionierung und Kreuzung mit symbolischen Formen in nicht vorherzubestimmender Weise an. Diese implizite Charakteristik so zu explizieren, dass sie

---

602 Ebd., 425.
603 Jung, *Der bewusste Ausdruck*, 381.

durch Explizites prinzipiell nicht ersetzbar wird, das ist die steile Vorgabe, für die eine Gendlinsche *Leiter der Explikation* brauchbar wird.

Mit dem Typ VII bezeichnet Gendlin also gewöhnliche Sprachspiele sowie den gewachsenen kulturellen Raum einer alltäglich funktionierenden (eingespielten) Verbindlichkeit von situativen und sprachlichen Zusammenhängen, die sich als funktionale Verhältnisse zwischen verkörpertem Gefühl und symbolischen Formen manifestieren. Die Komplexität, die diese lebensweltlichen Interaktionskontexte beanspruchen oder implizieren, funktioniert automatisiert in den eingespielten Varianten und den Übergängen, die grammatikalisch aber auch *erlebtermaßen* erlernt werden, oder richtiger gesagt, funktioniert sie auf inkorporierte Weise.

In Symbolisierungssequenzen, in denen kürzere oder unter Umständen sehr lange Pausen nötig werden (wie sich auch in den Zitaten zu Beginn von Kapitel 7 angedeutet hat), äußert sich hingegen ein noch nicht oder ein noch nie artikulierter Aspekt impliziter Komplexität. Sich dieser Komplexität zu stellen, kann das Sprachspiel verändern, das in Situationen *herrscht*. Es kann zu neuen Formulierungs- und dadurch auch zu veränderten Bedeutungs- und Handlungsmöglichkeiten führen. In solchen Symbolisierungssequenzen bewegt man sich nicht nur *in* eingespielten Situationszusammenhängen, die sprech-handelnd bewältigt oder vollzogen werden können. Vielmehr beginnt sich *in* diesen Sequenzen ein *fühlbares* Ganzes (qua Situationskontext bzw. Situationszusammenhängen) zu bewegen und dadurch zunächst fühlbar neue Differenzierungen hervorzubringen. Implizite Situationskomplexe werden so selbst zu einem neuen, ganzheitlichen Gegenstand einer konzentrierten Ausgerichtetheit und Artikulation. Was herkömmlich unter Reflexion verstanden wird, wird auf diese Weise sowohl durch den Einbezug der Rolle des situativen Fühlens als auch in der versionierenden Auffassung dessen, was Fühlen heißt, in neuartiger Weise beschreibbar. So beschreibt Gendlin jene Phase, in der ein Wissenschaftler oder Künstler, wie man so schön sagt, mit einer Idee schwanger geht, am Beispiel von Einstein wie folgt:

> Einstein [hatte] (wie er berichtet) die ganze Zeit ein „Gefühl", wie die Antwort lauten könnte. Dieses Fühlen war sein körperliches Implizieren, er konnte es „haben", weil er Symbole (Versionierungsmuster) hatte, wodurch er diese Situation rekonstituieren konnte. Er konnte die Situation noch nicht vorantragen [carrying forward], was bedeutet hätte, den Ansprüchen der Situation gerecht zu werden, um das zu tun, was erforderlich war (auf eine gewisse, offensichtlich nicht vor-definierte Weise). Aber er konnte die Situation rekonstituieren.[604]

---

604 Gendlin, *Prozess-Modell*, 396.

In der Situation, die Einstein symbolisch rekonstituiert, ist viel mehr enthalten, als das, was noch begriffen (und begrifflich gemacht) werden kann: nämlich das Unbefriedigende oder Ungenügende an einer Formulierung des Problems oder der Lösung. Einstein trägt dieses Ungenügen im Fühlen auf verkörperte Weise in sich. Beschreibungen wie die, dass man über einen Gegenstand nachdenkt oder dass das Denken ein innerer Monolog oder Dialog wäre, werden angesichts dieses gefühlten und verkörperten Prozesses als hilflose Verkürzungen erkennbar. Sie beschreiben das Denken am gewachsenen Verhältnis von Situation, Gefühl, Ausdrucksmittel, Daseins- und Selbstverständnis (sowie Selbstverständlichkeit) vorbei. Gendlin charakterisiert diesen Vorgang deshalb in einer unorthodoxen direkten Sprache. Sie wiederum entspringt seinem Einlassen auf diesen Prozess und nicht nur seiner Beschreibung im Diskurs. Deshalb erweitern seine ungewöhnlichen Beschreibungen kanonische philosophische Sprachspiele dazu, was es heißt zu denken:

> Beim Entstehenlassen eines Direkten Referenten macht man zweierlei: man belässt die Situation gleich, und man lässt sie sich verändern. Man belässt sie gleich, indem man die Relevanz, die Pointe, das Gespür für das Ganze beibehält.[605]

Mit Typ VIII bezeichnet Gendlin also Reflexionsprozesse, die einen kontextuellen, je schon sprachdurchwirkten Relevanzrahmen auf gefühlte und zugleich symbolisierte Weise reflexiv *halten*. Dieses Halten ist zugleich ein Prozess, weil sich im Fühlen dieser Relevanz das *Ganze* in immer neuen Versionen abspielt. Diese lassen sich zugleich mit jeder nuanciert veränderten Haltung dazu und von jedem Gefühlsaspekt als komplexe Sequenz nuanciert verändert fühlen und symbolisieren.

Die transformierende *Handlung* dieser einlassenden Artikulationspraxis hat damit zu tun, dass sich Interaktionskomplexe als gefühlte (und damit auch verkörperte) Zusammenhänge so verändern, dass jeder Satz, ja jedes Wort, diese Veränderung *leistet* und auch *manifestiert*. Ähnliches hat bereits James bemerkt (vgl. Kap. 7.2.). Solche Sätze sind deshalb, so Gendlin, ein „instance of itself". Sie instanziieren, d.h. sie veranschaulichen die Veränderung, die sie machen. Jeder weitere Satz, der sich auf diese Weise bilden lässt, ist ein Beispiel der Veränderung, die er machen kann. Um eine solche Art von geleisteter Veränderung dann in ein kollektives Sprachspiel (der Familie, Gesellschaft, einer Forscher- oder Religionsgemeinschaft) zu bringen, bedarf es jedoch u. U. vieler weiterer Schritte.

Gendlins Weiterentwicklung des Direkten Referenten zur direkten Referenz innerhalb seiner Texte ermöglicht es also, eine neue Art von Differenzierung

---

605 Ebd., 425.

hinsichtlich des Mitwirkungsgrads situativen Implizierens thematisierbar zu machen. Dafür schafft er konzeptionelle Grundlagen, die hier nur überblicksartig angesprochen werden können: Wenn es darum geht, den komplexen Charakter einer solchen Herausbildung differenzierender Bedeutung erfassen zu können, ist sein Denken zugleich ein Training dafür, *interaffektive* d. h. gegenseitig kreuzende Wirkungsweisen impliziter Sequenzen zu berücksichtigen. In Searles Sprache könnte man von den Wirkungen sprechen, die sich in den andauernd interagierenden Netzwerken ergeben, die prä-intentional und prä-propositional in der Bedeutung von Propositionen und Begriffen mitwirken, wobei man Searles Modell prozesshaft überstrapazieren würde. Gendlins *Prozess-Modell* ist dagegen eine andauernde Übung im Umgang mit *interaktiven, interaffektiven, gegenseitig* impliziten Zusammenhangsweisen, die eine prozessuale implizite Präzision zu Bewusstsein bringen, die nicht vorherzubestimmen ist.

Das heißt prinzipiell, dass man, um eine Veränderung zu denken, zu berücksichtigen hat, dass die dadurch erzielte Wirkung – aufgrund des interaktiven Zusammenwirkens – auch auf das *Verändernde* verändernd zurückwirkt. Ein jedes Geschehen, das einen lebendigen Organismus betrifft, oder ein Ereignis, so expliziert er als Basis-Modell in der ersten Hälfte seines Hauptwerkes, ist auf diese Weise immer als Gesamtheit der interdependenten Differenzen aufzufassen, die dadurch entstanden sind. Denn der lebendige Prozess besteht aus einer wechselseitig implizierenden Interaktion von Umwelt und Organismus, und auch der Organismus besteht aus einem komplexen Netzwerk interagierender Prozesse, die einander als Umwelt implizieren. Was geschieht, geschieht in dieses Implizieren hinein. Jedes Geschehen ist deshalb das Resultat komplex geschichteter Veränderungen: „Das einzelne Geschehen enthält all die Unterschiede, auch diejenigen, die durch diese Unterschiede gegenseitig entstehen und wiederum die Unterschiede, die dadurch entstehen. Geschehen ist ein Interaffizieren von ‚Allem-durch-Alles'."[606]

So grenzenlos die Veränderungsmöglichkeiten in dieser Weise gefasst werden, so konkret handelt es sich immer um *diese* oder *jene* Situation – mit ihrer *präzisen* Herausforderung, der nicht auf abstrakter, losgelöster Ebene begegnet werden kann, sondern nur im Einlassen auf genau *dieses* erlebbare, fühlbare, *habbare* Implizieren, um in dieses Implizieren hinein zu sprechen oder auch zu handeln. Die Veränderung oder die Relevanz dessen, was geschehen kann, ergibt und bestimmt sich nur vom verkörpert-situierten Prozess her, in dem sie *geschieht*.[607]

---

606 Ebd., 112.
607 Vgl. hierzu ebd., IV A, besonders den Abschnitt g-1 zur Relevanz.

12 Transformative Modelle sprachlicher Bedeutung

Von dem Punkt aus, an dem wir jetzt angekommen sind, lohnt es sich abschließend zu fragen, wie das implizite Geschehen einer Bedeutungsentwicklung der *tentativen* Sprechakte als *close talking* modellhaft einzuholen ist. Die zentrale Herausforderung besteht hierbei darin, begrifflich nicht zu ersetzen, was im Begriff bedeutungsbildend mitwirkt. Auf diese Schwierigkeit hat James als Erster deutlich hingewiesen, aber auch Dewey hat es mit seinem Verweis auf eine fühlbare situative Qualität getan. Merleau-Ponty hat mit seinen phänomenologischen Beschreibungen einer *blasenartigen* Entstehung von Bedeutung auf der Grundlage der stummen Erfahrung eine analoge methodische Schwierigkeit bewusst gemacht. Heute sind es kognitionswissenschaftliche Denker wie Varela und Deacon, die das Problem namhaft machen. Wie ist begrifflich zu beschreiben, was der *beschriebenen* Erfahrung vorausgeht? Wie ist der Prozess zu formulieren, der in eine Formulierung mündet?

12.1 Hunger nach Worten

Auf der zellulären Ebene das Potential zu verankern, *Sinn zu machen*, charakterisiert heutige Theorien des *Embodiment*, u. a. die Pionierleistung des von Maturana und Varela erstmals formulierten und von Thompson weiterentwickelten Ansatzes des autopoietischen Systems. Dieses ist durch seine Befähigung beschreibbar, sich trotz der dauernden Veränderung seiner eigenen Bestandteile sowie seiner Umwelt nicht nur zu erhalten, sondern stets neu hervorzubringen: „Die eigentümlichste Charakteristik eines autopoietischen Systems ist, daß es sich sozusagen an seinen eigenen Schnürsenkeln emporzieht und sich mittels seiner eigenen Dynamik als unterschiedlich vom umliegenden Milieu konstituiert."[608] Dazu muss es in einer sich dauernd adjustierenden Beziehung zu seinem Milieu stehen und mit diesem so interagieren, dass es zur *unterstützenden* Umwelt wird, in der sich das selbst-produzierende und -erhaltende System weitererhalten kann. Thompson betont heute erneut diese basale Form von identitätserhaltender Interaktion mit der Umwelt als Protoform des „[s]ense-making", als „intentionality in its minimal and original biological form".[609] *Sense-Making*, so schlägt Thompson vor, ist in der konstanten Notwendigkeit des autopoietischen Prozesses

---

[608] Francesco J. Varela und Humberto R. Maturana, *Der Baum der Erkenntnis* (Bern: Goldmann, 1987), 53 f.
[609] Vgl. Thompson, *Mind in Life*, 147.

verankert, sich mit dem zu versorgen, was ihm *fehlt*, um als produktive Identität weiter fortzubestehen. Eine in dieser Hinsicht sich öffnende *tiefe Kontinuität* zwischen dem Organischen und dem Geistigen reicht bis in das phänomenologische Erleben verkörperten Daseins hinein. Diese Kontinuität zu untersuchen und zu erarbeiten, erachtet Thompson nach wie vor als ein zentrales, noch nicht eingelöstes kognitionswissenschaftliches Anliegen. Seine Bezugnahme auf die Arbeit Maturanas und Varelas lässt, ebenso wie deren Studie selbst, die konkreten und hilfreichen Vorleistungen des klassischen Pragmatismus diesbezüglich leider außen vor.[610]

Ein produktives *Fehlen* mit einem damit einhergehenden Spielraum findet sich heute auch von Terrence Deacon in seinem Werk *Incomplete Nature* zentral aufgenommen, und zwar als Kern sinngenetischer Prozesse. Darin macht Deacon darauf aufmerksam, dass jeder Zweck, jeder Wert, jede Bezugnahme in gewisser Weise unvollständig ist – ein Zweck muss erfüllt werden, ein Wert ist nicht einfach materiell da, eine Bezugnahme verweist auf etwas anderes. Was einen Wert zu einem Wert macht, ist nicht nur der Gegenstand, dem Wert zugeschrieben wird. Wert und Zweck eines Gegenstands, z. B. eines Buches, sind das, was *nicht* in der Weise vorhanden ist wie ein Buch als Gegenstand. Sehnsucht, Leidenschaft, Appetit, Trauer, Hoffnungen und Bestrebungen, sie bestehen alle aus einer intrinsischen Unvollständigkeit, einer „integral withoutness"[611]. Worum es uns geht, „what matters"[612], erscheint gerade nicht als materiell und energetisch präsenter Gegenstand, der naturwissenschaftlich in der Art untersucht werden kann, dass man entdecken könnte, woraus er besteht, wie er sich unter welchen

---

[610] Zum ausbleibendem Verweis auf Dewey in den kognitionswissenschaftlichen Ansätzen, auch dort, wo er sich als Vorreiter offensichtlich aufzudrängen scheint, siehe u. a. den bereits erwähnten Aufsatz von Matthew Crippen, „Embodied Cognition and Perception: Dewey, Science and Skepticism." Thompson verweist allerdings auf einen anderen Vordenker zur Verdeutlichung einer Kontinuität, um die es ihm geht, nämlich auf Hans Jonas und sein Konzept eines „needful freedom". – Vgl. Hans Jonas, *The Phenomenon of Life: Toward a Philosophical Biology*, mit e. Vorwort v. Lawrence Vogel (1966; Neuaufl., Evanston, Ill.: Northwestern Univ. Press, 2001), 80; siehe auch Thompson, *Mind in Life*, 150. Jonas beschreibt unter dem Stichwort der Freiheit, dass eine solche Kontinuität schon in den 1960er Jahren zu erkennen gewesen sei: „One expects to encounter the term ('freedom') in the areas of mind and will, and not before, but if mind is prefigured in the organic from the beginning, then freedom is. And indeed our contention is that even metabolism, the basic level of all organic existence, exhibits it: that it is itself the first form of freedom. These must sound strange words to most readers, and I do not expect it otherwise." – Jonas, *Phenomenon of Life*, 3.
[611] Vgl. Deacon, *Incomplete Nature*, 3.
[612] Ebd.

Umständen verhält und wie dies weitere Ereignisse beeinflussen wird. Deacon formuliert, wie ein noch nicht erfüllter Zweck, die Qualität eines Gefühls („a qualitiy of feeling"), ein funktioneller Wert etc. als intrinsisch abwesender Aspekt von etwas Gegenwärtigem aufzufassen ist. Es sind jedoch diese abwesenden Aspekte („absential features"), die auch den Wissenschaftsbetrieb in Gang halten, die die Bedingung der Möglichkeiten eines jeden Buchs sind und den Zweck eines jeden wichtigen Projektes ausmachen. Es ist die wissenschaftliche Lücke im Umgang mit dieser Lücke, die laut Deacon dazu führt, dass wir in der von uns erforschten Welt unwirklich werden: „If the most fundamental features of human experience are considered somehow illusory and irrelevant to the physical goings-on of the world, then we, along with our aspirations and values, are effectively rendered unreal as well."[613] Auf dieser Linie erarbeitet der Anthropologe in seinem umfassenden Werk *Incomplete Nature* eine emergente Strukturbildung auf der Basis einer homeodynamischen Entwicklung, in deren Mitte Formen des Fehlens und der Lücke zu verorten sind.

Es ist die in heutigen bedeutungstheoretischen Debatten übersehene Signifikanz der Rolle eines produktiven *Fehlens*, von der aus eine Kontinuität von der Körper-Umwelt-Interaktion zu dem präzisen und doch offenen Spielraum der einlassenden Artikulation bemerkbar und denkbar werden kann. Bereits Dewey weist auf eine Kontinuität hin, die im Fehlen angelegt ist, die auf der Interaktion zwischen Organismus und Umwelt beruht und die Weiterentwicklung ermöglicht:[614]

> Unless this fact is recognized, development becomes abnormal or at least unusual matter rather than a normal feature of life activities. Need remains a constant factor but it changes its quality. With change in need comes a change in exploratory and searching activities; and that change is followed by a changed fulfillment or satisfaction. [...] Of human organisms it is especially true that activities carried on for satisfying needs so change the environment that new needs arise which demand still further change in the activities of the organism by which they are satisfied; and so on in a potentially endless chain.[615]

---

[613] Ebd., 12. Deacon fügt dort hinzu: „No wonder the all-pervasive success of the sciences in the last century has been paralleled by a rebirth of fundamentalist faith and deep distrust of secular determination of human values."
[614] Vgl. hierzu Dewey, ebd., 33: „...as long as life normally continues, the interactions to which organic and environmental energies enter are such as to maintain the conditions in both of them needed for later interactions. The processes, in other words, are self-maintaining, in a sense in which they are not in the case of the interactions of non-living things."
[615] Ebd., 35.

Auch Merleau-Ponty unterstreicht das Moment des treibenden „Mangels", wodurch ein Artikulationsprozess im Sinne einer Vollendung zu erleben und dadurch auch besser zu verstehen ist. Eine solche entwicklungsträchtige Ermangelung macht Gendlin seit den 1960er Jahren in seinen Studien zum Artikulationsprozess systematisch geltend. Die signifikante Rolle der (langgezogenen oder kaum bemerkbaren) Pause, in der „die Worte noch fehlen"[616], zieht sich wie ein roter Faden durch sein sprachphilosophisches Werk und durch seine Praktiken. Entwicklungen beruhen auf Geschehnissen, die in ein Implizieren hineingeschehen, in ein sich darin äußerndes *Fehlen*. Um dieses in die Reflexion zu heben, muss man sich auf die erlebte Dimension des allzu gewöhnlichen Daseins einlassen:

> ...to enter it you start not with microscopes. You start with quite ordinary experience; you start in just the same place where you are hungry or scared. Starting with this ordinary body you get a wider, at first confusing, murky (.....) sense that we're taught to consider as nothing. But a felt sense comes. And when we have a point to make, words come.[617]

Im Einlassen auf basale Formen des Brauchens und Fehlens innerhalb der Körper-Umwelt-Interaktion entdeckt Gendlin einen Faden, den er von einem basalen, rein physisch zu beschreibenden Körper-Umwelt-Verhältnis bis in die Feinheiten des Artikulationsprozesses *mitzunehmen* vermag. Dieser Faden zeigt sich im Rückgang auf selbstverständlichste Charakteristika der Interaktion des lebendigen Körpers mit seiner Umwelt – zum Beispiel im Verhältnis von Hunger und Nahrungsaufnahme. Die Reihenfolge von Hunger und Essen, die (An-)Ordnung dieser Reihenfolge, so macht Gendlin in den Anfangskapiteln seines Werkes aufmerksam, lässt es als ungenügend erscheinen, wenn man sie als nur zeitlich organisiert beschreibt (zuerst Hunger – dann Nahrungsaufnahme). Das Charakteristische an dieser Reihenfolge ist nicht nur temporal angelegt. Wenn man versucht, diese zu beschreiben, dann ist in diesem Versuch eine gleichsam fraktale Wiederholung des zu Beschreibenden bemerkbar:

> Der Lebensprozess ist „zeitlich organisiert", was hier aber nicht nur bedeutet, dass jemand bemerkt, dass Hunger vor Essen kommt. Es bedeutet eher, dass Hunger das *Implizieren von Essen ist*. Und Essen? Da ist diese spezielle Beziehung wieder: Wenn Hunger ein Implizieren

---

616 „Denken, wo Worte noch fehlen", ist die deutsche Übersetzung von Gendlins Praxis des *Thinking at the Edge*, die in Forschungsprozessen an Universitäten in Deutschland, Israel, USA und Japan Anwendung findet, wie ich bereits ausführlicher in Kap. 5.3 *Gendlins mäeutische Sprachpraxis* geschildert habe. Siehe besonders Fußnote 242 für einen Überblick über einführende Studien.
617 Gendlin, „Wider Role of Bodily Sense," 194.

von Essen ist, dann ist Essen ein „......" von Hunger. Der Begriff, den wir wollen, ist implizit in „......" und wenn wir den Begriff finden, wird er mit unserem „......" das tun, was Essen mit Hunger tut.[618]

Findet man den Begriff, der explizit macht, was Essen mit Hunger *tut*, dann wird zugleich auch offensichtlich, dass ein Organismus nicht einfach irgendwann isst. Er isst, wenn er Hunger spürt. Er isst in den Hunger hinein. Man kann in den Hunger viel Verschiedenes hineintun, aber nicht alles entwickelt dieses Implizieren, trägt es voran. An dieser organisch erlebten Beziehung lässt sich eine Geschehensreihenfolge spezifizieren, die eine *offene Präzision* hat. Dieses widersprüchliche Merkmal ist jedoch die stimmige Beschreibung dieses Erlebens – hat man Hunger, *muss* man etwas *tun*, aber nicht etwas völlig Determinierbares. Denn was der Hunger impliziert, ist nicht auf logische Weise vorherbestimmt. Es können sich sogar denkbar unterschiedliche Nahrungsmittel aus dem Hunger entwickeln, von der Keule bis zur intravenösen Ernährung. Aber immer hat die Nahrungsaufnahme diesen auf gewisse Weise zu *verändern*. Wie hat die Nahrungsaufnahme den Hunger zu verändern? Um *davon* sprechen zu können, bemerken wir eine verwandte, gerichtete Offenheit. Nicht jedes Wort passt. Das Erleben, das hier zu beschreiben ist, wirkt sich auf die gesuchte Formulierung in verwandter, offener und doch gerichteter Weise aus – so wie der Hunger auf die Nahrung. Wir sprechen in diese *offene Ausrichtung* hinein. Die Formulierung, die man findet, macht wiederum etwas (Familien-)Ähnliches – wie die Nahrung mit dem hungrigen Organismus. Man könnte sagen, die Nahrung befriedigt den Hunger, sie sättigt, sie stellt ihn zufrieden, sie dämpft das ungute Gefühl, sie *erfreut* den hungrigen Organismus etc. Aber wie können wir das sagen? Natürlich sind solche Sätze eingespielt. Besinnt man sich tatsächlich auf ein Hungergefühl und wie es erlebt wird, in den Hunger hinein zu essen, und beschreibt dann, was geschieht, dann *erlebt* oder fühlt man das Gelingen der entsprechenden Formulierung. Die stimmige Formulierung ist dann selbst wie eine Sättigung „......', Befriedigung „......', Erfreuung „......' (oder welche Formulierung stimmig erscheint). Es ist sogar möglich, eine somatische Wirkung dieser Formulierung zu fühlen, in der Verwandtes geschieht, wie wenn in den Hunger *hinein gegessen* wird.[619]

Gendlins Sprachphilosophie leistet einen ungewöhnlichen Formulierungsversuch und nutzt diesen methodisch, um eine merkwürdige Familienähnlichkeit zwischen Erlebensbereichen zu explizieren, die gemeinhin wenig miteinander zu

---

618 Gendlin, *Prozess-Modell*, 59 f.
619 Diese Beschreibungen stammen aus einer Übung, die ich mit Teilnehmern der Sommerschule des DAF (Deutsches Ausbildungsinstitut für Focusing) in Lindau im August 2014 gemacht habe.

tun zu haben scheinen: (körperliche) Nahrungsaufnahme und (geistige) Formulierungsprozesse. In diesem Herangehen wird auf erstaunliche Weise die Kluft überbrückt, die sich zwischen solchen Ereignissen theoretisch (cartesianisch oder sogar platonisch) auftut. Gendlin spielt in den acht Kapiteln seines Hauptwerkes durch, wie sich aus einem *Fehlen*, das auf die Interaktion und Interdependenz von Körper und Umwelt zurückführbar ist, die Komplexität und Plastizität des Erlebens und Formulierens entwickeln lässt. Dabei beansprucht er dieses *Fehlen* als eine Form des Implizierens selbst in methodischer Weise, um die entsprechenden Zusammenhänge formulieren zu können.

Eine Theorie, die auf diese Weise entsteht, unterläuft den Standpunkt der Beschreibung sowie das methodische Selbstverständnis der Analyse, die davon ausgeht, das Phänomen, eine Erfahrung oder ein Ereignis in seine Bestandteile oder Komponenten zerlegen zu können, ohne diese dadurch zu verändern. Selbst die klassische und auch die neue Phänomenologie können trotz ihrer erlebensnahen Methode die Kluft im Raster der Beschreibung nicht überwinden, die ein zu beschreibendes (identifizierbares) Phänomen und der Akt der Beschreibung voraussetzen. Gendlin lässt sich dagegen in seiner Theoriebildung auf das offene und präzise Fehlen dessen ein, was er noch nicht klar definieren kann, um das Verhältnis zu den dadurch *kommenden* Worten selbst immer besser formulierbar zu machen. Dabei denkt er *mit* dem Prozess, der ihn denken lässt. Eine solche Methode verlangt nach einem neuartigen Methodenverständnis, das es wiederum zu artikulieren gilt.[620]

12.2 Radikal-reflexive Begriffe

Die Praxis des *close talking*, die in ihren unterschiedlichen Aspekten des reflexiven Nachfühlens, der *tentativen* Sprechakte, der vertiefenden Begriffe, des einlassenden Pausierens, der raumschaffenden Herausbildungsbewegung eines Ganzen nun etwas näher beschrieben und ausformuliert werden konnte, sie betrifft als Möglichkeit, wie nun deutlich wurde, auch eine Theorie-Sprache. Indem man sich dieser Möglichkeit theoretisch bewusst wird, verändert sich damit aber

---

[620] In diesem Sinn führt Gendlins *Prozess-Modell* konsequent ein Anliegen von Deweys *Logic* fort – mit einem ähnlichen, jedoch noch gezielter durchgespielten Methodenverständnis. Dewey hat die methodische Zirkularität seines Projektes, eine Theorie der *Inquiry* zu leisten, deutlich angesprochen. Er schreibt: „Logic as inquiry into inquiry is, if you please, a circular process; it does not depend upon anything extraneous to inquiry. [...] It precludes the determination and selection of logical first principles by an *a priori* intuitional act, even when the intuition in question is said to be that of Intellectus Purus." – Dewey, *LW 12*, 28.

auch eine Theorie-Sprache bzw. ihr Anspruch. Wenn für einen erlebten Zusammenhang – zum Beispiel den Zusammenhang zwischen Hunger und Nahrung – die beschreibenden Worte noch fehlen, so ist von diesem Fehlen so zu sprechen, dass dessen feintarierende Wirkung nicht aufgrund eines distanzierenden (sogenannten objektivistischen, verallgemeinernden) Sprachgebrauchs *im Nirgendwo* verlorengeht. Eine entsprechende Methodologie und Theorie steht also vor der Aufgabe, die präzisierende Wirkung der „responsiven Ordnung"[621], die sich aus dem organismisch erlebbaren Fehlen auf unterschiedlichen Ebenen der Organismus-Umwelt-Interaktion entwickelt, reflektierbar zu machen. Gendlins Vorstöße machen die Anforderungen einer solchen Theoriebildung beispielhaft. Zentral hierfür ist sein Begriff des Implizierens, den er, im Anschluss an Dewey, vom logisch Implizierten unterscheidet und mit dessen Gebrauch die klassische Pragmatist dritter Generation eine radikal-reflexive Methodologie einübt.

Prinzipiell gilt: Was auch immer implizit war, kann nur bemerkt, gesagt oder erkannt werden, nachdem etwas (auch eine Formulierung) in dieses Implizieren hinein geschehen ist. Die expliziten Strukturen, die dadurch erkennbar werden, können diese Funktion des Implizierens nicht durch eine Gesetzmäßigkeit (etwa Kausalität) oder ein Prinzip ersetzen. Das entspricht der klassisch-pragmatistischen Devise Deweys. Als erster Schritt hierfür hat die Anerkennung des alltäglichen Ausgangspunktes gewöhnlicher Erfahrung zu gelten, den James u. a. als „re-instatement of the vague to its proper place" bezeichnet.[622] Von hier aus gelingt es Gendlin, die Präzision einer bedeutungsbildenden Entwicklung zu denken. Das analytische Gebot klarer Identifizierbarkeit als Bedingung von Bedeutung erweist sich dafür als unbrauchbar, während James' Beschreibung von der Bedeutung eines Wortes und Satzes als „halo" und „fringe" direkt aufgenommen und weitergeführt werden kann:

> ...with perception what is unclear is usually at the periphery. If instead of perception we consider language and meaning, we find, instead, that the „halo" is the center. To find what a statement means, we have to understand its implicit meaning. This is the central meaning, not the edge. Words mean the change they make when they are said. The change happens implicitly in the situation. If we examine what it is that *functions* as the statement's meaning, what difference it makes to say it, what the point of it is, we discover that the implicit in-

---

621 Gendlin prägt den Begriff der „Responsive Order", um die Präzision einer Ordnung zu bezeichnen, die nicht auf Kausalität beruht, nicht prädeterminiert ist; vielmehr schafft das ‚occuring into implying' erst die Ordnung, die dann begrifflich und musterhaft expliziert werden kann. – Vgl. hierzu Eugene T. Gendlin, „The Responsive Order: A New Empiricism," *Man and World* 30, Nr. 3 (1997): 383–411.

622 Vgl. hierzu James, *Principles*, 254: „It is, in short, the re-instatement of the vague to its proper place in our mental life which I am so anxious to press on the attention."

tricacy is what actually functions when a statement functions. When we say „I understand it," the understanding is an implicit intricacy.⁶²³

Das Searlesche Prinzip der Ausdrückbarkeit dreht sich somit um: Was als Bedeutung eines Ausdrucks funktioniert, ist nicht als klar definierter Ausgangspunkt gegeben, sondern erweist sich als (bisweilen sogar äußerst komplexer) Unterschied, als Pointe, die in einer Situation gemacht werden konnte. Um zu sagen, warum etwas Gesagtes einen Unterschied gemacht hat, muss man wiederum auf einen (unter Umständen sehr weit gefassten) Kontext rekurrieren können, um den verstandenen Unterschied als eigentliche Bedeutung des Gesagten in der Situation zu formulieren. Eine Bedeutung, die sich als Unterschied in einer Situation auswirkt, ist deshalb der *weitere Horizont*, jenes implizit Verwickelte, um *das es geht*. Eine gefühlte situative Ausgangslage wirkt sich darin als *mehr* aus als man leicht sagen kann.

Gendlins Umgang mit einer bereits von James und in gewisser Weise auch von Dewey und Merleau-Ponty bemerkten prä-verbalen oder nicht-propositionalen Vorphase ist davon geprägt, diese nicht zu beschreiben. Vielmehr demonstriert er, *wie* im aufmerksamen und hartnäckigen In-Anspruch-Nehmen einer so *vagen wie präzisen*⁶²⁴ „antizipatorischen Intention", d. h. im Einlassen auf ein offenes Implizieren Worte *kommen*. Sein methodisch weiterführender Schritt besteht darin, diese Funktion zu engagieren, um ein Worte-kommen-lassendes Implizieren selbst klarer zu formulieren.

Folgende Passage demonstriert, wie Gendlin mit dem paradoxen Problem umzugehen lernt (und lehrt), das darin besteht, über das eine Entwicklung ermöglichende und auch Worte kommen lassende Implizieren selbst zu sprechen:

> The usual concept of „implying" means something folded under but already there. But when we say a ..... implies a next step, we know implicitly that the word does not say that. Neither is the next step simply not there. But the word says more than mere paradox, since implicitly it says however the ..... does it.
>
> Now let us go on. The implicit functions more intricately than patterns, more intricately than there or not there. When the right phrases come, they don't copy the blank. A set of words looks different – it cannot be the copy of a blank. The right new phrases come only in the explicating, but to say that they „were implied" does rightly assert a special relation between the phrases and the blank. If we keep this implicit relation and *enter* it, we can devise new patterns to say some of it.

---

623 Gendlin, „New Phenomenology," 140 f.
624 Vgl. zu dieser widersprüchlichen Beschreibung: Gendlin, „Thinking Beyond Patterns", A.3.3. Ich komme weiter unten darauf zurück.

> With the special phrases, the blank is not lost, altered, or left hanging. These special phrases <u>carry</u> the blank along. But now that they have come, the phrases say more. They are a kind of continuation of it. They <u>carry it forward</u> into more. „Not left hanging," „continuation," „carry with them," and „forward into more," those are schemes of course. But if we keep what the ..... does with us, the new schemes in „carrying forward" carry this implying forward.[625]

Dass es möglich ist, eine noch nicht sprachliche Vor- und Begleitphase in der Beschreibung ihrer Wirkung nicht durch eben diese Beschreibung zu ersetzen, hat mit der Umsetzung der Einsicht zu tun, dass eine solche Beschreibung nur *explizierend* oder *formulierend* geschehen kann. Die Formulierung hat in selbstreflexiver Weise ihr eigenes *Kommen* immer weiter im Verhältnis zum vagen und doch präzisen Fühlen zu halten, das sie kommen ließ, wie es oben heißt: „If we keep this implicit relation and *enter* it, we can devise new patterns to say some of it." Unter dieser methodischen Bedingung des *entering in* (des Einlassens), und unter dieser Bedingung allein, lassen sich *musterhafte*, d.h. verallgemeinerbare *Funktionen* dieses Implizierens formulieren. Die Explikation beschränkt sich auf die Funktion eines solchen „......', sie beschreibt nicht etwa den *Sinn* dieses implizierenden Erlebens – was absurd wäre, weil ja ein jeweils anderer von *hier aus* entsteht. Sie versteht sich als funktionierende Formulierung nur im Verweis auf die spezifische Funktion des Implizierens „......', die sie *kommen* ließ.

Eine solche theoretische Formulierung kann nur nachvollzogen werden, wenn die erste Person das Artikulationserleben *mitfunktionieren* lässt. Nicht aus der Perspektive der dritten Person, sondern nur aus der der ersten Person hat man Zugang zur Funktion dessen, was der Begriff des Implizierens bedeuten kann. Vergisst man beispielsweise, was man sagen wollte, vergisst man nicht fertige Worte, sondern eher ein Fühlen dessen, was man sagen wollte. Erst wenn man es wieder *hat*, *kommen* die Worte dafür. Eine Formulierung, die kommt, bringt dieses Fühlen, das Gendlin als Implizieren bezeichnet, *nicht* so zum Verschwinden, wie es bei einer Ablenkung der Fall wäre. Wie verändert die Formulierung ein gefühltes Implizieren? Dies lässt sich wiederum nur sagen, wenn man sich genau auf das damit einhergehende Erleben einlässt. Eine stimmige Formulierung verändert das Implizieren so, dass „......' (genau hier muss eine Worte-kommen-lassende Wirkung des Implizierens „......' wieder *funktionieren*). Gendlin schlägt hier den Begriff des „carrying forward" vor.[626] Damit ist die Art von semantischer Kontinuität und Zusammenhang angesprochen, die erlebt wird, sich häufig aber erst in

---

625 Eugene T. Gendlin, „Words Can Say How They Work," in *27th Annual Heidegger Conference Proceedings: 4 – 6 June, 1993*, hrsg. v. Robert P. Crease (Stony Brook: Univ. at Stony Brook, State Univ. of New York, 1993), 33 f.
626 Vgl. Gendlin, „New Phenomenology."

einem zweiten und dritten Schritt ausweisen kann, u. a. durch Angabe von Gründen, Prinzipien, Regeln, Narrationen etc. Im offenen Präzisionsverhältnis des Implizierens „......' und der kommenden Formulierung generieren sich Übergangsmöglichkeiten von einer Formulierung zur nächsten. Werden diese im Nachhinein so dargestellt, als seien sie *allein* grammatikalisch, logisch, dialektisch, kulturell, konventionell angelegt etc., werden die prozessualen Übergangsmöglichkeiten des erlebenden, individuellen Sprachkörpers zum blinden Fleck.

Wenn man sich an dieser Stelle danach erkundigen wollte, *wohin* dieses Implizieren *vorangetragen* wird bzw. was *voran* bedeuten soll, dann ist eine solche Frage verfehlt, weil sie wiederum eine Art von Antwort unabhängig vom jeweils jetzt funktionierenden „......' voraussetzt, und damit *über* sprachliche Bedeutungsentstehung (hinweg) wie über einen Gegenstand sprechen will, dessen Dynamiken, Richtungstendenzen und Merkmale man getrennt von der Präzision situativen Erlebens vor sich zu bekommen beansprucht (im Sinne von Merleau-Pontys Glühbirne, die glüht). Darum weigerte sich Wittgenstein, allgemeine Aussagen dieser Art *über* die Sprache zu machen. Der Begriff des *Vorantragens* funktioniert gerade nicht in dieser Perspektive des unbeteiligten Beobachters, der von dieser Position aus Aussagen über die Sprache wie über einen Gegenstand zu machen gedenkt. Der sprachtheoretische Begriff des *Vorantragens* („carrying forward") beansprucht – als selbstreflexives Konzept – ausschließlich *im* Verhältnis zur offenen Präzision des Implizierens zu funktionieren: So wie dieses „......' funktioniert, um die Formulierung kommen zu lassen, funktioniert diese Formulierung *darin* auf eine Weise, die als *vorantragende* artikuliert werden kann.[627] Die Allgemeinheit eines solchen selbstreflexiven Konzeptes hängt davon ab, dass ihre Gültigkeit durch das In-,......'-hinein-Formulieren (durch „entering in") entsteht und dieses nicht ersetzt.

Diesen Punkt betont Jung als einen der Meilensteine, um zu einer „Anthropologie der Ausdrücklichkeit" zu gelangen:

> Das Ergebnis eines expressiven Aktes besteht eben nicht darin, dass nun explizit gemacht worden ist, was vorher schon genau so, nur eben noch impliziert vorhanden war. Wer so denkt, versteht das Meinen, das doch den Charakter vorschwebender Möglichkeiten zur Prädikation hat, als eine Art stummes Sagen, dem dann die tatsächliche Verlautbarung entsprechen muss. Darin liegt eine Verdinglichung des Ausgangspunktes von Artikulationen, durch die das objektivierte Resultat der Sinnbestimmung in ihren erlebten Anfang so zurückprojiziert wird, als ob das Explikat ein Abbild bereits implizierter Sachverhalte wäre.

---

[627] Dieses gegenseitige Funktionieren lotet Gendlin in seinen sieben funktionalen Verhältnissen aus. Vgl. hierzu Gendlin, *ECM*, Kap. 3 „How felt meaning functions", 90–137.

> Dieser modallogische Fehlschluss verwechselt implizite Möglichkeiten mit bereits implizierten Wirklichkeiten und verdinglicht damit die Möglichkeit.[628]

In Gendlins Sprachphilosophie findet sich diese zentrale Einsicht, die als eines der Kernanliegen der Jungschen Anthropologie der Artikulation zu gelten hat, in Sprachkonzepten umgesetzt, die methodisch nicht selbst-suffizient sind. Ich nenne sie deshalb *experientielle* Konzepte. In Analogie zur Kantschen Devise, dass Begriffe ohne Anschauungen leer, Anschauungen ohne Begriffe blind sind, schafft Gendlin einen dynamischen Begriffstyp, der allein nichts aussagen kann, für nichts Bestimmtes steht. Experientielle Sprachkonzepte sind nicht einmal im Sinne einer gegebenen Form zu verstehen, die durch etwas Anschauliches gefüllt wird, vielmehr müssen sie in ein Implizieren hinein geschehen, um etwas aussagen zu können.

Was ein solches theoretisches Konzept auszeichnet, ist also ein damit einhergehendes dynamisches Begriffsverständnis, demzufolge der Begriff *funktionieren* muss, um ein Phänomen, auch dasjenige der Bedeutung, zu beschreiben oder zu kategorisieren (bzw. auf den Begriff zu bringen). Das experientielle Konzept *beansprucht* die Verkörperung (als erlebtes oder gefühltes Implizieren), in das hinein es formuliert, um etwas zu formulieren: „But if we keep what the ..... does with us, the new schemes in 'carrying forward' carry this implying forward." Das Implizieren hört nicht auf („implying never turns into something explicit"[629]). Die dynamischen Begriffe nehmen es gleichsam mit. Sie tragen es *voran*. Dadurch lässt sich von jedem Wort aus, wie schon James bemerkt, nuanciert anders weitersprechen. Manchmal jedoch kann eine Formulierung auch nicht *vorantragen*. Dann besteht das Implizieren unverändert oder nur geringfügig verändert fort, bis – nach ein paar Anläufen, wie Kleist oben andeutet, oder auch erst nach Wochen, Monaten oder Jahren – ein *Vorantragen* stattfindet. Entsprechend klingt es wie ein kreativer Imperativ, wenn Gendlin, übrigens im Einklang mit Emerson, bemerkt, dass ein kreativer Kopf es vorziehe, „to stay stuck", statt nach einer gut klingenden Formulierung zu suchen.[630]

Ein in dieser Weise gestoppter Prozess hängt von einem weiteren Charakteristikum ab, das Gendlins experientielle Konzepte hervorheben. Er ist auf umgekehrtem Wege zu bemerken:

---

628 Jung, *Der bewusste Ausdruck*, 218.
629 Gendlin, „New Phenomenology," 134.
630 Vgl. Gendlin, „Words Can Say How They Work," 31. Das entspricht auch Emersons Sicht auf das Genie, das sich seiner Ansicht nach auch durch seine Hartnäckigkeit auszeichnet. Vgl. hierzu Ralph Waldo Emerson, „Self-Reliance," in ders., *Nature and Selected Essays*, hrsg. und mit e. Einl. v. Larzer Ziff (New York, NY: Penguin Books, 1982), 176.

> What about when there is no ....., when the next moves come smoothly in ordinary speech? A great deal functions <u>implicitly</u> also when there is no pause and no ...... We can see some of it if we do pause, but of course not quite as it functioned without pause.[631]

Auch im Pausieren, um darüber nachzudenken, wie das Implizieren im ununterbrochenen Sprechen wirkt, verändert sich dieses. Schon die Pause selbst ist ein *Vorantragen*. Sie lässt beispielsweise bemerken, dass die alltägliche Rede von mehr als von einzelnen Referenzgegenständen handelt, dass darin ständig weit mehr mitwirkt, weshalb jemand einen Satz *so*, aber nicht *so* formuliert. Dieses Viele liegt weder getrennt vor noch als eine Menge innerlich gegebener Entitäten, noch wirkt dieses Viele im Sinne einer logischen Vereinheitlichung. Gendlin spricht hingegen von einer impliziten Art des Plurals. Sie gewährleistet die Mitwirkung einer bereits *gekreuzten Multiplizität* („crossed multiplicity"), in der vieles sich in einem ganz spezifischen (auch körperlichen und mimischen) Ausdruck auswirkt, wodurch ein Satz in ein momentanes ‚......' genau hinein formuliert werden kann. Die Vielzahl der Aspekte, die dafür ausschlaggebend waren, kann man u. U. gar nicht alle aufzählen, jedenfalls muss man es nicht, um den Satz formulieren zu können.

Indem Gendlin hervorhebt, dass Formulierungen ein Worte-kommen-lassendes, zugleich *vages und präzises* Implizieren als *felt sensing*, als ‚......', *vorantragen*, es gleich oder sogar *zusammenschrumpfen* lassen können, wird nicht nur besser beschreibbar, wie das Formulieren als Handlung das situative Erleben verändert. Was sich dabei verändert, ist nicht nur ein initiales oder begleitendes ‚......' sondern auch die Bedeutung der in dieser Weise arbeitenden Worte. Dieses Charakteristikum wurde bereits als Merkmal eines vertiefenden Sprachgebrauchs hervorgehoben, der mit der Bereitschaft einhergeht, Begriffe im Gebrauch neu bedeuten zu lassen (vgl. Kap. 6.2.). Die *selbstreflexiven* Begriffe Gendlins verdeutlichen, dass ein solches Merkmal nicht nur eine Alltagssprache auszeichnet, die dazu *dient*, Erlebtes zu äußern. Vielmehr buchstabieren sich mit seinen Begriffen Merkmale des Sprachgebrauchs aus, die allgemeiner gelten können und sogar Gemeinsamkeiten im alltäglichen, wissenschaftlichen, künstlerischen und therapeutischen Sprachgebrauch zum Vorschein bringen, gerade weil sie sich derart genau an das Formulierungsgeschehen halten, das aus der ersten Person heraus zu artikulieren ist.

Eine kontinuierliche dynamische Plastizität der Bedeutung der Begriffe, die Gendlin gebraucht, zeigt der Sprachphilosoph anhand des Fortgangs seines eigenen Textes. Bemerkenswert erscheint, dass sogar widersprüchliche Adjektive wie „vage und präzise" als Formulierung des ‚......' *funktionieren*. D. h., die Be-

---

[631] Gendlin, „Words Can Say How They Work," 33.

deutung von Worten entsteht als Resultat der Formulierung in ein Implizieren hinein, was wiederum das funktionale Verhältnis zwischen *felt sense* und Symbolen bestätigt. Dabei können sogar Begriffe, die sich in einem gegenseitigen logischen Ausschlussverhältnis befinden, Bedeutungen hervorbringen, die über die logische Struktur hinaus verweisen. Die widersprüchlichen Worte *vage und präzise* sind als Charakterisierung des Implizierens durchaus brauchbar, insofern alles bisher Gesagte in dieser Verwendung (als gekreuzte Vielfalt) mitfunktioniert. Sowohl der Schreibende als auch der Lesende tragen den Kontext, in dem diese antagonistischen Adjektive arbeiten können, als gefühlte Bedeutsamkeit im Formulierungs- oder Verstehensprozess mit. Was ohne *embodied context* als klarer Widerspruch erscheint, trägt *darin* eine gefühlte Bedeutsamkeit so voran, dass sinnvoll sagbar werden kann, wie diese erlebt wird, auch wenn dies logisch widersprüchlich zu sein scheint. Deshalb kann Gendlin schließlich schreiben:

> What is said is the new saying of a newly working word. That is so also in our philosophical discussion here. My phrase „more vague and more precise" says with greater precision how these words themselves work now for us by coming into *this* blank, and into my sentence about this blank.
>
> This greater precision is not something extra, not an unsaid halo that is only at the edge of what is said. No, it is what is centrally said [...]. The greater precision exceeds only the patterns, not the saying. It *is* the saying. The saying is *itself* the precision that is greater than the patterns we could substitute.[632]

12.3 Meaning enacted oder nackte Bedeutungsentstehung

In ihrem Buch *The Embodied Mind* geben Varela, Thompson und Rosch in einer Kapitelüberschrift wohl die kürzest mögliche Zusammenfassung dessen, was ihr Begriff *enactive* heißt: „Laying Down a Path in Walking"[633]. Damit ist ein Ansatz alltagssprachlich umrissen, nach dem Wissen weder auf der Basis der Konstruktion noch der Repräsentation gegebener (innerer oder äußerer) Gegenstände und Sachverhalte durch eine gegebene Erkenntnisinstanz (Vernunft, Verstand, Geist, *mind*) verstanden wird, sondern als Resultat von Verstehensprozessen, die eingebettet sind in die präzisierende Kontextualisierung verkörperten Daseins (*Embodiment*). Erkenntnis entsteht, indem innerhalb sozialer Interaktionen, Herausforderungen und kulturell-geschichtlicher Verbindlichkeiten weiterhin gelebt, gedacht und entwickelt wird. Im Vergleich zu den unterschiedlichen Spielarten der Kritik an Erkenntnis im Sinne eines Spiegels der Welt und der

---

[632] Gendlin, „Thinking Beyond Patterns," 51.
[633] Varela, Thompson, Rosch, „Embodied Mind," 237.

Natur, wie sie Rorty mit seinem einschlägigen Buchtitel *Philosophy and the Mirror of Nature* auf den Begriff bringt, geht *enaction* einen methodischen Schritt weiter. Die Grund-losigkeit (*groundlessness*) der Erkenntnis führt nicht zum Relativismus oder Nihilismus, sondern verstärkt die Notwendigkeit des Einlassens auf die Komplexität der präzisen Anforderungen einer (Forschungs-, Alltags,- Berufs- etc.) Situation. Nicht hinterfragte Trennungen zwischen den reflektierenden Subjekten und den erkannten Objekten werden unterlaufen, so dass jede Art der Erkenntnis auch als Erfahrung zu reflektieren ist. *Mindful, open-ended reflection* wird zu einer Haltung, die jede Methode oder Theoriebildung begleiten kann.[634]

Auf der Grundlage des bisher Erarbeiteten wird die enaktive Perspektive durch sprachphilosophische Konzepte verstärkt, die, indem sie die repräsentative Grundlage von Bedeutung hinter sich lassen, ein wirksames *Fehlen* beanspruchen, das im Fokus auf einen gegebenen propositionalen Gehalt und seine Referenzgegenstände bereits übersprungen ist. Während Wittgenstein sich weigerte, über Sprache zu sprechen, weil er sich nicht vorstellen konnte, dass es möglich sei, die dabei entstehende Vergegenständlichung zu vermeiden, schlägt Gendlin Folgendes vor:

> Imagine a language in which what words say about the meaning of words could always be something their use also instances. What characteristics would such a language need? Words about words would need to involve two uses, so that one could instance the other. For this to be possible, we would need a language in which what words say depends on how they are used, so that what words say about the meaning of words would involve two uses. We recognize our own language of course.[635]

Nimmt man den Wittgensteinschen Ansatz ernst, dass die Bedeutung der Worte davon abhängt, wie sie gebraucht werden, dann lässt sich auch über Sprache sprechen. Im Sprechen über Sprache können die gebrauchten Worte genau so verstanden werden: dass ihre Bedeutung *in diesem* Gebrauch entsteht. Es ist die direkte, enaktive Methodologie, die hier ungewohnt ist. Die Inanspruchnahme des Moments, in dem in einer Situation Bedeutung entsteht, bezeichnet Gendlin als „naked saying". Eine solche Bedeutungsentstehung und die Methode, von ihr zu sprechen, wirken formal ungeschützt und nackt. Auf der Basis eines habituierten Verständnisses von Theorie, dessen methodischer Grundschritt darin besteht, zum verkörperten Prozess des Erlebens auf Distanz zu gehen, ist das Unbehagen an einer solchen nackten Bedeutungsentstehung und der Methode,

---

634 Vgl. ebd., 27.
635 Eugene T. Gendlin, „What Happens When Wittgenstein Asks 'What Happens When ...?'" *The Philosophical Forum* 28, Nr. 3 (1997): 268–81, letzter Zugriff 18. Dezember 2018, https://www.focusing.org/gendlin/docs/gol_2170.html.

davon zu sprechen, wiederum direkt zu erleben. Aus diesem Gefühl des Unbehagens entwickelt Gendlin seinen Gedanken auf nackte Weise weiter:

> Naked saying makes us uncomfortable. This philosophical discomfort is bodily, a physical sensation, isn't it? Yes, our bodies are capable of philosophical discomfort. But the word „bodily" changes in saying this. For example, what does the phrase „philosophical discomfort" mean? Nakedly it means *this*, which my sentence says. But is it our old habit, or is it a fear of not being able to defend, or is it what we think philosophy should be, or what is it? We can pursue the question if we *think from* this discomfort and if we let it continue to function, whatever we say about it. Let us admit naked saying, *this* greater precision, *this* implying which we have been saying. The words „imply," „demand," and „leads to" have been nakedly saying how a ..... can lead to a next saying before it comes. You might ask me „What do you mean by 'imply'?" I answer: You already have it: At first you may be just confused and stuck, but then a ..... can come. „To imply" is what the ..... does.[636]

Dass mit dem Begriff des Implizierens nicht eine verallgemeinerbare bedeutungsgenetische Struktur des Erlebens gemeint ist, muss an dieser Stelle kaum mehr wiederholt werden. Mit dem Verb implizieren wird vielmehr *methodisch* verallgemeinerbar, was begrifflich und substantivisch nicht festgelegt werden kann: die nicht reduzierbare Bedeutungsvielfalt, die darauf angewiesen ist, dass individuelle Sprachkörper in spezifische situative und verkörperte Kontexte *hinein* formulieren. Nur im Eingehen auf die singuläre Bedeutungsquelle ist der transformierende Ereignischarakter einer formulierten Bedeutung zu abstrahieren. Der allgemeine Begriff des Implizierens ist nur dann in seiner Bedeutung zu erfassen, wenn er einen in die Lage versetzt zu zeigen, wie sehr seine Bedeutung selbst weiter zu spezifizieren ist, je mehr er gebraucht wird, um zu sagen, wozu er *dient*.

Den Bedeutungen, die sich nackt, in *direkter Referenz* herausbilden, eignet mehr Komplexität, „als die Sprache in Arten erstellt und sammelt"[637]. Die direkte (nackte) Inanspruchnahme dieser impliziten Komplexität führt zu denjenigen Sprechakten, die Merleau-Ponty mit erstmaligem Sprechen verglichen hat. Die Art von Ganzheit, die in der formulierenden Gestaltung einer Ahnung, eines Eindrucks, einer ursprünglichen Idee besteht, braucht Zeit zu ihrer Entwicklung. Sie manifestiert sich *in* den differenzierten, einzigartigen Sätzen, die dann konkret diese Art sich herausbildender kontextueller Ganzheit veranschaulichen. Diesen Prozess nennt Gendlin (zu) „monaden" (als Verb). Damit greift er die Intuition des Philosophen Leibniz auf, unerschöpfliche Einheiten, lebendige „Monaden" statt Atome anzusetzen, um eine unendliche Fülle in die elementaren Teilchen der Wirklichkeit zu verlegen. Die Plausibilität der Leibnizschen Intuition wird durch

---

636 Gendlin, „Thinking Beyond Patterns," 52.
637 Gendlin, *Prozess-Modell*, 444.

Gendlin neu, allerdings prozessualer, enaktiver und verkörperter nachvollziehbar. Sie lässt über eine Form von Universalität nachdenken, die sich in einer konkreten und differenzierten Weise präzise formulieren, weiterentwickeln, vertiefen und transformieren lässt, statt durch Verwendung von Allgemeinbegriffen leerer und fixierter zu werden. Im Reflexionsraum der *direkten Referenz* hat diese Herausbildung nichts Willkürliches an sich. Sie hat ihre eigene Präzision, die im responsiven Sprachgebrauch nackt, im direkten Berühren und Berührtwerden durch die Wirkung der Sprache im verkörperten Kontext begriffsbildend und Relevanz stiftend zu entwickeln ist.

13 Close Talking: Zusammenfassung und Ausblick

13.1 Schlussbemerkungen

Hegels dürftigen Anfang haben wir hinter uns gelassen. Und zugleich sind wir Hegel erstaunlicherweise auch nähergekommen – wenn auch auf nicht-hegelianische Weise. Denn nun ist gründlich und vielseitiger zu verstehen, warum Begriffe einen *Fortgang* gewähren, der über vereinzelte Wahrnehmungen hinwegträgt. Wir haben diese Möglichkeit nun anders verstanden, als Hegel sie vermittelt. Ich könnte auch sagen, wir haben jetzt verstanden, warum Begriffe im Hegelschen Sinne *vorantreiben* können. Denn darin wirkt implizit eine Fülle gelebten Lebens, tradierter Interaktionskontexte und individuell erlebter Situationen mit, die es erlauben, dass Begriffe, die man gebraucht, in unvorhersehbarer Weise im Hier und Jetzt arbeiten können. Die „allgemeine absolute Tätigkeit, die sich selbst bestimmende und selbst realisierende Bewegung"[638] des Begriffs hat nun Grundlagen, die tief in verkörperte Verhaltenskontexte hineinreichen, in denen eine enorme und je auch individuelle Vergangenheit mitwirkt. Es wäre interessant und Thema einer nächsten Arbeit, die implizite Dichte von Hegels eigener Begriffsarbeit zu untersuchen, und damit die Macht des Begriffs immer schon als situierte und verkörperte auszuweisen.

Dilthey bemerkt einen Lebens- und Bedeutsamkeitszusammenhang, der allein darauf beruht, dass wir jeden Tag etwas erleben. Die Möglichkeit, die Qualität einer Situation zu fühlen, gibt ein verkörpertes Kontinuum von Selbst- und Situationsverständnis frei, auf das Dewey hingewiesen hat. Dieses Kontinuum ist mit klassisch-pragmatistischen Ansätzen bis auf das basale Körper-Umwelt-Verhältnis zurückzuführen, wodurch ein erweiterter Körperbegriff entsteht, der von

---

[638] Hegel, *Werke 3*, 551.

Umwelten, auf die er angewiesen ist und die er zugleich generiert, nicht zu trennen ist. Mit Mead und Gendlin ist von dieser Grundlage aus nachzuvollziehen, wie ein gemeinsamer Verhaltenskontext in der kulturspezifischen Herausbildung signifikanter Gesten und Symbole wirkt, der durch diese *differenzholistisch* verändert worden ist. Sprachliche Mittel, mit denen man relevante Unterscheidungen in diesem Zusammenhang treffen kann, sind auf die qualitative Situierung angewiesen und in und mit gelebten Interaktionskontexten entstanden. Kultur, Gegenstände, Situationsgefüge und Sprache haben sich in ungeheurer Differenzierung gemeinsam mit Sprachkörpern entwickelt, die daher im Stande sind, Situationen zu fühlen und Worte *kommen* zu lassen, die kreuzend den Kontext und die Hintergründe, die mitwirken, unvorhersehbar verändern. Sprachliche Bedeutung entsteht aus inter-affizierenden Bedeutsamkeitshorizonten auf unterschiedlichen Ebenen und in Zeichen, die, wie Peirce zeigt, ikonisch, indexikalisch und symbolisch vernetzt und verankert sind. Die Reichhaltigkeit des Hintergrundes, die in Situationen und in Wortbedeutungen mitwirkt und in ihrer Interaktion neue Situationen differenzierend entstehen lässt, ist unserem verkörperten Selbstverständnis implizit.

Die scheinbare Stabilität identischer Begriffe verändert sich, wenn ein implizites Verständnis dessen, *wie* und was sie für jemanden bedeuten, explizit wird. Buchstabiert man die Bedeutung eines Begriffs für sich selbst aus, kommt eine verwickelte Vernetzung zum Tragen, die den Rahmen der gewöhnlich und fachspezifisch festgelegten Bedeutung sprengt. Daher kann, wie Dilthey zeigt, der Begriffsgebrauch die Singularität der erlebten Zusammenhänge so differenzieren, dass diese nicht in der Kategorie, die darauf angewendet wird, verschwinden. Das Gelingen eines *tentativen* Sprechaktes kann vom Misslingen eben dadurch unterschieden werden, dass sich im Begriffsgebrauch die angewandten Kategorien sowie das Erleben *vertiefen*.

Die vielschichtige, unübersichtliche und bisweilen unklare Dichte alltäglicher Situationen ist daher als Kennzeichen einer komplexen Verbindlichkeit aufzufassen. Denkt man sich philosophisch oder kognitionswissenschaftlich in sie *hinein*, eignet sie sich als eine radikale Möglichkeit zur paradigmatischen Korrektur einer cartesianischen Weltanschauung, in der beispielsweise vorausgesetzt wird, dass man jeweils wisse, was *in* einem vorgeht, wenn man etwas erlebt, denkt oder fühlt. Gewöhnliche Selbst-Verständlichkeit entsteht jedoch aus einer erlebten Kontinuität, deren Komplexität nicht zu repräsentieren, sondern immer nur ein Stück weit zu klären ist. Diese Klärung ist zugleich eine unwillkürliche Veränderung, die sich in der Ermöglichung nächster Schritte manifestiert. Für diesen transformativen Gebrauch von Sprache habe ich den Begriff *close talking* eingeführt.

In diesem Sinn wollte ich den Klassifikationen von Sprechakten eine zusätzliche hinzufügen: nämlich den *tentativen* Sprechakt als *erstmalige* Formulierung (auf persönlicher oder kollektiver, wissenschaftlicher, kultureller, gesellschaftlicher Ebene etc.). Seine Gültigkeitsbedingung ist performativ im Sinne einer *merklichen* Klärung einer Situationsanforderung, die weiter ausgeführt, dargelegt und -entwickelt werden kann, jedoch immer aus der Teilnehmerperspektive. Erstmalige Formulierungen beanspruchen einen fühlbaren, d. h. einen *embodied context*, in den hinein Begriffe so moduliert werden, dass dieser bedeutsamkeitsverändernd vorangetragen wird. Dies kann kurz- oder langfristig zu Veränderungen führen, die sich auch drittpersonal feststellen lassen können.

Spricht man von einer Situation, so spricht man jeweils auch in sie, als gegenwärtige oder vergangene, *hinein*. Jenes, in das man *hinein*spricht, ist als Kontext kein trennbarer externer Rahmen oder Raum. Innen und Außen werden als Unterscheidung diesbezüglich dysfunktional. Auch eine lineare Unterscheidung von Vergangenheit und Gegenwart funktioniert angesichts dieser Charakterisierung von Situationen nicht. Vergangene Situationen sind als *gefühlter Lebenszusammenhang* untrennbar von der Person, die in einer gegenwärtigen Situation handelt und spricht. In der gefühlten Situation als Bedeutsamkeitszusammenhang, auch wenn man diesen nicht explizit begreifen muss, manifestiert sich auf diese Weise jeweils auch eine Form von Selbstverständlichkeit, in der sich Situationsteilnehmerinnen befinden.

Wenn es einer Person gelingt, zur Sprache zu bringen, um was es in einer Situation geht, dann spricht sie in ein inkorporiertes Gewebe früherer Situationserfahrungen hinein, die individuell erlebt worden sind und zugleich weit über das Individuum hinausgehen. Diese wirken in der Formulierung mit, wobei der gegenwärtige Moment und das, was darin gesagt wird, auf dieses gewachsene Gewebe verstrebter Bedeutsamkeiten verändernd zurückwirken kann. Mit Damasio ist deutlich geworden, dass gelernte situative Muster als somatische Marker körperlich fühlbar sind und unsere Alltagsentscheidungen prägen. Ratcliffe hat gezeigt, wie sich in *existential feelings* der qualitative Aspekt einer gefühlten Weltzugehörigkeit wie ein Hintergrund aller anderen Erfahrungen äußert, und dass dieser nur durch Veränderung bewusst werden kann. Mit Gendlin ist nachvollziehbar geworden, dass ein Nach-Fühlen von etwas Gefühltem bereits als Veränderung aufzufassen ist und die funktionalen Verhältnisse von *felt sense* und Symbol Differenzierungen im Sinne eines Interaktionsgeschehens schaffen.

Deshalb ist es äußerst missverständlich, von inneren Gegenständen, Entitäten oder mentalen Objekten zu sprechen, wenn sich implizite Zusammenhänge von Situationen oder Wortbedeutungen klären. Solche Vokabularien erwecken Vorstellungen, die den Blick auf die Komplexität eines klärenden Formulierungsgeschehens verstellen, das der ersten Person bedarf. Vielmehr lässt man sich sprech-handelnd auf ein fein verzweigtes Netzwerk verschränkter und sich wechselseitig bedingender Hintergründe *ein*, das sich als eingespieltes Verhältnis von Situation, Sprachgebrauch, gefühlter Bedeutsamkeit und Symbol manifestiert. Will man dieses Netzwerk (sprech-)handelnd klären, dann ist dies keine begriffliche Bestimmung und Determinierung, sondern eine immanente Entwicklung. *Close talking* generiert Bedeutungen in Immanenzverhältnissen.

Um einen Sprachgebrauch zu untersuchen, der in einen Situationshintergrund hinein arbeiten kann, sind Mittel einer radikalen Reflexivität gefragt, deren Notwendigkeit sich auch kognitionswissenschaftlich abzeichnet. Das responsive Feedback-Geschehen, das hierbei zu berücksichtigen ist, setzt das Eingeständnis voraus, dass bereits das Nachdenken darüber eine erlebte und verkörperte Angelegenheit ist. Varela exemplifiziert dies an der Erforschung der Hintergründe des Bewusstseins:

> But then yet again, our very postulation of such a background is something that *we* are doing: we are *here*, living embodied beings, sitting and thinking of this entire scheme, including what we call a background. So, in all rigor, we should caption our entire endeavor with yet another layer indicating this embodiment here and now [...].[639]

Will man sich philosophisch darauf einlassen, was es heißt, *Erleben* zur Sprache zu bringen, hat man sich auf ineinander verschränkte Hintergrunddimensionen einzulassen, auf eine auf die Vergangenheit zurückwirkende Spirale von Selbstverständnis und Situationsverständnis, die sich in jedem Moment äußert. Damit rücken andere Fragen, Perspektiven und Problemstellungen als skeptizistisch motivierte in den Vordergrund.[640] Die große und steigerungsfähige Herausforderung des *close talking* besteht darin, mit der je schon geprägten, komplexen Charakteristik von Begriffsbedeutungen, die kollektiv wie individuell gewachsen sind, der sogenannten Macht des Diskurses, von inkorporierten situativen Hintergründen so zu sprechen, dass sich ihre verschränkten Verhältnisse entfalten, transformieren und dabei weiterentwickeln lassen. In diesem mächtigen Netz

---

639 Varela, Thompson und Rosch, *Embodied Mind*, 11 f.
640 Diese Verschiebung bringt auch Jung auf den Punkt: „Der Schwerpunkt des Interesses verlagert sich damit von den üblicherweise dominierenden Fragen nach Unkorrigierbarkeit oder Fallibilität, Privatheit oder Verwiesenheit auf öffentliche Kriterien, Introspektion oder externe Beobachtbarkeit, kausale Wirksamkeit oder Epiphänomenalität usw. auf die Analyse des qualitativen Aspekts der Interaktion von Organismus und Umwelt. Und die Frage nach der Autorität der Ersten Person stellt sich dann nicht mehr aus der epistemischen Perspektive eines privilegierten Zugangs zu den jeweils eigenen Bewusstseinszuständen, sondern aus der praktischen Perspektive eines handelnden Selbst, das nicht umhin kann, sich sein gelebtes Verhältnis zur Umwelt semantisch zu explizieren." – Jung, *Der bewusste Ausdruck*, 202.

erlebter Verbindlichkeit, das aus dem gegenwärtig gelebten Leben sowie dem Leben früherer Generationen heraus entstanden ist, sind Worte selbst Erlebenskapseln. *Close talking* heißt deshalb – auch im doppelten Sinn von „heißen" –, implizite Aspekte der Situation im Sprechen jetzt im verkörperten Kontext geschehen lassen zu können. In den Bedeutungen von Begriffen hat man sich daher im *close talking* selbst zu begegnen wie auch in einem Bedeutsamkeitszusammenhang, der sich über Generationen spannt und sich nun weiterentwickeln lässt.

Dies macht die Herausforderung einer Untrennbarkeit deutlich, für die man abschließend wiederum auf Hegel, diesmal als Verbündeten, zurückgreifen kann. Niemand anderer hat so deutlich auf eine Ganzheit verwiesen, die sich entwickelt, wenn die Trennbarkeit der Welt vom Selbstbewusstsein als eine scheinbare durchschaut wird. Diese Form der Ganzheit findet ein Echo im sich hier abzeichnenden Zusammenhang von Situationen, Wortbedeutungen und menschlichem Selbstverständnis. Dass es zur Entwicklung und Kultivierung dieser Bedeutsamkeitswelt des Einlassens darauf als Komplementärkompetenz zum *View from Nowhere* bedarf, scheint auf überraschendem Wege auf Hegel zurückzuverweisen. Er hat schließlich wie kein anderer vorgeschlagen, Entwicklung nicht als Entfernungs-, sondern als Annäherungsprozess an das Bewusstsein zu verstehen. Hegel betont am Ende der *Phänomenologie des Geistes*, dass eine weiterführende Entwicklung radikal auf Erfahrung bezogen bleibt. Dass er diese sogar mit einer „gefühlten Wahrheit" charakterisiert, kommt meiner Studie entgegen:

> Es muß aus diesem Grunde gesagt werden, daß nichts *gewußt* wird, was nicht in der *Erfahrung* ist oder, wie dasselbe auch ausgedrückt wird, was nicht als *gefühlte Wahrheit* [...] vorhanden ist. Denn die Erfahrung ist eben dies, daß der Inhalt – und er ist der Geist – *an sich* [...] Gegenstand des *Bewußtseins* ist.[641]

Eine Sprachphilosophie, die diese verschränkten Zusammenhangsweisen des Fühlens und Erlebens nicht reflektiert und außen vor lässt, hat anscheinend den Vorteil, dass sie von klareren Verhältnissen ausgehen zu können scheint. Dies hat jedoch den Preis eines blinden Flecks, den die pragmatistische, hermeneutische und phänomenologische Kritik an abendländischen Rationalitätsauffassungen sichtbar gemacht hat. Er entsteht im Vergessen der vorbegrifflichen Bedeutungsdichte gewöhnlicher Erfahrung immer wieder aufs Neue. Eine nicht-vergessliche, radikal-reflexive Philosophie begegnet ihrer größten Herausforderung

---

641 Hegel, *Werke 3*, 585.

deshalb bereits in der Anerkennung eines erlebten Ausgangspunkts.[642] Selbst die Anforderungen wissenschaftlicher und abstrakter Probleme haben mit gewachsenen Begriffsstrukturen zu tun, die gewisse Denkschritte ermöglichen und andere nicht. Auch eine Forschungssituation steht und fällt mit dem Verhältnis zu ihren Teilnehmern, deren Denk-, Sprech- und Handlungsweisen die Situation mitschaffen, reiterieren oder verändern.

Die zentrale sprachphilosophische Einsicht, die seit Wittgenstein maßgeblich den sogenannten *linguistic turn* mitprägt – gemeint ist die Interdependenz von sprachlicher Bedeutung und situativem Kontext –, wird somit unter dem Vorzeichen des *Embodiment* erweitert. Eine ideengeschichtlich tradierte grobe Strukturierung von isolierten subjektiven Innenwelten, allgemeinen, objektiven Außenwelten sowie einer abbildenden symbolischen Vermittlungsschicht wird angesichts der *responsiven* Komplexität, die in der Anerkennung eines erlebten Ausgangspunktes hervortritt, zum hilflosen Versuch, die Welt in den ordnenden Griff zu bekommen. Was als subjektiver Innenraum aufgefasst worden ist, wird nun zu einem psychosomatischen Wachstumsraum von Bedeutung, der untrennbar ist von den sozio-kulturellen und auch natürlichen Umwelten, die er beansprucht und auch selbst generiert. Darin drängen sich relevante Unterscheidungen – auch diejenige von Innen und Außen – stets neu auf. Unaufhörlich bedarf es weiterer und neuer Strukturierung und Differenzierung, die entwickelt, besprochen und diskutiert werden müssen.

Deshalb sind *tentative* Sprechakte, in denen Menschen ihre Belange ernst nehmen, immer wieder aufs Neue darauf angewiesen, dass Situationen im und durch den Sprachgebrauch nahe und tief gehen können. Je mehr man sich im Sprachgebrauch nicht nur auf intersubjektive Vermittlung von Informationen und Intentionen beschränkt, sondern sich auf einen situativen Ausgangspunkt einlässt, desto eher lässt sich das geknüpfte Gewebe muster- und kulturbildender vergangener Situationen und darin impliziter Sprachspiele auf relevante Weise transformieren. Je mehr man sprachphilosophisch auf die damit einhergehenden subtilen Handlungsmöglichkeiten eingeht, desto mehr sind Öffnungen eines *persönlich* zu generierenden Frei- und Spielraums zu bedenken, die über Steiners Matrix, Wittgensteins Metapher des Sprach-Käfigs und Heideggers Haus der Sprache hinausführen. In den Pausen der nachdenklichen, einlassenden und einfühlsamen Formulierung findet dieses Erleben seine transformative Sprache.

Der Verweis auf den vor-theoretischen Ausgangspunkt, den meine Studie erneut starkmacht, ist daher jener philosophischen Therapie verwandt, die

---

642 Vgl. hierzu auch Christine Abbt, *Ich vergesse: über Möglichkeiten und Grenzen des Denkens aus philosophischer Perspektive* (Frankfurt/M.: Campus, 2016).

Wittgenstein seiner Disziplin als Orientierung am gewöhnlichen Sprachgebrauch verschreibt, um sie von Pseudo-Problemen zu kurieren, die nichts mehr mit der Welt zu tun haben. Wittgensteins Therapie-Empfehlung führte jedoch in der Folge zu philosophischen Bemühungen um eine strengere Einhaltung der Regeln dafür, was sich *wie* in Situationen sagen lässt, damit die Grenzen sprachlicher Bedeutung nicht überstrapaziert werden. Meine Studie hofft dagegen Möglichkeiten und Potentiale sprachphilosophischer Forschungsmethoden und alltäglicher Sprachpraktiken freizusetzen und zu fördern, die zu einer Erweiterung dessen führen, was sich wie in Situationen sagen und damit auch denken lässt.

Eine solche Erweiterungsmöglichkeit exemplifizieren die Denker, mit denen ich gearbeitet habe. Sie erweitern das Bewusstsein für die methodische Herausforderung und das Anforderungsprofil eines kultivierbaren Ausgangspunktes, der begriffliche Festlegungen überschreitet und zugleich präzise einfordert, motiviert, benötigt und transformierbar macht. Damit sind im Ansatz bereits dominante Dualismen überwunden, was es für Philosophen jedoch nicht einfacher macht. Im Gegenteil, das reflexive Eingeständnis des Mittendrin, in dem man immer wieder anzusetzen, weiter zu sprechen, zu klären und zu denken hat, erfordert ein radikal-reflexives Philosophieren, das die Vorstellungen einfacher Trennbarkeiten aufzugeben hat, den *Mythos gegebener Trennungen*, wie man ihn taufen könnte. Diese Aufgabe stattet die Radikal-Reflektierenden mit einer neuen Art kritischen Verantwortungsbewusstseins aus. Die Fragen, die sich *von hier aus* ergeben, beschäftigen sich nicht in erster Linie damit, ob die Welt der begrifflichen Repräsentation oder der Erkenntnis, die wir von ihr haben, entspricht oder nicht. Sie entstehen aus der Herausforderung, einen vor-theoretischen Ausgangspunkt ernst zu nehmen, zu kultivieren und zu entfalten und aus der eingesehenen Verantwortung, die sich aus den vielschichtigen Folgen von Beschreibungs- und Erkenntnisweisen auf das Erlebte ergibt.

13.2 Ausblick

Philosophische Ansätze, die den bedeutungsentwickelnden Prozess *tentativer Sprechakte* im *close talking* begreiflicher und fassbarer machen, fördern die Kultivierbarkeit eines solchen Sprachgebrauchs. Ob dieser im Alltag gelingt, ist heute eher zufällig oder von glücklichen (förderlichen) Umständen abhängig (Talent, Hartnäckigkeit, soziale Umgebung etc.). Er wird weder in der Philosophie noch in den sonstigen Wissenschaften methodisch gepflegt. Hinsichtlich Letzterer ist dies nicht erstaunlich, da, wie Deacon treffend formuliert, genau diejenigen Aspekte in der Naturwissenschaft nicht zu erfassen sind und fehlen, die als treibende Motive im Wissenschaftsbetrieb vorherrschen. In den sprachphilosophischen Debatten des philosophischen Mainstreams ist man wiederum so damit beschäftigt, den epistemischen und welthaltigen Status des qualitativen Erlebens zu diskutieren, Gültigkeits- und Wahrheitsbedingungen von Propositionen zu bestimmen oder Sprechakte zu klassifizieren, dass der Formulierungsprozess und eine Bedeutung, die sich erst entwickelt, wenn man das Erleben ernst nimmt und sich darauf einlässt, aus dem Untersuchungsrahmen fallen.

Von der gesellschaftlichen Wirklichkeit aus betrachtet scheint es eine dringliche philosophische Aufgabe zu sein, mehr Verständnis für den Prozess sich entwickelnder Bedeutungen sowie für dessen Bedingungen zu generieren. Ein sprachphilosophisches und kognitionswissenschaftliches Verstehen dieses Prozesses verändert mit seinen interaktionellen Begriffen ein tiefsitzendes Beurteilungsschema dessen, was als subjektiv und was als objektiv gilt, wodurch Phasen, in denen jemand entwickelnd mit der Sprache übt, bisher als private Angelegenheiten verbucht und dadurch marginalisiert, entwissenschaftlicht und auch entpolitisiert werden können. In dieser Weise fördert die Erforschung dieses Prozesses und seiner Bedingungen den Stellenwert von Praktiken, die Menschen dabei unterstützen, diejenigen komplexen Anliegen zu formulieren und zu klären, deren Ernst aus Hintergründen erwächst, die bedingen, wer wir sind und – in ihrer Transformation – ermöglichen zu werden, wer wir sein können.

Wenn Philosophie mit ihren Vorstößen, Kritiken und Ansätzen Menschen dazu ermächtigen will, selbstständig zu denken, dann ist das Verstehen und Fördern eines Prozesses, in dem sich im situativen Einlassen Bedeutung entwickelt, für sie heute in mehrfacher Hinsicht eine drängende Aufgabe.[643] Sie dient einer Emanzipation, die gerade in der Gegenwart förderungsbedürftig erscheint: beispielsweise im Sinne der Kultivierbarkeit von Freiräumen gegenüber einer Macht des Diskurses, die in der Philosophie des 20. und 21. Jahrhunderts so betont wird wie noch nie zuvor. Sprachphilosophische Ansätze, die in implizite Netzwerke *hineinzudenken* erlauben, öffnen als Theorien eine sprachliche Performativität, die die Dekonstruktion nicht nur zur Kunst arrivierter Akademiker macht. Das bedingende Netzwerk hinter Bedeutungen, das sich allein schon durch ein gewisses Nachfühlen und durch tastendes Formulieren verändern kann, bewusster zu handhaben, ließe sich deshalb von diskurstheoretischer Warte aus als

---

[643] Vgl. das internationale Forschungsprojekt *Embodied Critical Thinking:* www.ect.hi.is, das auf der hier vorliegenden Forschungsarbeit beruht und die hier beschriebenen Methoden und Ansätze im Sinne einer erweiterten Befähigung zum kritischen Denken weiterzuentwickeln sucht. Für die Umsetzung dieses Forschungsprojekts des *Embodied Critical Thinking* kooperieren Philosophinnen, Philosophen und Anthropologen der Universität Aarhus, der Universität Island, der Universität Koblenz und des Microphenomenology Laboratory in Paris. Das Projekt wird mit dem Rannis Grant des Icelandic Research Fund unterstützt.

eine Aufklärungspraxis der Gegenwart verstehen. Die Hoffnung auf Eigenständigkeit und Authentizität im Denken ist zwar, wie Foucault zeigt, naiv, wenn dabei übersehen wird, wie sehr diese bereits durch internalisierte Mechanismen unterlaufen wurden – mit Damasio könnte man hinzufügen, durch somatische Marker, die bei jeder Entscheidung schneller greifen, als einem bewusst werden kann; mit Dilthey, Dewey, Ratcliffe und Gendlin kann jedoch ergänzt werden, dass durch die (Hintergrund-)tragende Funktion des Fühlens minimale Veränderungen mit großer Hebelwirkung möglich sind, die bewusstseinssteigernde Freiräume schaffen. Philosophie, die zum Übungsraum des einlassenden Sprachgebrauchs wird, stellt solche Freiräume zur Verfügung.

Angesichts auch heute wirksamer Mechanismen, die verhindern, dass Menschen ihren Anliegen, ihrem Denken und Erleben differenziert auf die Spur kommen, erscheint die Befähigung, das Erleben differenziert zur Sprache zu bringen, nötiger denn je. Alltägliche Stressfaktoren im Ausbildungs- und Arbeitsprozess, überwältigende Informationen und Expertenwissen lassen ein Bemühen, etwas selbst zu durchdenken, Eindrücke zu verarbeiten, Fragen überhaupt erst formulierbar zu machen und dadurch Zusammenhänge neu zu verstehen, im Ansatz bereits als sinnlos erscheinen oder im Keim ersticken (die berüchtigte Copy-and-paste-Arbeitsweise ist ein Indiz dafür). Auch die gebannte Aufmerksamkeit auf Social Media und andere mediale Ablenkungen lassen junge und auch ältere Personen nicht nur *nicht* erkennen, was (für sie) wichtig ist, sondern kaum verarbeiten, was und wie sie erleben. *Close talking* als sorgfältige Entfaltbarkeit von Zusammenhängen, die auf gewöhnliche Erfahrung angewiesen ist, kann als philosophische Praxis dazu beitragen, sich von der Suggestionskraft von Diskursen unabhängiger zu machen, die heute multimedial verstärkt den öffentlichen wie den privaten Kommunikationsraum durchdringt, bis hin zu den Smartphones auf den Nachttischen.

Um was es einem eigentlich geht, geht heute allzu leicht im Sog der abgelenkten und überforderten Aufmerksamkeit unter. Diese Gefahr bestätigt sich auch durch Petitmengins Nachvollzug des Nisbett-Wilson-Experimentes:[644]

---

[644] In diesem Experiment von Nisbett und Wilson, das ich bereits im 6. Kapitel erwähnt habe, werden Teilnehmern kurz Bilder von Menschen gezeigt, die sie beurteilen sollen hinsichtlich ihres Sympathiewertes, ihrer Attraktivität etc. Danach werden ihnen die gleichen Bilder nochmals gezeigt, wobei sich eine große Mehrheit hinsichtlich des geäußerten Eindrucks widerspricht. Petitmengin und Co. haben das Experiment wiederholt, den Teilnehmern aber die Chance gegeben, den Eindruck, den sie das erste Mal geäußert haben, kurz zu vertiefen, indem sie ihre Aufmerksamkeit durch die Fragen der Elicitation-Technik darauf richten, wie sie die Eindrücke qualitativ erlebt haben. Gefragt wird beispielsweise danach, wie jemand *weiß* oder *fühlt*, dass er dieses oder jenes Gesicht sympathisch/unsympathisch etc. findet. Mithilfe dieser Vertiefungs-

Fremdbestimmbarkeit resultiert nicht aus der Flüchtigkeit oder Passivität des sogenannten subjektiven Erlebens, sondern daraus, dass diesem keine Zeit zugestanden wird, sich formulierend zu vertiefen. Gerade weil nicht *gegeben* ist, was Menschen erleben und worum es ihnen geht, sondern dieses jeweils neu geklärt werden muss, bedarf es eines vertieften Verstehensprozesses dieses Geschehens, das verhindert, dass dieses missverstanden, vereinfacht oder marginalisiert wird. Je mehr die Bedingungen und die Komplexität des Prozesses mit wissenschaftlichen und philosophischen Begrifflichkeiten erkundet werden, die das Erleben und die Praktiken des Einlassens irreduzibel machen, desto mehr könnte dies dazu beitragen, dass im Zeitalter der Förderung artifizieller Intelligenz zugleich Bedingungen in Ausbildungs- und Arbeitsstätten geschaffen werden, die die einfache Manipulierbarkeit von Menschen besser verhindern lassen.

Zusätzlich haben heute die Anforderungen der transkulturellen Kommunikation einen sorgfältig zu handhabenden Zusammenhang aus Situationen, Hintergründen und Bedeutungen bewusster gemacht. Integration kann nur geschehen, wenn diese Zusammenhänge gegenseitig zur Sprache gebracht werden können. Einzelne Worte können, wie diese Studie zeigt, mit impliziten semantischen Netzwerken einhergehen, die nicht im Sprachkurs, sondern nur durch geteilte Erfahrung und gemeinsame Lebensformen vermittelbar sind. Im Verweis darauf stößt man jedoch, wie mit den hier dargestellten Ansätzen besser verständlich wird, nicht an rigide Grenzen. Vielmehr sind auch hier vertiefende und dadurch emanzipierende Kommunikationspraktiken zu üben. Sie werden von einem gründlicheren Verständnis gewachsener Bedeutungsbildung, einem damit einhergehenden *embodied context* und einem damit zusammenhängenden Selbstverständnis unterstützt. Sätze, die im gewohnten gegenseitigen Sprachspiel undurchdringlich werden, öffnen sich überraschend, wenn man sich wechselseitig beispielsweise erlaubt, die gefühlte Bedeutung der darin gebrauchten Worte auszuloten. Dann wird mehr vermittelbar, als dasjenige, das zunächst sagbar oder unsagbar erschienen ist oder von dem man glaubte, dass es sich nicht vermitteln ließe. Die politische Brisanz der wissenschaftlichen und philosophischen Anerkennung solcher Übungen deutet sich an, wenn man sich ihren Einsatz in kultur- und religionsbedingten Konflikten vorstellt. Würden sich russische und ukrainische Gesprächsteilnehmer gegenseitig die Zeit für Klärungsprozesse geben, in denen sich die komplexe Bedeutsamkeit von *Kiew* näherbringen ließe, oder würden Moslems, Christen und Juden sich gegenseitig explizieren können, welches *Erleben* mit dem Begriff Jerusalem einhergeht, dann würden Diskursräume

---

chance hat sich ein Großteil der Teilnehmer bei nochmaliger Befragung nicht selbst widersprochen. Vgl. Petitmengin u. a., „A Gap in Nisbett and Wilson's Findings?"

entstehen, die veränderte gegenseitige Verständnismöglichkeiten hervorbringen. Offensichtlich bedarf es der Bereitschaft zu einer solchen Vertiefung des gegenseitigen Verstehens. Wissenschaftlich und philosophisch angestoßene Diskurse über die Bedingungen, Funktionen und Möglichkeiten solcher Räume des klärenden Einlassens auf erlebte Komplexität würden eine solche Bereitschaft stützen. Sie würde allein schon dadurch gefördert, wenn Formen des *close talking* nicht nur als subjektives Sprechen abgestempelt werden oder als ein subtiler Luxus, der wenig zur Sache tut.

Die Verstehenshürden, die die transkulturelle Kommunikation offenkundig macht, beschränken sich jedoch nicht auf diese. Es sind die nämlichen Verständnisschwierigkeiten, die in jeder interpersonellen Kommunikation auftauchen, wenn auch nicht ganz so offensichtlich. Die Ansätze, die hier vorgestellt worden sind, machen bewusst, dass eine jede Person mit und in einer gewachsenen Kultur lebt, in der Begriffe in ein einzigartiges Netz von Zusammenhängen führen. Diese laden sich mit einer jeweils unterschiedlichen, verkörperten (ikonischen) Bedeutsamkeit auf, die je nach Situation in unterschiedlicher Weise als verbale Bedeutung funktioniert. Mehr Bewusstsein für den Umgang mit dieser interpersonellen Kulturdifferenz kann zur Ressource eines philosophisch zu fördernden gewaltfreien Diskurses werden. Darin gilt dann nicht nur der zwanglose Zwang des besseren Argumentes. Darin haben ebenfalls Entfaltungsbedingungen in dem Sinne zu gelten, dass Menschen die Möglichkeit erhalten, überhaupt erstmals angemessen formulieren zu können, was sie eigentlich meinen. Die Geduld, die Fähigkeit und Qualität des Zuhörens, das Aushalten von Unklarheit und vermehrte Anläufe sind Bedingungen dafür, einen erweiterten Spielraum der Bedeutungsgenese zu öffnen und situative Zusammenhänge zu berücksichtigen, die einzigartig und komplex sind.

Besonders die prozessfördernde Rolle des Zuhörens (im Kontrast zum eingeübten Duktus des Überzeugens, Kritisierens oder Argumentierens), der Einsatz eines noch nicht festlegenden Sprachgebrauchs sowie die Aufmerksamkeit, die nicht nur der Fremd-, sondern auch der Eigenresonanz gilt, sind dabei als zulassende Faktoren einer transformativen Bedeutungsentwicklung zu erkennen und anzuerkennen. Je mehr dies erforscht und verstanden wird, desto eher können diese Faktoren methodisch zum Einsatz kommen, wenn Gewohnheiten einer (paradigmatischen, kulturellen, familiären, gruppentypischen) Begriffsherrschaft, die sich in Alltags- und Diskussionskulturen manifestiert, wenig Entwicklungsspielraum bieten. Ähnlich wie heute bereits im frühen Schulalter kritische Befähigungen gefördert werden, indem Kinder in Debattier-Runden verschiedene Positionen einnehmen und sie dementsprechend zu verteidigen oder anzugreifen haben, können Formen des *close talking* und die Befähigung des

Einlassens auf das komplexe Webmuster gewöhnlichen Erlebens geübt und dadurch erweitert werden.

Eine solche philosophische Praxis ist vor allem auch eine begrüßenswerte Ergänzung zur philosophisch betriebenen Kritik an diskursförmiger Macht, an gesellschaftlicher Konvention und Genderhierarchie. Die Übung einer erweiternden Beanspruchung von Hintergründen vermag es u. a. zu verhindern, dass diese notwendige Kritik an der Macht selbst im Machtkampf der Positionen stecken bleibt. Die ausschlaggebende Rolle des Fühlens für eine solche Entwicklung ist jedoch für die tradierten Diskursgewohnheiten, auch jene der Kritik, ungewohnt und die Ermutigung zum offenen Einlassen auf das eigene Erleben beim Denken kann sich zunächst unbehaglich anfühlen. In diesem Unbehagen wirken sich ebenfalls inkorporierte Denkgewohnheiten aus, die objektive Methoden nach wie vor nicht mit dem Fühlen in Einklang bringen können, da dieses subjektiv erscheint. Die damit einhergehende Stigmatisierung des Erlebens und Fühlens als Privates, Inneres, Subjektives oder Psychologisches verhindert, es philosophisch ernst nehmen zu müssen oder zu können, selbst wenn der Diskurs, der solche Einteilungen produziert hat, kritisiert wird.

Für eine solche philosophische Denk- und Sprechpraxis bedarf es deshalb einer anderen Art von Mut. Ratcliffe spricht diesen beispielsweise als phänomenologische Erweiterung der *critical enquiry* an.[645] Er ist m. E. als Mut zur situativen Empfänglichkeit in den Wissenschaften zu charakterisieren und damit als Mut zu einer ungewohnten, bisweilen sogar mikrophänomenologisch sorgfältigen Ehrlichkeit, die als *epoché* anerkennt, wie etwas *genau* erlebt wird. Mut wird auch benötigt, um empfindlich genug zu werden, die Wirkung der gebrauchten Worte an sich selbst beobachten zu können. Um Verallgemeinerungen zu unterlaufen, mit denen man sich in Diskursen vor allem unverletzlicher macht, bedarf es vor allem des Mutes nackter zu denken und zu formulieren, auch wenn man sich dadurch nicht mehr auf den Bahnen abgesicherter Begriffe und Argumente bewegt. Dazu ist es wiederum notwendig, sich gegenseitig einen Entwicklungsraum

---

645 Diese beschreibt er wie folgt: „The practical skills of suspending implicit stances, making them explicit and moving between them are important aspects of critical enquiry. In addition, an understanding of existential feeling also casts light on the ways in which people can fail to 'connect' in philosophical debates. It also makes explicit certain confusions that occur when philosophers discuss the world, our relationship to it and the nature of experience. Of course, phenomenological enquiry alone will not always be able to arbitrate between rival positions and, needless to say, there is enormous scope for debate within phenomenology itself. Nevertheless, it is at least clear that existential feelings can be part of a critical enquiry, rather than sources of inflexible, dogmatic positions that are immune from critique and that can, at best, be confessed." – Ratcliffe, *Feelings of Being*, 267; vgl. auch ebd., 255.

zuzugestehen, in dem man tastend weiterdenken und formulieren kann, und nicht zu viel Kraft und Zeit durch das Rechtfertigen oder Angreifen von Positionen verliert, die man in seltenen Fällen ganz durchdacht hat.[646]

Diese abschließenden Bemerkungen, die bereits das Programm eines weiteren Buches und Forschungsprojektes umreißen,[647] führen einige mögliche für die Praxis relevante Konsequenzen der *nahen* (sprach-)philosophischen Ansätze vor Augen, um die es mir hier ging. Diese Andeutungen mögen jedoch genügen, um zu zeigen, dass die Schlussfolgerungen und Resultate, die aus dieser Arbeit hervorgehen auf gewöhnliche Lebenserfahrungen und ihre Erfordernisse zurückbezogen werden können, ohne diese bedeutungsloser oder weniger real erscheinen zu lassen. Damit komme ich am Ende dieser Arbeit auf den in der Einleitung zitierten Standard, den Dewey für das philosophische Arbeiten setzt, zurück. Ich schließe mit der Hoffnung, dass die Einführung *tentativer* Sprechakte sowie der sprachphilosophische Begriff und die Praxis des *close talking* die Erfordernisse gewöhnlicher Lebenserfahrung „more significant" und „more luminous" erscheinen lassen, und dass der Umgang mit dem komplexen und sprachlich herausfordernden menschlichen Alltagserleben dadurch „more fruitful" werden möge.[648]

---

[646] Vgl. Schoeller und Thorgeirsdottir, „Embodied Critical Thinking."
[647] Vgl. Fußnote 643 zum Forschungsprojekt *Embodied Critical Thinking:* www.ect.hi.is.
[648] Vgl. das Dewey-Zitat in Fußnote 17 am Ende der Einleitung, dem sich diese Arbeit verpflichtet hat: „Does it end in conclusions, which when they are referred back to ordinary life-experiences and their predicaments, render them more significant, more luminous to us, and make our dealings with them more fruitful? Or does it terminate in rendering the things of ordinary experience more opaque than they were before, and in depriving them of having in „reality" even the significance they had previously seemed to have?"

Dankendes Nachwort

Der unklare Boden des Erlebens, aus dem das Motiv und die Motivation zu dieser Arbeit erwuchs, hatte von Anfang an der Frage zu begegnen, ob dasjenige, was ich zu thematisieren und zu denken versuche, überhaupt Philosophie ist bzw. ihr angehört. „Wie viel Erfahrung verträgt die Philosophie?", so brachte es ein Philosophieprofessor in der Anfangsphase dieser Arbeit auf den Punkt. Mit meiner Arbeit hoffte ich zu zeigen, dass sie ganz schön viel davon vertragen kann. Den Überschuss an Vielfalt, Diversität, Divergenz und Individualität des Erlebens als Quelle von Bedeutungen philosophisch kultivierbarer zu machen, ist eine Programmerweiterung des Denkens, die die Philosophie wohl auch deshalb gut vertragen kann, weil diese Erweiterung ihr im buchstäblichem Sinne entgegenkommt. Philosophie ist von Anfang an nicht nur als eine Form des Argumentierens, geschweige denn des Wissens, sondern als Form des Liebens ausgewiesen. Die Fähigkeit etwas oder jemanden zu lieben wird jedoch weder gefördert, noch entsteht sie üblicherweise aus jenem Gemeinsamen, das durch das Sich-Fernhalten vom Erleben durch Abstraktion zu gewinnen ist. Christiane, Rashid, Samuel und Maya können sich nicht schon deshalb kennen, geschweige denn lieben, weil sie erkannt haben, dass sie alle vier Menschen sind. Im Einlassen auf die besondere Erlebensweise der einen Person kann sie die andere erst verstehen und dadurch auch besser bemerken, um was es ihr selbst in dieser oder anderer Hinsicht geht. Tiefgehende Gemeinsamkeiten und Verbindungen kommen erst zum Vorschein, wenn sich das Erleben der einen in der Sprache für die anderen öffnen kann. Emerson hat bereits auf dieses Universale im Persönlichen hingewiesen. Wenn es in der Weisheit um eine Universalität geht, die im Einlassen auf das unersetzbare Erleben des Alltags als wachsendes Verstehen entsteht, dann ist damit von Anfang an eine philosophische Programmerweiterung angesagt, um die es mir in meiner Arbeit geht.

Es war Zufall, dass ich in einer Phase tiefgehender Zweifel, wie man Philosophie mit ihren eingespielten und kaum hinterfragten Methoden weiter betreiben kann, die Praktiken des Philosophen Eugene Gendlin kennenlernte. Sie zeigten mir nicht nur, dass, sondern vor allem auch *wie* man philosophisches Denken und alltägliches Erleben vereinen kann. Um die Schere zwischen der Klarheit des abstrakten Denkens und der Unklarheit des alltäglichen Erlebens nicht weiter auseinandergehen zu lassen, ließ ich mich während der Habilitation sowohl in Meditationspraktiken, als auch in der erst- und zweitpersonalen Praxis des *Focusing* und des *Thinking at the Edge* ausbilden. Letztere hat Eugene Gendlin an der University of Chicago entwickelt. Schließlich ließ ich mich auch im mikrophänomenologischen Forschungslabor von Claire Petitmengin ausbilden. Ihre Forschungsmethoden öffnen eine verästelte Dichte und Ordnung des Erlebens, die jede vereinfachte Auffassung theoretischer Erfahrungsbegriffe als Kopfgeburt kenntlich macht.

Diese leibhaftige Verschränkung von Praxis und Theorie, aus der die vorliegende Arbeit dann erwuchs, erhöhte ihr Risikopotential. Es wurde zunehmend schwerer, den Forschungsgegenstand zu definieren, diesen als gängiges Diskursthema auszuweisen und ihn von Anfang an als ordentlich Getrenntes propositional vor mich zu bringen. Darum ist im Fall der vorliegenden Untersuchung die Metapher der Schwangerschaft naheliegend. Wie bei einem Geburtsprozess war erst am Ende klarer zu sehen, was da geboren wurde. Dieses Ende erwies sich wiederum als ein Anfang, der sogleich intensive Betreuung für seine weitere Entwicklung einforderte. Die Geburtsmetapher ist jedoch insofern verfehlt, als der Prozess dieser Arbeit nicht in neun Monaten gelang, sondern von vielen lehrreichen Umwegen gekennzeichnet war, während eine gelingende Schwangerschaft ein präzises Wunderwerk verkörperter Intelligenz ist.

Äußerst treffend ist die Geburtsmetapher jedoch hinsichtlich der Geburtshelfer, ohne die diese Arbeit nicht hätte entstehen können, wobei nun das Nachwort endgültig in den Dank übergeht. Mein Dank an Eugene Gendlin und sein Werk, wodurch sich nicht nur meine eingefahrenen Begriffe, Methoden und Vorstellungen, sondern auch Erlebensweisen *auftun* ließen, würde eines ausführlichen *close talking* bedürfen, um angemessen formuliert zu werden. Die Inspiration, die von ihm ausging, zeigt sich allein schon darin, dass sein Name wie ein roter Faden durch das Buch führt. Claire Petitmengin, deren pionierhafte Arbeit die Grenzen des philosophischen Erfahrungsbegriffs durch die mikrophänomenologische Praxis sprengt, gilt es für eine Anregung zu danken, die mich ermutigte, mich philosophisch noch genauer auf die unvorhersehbare Präzision des Erlebens einzulassen.

Ein entscheidender weiterer Dank gilt Matthias Jung, dessen solide Grundlagenforschung diese Untersuchung stabilisierte, und auch an seine Kunst der sachlichen und zugleich ermutigenden Kritik, dank derer diese Arbeit an ihrem schwächsten Punkt stärker werden konnte. Mein Dank gilt auch dem Schweizerischen Nationalfonds, dessen Förderung diese Arbeit initiierte, Michael Hampe für wichtige Gespräche in der Anfangsphase und auch Lutz Wingert, dessen Hinweisen ich u.a. die Entdeckung des für mich zunehmend wichtigen Begriffs des *Background* verdanke. Helmut Holzhey verdanke ich die Idee, mich vertieft auf Eugene Gendlin einzulassen. Thomas Fuchs möchte ich für Impulse und wichtige Hinweise danken, u.a. auch auf Claire Petitmengin.

Weiterhin gilt mein Dank Robert Pippin für seine Einladung an die University of Chicago, deren interdisziplinäre Gesprächsatmosphäre ein äußerst fruchtbares Wachstumsumfeld gewesen ist. Initiativen von PhD-Kandidatinnen, vor allem

Elena Loyd-Sidle von der Divinity School, *close talking*-Seminare im Rahmen des *Alternative Epistemology Workshop* zu organisieren, und Gespräche mit Professorinnen und Professoren, u. a. mit Ed Casey, Hans Joas, Philip Kitcher, Mary Jeanne Larrabee und Sally Sedgwick, waren beflügelnde sowie den Horizont erweiternde Unterstützungsmomente. Das kontinuierliche Gespräch mit Sigridur Thorgeirsdottir, das in Chicago begann, hat das Ende dieser Arbeit gleich wieder in einen Anfang verwandelt.

Kolleginnen und Kollegen, deren Interesse sowie moralische und sonstige Unterstützung und vor allem Gesprächsbereitschaft für mich extrem wichtig waren, möchte ich hiermit ebenfalls danken: Christine Abbt für das nicht endende Gespräch vor und während dieser Arbeit, in dem unter anderem der Begriff des *close talking* entstand, Claus Langbehn, der die Arbeit im unreifen Zustand mit mir geduldig durchdiskutierte, Christiane Geiser, die mich Eugene Gendlin entdecken ließ und deren moralische Unterstützung und Kooperation im Übersetzen des *Prozess-Modells* dieser Arbeit zugute kam, Inga von Staden, deren vielseitiger Unterstützung und Teilnahme sich u. a. auch dieses Nachwort verdankt, Schmuel Stokvis für seine Begleitung und für wichtige Gespräche, Martina King für ihr freundschaftliches Coaching. Ein großer Dank gilt Marina Sawall, die unter Zeitdruck mit großer Geduld und Kompetenz das sich ständig noch ändernde Manuskript korrigierte. Magnus Schlette danke ich für seine Kritik, der sich eine dem Lesen zugutekommende Entschlackungskur und Restrukturierung der vorliegenden Arbeit verdankt. Schließlich danke ich den Herausgebern der Humanprojekt-Reihe, diese Untersuchung in ihre Reihe aufzunehmen, deren Bücher diese Arbeit von Beginn an begleitet haben.

Ganz besonders und von Herzen möchte ich mich bei meinen drei Töchtern Theresa, Silja und Bernadette bedanken für die Art und Weise, wie sie hinter mir standen in dieser Zeit, die auch mit örtlicher Veränderung verbunden war sowie mit der wiederkehrenden Herausforderung, jene freundliche Frage zu beantworten: „Und was erforscht Eure Mutter genau?"

Literaturverzeichnis

Abbt, Christine. *Der wortlose Suizid: die literarische Gestaltung der Sprachverlassenheit als Herausforderung für die Ethik.* Zugl.: Zürich, Univ., Diss., 2005. München: Fink, 2007.

Abbt, Christine. *Ich vergesse: über Möglichkeiten und Grenzen des Denkens aus philosophischer Perspektive.* Zugl. Zürich, Univ., Habil., 2016. Frankfurt/M.: Campus, 2016.

Achenbach, Gerd B. *Zur Einführung der philosophischen Praxis: Vorträge, Aufsätze, Gespräche und Essays, mit denen sich die philosophische Praxis in den Jahren 1981 bis 2009 vorstellte; eine Dokumentation.* Köln: Dinter, 2010. [Schriftenreihe zur philosophischen Praxis; 5]

Adorno, Theodor W. *Gesammelte Schriften.* Bd. 7, *Ästhetische Theorie.* Frankfurt/M.: Suhrkamp, 1970.

Adorno, Theodor W. *Negative Dialektik.* Frankfurt/M.: Suhrkamp, 1975.

Anderson, Sam. „The Inscrutable Brilliance of Anne Carson." *New York Times Sunday Magazine*, March 14, 2013. Letzter Zugriff 4. Dezember 2018. http://www.nytimes.com/2013/03/17/magazine/the-inscrutable-brilliance-of-anne-carson.html?_r=0.

Angehrn, Emil. *Der Weg zur Metaphysik: Vorsokratik, Platon, Aristoteles.* Weilerswist: Velbrück Wiss., 2000.

Arendt, Hannah. *The Human Condition.* Chicago, Ill.: University of Chicago Press, 1958.

Arendt, Hannah. *Vom Leben des Geistes* [2 Bde.]. Bd. 1, *Das Denken.* München: Piper, 1979.

Arendt, Hannah. *Elemente und Ursprünge totaler Herrschaft: Antisemitismus, Imperialismus, totale Herrschaft.* München: Piper, 2006.

Austin, John L. *How to Do Things with Words: The William James Lectures Delivered at Harvard University in 1955*, hrsg. von James O. Urmson und Marina Sbisà. Oxford: Clarendon Press, 1962.

Baranger, Madeleine, und Willy. *The Work of Confluence: Listening and Interpreting in the Psychoanalytic Field*, hrsg. u. mit e. Kommentar von Leticia Glocer Fiorini. London: Carnac Books, 2009. [Psychoanalytic Ideas and Applications Series]

Barwise, John. „On the Circumstantial Relation between Meaning and Content." In *Meaning and Mental Representation*, hrsg. von Umberto Eco, Marco Santambrogio und Patrizia Violi, 23–39. Bloomington, Ind.: Indiana University Press, 1988.

Bastian, Till. „Sigmund Freud im Kriminalroman: Therapeuten als Detektive". *Psyche – Zeitschrift für Psychoanalyse* 63 (2009): 503–12.

Bertram, Georg W. *Hermeneutik und Dekonstruktion: Konturen einer Auseinandersetzung der Gegenwartsphilosophie.* München: Fink, 2002.

Bertram, Georg W., David Lauer, Jasper Liptow und Martin Seel, Hg. *Die Artikulation der Welt: über die Rolle der Sprache für das menschliche Denken, Wahrnehmen und Erkennen.* Frankfurt/M.: Humanities Online, 2006.

Bertram, Georg W., David Lauer, Jasper Liptow und Martin Seel. *In der Welt der Sprache: Konsequenzen des semantischen Holismus.* Frankfurt/M.: Suhrkamp, 2008.

Bieri, Peter. *Das Handwerk der Freiheit: Über die Entdeckung des eigenen Willens.* München: Hanser, 2001.

Bieri, Peter. *Wie wollen wir leben?* Salzburg: Residenzverlag, 2011.

Bion, Wilfred Ruprecht. „Attacks on Linking." *The International Journal of Psycho-Analysis* 40 (1959): 308–15.
Blumenberg, Hans. *Höhlenausgänge*. Frankfurt/M.: Suhrkamp, 1996.
Bohm, David. *Der Dialog: Das offene Gespräch am Ende der Diskussionen*, hrsg. von Lee Nichel. Stuttgart: Klett-Cotta, 1998.
Böhme, Gernot. *Leibsein als Aufgabe: Leibphilosophie in pragmatischer Hinsicht*. Zug: Die Graue Edition, 2003.
Brugger, Winfried. „Acht Thesen und ein Schaubild über das anthropologische Kreuz der Entscheidung" und „Menschenwürde aus dem Blickwinkel des anthropologischen Kreuzes der Entscheidung". In *Über das anthropologische Kreuz der Entscheidung*, hrsg. von Hans Joas, und Matthias Jung, 15–18; 19–50. Baden-Baden: Nomos, 2008. [Studien zur Rechtsphilosophie und Rechtstheorie; 50]
Campbell, Sue. *Interpreting the Personal: Expression and the Formation of Feelings*. Ithaca, NY: Cornell University Press, 1997.
Camus, Albert. *Der erste Mensch*, dt. von Uli Aumüller. Reinbek bei Hamburg: Rowohlt, 1997.
Cavell, Marcia. *Becoming a Subject: Reflections in Philosophy and Psychoanalysis*. Oxford: Clarendon Press, 2006.
Cavell, Stanley, „Austin at Criticism." In *Must we Mean what we Say? A Book of Essays*, 97–114. 1969. Überarb. Neuaufl., Cambridge, Mass.: Cambridge University Press, 2002.
Cavell, Stanley. *The Claim of Reason: Wittgenstein, Skepticism, Morality, and Tragedy*. Oxford: Clarendon Press, 1979.
Cavell, Stanley. „Freud and Philosophy: A Fragment." *Critical Inquiry* 13, Nr. 2 (Winter 1987): 386–93.
Chemero, Anthony. *Radical Embodied Cognitive Science*. Cambridge, Mass.: MIT Press, 2011.
Colombetti, Giovanna. „What Language Does to Feelings." *Journal of Consciousness Studies* 16, Nr. 9 (2009): 4–26.
Conant, James. „Wittgenstein on Meaning and Use." *Philosophical Investigations* 21, Nr. 3 (July 1998): 222–50.
Crippen, Matthew. „Dewey, Enactivism and Greek Thought." In *Pragmatism and Embodied Cognitive Science: From Bodily Interaction to Symbolic Articulation*, hrsg. von Roman Madzia und Matthias Jung, 229–46. Berlin: De Grutyer, 2016.
Crippen, Matthew. „Embodied Cognition and Perception: Dewey, Science and Skepticism." *Contemporary Pragmatism* 14, Nr. 1 (2017): 112–34.
Crone, Katja. „Selbstbewusstsein und Identität – die Funktion der qualitativen Erlebnisperspektive". In *Funktionen des Erlebens: Neue Perspektiven des Bewusstseins*, hrsg. von Matthias Jung und Jan-Christoph Heilinger, 337–63. Berlin: De Gruyter, 2009. [Humanprojekt; 5]
Damasio, Antonio R. *Descartes' Error: Emotion, Reason and the Human Brain*. New York: Putnam, 1994.
Damasio, Antonio R. *Feeling of What Happens: Body and Emotion in the Making of Consciousness*. New York: Harcourt Brace, 1999.
Daston, Lorraine, und Peter Galison. *Objectivity*. New York: Zone Books, 2007.
Deacon, Terrence W. *The Symbolic Species: The Co-Evolution of Language and the Brain*. New York: Norton, 1997.
Deacon, Terrence W. „Language as an Emergent Function: Some Radical Neurological and Evolutionary Implications," *Theoria* 54 (2005): 269–86.

Deacon, Terrence W. *Incomplete Nature: How Mind Emerged from Matter*. New York: Norton, 2012.
Deacon, Terrence W. „The Emergent Process of Thinking as Reflected in Language Processing." In *Thinking Thinking: Practicing Radical Reflection*, hrsg. Donata Schoeller und Vera Saller, 136–59. Freiburg: Alber, 2016. [Schriftenreihe der Deutschen Gesellschaft für Phänomenologische Anthropologie, Psychiatrie und Psychotherapie (DGAP); 5]
Deloch, Heinke. „Das Nicht-Sagbare als Quelle der Kreativität: E.T. Gendlins Philosophie des Impliziten und die Methode Thinking at the Edge". In *In Sprachspiele verstrickt – oder: wie man der Fliege den Ausweg zeigt; Verflechtungen von Wissen und Können*, hrsg. von Stefan Tolksdorf und Holm Tetens, 259–84. Berlin: De Gruyter, 2010. [Festschrift für Hans Julius Schneider anlässlich seiner Emeritierung]
Demmerling, Christoph. *Sprache und Verdinglichung: Wittgenstein, Adorno und das Projekt einer kritischen Theorie*. Frankfurt/M.: Suhrkamp, 1994.
Demmerling, Christoph. „Denken: Überlegungen zum Verhältnis von Sprache und inneren Zuständen". In *Die Artikulation der Welt: über die Rolle der Sprache für das menschliche Denken, Wahrnehmen und Erkennen*, hrsg. von Georg W. Bertram, David Lauer, Jasper Liptow und Martin Seel, 31–49. Frankfurt/M.: Humanities Online 2006.
Demmerling, Christoph, und Hilge Landweer. *Philosophie der Gefühle: von Achtung bis Zorn*. Stuttgart: Metzler, 2007.
Depraz, Natalie, Francisco J. Varela und Pierre Vermersch. *On Becoming Aware: A Pragmatics of Experience*. Amsterdam: John Benjamins Publishing Company, 2002. [Advances in Conciousness Research; 43]
Devany, Jeanne M., Steven C. Hayes und Rosemary O. Nelson. „Equivalence Class Formation in Language-able and Language-disabled Children." *Journal of the Experimental Analysis of Behavior* 46, Nr. 3 (November 1986): 243–57.
Dewey, John. *The Later Works, 1925–1953* [17 Bde.], hrsg. von Jo Ann Boydston. Bd. 1, *1925: Experience and Nature*, Text mit hrsg. von Patricia Baisinger und Barbara Levine, mit e. Einl. von Sidney Hook und einer neuen Einl. von John Dewey, hrsg. von Joseph Ratner. Carbondale: Southern Illinois University Press, 1988.
Dewey, John. „Qualitative Thought." In *The Later Works, 1925–1953* [17 Bde.], hrsg. von Jo Ann Boydston. Bd. 5, *1929–1930*, Text hrsg. von Kathleen E. Poulos, mit e. Einl. von Paul Kurtz, 243–62. Carbondale: Southern Illinois University Press, 1984.
Dewey, John. *The Later Works, 1925–1953* [17 Bde.], hrsg. von Jo Ann Boydston. Bd. 10, *1934: Art as Experience*, Text hrsg. von Harriet Furst Simon, mit e. Einl. von Abraham Kaplan. Carbondale: Southern Illinois University Press, 1989.
Dewey, John. *The Later Works, 1925–1953* [17 Bde.], hrsg. von Jo Ann Boydston. Bd. 12, *1938: Logic: The Theory of Inquiry*, Text hrsg. von Kathleen E. Poulos, mit e. Einl. von Ernest Nagel. Carbondale: Southern Illinois University Press, 1991.
Di Paolo, Ezequiel A., Elena Clare Cuffari und Hanne De Jaegher. *Linguistic Bodies: The Continuity between Life and Language*. Cambridge, Mass.: MIT Press, 2018.
Dilthey, Wilhelm. *Gesammelte Schriften*. Bd. 1, *Einleitung in die Geisteswissenschaften: Versuch einer Grundlegung für das Studium der Gesellschaft und der Geschichte; Erster Band*, hrsg. von Karlfried Gründer. 9. unveränd. Aufl. Göttingen: Vandenhoeck und Ruprecht, 1990.
Dilthey, Wilhelm. *Gesammelte Schriften*. Bd. 7, *Der Aufbau der geschichtlichen Welt in den Geisteswissenschaften*, hrsg. von Karlfried Gründer. 8. unveränd. Aufl. Göttingen:

Vandenhoeck und Ruprecht, 1992:
„Der Aufbau der geschichtlichen Welt in den Geisteswissenschaften", 77–188.
„Das Verstehen anderer Personen und ihrer Lebensäußerungen", 205–20.
„Erleben und Verstehen", 224–25.
„Die Kategorien des Lebens", 228–45.

Dilthey, Wilhelm. „Grundgedanke meiner Philosophie". In *Gesammelte Schriften*. Bd. 8, *Weltanschauungslehre: Abhandlungen zur Philosophie der Philosophie*, hrsg. von Karlfried Gründer. 6. unveränd. Aufl., 171–73. Göttingen: Vandenhoeck und Ruprecht, 1991.

Dilthey, Wilhelm. *Gesammelte Schriften*. Bd. 19, *Grundlegung der Wissenschaften vom Menschen, der Gesellschaft und der Geschichte: Ausarbeitungen und Entwürfe zum zweiten Band der Einleitung in die Geisteswissenschaften* (ca. 1870–1895), hrsg. von Helmut Johach und Frithjof Rodi. Göttingen: Vandenhoeck und Ruprecht, 1982:
„Voraussetzungen oder Bedingungen des Bewußtseins oder der wissenschaftlichen Erkenntnis", 44–48.
„Satz der Phänomenalität", 58–75.
„Leben und Erkennen: Ein Entwurf zur erkenntnistheoretischen Logik und Kategorienlehre (ca. 1892/93)", 333–88.

Dürr, Hans Peter. „Über Heisenberg zum 80. Geburtstag". Manuskript, 1981.

Emerson, Ralph Waldo. *Nature and Selected Essays*, hrsg. und mit e. Einl. von Larzer Ziff. New York, NY: Penguin Books, 1982.

Engelen, Eva-Maria. „Zur Bedeutung von Sprache, Intentionalität und Erleben für das Verständnis von Emotionen". In *Funktionen des Erlebens: Neue Perspektiven des Bewusstseins*, hrsg. von Matthias Jung und Jan-Christoph Heilinger, 385–415. Berlin: De Gruyter, 2009. [Humanprojekt; 5]

Ernst, Katherine. „A Comparison of John Dewey's Theory of Valuation and Abraham Maslow's Theory of Value." *Educational Theory* 24, Nr. 2 (April 1974): 130–41.

Ferenczi, Sándor. „The Principles of Relaxation and New-Catharsis." In *Final Contributions to the Problems and Methods of Psychoanalysis*, hrsg. von Michael Balint, übers. von Eris Mosbacher u. a., 108–25. 1955. Neuaufl., London: Karnac Books, 2002.

Finkelstein, David. *Expression and the Inner*. Cambridge, Mass.: Harvard University Press, 2003.

Flusser, Vilém. *Die Geschichte des Teufels*. Göttingen: European Photography, 1993.

Foerster, Heinz von, im Gespräch mit Albert Müller und Karl H. Müller: „Rück- und Vorschauen". In *Konstruktivismus und Kognitionswissenschaft: Kulturelle Wurzeln und Ergebnisse; Heinz von Foerster gewidmet*, hrsg. von Albert Müller, Karl H. Müller und Friedrich Stadler, 221–34. Wien: Springer, 1997. [Veröffentlichungen des Instituts Wiener Kreis; Sonderbd.]

Frankfurt, Harry G. *Taking Ourselves Seriously and Getting It Right*, hrsg. von Debra Satz. Stanford, Calif.: Stanford University Press, 2006. [The Tanner Lectures in Moral Philosophy]

Freud, Sigmund. *Studienausgabe* [11 Bde.]. Bd. 1, *Vorlesungen zur Einführung in die Psychoanalyse und Neue Folge*, hrsg. von Alexander Mitscherlich, Angela Richards und James Strachey. 11. korr. Aufl. Frankfurt/M.: Fischer, 1989:
„Über mögliche Mißverständnisse bei der Lektüre der Werke Sigmund Freuds (von

Alexander Mitscherlich)", 19–25.
„Die Fehlleistungen (1916 [1915])", 40–98.
Freud, Sigmund. *Studienausgabe* [11 Bde.]. Bd. 2, *Traumdeutung*, hrsg. von Alexander Mitscherlich, Angela Richards und James Strachey. 12. korr. Aufl. Frankfurt/M.: Fischer, 2010.
Freud, Sigmund. *Studienausgabe* [11 Bde.]. Bd. 3, *Psychologie des Unbewußten*, hrsg. von Alexander Mitscherlich, Angela Richards und James Strachey. 7. korr. Aufl. Frankfurt/M.: Fischer, 1994:
„Die Verdrängung (1915)", 103–18.
„Das Unbewußte (1915)", 119–73.
Freud, Sigmund. *Studienausgabe* [11 Bde.]. Bd. 10, *Bildende Kunst und Literatur*, hrsg. von Alexander Mitscherlich, Angela Richards und James Strachey. Limitierte Sonderausg. Frankfurt/M.: Fischer, 2000.
Freud, Sigmund. *Studienausgabe* [11 Bde.]. Ergänzungsband, *Schriften zur Behandlungstechnik*, hrsg. von Alexander Mitscherlich, Angela Richards, James Strachey und Ilse Gubrich-Simitis. 3. Aufl. Frankfurt/M.: Fischer, 1989:
„Zur Einleitung der Behandlung (Weitere Ratschläge zur Technik der Psychoanalyse I) (1913)", 181–203.
„Erinnern, Wiederholen und Durcharbeiten (Weitere Ratschläge zur Technik der Psychoanalyse II) (1914)", 205–15.
Fuchs, Thomas. „Selbst und Schizophrenie". *Deutsche Zeitschrift für Philosophie* 60, Nr. 6 (2012): 887–901.
Fuchs, Thomas. *Das Gehirn – ein Beziehungsorgan*. 4. aktualis. und erw. Aufl. Stuttgart: Kohlhammer, 2013.
Fuchs, Thomas. „Verkörperung, Sozialität und Kultur". In *Interdisziplinäre Anthropologie: Leib – Geist – Kultur*, hrsg. von Thiemo Breyer, Gregor Etzelmüller, Thomas Fuchs und Grit Schwarzkopf, 11–33. Heidelberg: Winter, 2013.
Fuchs, Thomas. „Embodiment: Das verkörperte Selbst". In *Medizin und die Frage nach dem Menschen – Wittener Kolloquium für Humanismus, Medizin und Philosophie*, hrsg. von Peter Heusser und Johannes Weinzirl, 69–82. Würzburg: Königshausen und Neumann, 2013. [Wittener Kolloquium Humanismus, Medizin und Philosophie; 1]
Gallagher, Shaun. *How the Body Shapes the Mind*. Oxford: Clarendon Press, 2005.
Gendlin, Eugene T., und Fred Zimring. „The Qualities or Dimensions of Experiencing and their Change." *Counseling Center Discussion Paper* 1, Nr. 3. 27 S. Chicago: University of Chicago Library, 1955.
Gendlin, Eugene T. „The Function of Experiencing II: Two issues; Interpretation in Therapy; Focus on the Present." *Counseling Center Discussion Papers* 4, Nr. 3. 15 S. Chicago: University of Chicago Library, 1958.
Gendlin, Eugene T. „Experiencing: A Variable in the Process of Therapeutic Change." *American Journal of Psychotherapy* 15 (1961): 233–45.
Gendlin, Eugene T., und Jerome L. Berlin. „Autonomic Correlates of Inter-Action Process" [1961]. Unveröffentlichtes Manuskript. University of Wisconsin. Letzter Zugriff 4. Dezember 2018. http://www.focusing.org/gendlin/docs/gol_2227.html.
Gendlin, Eugene T., und Jerome L. Berlin. „Galvanic Skin Response Correlates of Different Modes of Experiencing." *Journal of Clinical Psychology* 17, Nr. 1 (1961): 73–77.

Gendlin, Eugene T. „Need for a New Type of Concept: Current Trends and Needs in Psychotherapy Research on Schizophrenia." *Review of Existential Psychology and Psychiatry* 2, Nr. 1 (1962): 37–46.
Gendlin, Eugene T. „Process Variables for Psychotherapy Research." In *Wisconsin Psychiatric Institute Discussion Paper* 42. 16 S. Madison: University of Wisconsin, January 1963. Letzter Zugriff 4. Dezember 2018. http://www.focusing.org/gendlin/docs/gol_2128.html.
Gendlin, Eugene T. „Experiencing and the Nature of Concepts." *The Christian Scholar* 46, Nr. 3 (Fall 1963): 245–55.
Gendlin, Eugene T. „Review of Merleau-Ponty's *The Structure of Behavior*." *The Modern Schoolman* 42 (1964): 87–96.
Gendlin, Eugene T. „Existentialism and Experiential Psychotherapy." In *Existential Child Therapy*, hrsg. von Clark Moustakas, 206–46. New York: Basic Books, 1966.
Gendlin, Eugene T. „The Discovery of Felt Meaning." In *Language and Meaning: Papers from the ASCD Tenth Curriculum Research Institute; Miami Beach, Fla., Nov. 21–24, 1964, Detroit, Mich., March 20–23*, hrsg. von James B. McDonald und Robert R. Leeper, 45–62. Washington, D.C.: Association for Supervision and Curriculum Development, 1966. Letzter Zugriff 4. Dezember 2018. http://files.eric.ed.gov/fulltext/ED026628.pdf.
Gendlin, Eugene T., und Carol Tavris. „A Small, Still Voice." *Psychology Today* (June 1970): 57–59.
Gendlin, Eugene T. „Research in Psychotherapy and Chemotherapy: Research Problems and the Relationship Between Psychological and Physiological Variables." Paper presented at the National Institute of Mental Health Conference on Schizophrenia: The Implications of Research for Treatment and Teaching (Washington, D.C., May 1970). Letzter Zugriff 4. Dezember 2018. http://www.focusing.org/gendlin/docs/gol_2042.html.
Gendlin, Eugene T. „Befindlichkeit: Heidegger and the Philosophy of Psychology." *Review of Existential Psychology and Psychiatry* 16, Nr. 1–3 (1978/79): 43–71. Letzter Zugriff 25. November 2018.
Gendlin, Eugene T. „Two Phenomenologists Do not Disagree." In *Phenomenology: Dialogues and Bridges*, hrsg. von Ronald Bruzina und Bruce Wilshire, 321–35. Albany, NY: State University of New York Press, 1982.
Gendlin, Eugene T. „The Politics of Giving Therapy Away: Listening and Focusing." In *Teaching Psychological Skills: Models for Giving Psychology Away*, hrsg. von Dale Larson, 287–305. Monterey, Calif.: Brooks/Cole, 1984.
Gendlin, Eugene T. „The Client's Client: The Edge of Awareness." In *Client-Centered Therapy and the Person-Centered Approach: New Directions in Theory, Research and Practice*, hrsg. von Ronald L. Levant und John M. Shlien, 76–107. New York: Praeger, 1984. Letzter Zugriff 4. Dezember 2018. http://www.focusing.org/gendlin/docs/gol_2149.html.
Gendlin, Eugene T. „Carl Rogers (1902–1987)." *American Psychologist* 43, Nr. 2 (1988): 127–28.
Gendlin, Eugene T. „Phenomenology as Non-Logical-Steps." In *American Phenomenology: Origins and Developments*, hrsg. von Eugene Francis Kaelin und Calvin O. Schrag, 404–10. Dordrecht: Kluwer, 1989. [Analecta Husserliana 26]
Gendlin, Eugene T. „Thinking Beyond Patterns: Body Language and Situation." In *The Presence of Feeling in Thought*, hrsg. von Bernard den Ouden und Marcia Moen, 25–151. New York: Lang, 1991. [Revisioning Philosophy; 7]

Gendlin, Eugene T. „On Emotion in Therapy." In *Emotion, Psychotherapy and Change*, hrsg. von Jeremy D. Safran und Leslie S. Greenberg, 255–79. New York: Guilford, 1991.
Gendlin, Eugene T. „Celebrations and Problems of Humanistic Psychology." *Humanistic Psychologist* 20, Nr. 2–3 (1992): 447–60. Letzter Zugriff 21. November 2018. http://www.focusing.org/gendlin/docs/gol_2163.html.
Gendlin, Eugene T. „The Wider Role of Bodily Sense in Thought and Language." In *Giving the Body Its Due*, hrsg. von Maxime Sheets-Johnstone, 192–207. Albany, NY: State University of New York Press, 1992. [SUNY Series, The Body in Culture, History and Religion]
Gendlin, Eugene T. „Words Can Say How They Work." In *27th Annual Heidegger Conference Proceedings: 4–6 June, 1993*, hrsg. von Robert P. Crease, 29–35. Stony Brook: University at Stony Brook, State University of New York, 1993.
Gendlin, Eugene T. „Crossing and Dipping: Some Terms for Approaching the Interface Between Natural Understanding and Logical Formulation." *Minds and Machines* 5, Nr. 4 (1995): 547–60.
Gendlin, Eugene T. *Experience and the Creation of Meaning: A Philosophical and Psychological Approach to the Subjective.* 1962. Neuaufl., Evanston, Ill.: Northwestern University Press, 1997. [Northwestern University studies in phenomenology and existential philosophy]
Gendlin, Eugene T. „How Philosophy Cannot Appeal to Experience, and How it Can." In *Language Beyond Postmodernism: Saying and Thinking in Gendlin's Philosophy*, hrsg. von David Michael Levin, 3–41; 343. Evanston, Ill.: Northwestern University Press, 1997.
Gendlin, Eugene T. „The Responsive Order: A New Empiricism." *Man and World* 30, Nr. 3 (1997): 383–411.
Gendlin, Eugene T. „What Happens When Wittgenstein Asks 'What Happens When …?'" *The Philosophical Forum* 28, Nr. 3 (1997): 268–81. Letzter Zugriff 18. Dezember 2018. https://www.focusing.org/gendlin/docs/gol_2170.html.
Gendlin, Eugene T. *Focusing-orientierte Psychotherapie: Ein Handbuch der erlebensbezogenen Methode*, aus dem Amerikan. übers. von Teresa Junek. München: Pfeiffer, 1998. [Leben lernen; 119]
Gendlin, Eugene T. „Implicit Entry and Focusing." *The Humanistic Psychologist* 27, Nr. 1 (1999): 80–88. Letzter Zugriff 21. November 2018. http://www.focusing.org/gendlin/docs/gol_2032.html.
Gendlin, Eugene T. „Introduction to 'Thinking at the Edge'." *The Folio* 19, Nr. 1 (2000–2004): 1–8. Letzter Zugriff 19. November 2018. http://www.focusing.org/tae-intro.html.
Gendlin, Eugene T. *Focusing*. 1978. 25. Aufl. London: Ryder 2003.
Gendlin, Eugene T. „Beyond Postmodernism: From Concepts Through Experiencing." In *Understanding Experience: Psychotherapy and Postmodernism*, hrsg. von Roger Frie, 100–15. London: Routledge, 2003.
Gendlin, Eugene T. „The New Phenomenology of Carrying Forward." *Continental Philosophy Review* 37, Nr. 1 (2004): 127–51.
Gendlin, Eugene T. *Ein Prozess-Modell*, hrsg., übers. und eingel. von Donata Schoeller und Christiane Geiser. Freiburg/Br.: Alber, 2015.
Gilligan, Carol. *In a Different Voice: The Psychological Theory and Women's Development.* Cambridge, Mass.: Harvard University Press, 1993.
Gillissen, Matthias. *Philosophie des Engagements: Bergson, Husserl, Sartre, Merleau-Ponty.* Freiburg/Br.: Alber, 2008.

Goldfarb, Mical. „Making Room For it All: Inclusive Experiencing in Psychotherapy." *Journal of Humanistic Psychology* 39, Nr. 4 (1999): 82–93.
Goldie, Peter. *The Emotions: A Philosophical Exploration.* Oxford: Oxford University Press, 2000.
Grawe, Klaus. *Psychologische Therapie.* Göttingen: Hogrefe, 1998.
Grice, H. Paul. „Meaning." *Philosophical Review* 66 (July 1957): 377–88.
Grogan, Jessica Lynn. „A Cultural History of the Humanistic Psychology Movement in America." PHDdiss. University of Texas, 2008. Letzter Zugriff 21. November 2018. http://catalog.lib.utexas.edu/record=b7065501~S29.
Hacking, Ian. „The Looping Effects of Human Kinds." In *Causal Cognition: A Multidisciplinary Debate*, hrsg. von Dan Sperber, David Premack und Ann James Premack, 351–83. Oxford: Clarendon Press, 1995.
Hallowell, Edward M., und John J. Ratey, Hg. *Driven to Distraction: Recognizing and Coping with Attention Deficit Disorder from Childhood to Adulthood.* New York: Anchor Books, 1994.
Hampe, Michael. *Die Lehren der Philosophie.* Berlin: Suhrkamp, 2014.
Hanna, Robert. „Beyond the Myth of the Myth: A Kantian Theory of Non-Conceptual Content." *International Journal of Philosophical Studies* 19, Nr. 3 (2011): 323–98. Letzter Zugriff 4. Dezember 2018. doi: 10.1080/09672559.2011.595187.
Havel, Vaclav. *Briefe an Olga: Betrachtungen aus dem Gefängnis.* Reinbek bei Hamburg: Rowohlt, 1989.
Hegel, Georg Wilhelm Friedrich. *Werke* [in 20 Bdn.]. Bd. 3, *Phänomenologie des Geistes*, Redaktion Eva Moldenhauer und Karl Markus Michel. Frankfurt/M.: Suhrkamp, 1984.
Hegel, Georg Wilhelm Friedrich. *Werke* [in 20 Bdn.]. Bd. 6, *Wissenschaft der Logik II*, Redaktion Eva Moldenhauer und Karl Markus Michel. Frankfurt/M.: Suhrkamp, 1986.
Hegel, Georg Wilhelm Friedrich. *Werke* [in 20 Bdn.]. Bd. 8, *Enzyklopädie der philosophischen Wissenschaften im Grundrisse 1830: Erster Teil; Die Wissenschaft der Logik; Mit den mündlichen Zusätzen*, Redaktion Eva Moldenhauer und Karl Markus Michel. Frankfurt/M.: Suhrkamp, 1986.
Heidegger, Martin. *Einführung in die Metaphysik.* Tübingen: Niemeyer, 1953.
Heidegger, Martin. „Brief über den ‚Humanismus'". In *Gesamtausgabe* [102 Bde.]. Bd. 9, *Wegmarken* (1919–1961), hrsg. von Friedrich-Wilhelm von Hermann, 313–64. Frankfurt/M.: Vittorio Klostermann, 1976.
Heidegger, Martin. „Aus einem Gespräch von der Sprache: Zwischen einem Japaner und einem Fragenden". In *Gesamtausgabe* [102 Bde.]. Bd. 12, *Unterwegs zur Sprache* (1950–1959), hrsg. von Friedrich-Wilhelm von Hermann, 79–146. Frankfurt/M.: Vittorio Klostermann, 1985.
Heidegger, Martin. *Gesamtausgabe* [102 Bde.]. Bd. 58, *Grundprobleme der Phänomenologie*, hrsg. von Hans-Helmuth Gander. Frankfurt/M.: Vittorio Klostermann, 1993.
Heimann, Paula. „On Countertransference." *The International Journal of Psycho-Analysis* 31 (1950): 81–84.
Henrich, Dieter. *Hegel im Kontext*, mit einem Nachwort zur Neuauflage. 1971. Neuaufl., Frankfurt/M.: Suhrkamp, 2010.
Hofmannsthal, Hugo von. „Ein Brief" (1902). In *Sämtliche Werke*. Bd. 31, *Erfundene Gespräche und Briefe*, hrsg. von Ellen Ritter, 45–55. Frankfurt/M.: S. Fischer, 1991.

Hoffman, Dassie. „Sandor Ferenczi and the Origins of Humanistic Psychology." *Journal of Humanistic Psychology* 43, Nr. 4 (2003): 59 – 87.
Horn, Dara. *Die kommende Welt*, aus dem Amerikan. von Christiane Buchner und Miriam Mandelkow. Berlin: Berlin-Verl., 2006.
Horkheimer, Max. *Zur Kritik der instrumentellen Vernunft aus den Vorträgen und Aufzeichnungen seit Kriegsende*. Frankfurt/M.: Fischer, 1967.
Husserl, Edmund. *Husserliana: Gesammelte Werke*. Bd. 6, *Die Krisis der europäischen Wissenschaften und die transzendentale Phänomenologie: Eine Einleitung in die phänomenologische Philosophie*, hrsg. von Walter Biemel. 1962. 2. Aufl. Photomechanischer Nachdruck, Den Haag: Nijhoff, 1976.
Husserl, Edmund. *Cartesianische Meditation: Eine Einleitung in die Phänomenologie*, 3. durchges. Aufl. Hamburg: Meiner, 1995.
Jaeggi, Rahel. *Entfremdung: Zur Aktualität eines sozialphilosophischen Problems*. Frankfurt/M.: Campus, 2005.
James, William. „Pragmatism's Conception of Truth." *The Journal of Philosophy, Psychology and Scientific Methods* 4, Nr. 6 (14. März, 1907), 141 – 55.
James, William. *Das pluralistische Universum: Hibbert-Vorlesungen am Manchester College über die gegenwärtige Lage der Philosophie*. Leipzig: Kröner, 1914. [Philosophisch-soziologische Bücherei; 33]
James, William. „Was will der Pragmatismus". In *Der Pragmatismus: Ein neuer Name für alte Denkmethoden*, übers. von Wilhelm Jerusalem, mit einer Einl. hrsg. von Klaus Oehler, 26 – 51. 1977 [=1908]. 2. Aufl., mit neuen bibliogr. Hinweisen, Hamburg: Meiner, 1994.
James, William. *The Principles of Psychology* [2 Bde.]. Bd. 1. 1890. Neuaufl., New York: Dover, 1950. [Dover-Books on Biology, Psychology and Medicine]
Joas, Hans. *Praktische Intersubjektivität: Die Entwicklung des Werkes von Georg Herbert Mead*. Frankfurt/M.: Suhrkamp, 1980.
Joas, Hans. *Die Kreativität des Handelns*. Frankfurt/M.: Suhrkamp, 1996.
Joas, Hans, und Matthias Jung. *Über das anthropologische Kreuz der Entscheidung*. Baden-Baden: Nomos, 2008. [Studien zur Rechtsphilosophie und Rechtstheorie; 50]
Jonas, Hans. *The Phenomenon of Life: Toward a Philosophical Biology*, mit e. Vorwort von Lawrence Vogel. 1966. Neuaufl., Evanston, Ill.: Northwestern University Press, 2001. [Northwestern University studies in phenomenology and existential philosophy]
Jung, Matthias. *Wilhelm Dilthey zur Einführung*. Hamburg: Junius, 1996.
Jung, Matthias. *Der bewusste Ausdruck: Anthropologie der Artikulation*. Berlin: De Gruyter, 2009.
Jung, Matthias, und Jan-Christoph Heilinger, Hg. *Funktionen des Erlebens: Neue Perspektiven des Bewusstseins*. Berlin: De Gruyter, 2009. [Humanprojekt; 5]
Kafka, Franz. „Aphorismen-Zettelkonvolut (Frühjahr 1918, mit acht Zusätzen aus dem 2. Halbjahr 1920)". In *Nachgelassene Schriften und Fragmente: in der Fassung der Handschriften*. Bd. 2, hrsg. von Jost Schillemeit, 113 – 40. Lizensierte Ausg. Frankfurt/M.: Fischer, 1992.
Kahn, Edwin. „A Critique of Nondirectivity in the Person-Centered Approach." *Journal of Humanistic Psychology* 39, Nr. 4 (1999): 94 – 110.
Kant, Immanuel. *Werkausgabe* [in 12 Bdn.]. Bd. 3 – 4, *Kritik der reinen Vernunft*, hrsg. von Wilhelm Weischedel. 12. Aufl. Frankfurt/M.: Suhrkamp, 1992.

Kant, Immanuel. *Werkausgabe* [in 12 Bdn.]. Bd. 6, *Schriften zur Metaphysik und Logik 2*, hrsg. von Wilhelm Weischedel. 8. Aufl. Frankfurt/M.: Suhrkamp, 1991.
Kestenbaum, Victor. *The Phenomenological Sense of John Dewey: Habit and Meaning*. Atlantic Highlands, NJ: Humanities Press, 1977.
Kirschenbaum, Howard, und Valerie Land Henderson, Hg. *The Carl Rogers Reader*. Boston, Mass.: Houghton Mifflin, 1989.
Kitcher, Philip. „Philosophy Inside Out." *Metaphilosophie* 42, Nr. 3 (April 2011): 248–60.
Klein, Marjorie H., Philippa L. Mathieu, Eugene T. Gendlin und Donald J. Kiesler. *The Experiencing Scale: A Research and Training Manual*. Madison: University of Wisconsin Extension Bureau of Audiovisual Instruction, 1969.
Klein, Marjorie H., Philippa Mathieu-Coughlan und Donald J. Kiesler. „The Experiencing Scales." In *The Psychotherapeutic Process: A Research Handbook*, hrsg. von William P. Pinsof und Leslie S. Greenberg, 21–72. New York: Guilford, 1986.
Kleist, Heinrich von. „Über die allmähliche Verfertigung der Gedanken beim Reden". In *Der Zweikampf: Die heilige Cäcilie: Sämtliche Anekdoten: Über das Marionettentheater und andere Prosa*, Anmerkungen von Christine Ruhrberg, 88–94. Stuttgart: Reclam, 2012.
Koopman, Colin. *Pragmatism as Transition: Historicity and Hope in James, Dewey, and Rorty*. New York, NY: Columbia Univ. Press, 2009.
Krämer, Sybille. *Sprache, Sprechakt, Kommunikation: sprachtheoretische Positionen des 20. Jahrhunderts*. Frankfurt/M.: Suhrkamp, 2001.
Lakoff, George, und Mark Johnson. *Metaphors We Live By*. Chicago, Ill.: University of Chicago Press, 1980.
Lakoff, George, und Mark Johnson. *Philosophy in the Flesh: The Embodied Mind and Its Challenge to Western Thought*. New York: Basic Books, 1999.
Langbehn, Claus. „Selbstverständnis: Geschichte und Systematik eines philosophischen Ausdrucks". *Archiv für Begriffsgeschichte* 55, Nr. 206 (2013): 181–222.
Lear, Jonathan. „Integrating the Non-Rational Soul." *Proceedings of the Aristotelian Society* 114, Nr. 1 (2014): 75–101. Letzter Zugriff 4. Dezember 2018. doi: 10.1111/j.1467-9264.2014.00365.x.
Leibniz, Gottfried Wilhelm. *Philosophische Werke* [in 4 Bdn.]. Bd. 3, *Neue Abhandlungen über den menschlichen Verstand*, hrsg. und übers. von Ernst Cassirer. Meiner: Hamburg 1996.
Levin, David Michael. *The Listening Self: Personal Growth, Social Change and the Closure of Metaphysics*. London: Routledge, 1989.
Levin, David Michael, Hg. *Language Beyond Postmodernism. Saying and Thinking in Gendlin's Philosophy*. Evanston, Ill.: Northwestern University Press, 1997.
Levine, Peter A. *In an Unspoken Voice: How the Body Releases Trauma and Restores Goodness*.Berkeley, Calif.: North Atlantic Books, 2010.
Lispector, Clarice. *Eine Lehre oder Das Buch der Lust*, übers. von Sarita Brandt. Reinbek bei Hamburg: Rowohlt, 1988.
Loewald, Hans. „On the Therapeutic Action of Psycho-Analysis." *International Journal of Psycho-Analysis* 41 (1960): 16–33.
Mann, Thomas. *Der Zauberberg*. Berlin: S. Fischer, 1926.
Maslow, Abraham H. „A Theory of Human Motivation." *Psychological Review* 50, Nr. 4 (July 1943): 370–96.
Mead, George Herbert. *The Philosophy of the Present*. 1932. Neuaufl., Amherst, NY: Prometheus Books, 2002. [Great Books in Philosophy]

Mead, George Herbert. *Geist, Identität und Gesellschaft aus der Sicht des Sozialbehaviorismus*. Mit e. Einl. hrsg. von Charles W. Morris. Aus d. Amerikan. von Ulf Pacher. Frankfurt/M.: Suhrkamp, 1968.
Mercier, Pascal. *Nachtzug nach Lissabon*. München: Hanser, 2004.
Merleau-Ponty, Maurice. *Phänomenologie der Wahrnehmung*, aus d. Franz. übers. und eingef. durch eine Vorrede von Rudolf Boehm. Berlin: De Gruyter, 1966. [Phänomenologisch-psychologische Forschungen; 7]
Merleau-Ponty, Maurice. *Die Prosa der Welt*, hrsg. von Claude Lefort, aus d. Franz. von Regula Giuliani, mit e. Einl. zur dt. Ausg. von Bernhard Waldenfels. München: Fink, 1984. [Übergänge; 3]
Merleau-Ponty, Maurice. *Das Sichtbare und das Unsichtbare*, hrsg. von Claude Lefort. 2. Aufl. München: Fink, 1994. [Übergänge; 13]
Merleau-Ponty, Maurice. *Sinn und Nicht-Sinn*, aus dem Französischen von Hans-Dieter Gondek. München: Fink, 2000. [Übergänge; 35]
Meuter, Norbert. *Anthropologie des Ausdrucks: Die Expressivität des Menschen zwischen Natur und Kultur*. Zugl. Berlin, Humboldt-Univ., Habil-Schr., 2004. Paderborn: Fink, 2006.
Misch, Georg. *Der Aufbau der Logik auf dem Boden der Philosophie des Lebens: Göttinger Vorlesungen über Logik und Einleitung in die Theorie des Wissens*. Freiburg/Br.: Alber, 1994.
Montaigne, Michel de. „Vom Dünkel", in *Essaies*, ausgewählt und eingeleitet von Arthur Franz, 239–59. Stuttgart: Reclam, 2014.
Musil, Robert. *Die Verwirrungen des Zöglings Törleß*. Hamburg: Rowohlt, 1959.
Naess, Arne. *The Selected Works of Arne Naess*. Bd. 7, *Communication and Argument*. Dordrecht: Springer, 2005.
Nagel, Thomas. „What is it Like to Be a Bat?" *The Philosophical Review* 83, Nr. 4 (October 1974): 435–50.
Nagel, Thomas. *The View from Nowhere*. New York: Oxford University Press, 1986.
Nisbett, Richard E., und Timothy DeCamp Wilson. „Telling More than We Can Know: Verbal Reports on Mental Processes." *Psychological Review* 84, Nr. 3 (1977): 231–59.
Noë, Alva. *Action in Perception*. Cambridge, Mass.: MIT Press, 2006.
Noë, Alva. *Out of our Heads: Why You Are Not Your Brain and Other Lessons from the Biology of Consciousness*. New York: Macmillan, 2013.
Nussbaum, Martha Craven. *The Fragility of Goodness: Luck and Ethics in Greek Tragedy and Philosophy*. Cambridge, Mass.: Cambridge University Press, 1986.
Nussbaum, Martha Craven. *Upheavals of Thought: The Intelligence of Emotions*. Cambridge, Mass.: Cambridge University Press, 2001.
Nussbaum, Martha Craven. „Emotions as Judgements of Value and Importance." In *Thinking about Feeling: Contemporary Philosophers on Emotions*, hrsg. von Robert C. Solomon, 183–99. Oxford: Oxford University Press, 2004.
Pape, Helmut. „Indexikalität und die Anwesenheit der Welt in der Sprache". In *Indexikalität und sprachlicher Weltbezug*, hrsg. von Matthias Kettner und Helmut Pape, 91–119. Paderborn: Mentis, 2002.
Peirce, Charles Sanders. *Collected Papers of Charles Sanders Peirce* [8 Bde.]. Bd. 1, *Principles of Phlosophy*, hrsg. von Charles Hartshorne und Paul Weiss. Cambridge, Mass.: The Belknap Press of Harvard University Press, 1931.

Peirce, Charles Sanders. *Collected Papers of Charles Sanders Peirce* [8 Bde.]. Bd. 2, *Elements of Logic,* hrsg. von Charles Hartshorne und Paul Weiss. Cambridge, Mass.: The Belknap Press of Harvard University Press, 1932.
Peirce, Charles Sanders. *Collected Papers of Charles Sanders Peirce* [8 Bde.]. Bd. 5, *Pragmatism and Pragmaticism,* hrsg. von Charles Hartshorne und Paul Weiss. Cambridge, Mass.: The Belknap Press of Harvard University Press, 1934.
Peirce, Charles Sanders. *Phänomen und Logik der Zeichen.* 2. Aufl. Frankfurt/M.: Suhrkamp, 1993.
Peirce, Charles Sanders. „What is a Sign?" (1894). In *The Essential Peirce: Selected Philosophical Writings.* Bd. 2, *1893–1913,* hrsg. vom Peirce Edition Project Nathan Houser, 4–10. Bloomington, Ind.: Indiana University Press, 1998.
Petitmengin-Peugeot, Claire. „The Intuitive Experience." In *The View from Within: First-Person Approaches to the Study of Consciousness,* hrsg. von Francisco J. Varela und Jonathan Shear, 43–77. Thorverton: Imprint Academic, 2000.
Petitmengin, Claire. „Describing One's Subjective Experience in the Second Person: An Interview Method for a Science of Consciousness." *Phenomenology and the Cognitive Sciences* 5, Nr. 3–4 (2006): 229–69. Letzter Zugriff 21. November 2018. doi: 10.1007/s11097-006-9022-2.
Petitmengin, Claire. „Toward the Source of Thoughts: The Gestural and Transmodal Dimension of Lived Experience." *Journal of Consciousness Studies* 14, Nr. 3 (2007): 54–82.
Petitmengin, Claire, und Michel Bitbol. „The Validity of First-Person Descriptions as Authenticity and Coherence." *Journal of Consciousness Studies* 16, Nr. 11–12 (2009): 363–404.
Petitmengin, Claire. „Describing the Experience of Describing: The Blind Spot of Introspection." *Journal of Consciousness Studies* 18, Nr. 1 (2011): 44–62. Letzter Zugriff 4. Dezember 2018. http://clairepetitmengin.fr/AArticles%20versions%20finales/JCS%20-%20Blinspot.pdf.
Petitmengin, Claire, und Michel Bitbol. „On the Possibility and Reality of Introspection." *Kairos* 6 (2013): 173–98.
Petitmengin, Claire, Anne Remillieux, Béatrice Cahour und Shirley Carter-Thomas. „A Gap in Nisbett and Wilson's Findings? A First-Person Access to Our Cognitive Processes." *Consciousness and Cognition* 22, Nr. 2 (2013): 654–69.
Petitmengin, Claire, und Jean-Philippe Lachaux. „Microcognitive Science: Bridging Experiential and Neuronal Microdynamics." *Frontiers in Human Neuroscience* (26. September 2013). Letzter Zugriff 18. November 2018. doi: 10.3389/fnhum.2013.00617.
Petitmengin, Claire. „The Scientist's Body". In *Thinking Thinking: Practicing Radical Reflection,* hrsg. Donata Schoeller und Vera Saller, 28–49. Freiburg: Alber, 2016. [Schriftenreihe der Deutschen Gesellschaft für Phänomenologische Anthropologie, Psychiatrie und Psychotherapie (DGAP); 5]
Polanyi, Michael. *Personal Knowledge: Towards a Post-critical Philosophy.* London: Routledge; Chicago: Chicago University Press, 1962.
Polanyi, Michael. *The Tacit Dimension.* Garden City, NY: Doubleday, 1966. [Terry Lectures]
Racker, Heinrich. „The Countertransference Neurosis" (1948). In *Transference and Countertransference,* 105–26. London: Hogarth Press, 1968.

Ratcliffe, Matthew. *Feelings of Being: Phenomenology, Psychiatry and the Sense of Reality.* Oxford: Oxford University Press, 2008. [International Perspectives in Philosophy and Psychiatry]

Rathunde, Kevin. „Toward a Psychology of Optimal Human Functioning: What Positive Psychology Can Learn from the 'Experiential Turns' of James, Dewey, and Maslow." *Journal of Humanistic Psychology* 41, Nr. 1 (Winter 2001): 135–63.

Renn, Joachim. „Wissen und Explikation – Zum kognitiven Geltungsanspruch der "Kulturen„". In *Handbuch der Kulturwissenschaften*. Bd. 1, *Grundlegung und Schlüsselbegriffe*, hrsg. von Friedrich Jaeger und Burkhardt Liebsch, 232–51. Stuttgart: Metzler 2004.

Ricoeur, Paul. *Freud and Philosophy: An Essay on Interpretation*, übers. von Denis Savage. New Haven, Conn.: Yale University Press, 1970. [The Terry Lectures]

Rogers, Carl Ransom. „Toward a Modern Approach to Values: The Valuing Process in the Mature Person" und „A Theory of Therapy, Personality, and Interpersonal Relationships: As Developed in the Client-Centered Framework." In *The Carl Rogers Reader*, hrsg. von Howard Kirschenbaum und Valerie Land Henderson, 168–85; 236–57. Boston, Mass.: Houghton Mifflin, 1989.

Rogers, Carl R. *A Way of Being.* Boston, Mass.: Houghton Mifflin, 1980.

Rogers, Carl R. *On Becoming a Person: A Therapist's View on Psychotherapy.* London: Constable, 2004.

Rorty, Richard. *Philosophy and Mirror of Nature.* Princeton, NJ: Princeton University Press, 1979.

Rust, Alois. *Wittgensteins Philosophie der Psychologie.* Frankfurt/M.: Klostermann, 1996. [Philosophische Abhandlungen; 65]

Ryle, Gilbert. *Concept of Mind.* London: Hutchinson, 1949.

Saller, Laura Salomé. *Einer für alle? Die fünf Sinne als Herausforderungen für philosophische Wahrnehmungstheorien.* Zugl.: Zürich, Univ., Diss., 2012. Onlinepublikation der Zentralbibliothek Zürich 2014. Letzter Zugriff 30. November 2018. http://opac.nebis.ch/ediss/20142076.pdf

Saller, Vera. „The Detective Metaphor in Abduction Studies and Psychoanalysis: And What It Teaches Us About the Process of Thought." In *Thinking Thinking: Practicing Radical Reflection*, hrsg. von Donata Schoeller und Vera Saller, 181–208. Freiburg: Alber, 2016.

Saller, Vera, und Donata Schoeller. „Cognition as a Transformative Process: Re-affirming a Classical Pragmatist Understanding." *European Journal of Pragmatism and American Philosophy* 10, Nr. 1 (2018). Letzter Zugriff 17. November 2018. doi: 10.4000/ejpap.1211.

Scharff, Robert C. „After Dilthey and Heidegger: Gendlin's Experiential Hermeneutics; Eugene Gendlin a Reply". In *Language Beyond Postmodernism: Saying and Thinking in Gendlin's Philosophy*, hrsg. von David Michael Levin, 190–233. Evanston, Ill.: Northwestern University Press, 1997.

Scharmer, Otto. *Theory U: Leading from the Future as It Emerges; The Social Technology of Presencing.* San Francisco: Berrett-Koehler Publishers, 2009.

Schmitz, Hermann. *Der Leib, der Raum und die Gefühle.* Ostfildern vor Stuttgart: Ed. Tertium, 1998.

Schmitz, Hermann. *Der unerschöpfliche Gegenstand: Grundzüge der Philosophie.* 3. Aufl. Bonn: Bouvier, 2007.

Schmitz, Hermann. *Kurze Einführung in die Neue Phänomenologie.* Freiburg/Br.: Alber, 2009.

Schneider, Hans Julius. „,Den Zustand meiner Seele beschreiben' – Bericht oder Diskurs?"
  Deutsche Zeitschrift für Philosophie 44, Nr. 1 (1996): 117–34.
Schneider, Hans Julius. „Reden über Inneres: Ein Blick mit Ludwig Wittgenstein auf Gerhard
  Roth". *Deutsche Zeitschrift für Philosophie* 53, Nr. 5 (2005): 223–41.
Schneider, Hans Julius. „What is it that Wittgenstein Denies in His Philosophy of Psychology?"
  In *Wittgenstein Studien*. Berlin: de Gruyter, voraussichtlicher Erscheinungstermin Frühjahr
  2019.
Schoeller Reisch, Donata. *Enthöhter Gott – vertiefter Mensch: Zur Bedeutung der Demut;
  ausgehend von Meister Eckhart und Jakob Böhme*. Zugl.: Zürich, Univ., Diss., 1998.
  Freiburg: Alber, 1999.
Schoeller, Donata. „Anfang: ein hermeneutisch-pragmatistischer Annäherungsversuch". In
  Kehrseiten: Eine andere Einführung in die Philosophie, hrsg. von Natalie Pieper und
  Benno Wirz, 15–35. Freiburg/Br.: Alber, 2014.
Schoeller, Donata. „Somatic Semantic Shifting: Articulating Embodied Cultures." In *Thinking
  Thinking: Practicing Radical Reflection*, hrsg. von Donata Schoeller und Vera Saller,
  112–35. Freiburg: Alber, 2016. [Schriftenreihe der Deutschen Gesellschaft für
  Phänomenologische Anthropologie, Psychiatrie und Psychotherapie (DGAP); 5]
Schoeller, Donata. „Eternal Recurrence and the Limits of Critical Analysis." *Nietzsche-Studien:
  Internationales Jahrbuch für die Nietzsche-Forschung* 46, Nr. 1 (2017): 153–66.
Schoeller, Donata. „Challenges of Speaking Authentically from Experience," in *Authenticity:
  Interdisciplinary Perspectives from Philosophy, Psychology, and Psychiatry*, hrsg. von
  Godehard Brüntrup und Michael Reder. Heidelberg: Springer, voraussichtlicher
  Erscheinungstermin Frühjahr 2019. [Studien zur interdisziplinären Anthropologie]
Schoeller, Donata, und Sigridur Thorgeirsdottir. „Embodied Critical Thinking: The Experiential
  Turn and its Transformative." *PhiloSOPHIA: A Journal of transContinental Feminism* 9, Nr. 1
  (2019). [Zum Zeitpunkt der Manuskriptabgabe noch nicht erschienen.]
Schroeder, Severin. *Das Privatsprachenargument: Wittgenstein über Ausdruck und
  Empfindung*. Zugl.: Hamburg, Univ., Diss., 1997 u.d.T.: Schroeder, Severin. *Sprache und
  Empfindung*. Paderborn: Schöningh, 1997.
Schütz, Alfred, und Thomas Luckmann. *Strukturen der Lebenswelt* [2 Bde.]. Bd. 1. Frankfurt/M.:
  Suhrkamp, 1979.
Searle, John R. *Sprechakte: Ein sprachphilosophischer Essay*, übers. von Renate und Rolf
  Wiggershaus. Frankfurt/M.: Suhrkamp, 1983.
Searle, John R. *Intentionality: An Essay in the Philosophy of Mind*. Cambridge, Mass.:
  Cambridge University Press, 1983.
Sellars, Wilfrid. „Foundations for a Metaphysics of Pure Process: The Carus Lectures (1981),"
  The Monist 64, Nr. 1 (Jan. 1981): 3–90.
Slaby, Jan. *Gefühl und Weltbezug: Die menschliche Affektivität im Kontext einer
  neo-existentialistischen Konzeption von Personalität*. Zugl.: Osnabrück, Univ., Diss., 2006.
  Paderborn: Mentis, 2008.
Slaby, Jan. „Emotionen". In *Handbuch Handlungstheorie: Grundlagen, Kontexte, Perspektiven*,
  hrsg. von Michael Kühler und Markus Rüther, 185–92. Stuttgart: Metzler, 2016.
Sloterdijk, Peter. *Sphären* [3 Bde.]. Bd. 1, *Blasen*. Frankfurt/M.: Suhrkamp, 1998.
Sloterdijk, Peter. *Du mußt dein Leben ändern*. Frankfurt/M.: Suhrkamp, 2009.
Solomon, Robert C. *The Passions: Emotions and the Meaning of Life*. Indianapolis, Ind.:
  Hackett, 1993.

Solomon, Robert C., Hg. *Thinking about Feeling: Contemporary Philosophers on Emotions.* Oxford: Oxford University Press, 2004.
Sousa, Ronald de. *The Rationality of Emotion.* Boston, Mass.: MIT Press, 1990.
Stanislavski, Constantin. *My Life in Art.* New York: Theatre Arts Books, 1948.
Steiner, George. *Warum Denken traurig macht: Zehn (mögliche) Gründe*, aus dem Engl. von Nicolaus Bornhorn. Frankfurt/M.: Suhrkamp, 2006.
Stocker, Michael. „Intellectual Desire and Emotion." In *Thinking about Feeling: Contemporary Philosophers on Emotions*, hrsg. von Robert C. Solomon, 135–48. Oxford: Oxford University Press, 2004.
Storch, Maja. *Das Geheimnis kluger Entscheidungen.* München: Goldmann, 2005.
Stuart, Susan A. J. „Enkinaesthesia: Reciprocal Affective Felt Enfolding, a Further Challenge for Machine Consciousness." *APA Newsletter Philosophy and Computers* 9, Nr. 3 (2010): 3–8. Letzter Zugriff 25. November 2018.
http://c.ymcdn.com/sites/www.apaonline.org/resource/collecti-on/EADE8D52–8D02–4136–9 A2 A-729368501E43/v10n1Computers.pdf.
Stuart, Susan A. J. „Enkinaesthesia: The Fundamental Challenge for Machine Consciousness." *International Journal of Machine Consciousness* 3, Nr. 1 (2011): 145–62.
Tengelyi, Laszlo. *Erfahrung und Ausdruck: Phänomenologie im Umbruch bei Husserl und seinen Nachfolgern.* Dordrecht: Springer, 2007. [Phaenomenologica; 180]
Thompson, Evan. *Mind in Life: Biology, Phenomenology and Sciences of Mind.* Cambridge, Mass: Harvard University Press, 2010.
Tokumaru, Satoko, und Mariyo Kida. *Qualitative Research with TAE Steps: Thinking at The Edge; Theory and Applications.* Hiroshima: Keisuisha, 2011.
Tolksdorf, Stefan, und Holm Tetens, Hg. *In Sprachspiele verstrickt – oder: wie man der Fliege den Ausweg zeigt; Verflechtungen von Wissen und Können.* Berlin: De Gruyter, 2010 [Festschrift für Hans Julius Schneider anlässlich seiner Emeritierung]:

Törneke, Niklas. *Learning RFT: An Introduction to Relations Frame Theory and Its Clinical Application.* Oakland: New Harbinger Publications, 2010.
Tugendhat, Ernst. *Egozentrizität und Mystik: Eine anthropologische Studie.* München: Beck, 2003.
Varela, Francisco J., und Humberto R. Maturana. *Autopoeisis and Cognition: The Realization of the Living.* Dordrecht: Reidel, 1980. [Boston Studies in the Philosophy of Science; 42]
Varela, Francisco J., und Humberto R. Maturana. *Der Baum der Erkenntnis: Die biologischen Wurzeln menschlichen Erkennens.* Bern: Goldmann, 1987.
Varela, Francisco J., Evan Thompson und Eleanor Rosch. *The Embodied Mind: Cognitive Science and Human Experience.* Cambridge, Mass.: MIT Press, 1993.
Varela, Francisco J., und Jonathan Shear, Hg. *The View from Within: First-Person Approaches to the Study of Consciousness.* Thorverton: Imprint Academic, 2000.
Waldenfels, Bernhard. *Deutsch-französische Gedankengänge.* Bd. 1. Frankfurt/M.: Suhrkamp, 1995.
Whitehead, Alfred North. *Prozess und Realität: Entwurf einer Kosmologie*, übers. u. mit e. Nachw. vers. von Hans-Günter Holl. Frankfurt/M.: Suhrkamp, 1979.
Wittgenstein, Ludwig. *Werkausgabe* [in 8 Bdn.]. Bd. 1, *Tractatus logico-philosophicus, Tagebücher 1914–1916, Philosophische Untersuchungen.* 5. Aufl. Frankfurt/M.: Suhrkamp, 1989.

Wittgenstein, Ludwig. *Über Gewißheit*, hrsg. von G. E. M. Anscombe und G. H. von Wright. 7. Aufl. Frankfurt/M.: Suhrkamp, 1990.
Wright, Edmond. Hg. *The Case of Qualia*. Cambridge, Mass.: MIT Press, 2008.
Zeman, Jay. „Peirce's Theory of Signs." In *A Perfusion of Signs*, hrsg. von Thomas A. Sebeok, 22–39. Bloomington, Ind.: Indiana Univ. Press, 1977. Letzter Zugriff 4. Dezember 2018. http://users.clas.ufl.edu/jzeman/peirces_theory_of_signs.htm.

Personenregister

Abbt, Christine   82, 286, 296
Achenbach, Gerd B.   142
Adorno, Theodor W.   10, 14 f., 40–45, 60, 74, 191, 196, 211, 222, 249
Allen, Woody   181
Anderson, Sam   79
Angehrn, Emil   136
Arendt, Hannah   1 f., 84 f., 115
Aristoteles   35, 69, 136, 166
Austin, John L.   128, 147–153, 155 f., 186

Baranger, Madeleine, und Willy   165
Barwise, John   146
Bastian, Till   160, 163
Ben   46 f., 59, 66 f., 92, 225
Berlin, Jerome L.   6, 46, 83, 90, 93, 106, 184, 203, 222, 252 f.
Bertram, Georg W.   8 f., 104, 146
Bieri, Peter   1, 53, 80, 93, 97, 143, 147
Bion, Wilfred Ruprecht   168 f.
Bitbol, Michel   103, 125
Blumenberg, Hans   161 f., 164
Bohm, David   113
Böhme, Gernot   84
Böhme, Jakob   86, 93
Brahe, Tycho   53
Brugger, Winfried   77

Campbell, Sue   250
Camus, Albert   56 f.
Carson, Anne   79
Castorp, Hans   90
Cavell, Marcia   163
Cavell, Stanley   2, 10, 21, 46, 65–68, 73 f., 76 f., 93 f., 115 f., 148, 149, 177, 256
Chemero, Anthony   206
Colombetti, Giovanna   84, 215 f., 220, 250
Conant, James   64 f.
Crippen, Matthew   203, 267
Crone, Katja   252
Cuffari, Elena Clare   26

Damasio, Antonio R.   12, 204 f., 207, 214–221, 223, 241, 253, 256, 283, 289
Daston, Lorraine   193
De Jaegher, Hanne   26
Deacon, Terrence W.   4–7, 51, 56, 59, 63 f., 74, 122 f., 126 f., 239 f., 249, 252, 255, 266–268, 287
DeCamp Wilson, Timothy   133
Deloch, Heinke.   106
Demmerling, Christoph   40, 146, 209
Depraz, Natalie   250
Descartes, René   1 f., 130, 204, 218, 220 f.
Devany, Jeanne M.   58
Dewey, John   11–13, 22, 41 f., 80, 116, 123–125, 170, 179, 198–207, 209, 211 f., 215, 227, 233 f., 250, 252, 260, 266–268, 271–273, 281, 289, 293
Di Paolo, Ezequiel A.   26
Dilthey, Wilhelm   10, 22, 53, 68–77, 88, 91–94, 109, 143, 191–193, 199 f., 233, 242, 281 f., 289
Dürr, Hans Peter   129

Einstein, Albert   263 f.
Emerson, Ralph Waldo   115, 276, 294
Emma   110–112
Engelen, Eva-Maria   252
Ernst, Katherine   137, 170, 288

Ferenczi, Sándor   173
Finkelstein, David   27–29, 81 f., 120
Flusser, Vilém   92
Foerster, Heinz von   133
Frankfurt, Harry G.   7, 9, 14, 17–19, 26, 29, 40, 42 f., 45, 52, 61, 79–81, 83, 96, 130, 134, 140 f., 146, 148, 157, 159–161, 177, 179, 183, 197, 226, 236, 286
Frege, Friedrich Ludwig Gottlob   29, 116
Freud, Sigmund   82, 131, 157–166, 169, 173, 177, 184, 201, 208, 215
Fuchs, Thomas   22, 45, 205 f., 295

Galison, Peter   193

Personenregister

Gallagher, Shaun 205, 219
Geiser, Christiane 153, 296
Gendlin, Eugene T. 11f., 22, 26, 93f., 106, 108, 114–116, 130–134, 139, 142–144, 153, 155, 171f., 180, 183–190, 207, 214–218, 220–223, 227f., 230–233, 235f., 239–245, 247f., 250–265, 269–283, 289, 294–296
Gilligan, Carol 178
Gillissen, Matthias 195
Goldfarb, Mical 181
Goldie, Peter 208f.
Grawe, Klaus 133
Grice, H. Paul 146
Grogan, Jessica Lynn 170

Hacking, Ian 250
Hallowell, Edward M. 132
Hampe, Michael 82f., 118, 295
Hanna, Robert 81
Havel, Vaclav 55f., 59, 92
Havlová, Olga 55
Hayes, Steven C. 58
Hegel, Georg Wilhelm Friedrich 9, 11, 14–22, 43, 97, 128, 134–140, 143, 281, 285
Heidegger, Martin 54, 79, 143, 186, 207, 209, 211f., 215, 225f., 233, 249, 274, 286
Heilinger, Jan-Christoph 251f.
Heimann, Paula 168
Heisenberg, Werner 129f.
Henrich, Dieter 134
Hoffman, Dassie 173
Hofmannsthal, Hugo von 83
Horkheimer, Max 43, 191
Horn, Dara 46
Hume, David 68, 209
Husserl, Edmund 3, 138, 194–196

Jacques 56f., 59, 66, 92
Jaeggi, Rahel 26, 80, 82
James, William 11, 41–43, 47, 53, 80, 115–123, 125, 148, 159f., 170, 175, 177, 179, 206, 213–215, 250, 252, 256, 258, 264, 266, 272f., 276
Joas, Hans 43, 77, 179, 205, 296
Johnson, Mark 25, 205f.

Jung, Matthias 6, 16, 48, 63, 71, 75–77, 84–86, 131, 164, 193, 203, 222, 240, 251f., 262, 275f., 284, 295

Kafka, Franz 157
Kahn, Edwin 172
Kepler, Johannes 53
Kestenbaum, Victor 116
Kida, Mariyo 106
Kiesler, Donald J. 187
Kirschenbaum, Howard 170, 178
Kitcher, Philip 8, 296
Klein, Marjorie H. 187
Kleist, Heinrich von 96f., 129f., 145, 276
Kohlberg, Lawrence 177
Kolumbus, Christoph 116
Koopman, Colin 80
Krämer, Sybille 148f.

Lachaux, Jean-Philippe 101, 103, 126
Lakoff, George 25, 205f.
Land Henderson, Valerie 170, 178
Landweer, Hilge 209
Langbehn, Claus 87, 296
Lauer, David 9, 104, 146
Lear, Jonathan 166f., 169f.
Leibniz, Gottfried Wilhelm 136, 280
Levin, David Michael 13, 143, 173, 185
Levine, Peter A. 215
Liptow, Jasper 9, 104, 146
Lispector, Clarice 58f.
Loewald, Hans 161, 164, 166, 169
Luckmann, Thomas 226

Mann, Thomas 41, 90, 95
Mary 102f.
Maslow, Abraham H. 170
Mathieu, Philippa 187
Maturana, Humberto R. 252, 266f.
Mead, George Herbert 12, 179, 227–230, 235–239, 241f., 244, 252, 255, 282
Mercier, Pascal 53f.
Merleau-Ponty, Maurice 11, 93, 98f., 104f., 107f., 110, 116, 142, 179, 191, 194–198, 206, 209, 250, 252, 259, 266, 269, 273, 275, 280
Meuter, Norbert 72

Misch, Georg 22 f., 71, 77, 92, 193
Mitscherlich, Alexander 159 f., 177, 184
Montaigne, Michel de 96
Müller, Albert 133
Müller, Karl H. 133
Musil, Robert 90 f.

Naess, Arne 93
Nagel, Thomas 3–5, 7, 23, 42, 96 f., 104, 106, 109, 121, 177, 192 f.
Nelson, Rosemary O. 58
Nisbett, Richard E. 133, 289 f.
Noë, Alva 205
Nussbaum, Martha 156 f., 208, 223

Pape, Helmut 62, 184 f., 192
Paul 107–110
Peirce, Charles Sanders 10, 46, 48–53, 60, 62 f., 170, 252, 255, 282
Petitmengin, Claire 11, 51, 99–105, 113, 119, 125 f., 133, 216, 250 f., 289 f., 294 f.
Platon 14 f., 136, 151
Polanyi, Michael 2, 10, 24, 35, 38–40, 60, 211
Prado 54, 59, 66 f., 92

Racker, Heinrich 168
Ratcliffe, Matthew 12, 207–214, 219–221, 223, 251, 253, 256, 283, 289, 292
Ratey, John J. 132
Rathunde, Kevin 170
Renn, Joachim 30
Ricoeur, Paul 172 f.
Rogers, Carl R. 82, 169–180, 183 f., 188
Rorty, Richard 80, 177, 279
Rosch, Eleanor 30, 121, 206, 278, 284
Rust, Alois 29, 62
Ryle, Gilbert 10 f., 33–37, 39, 146, 151, 158, 202, 211

Saller, Laura Salomé 6
Saller, Vera 28, 49, 101, 123,
Sara 47 f., 59, 66, 92
Sartre, Jean-Paul 177, 195
Scharff, Robert C. 143
Scharmer, Otto 113
Schmitz, Hermann 45, 84 f., 141 f., 158, 223

Schneider, Hans Julius 29, 147, 222, 253
Schroeder, Severin 60
Schütz, Alfred 226
Searle, John R. 10, 30–37, 39, 60, 80, 84 f., 100, 103, 108, 126, 140, 144 f., 151, 211, 222, 265
Seel, Martin 9, 29, 90, 104, 146 f., 198
Sellars, Wilfrid 1
Shear, Jonathan 99
Slaby, Jan 208 f.
Sloterdijk, Peter 80, 183
Solomon, Robert C. 208 f.
Sousa, Ronald de 208 f.
Stanislavski, Constantin 153 f., 260
Steiner, George 80–82, 118, 122, 286
Stern, Daniel 50 f.
Stocker, Michael 209
Storch, Maja 220
Stuart, Susan A. J. 203 f.

Tavris, Carol 186 f., 215
Tengelyi, Laszlo 138
Tetens, Holm 106
Thompson, Evan 30, 121, 206, 215, 266 f., 278, 284
Thorgeirsdottir, Sigridur 114, 293, 296
Tokumaru, Satoko 106
Tolksdorf, Stefan 106
Törleß 90 f., 115
Törneke, Niklas 58
Tugendhat, Ernst 146

Varela, Francisco J. 30, 99, 121, 206, 250, 252, 266 f., 278, 284
Vermersch, Pierre 250

Waldenfels, Bernhard 197 f.
Whitehead, Alfred North 42 f.
Wittgenstein, Ludwig 9, 16, 21, 24, 28–30, 40, 45–47, 60–62, 64–67, 74, 76, 79, 88, 91, 94, 119 f., 130, 144, 150 f., 154, 222, 236, 245, 253, 256, 258, 275, 279, 286 f.
Wright, Edmond 6, 45

Zeman, Jay 53
Zimring, Fred 184

Sachregister

absential features 6f., 268
Abstraktion 42, 68, 192, 228, 234, 294
Acceptance and Commitment Theory 57
Alles-durch-Alles 242
Allgemeines 17, 135, 138
Alltagserfahrung 132f., 196, 210
Analytiker 161f., 164, 166–169, 172, 183
Anfang 2f., 9, 11, 14–22, 29f., 58, 96f., 104, 106, 134, 194, 196, 221, 234, 275, 281, 294–296
anticipatory intention 120, 251f.
Artikulation 2, 6, 16, 81, 85, 88, 99, 116, 124, 134, 137, 140, 146f., 153, 155, 187, 190, 222, 249f., 262f., 268, 275f.
– Artikulationsfähigkeit 86
– Artikulationspraxis 85, 264
– artikulieren 39, 89, 97, 271, 277
Atmosphäre 64
Attunement 2, 74, 76, 94
Aufmerksamkeit 11, 72, 99f., 103f., 111, 113, 122, 126, 129, 132, 142, 150, 171, 180, 184f., 188, 200f., 221f., 230, 233f., 255, 259, 289, 291
Auftun 44, 222, 249, 295
Ausbuchstabieren 54f., 87
Ausdruck 6f., 16, 19, 27, 48, 60, 62f., 71f., 75–77, 82–84, 86f., 94, 98, 105, 110, 132, 138, 145, 152–155, 165, 172, 181, 184, 191, 203, 215, 222, 240, 246, 252, 254, 262, 273, 276f., 284
– Ausdrückbarkeit 130, 143–145, 273
– ausdrücken 84, 90, 144, 247
– Ausdrucksgrenze 11, 81, 84f.
Außen 5f., 9, 15, 17, 27, 53, 75, 80f., 146f., 154, 168, 180, 199, 202, 224, 227, 243, 267, 283, 285f.
– äußerlich 28f.
Ausgangspunkt 19, 21–23, 28, 38, 43, 68, 71f., 95f., 109, 112, 128, 144, 159, 179, 182f., 193f., 196, 198, 201f., 206, 232, 251, 272f., 275, 286f.
Ausrichtung 103, 113, 126, 140, 270

Aussage 1f., 6, 8, 14, 18, 27f., 30f., 44, 49, 67, 79, 84, 108, 120, 132, 139–141, 146, 150, 162, 167, 186, 210, 275f.

Background 10, 31–33, 36–38, 126, 210–212, 218f., 284, 295
Bedeutsamkeitszusammenhang 225f., 233f., 242, 281, 283, 285
Bedeutung 3, 7, 9–11, 13, 15f., 19–21, 25–30, 32f., 36f., 40, 43, 45–68, 70, 73f., 79–82, 85–89, 91–95, 98, 104f., 108–110, 117f., 120f., 129, 137–139, 141f., 145–147, 151, 156, 159f., 163, 165, 194, 200, 205, 207, 222, 224–227, 234, 236–238, 241–246, 248, 251–258, 260, 262f., 265f., 272f., 276–280, 282, 284–288, 290f., 294
– Bedeutungsentstehung 65, 236, 253, 275, 278f.
– Bedeutungsfransen 116
– Bedeutungsmodell 156, 225
– Bedeutungsspitzen 45
Beginner 191, 196
begreifen 9, 27, 41, 44, 90, 195, 227, 256, 283
Begriff 40–46, 48, 52–56, 59–61, 64, 66–69, 71–77, 87–89, 91–95, 97f., 108, 111–113, 116, 134–140, 143, 183, 194–196, 234, 249, 254, 257, 262, 264–266, 270–272, 274–283, 285, 288, 290–293, 295f.
– begrifflich 8, 12, 20–22, 24, 28, 30, 40f., 43–45, 49, 60, 69, 73–75, 77, 87, 91f., 94f., 99, 107, 120, 130, 136f., 147, 184, 196, 198f., 233, 252f., 258, 264, 266, 272, 280, 284, 287
– begrifflos 14f.
Beobachter 164, 177, 182, 197, 275
berühren 93, 111, 281
Beschreibung 10, 24, 37, 39, 54, 71, 86, 93f., 100f., 103, 109, 117, 121, 126, 131, 134, 150, 173, 176, 179, 183–185, 189, 192, 201f., 204, 210, 214f., 217, 220,

222, 224, 243, 250f., 264, 266, 270–274, 287
Besonderes 16, 165
Betrachter 197
Bewegung 18f., 22, 43f., 76, 100, 103, 128, 130f., 134–138, 142, 145, 180, 182, 237, 239–242, 248f., 260f., 281
Bewusstsein 10, 19, 37, 40f., 45, 50, 53, 68f., 72, 84f., 101, 138, 143, 149, 157f., 160, 171, 191–194, 198, 205, 216f., 222, 224f., 228, 241f., 252, 265, 284f., 287, 291
blinder Fleck 197
bodily sense 235, 262, 269

carrying forward 26, 155, 263, 274–276
close talking 9, 12f., 23f., 26, 38, 79, 250f., 266, 271, 281f., 284f., 287, 289, 291, 293, 295f.
comprehension 256f.

Denken 1f., 17–20, 25f., 35, 41, 43f., 49, 64, 68–72, 75–77, 79, 81f., 84f., 88, 91f., 95, 105, 112, 114f., 117–119, 121, 125f., 130, 141, 146, 153f., 179, 191, 193, 195–198, 202, 207f., 212, 214f., 217f., 220, 225, 227, 232–234, 237, 241, 249, 251, 259f., 264f., 269, 271f., 286–289, 292, 294
Detektivismus 28
Dialektik 21, 40, 128, 138, 191
– dialektisch 17, 19, 22f., 43, 97, 128, 134–136, 138, 180, 275
– Negative Dialektik 14f., 40f., 43f., 113
Dichotomie 49, 53, 209
Dichte 6, 8f., 12, 16, 20f., 23, 46, 48, 55, 59, 82, 106, 111, 115, 129, 151, 157, 186, 190, 204, 224, 248, 281f., 295
Differenz 44, 74, 99, 152, 171, 212, 215, 262, 265
– differenzieren 5, 23, 74f., 88f., 108, 114, 232, 246, 282
Direkte Referenz 222, 253f., 260f., 264, 280f.

Diskurs 1f., 6, 29, 48, 68, 71, 80, 83, 89, 114, 116, 138, 146, 148, 155, 164, 196, 198–200, 208, 228, 264, 289, 291f.
– Diskursgewohnheiten 25, 123, 292
– Macht des Diskurses 11, 113f., 228, 284, 288
Dualismus 9, 27f.

Einlassen 44, 48, 79, 82, 85f., 92, 94, 104, 109, 115, 156f., 175, 179, 181, 200, 221–224, 253, 260f., 264f., 269, 273f., 279, 284f., 288, 290–292, 294
elicitation state 101f.
embodied context 12f., 25, 206, 214, 224, 258, 260, 278, 283, 290
Embodiment 9, 12, 203, 205f., 266, 278, 284, 286
Emergenz 227f., 230
Emotion 15, 80, 125, 131, 141, 154, 183, 188, 201f., 204–210, 215–218, 221–223, 235, 252
Empfindlichkeit 93f., 194, 204
– empfindlich 12, 80, 93–95, 156f., 159, 207, 292
Empfindung 60–63, 66, 90f., 194, 197, 217
– empfinden 2, 71, 158
enaktiv 279, 281
Engagement 80, 106f., 195, 204
Enkinaesthesia 203f.
Entfremdung 26, 80, 82, 164
Entwicklung 6, 8, 11, 17, 19, 24, 55, 72, 75, 77, 90, 95, 100, 103, 110, 128, 134, 159, 171, 179, 185, 190f., 203, 206, 221, 236–238, 240, 242f., 246, 251f., 258, 261, 268f., 272f., 280, 284f., 292, 295
Epistemologie 179, 202
– epistemologisch 5f., 15, 69, 71, 138, 140, 175, 198, 202, 217
Epoché 213f., 221, 292
Ereignis 231, 265, 271
Erfahrung 1, 5–7, 9, 15, 18f., 22, 30, 38, 42–44, 50, 54f., 57, 61, 68–71, 85, 98f., 104f., 111, 113f., 119, 121, 125, 130f., 133, 138, 143, 160, 163, 171f., 174f., 177–181, 186, 188f., 192f., 195–202, 205f., 211, 226f., 230f., 233, 238f.,

318 —— Sachregister

247, 251f., 256, 266, 271f., 279, 283, 285, 289f., 294
Erinnerung 6, 46, 51, 73, 99, 103f., 126, 159, 162f., 205, 208, 221, 255
Erkenntnis 1, 5, 9, 39, 43–45, 72, 77, 83, 96, 134f., 159, 165, 168, 175, 193, 206, 231, 266, 278f., 287
Erkenntnistheorie 18, 131, 192, 194
– erkenntnistheoretisch 3, 6, 24, 27f., 40f., 69, 85, 191f., 195, 200, 203
Erleben 1f., 5, 9, 11f., 14, 16, 20f., 23f., 27, 29, 48, 59, 62, 68–72, 74–77, 80, 84–86, 88, 90–95, 99, 101–105, 109, 112, 115f., 120, 122, 127, 133f., 138, 145, 147, 155–157, 159, 166, 175–177, 179–184, 186, 190–193, 195, 200, 203, 206, 217, 221f., 224–227, 231f., 236, 249, 251f., 267, 269–271, 274f., 277, 279–282, 284–286, 288–290, 292, 294f.
– Erlebnis 6f., 27, 54, 66, 84, 86, 88, 99
– Erlebtes 15, 26, 28, 58, 91, 94, 141, 156, 186, 188, 276f.
Erlebensprozess 175, 177–179, 188
Ernstnehmen 7, 72, 179f., 230
Erste-Person 26, 57, 75, 80, 104f., 122, 134, 172, 175, 178, 225, 246, 254
– Erste-Person-Perspektive 141
existential feelings 207–209, 211–213, 221, 224, 251, 283, 292
experiencing 4, 13, 30, 94, 99, 101–103, 113, 115f., 121, 125, 127f., 132, 134, 139, 142f., 155, 166, 173f., 176, 178f., 181, 184–187, 189, 192, 199f., 205, 210–212, 216, 219, 221f., 228–230, 250–252, 254, 259f., 268f., 292f.
experiencing scales 186f.
Explikation 16, 30, 200, 231f., 247, 262f., 274
– explikativ 23, 172, 175, 256
– explizieren 21f., 190, 261f., 270, 284, 290
– explizit 10, 18, 27, 34f., 39, 45, 47, 49, 59, 107f., 124, 169, 175, 200, 207, 213, 227f., 233f., 262f., 270, 272, 275, 282f.
Explikationsprozess 180

Facette 247

feeling 50, 84, 94, 101, 103, 107, 110, 122, 131, 152, 176, 181, 185f., 188f., 201, 205, 207, 209–213, 215–220, 250, 253, 258f., 268, 292
Fehlen 4, 16, 46, 84, 93, 144f., 152, 155, 183f., 186, 268f., 271f., 279, 287
– produktives Fehlen 267
felt sense 115, 186–189, 207, 214–216, 218, 220–224, 235, 251, 269, 278, 283
– felt quality 252
– felt sensing 115, 218, 221, 277
First/Firstness (Kategorie) 48–50, 53
Fluss 43, 94, 156, 169, 182, 190
Focusing 106, 143f., 155, 185f., 189f., 222f., 270, 279, 294
Formulierung 2, 8, 12, 16, 21, 38, 44, 80, 84, 87f., 90f., 93–99, 101f., 104–112, 115, 119f., 122, 127f., 143, 154f., 196, 205, 213f., 232, 249, 251, 256, 258–260, 263f., 266, 270, 272, 274–278, 283, 286
– formulieren 5, 10–12, 16, 21, 23f., 26, 39, 45, 53, 60, 74, 93, 97, 101, 107, 110, 113, 116, 129, 139, 142, 145, 171, 190, 220, 224, 231f., 235, 251, 256, 266, 271, 273–277, 280f., 288, 291–293
– Formulierungspraxis 13, 218, 251
– Formulierungsprozesse 5, 13, 108, 224, 259, 271
Fühlen 23, 26, 71, 79, 88, 90, 98, 106, 116f., 120, 122f., 141, 159, 180, 190, 201, 205, 207f., 215–221, 223, 232, 241f., 244f., 247, 249, 251, 253f., 256, 260–264, 270, 274, 281–283, 285, 289, 292
– fühlbar 2, 12f., 94, 122f., 153, 159, 179, 187, 204, 207, 220f., 241, 247, 249, 258f., 263, 265f., 283
functional relationship 250–257, 259f., 263, 278

Gebärde 76, 241f., 244, 246
Gefühl 1f., 5–7, 12, 14–16, 25, 27, 48, 50f., 56, 64, 84, 90f., 100, 104, 117, 122f., 126, 129, 131–133, 140f., 143–145, 147, 152, 154, 159, 162f., 166, 174, 182, 185f., 188, 195, 201f., 204, 206–210, 212–

217, 219f., 222–224, 227, 234–236, 251, 254, 263f., 268, 270, 280
gefühlte Bedeutung 251, 254–256, 258, 290
– felt meaning 51, 115, 186–189, 215, 218, 251–258, 275
Gegenwart 3, 6, 11, 15, 52, 75f., 101f., 128, 159, 179, 226–229, 231, 238, 283, 288f.
Genese 85, 99, 101, 106, 122, 125, 233, 240
Geschehen 12, 24, 26, 52, 54, 60, 63, 80, 100, 102, 104, 106, 124, 148–150, 168, 172, 178, 183, 193, 204, 216, 219, 221, 223, 227–229, 231–233, 243–246, 248, 256–260, 265f., 272, 274, 276, 284f., 290
Gesellschaft 6, 16, 55, 69, 181, 192, 198, 236, 252, 264
– gesellschaftlich 7, 13, 26, 40, 76, 236–238, 250, 252, 283, 288, 292
Gesprächsprozess 172
Gespür 234, 262, 264
Geste 27f., 198, 236–246, 248, 261, 282

Handlung 14, 20, 25, 34f., 40, 42, 57, 98, 100, 140, 146, 148, 150f., 159, 205, 223, 228, 235–237, 241f., 246f., 249, 260, 264, 277
Heranreden 128–130
Herausbildung 24, 39, 51, 121, 224, 231f., 234, 236, 244–249, 260f., 265, 281f.
Hermeneutik 3, 8, 20, 127, 142, 191, 194
– hermeneutisch 68, 75f., 80, 106, 193, 285
Hintergrund 12, 25, 27, 31f., 34, 37, 44, 74, 87, 98, 108, 126, 157, 161, 195, 201, 207, 209, 211, 213f., 228, 232f., 236, 253, 262, 282f., 289
Humanismus 79, 206
Hunger 105, 236, 266, 269f., 272

idealistisch 15, 45, 69, 149
Identität 4, 41, 43, 53, 70f., 88, 134, 159, 232, 236, 252, 267
idiosynkratisch 10, 58, 76, 92, 118, 181
Ikonizität 49–51, 63
– ikonisch 10, 50–54, 56–58, 63, 77, 81, 252, 255, 282, 291

Implizieren 33, 72, 105, 117, 182, 227f., 232f., 243, 245, 248, 260f., 263, 265, 269–278, 280
– implizit 12, 38f., 60, 88f., 106, 112, 114, 125, 159, 166, 175, 190, 200, 207, 213f., 222, 227f., 230, 232–234, 239–246, 248f., 256, 258, 260, 262f., 265f., 270, 272f., 276f., 280–283, 285f., 288, 290
implizite Sequenzen 243–245, 248, 265
Indexikalität 52, 62f., 253
Individuum 10, 21, 47, 75, 118, 239, 283
Innen 5, 9, 15, 27, 53, 81, 146f., 154, 202, 227, 283, 286
– innerlich 27f., 29, 100, 277
innerer Akt 153, 189
intellectus 69, 271
Intentionalität 30, 60, 120, 151, 209, 221, 252
– Intention 14, 23, 30–32, 34, 37, 48, 84, 119–123, 130, 164, 207, 222, 273, 286
Interaffizieren 232, 265
Interaktion 12f., 42, 55f., 161, 168, 178, 202–204, 206f., 222, 225, 231–233, 235f., 239f., 243f., 246–248, 259–262, 265f., 268f., 271, 278, 282, 284
– interaktiv 13, 64, 121, 153, 169, 204, 206, 233, 261, 265
Interaktionskontext 235, 237, 241, 244, 246, 253, 260, 262f., 281f.
Interdependenz 86, 122, 203, 271, 286
Intersubjektivität 21, 179, 203, 241
– intersubjektiv 9, 64, 113, 149, 152, 193, 240, 286
intricacy 204, 273

Kategorie 20, 44, 48–50, 52, 58–60, 69f., 74f., 88f., 93–95, 98, 130f., 143, 159, 191, 251, 282
Kategorienfehler 34
Klärung 14, 16, 47, 88, 112, 114, 125, 147, 155, 157, 159, 182f., 224, 282f.
Klärungspotential 94, 159, 190
Klientenzentriert 170–172, 174f., 180, 182f.
Know-how 33, 35
Knowledge 4, 30, 38f., 93, 170f., 184
Kognitionswissenschaft 133, 205, 218

kollektiv 25, 46, 55, 73, 75 f., 80, 87, 98, 118, 181, 249, 251, 256, 264, 283 f.
Kommen der Worte 235 f.
Kommunikation 84, 112, 127, 145 f., 148 f., 167, 237, 252, 290 f.
– kommunikativ 16, 90, 113, 129, 152, 183, 237
– kommunizieren 6
Komplexität 5, 7 f., 12, 22, 38 f., 59 f., 64, 72, 76, 86, 104, 106, 124, 127, 143, 156 f., 179, 190, 216, 221, 226, 243, 247, 261–263, 271, 279 f., 282 f., 286, 290 f.
Kontext 8–10, 16, 25, 29, 31, 36, 38, 45 f., 55–57, 59, 64 f., 73, 76, 86, 93, 100, 109, 113, 116, 118, 126–128, 134, 156, 169, 191, 194, 202, 208 f., 214, 225, 227, 235, 238, 242–246, 248 f., 258–261, 273, 278, 280–283, 285 f.
Kontinuum 8, 48, 63, 92, 99, 102, 104, 108 f., 155, 220, 223, 239, 281
Körper 2 f., 5, 18, 39, 53, 70, 198, 202–207, 210, 216, 218–220, 231, 233 f., 240, 244, 248, 253, 260, 269, 271
– körperlich 2, 51, 100, 140, 187, 205, 207, 210, 215–220, 223, 233, 235, 239–243, 260–263, 271, 277, 283
Körperschema 205
Körper-Umwelt 204, 207, 226, 233, 236, 239 f., 260, 262, 268 f., 281
kreuzen 246–248, 257 f.
– crossing 248, 257
Kritik 1, 6, 17 f., 33, 41–43, 45, 53, 60, 67, 82, 84, 96, 114, 175, 179, 183, 191, 193 f., 202, 210, 212, 219, 228, 250, 253, 278, 285, 288, 292, 295 f.
Kultivierung 116, 220, 285
Kultur 30, 55, 66, 72, 89, 98 f., 114, 206, 247 f., 282, 290 f.
– kulturell 10, 21, 25 f., 32, 71, 76, 81, 89, 98 f., 133, 193, 202, 227, 236, 247, 249, 263, 275, 278, 283, 286, 291
– transkulturell 290 f.

Lebensform 9 f., 21, 29, 38, 46, 54, 57, 65–67, 73 f., 76 f., 87, 99, 129, 156, 290
Lebenszusammenhang 21, 46, 68, 71, 73–75, 77, 88, 153, 159, 225, 283

Leib 82, 84, 197 f., 206
– leiblich 84, 197 f., 223
Linguistic Turn 9, 15, 28, 286
Looping-Effekt 249 f.

mäeutisch 11, 106, 113, 115 f., 269
Mangel 6, 19, 21 f., 38, 105, 269
meaning 3 f., 24, 29, 37, 39, 65, 67, 101, 103, 114–117, 122, 126, 146, 155, 171, 178, 185, 187, 203, 208, 212, 217 f., 222, 251 f., 254, 256, 260, 272, 278 f.
Meinen 26, 28, 112, 136 f., 143 f., 152, 234, 275, 291, 296
Metapher 62 f., 74, 77, 79 f., 100, 175, 255 f., 286, 295
Methode 9, 15–20, 23–25, 39, 70, 93, 98, 106, 113, 121, 129 f., 144, 157, 170 f., 174 f., 181, 184, 189, 194, 202, 206, 271, 279, 288, 292, 294 f.
Mikrogeste 113
Mikrophänomenologie 11, 85, 99, 101 f., 105 f., 113, 200 f.
Monaden (Verb) 280
Muster 6, 22 f., 35, 62, 67, 98, 113, 130–133, 139, 161, 168, 175, 177, 179, 211, 217–221, 227, 229, 231 f., 242, 244 f., 247, 249, 283, 286
Mythos des Gegebenen 120
– Myth of the Given 28, 81

Nachfühlen 221, 223, 260, 271, 288
nackt 278–281, 292
Nähe 4, 34, 41, 46, 79 f., 86, 89 f., 93, 139, 169, 175, 178, 207, 215, 271
neopragmatistisch 177
Netzwerk 31 f., 38, 45, 47 f., 59 f., 80, 113, 248, 265, 284, 288, 290
Neurophänomenologie 119
non-conceptuality 28, 81

Ordinary Language Philosophy 61, 87, 117, 128
Organismus 105, 202–204, 209, 216, 239, 265, 268, 270, 284
– Organismus-Umwelt-Interaktion 53, 209, 272

Paradoxon 109, 181, 273
Pause 100, 102 f., 111, 113, 139, 156, 183 – 185, 190, 221, 241 f., 244, 260 – 263, 269, 277, 286
Performativität 12, 128, 147 – 152, 155 f., 167, 249, 259, 288
– performativ 116, 140, 147 – 153, 156, 224, 283
Person 2, 4 f., 10 f., 21, 23 f., 26, 28, 32, 47 f., 55, 68, 72, 76 f., 87, 92 f., 96, 99 – 102, 104 – 108, 113, 116 – 119, 122, 124, 132 f., 136, 139, 142, 145 f., 149, 152, 158, 160, 165, 169 – 174, 176 – 178, 180 – 182, 184 – 188, 208 f., 224, 230, 238, 245, 259, 274, 277, 283 f., 289, 291, 294
persönlich 6 f., 25, 40, 54, 56, 81, 87, 98, 145, 179, 283, 286, 294
Phänomenologie 3, 11, 17 – 20, 45, 93, 105, 121, 134, 138, 191, 194 – 196, 198, 207, 211, 226, 271, 285
Plastizität 53, 55 f., 60, 73, 217, 226, 229, 242, 246, 256 f., 271, 277
Plenisentienz 204
Pragmatismus 3, 16, 20, 42 f., 63, 85, 169 f., 175, 191 f., 194, 203, 235, 252, 267
– pragmatistisch 17, 41, 62 – 64, 80, 106, 175, 177, 179, 211, 217, 226, 240, 253, 272, 281, 285
prä-intentional 25, 265
– prä-propositional 265
– prä-reflexiv 38, 49 f., 72, 95, 114, 125, 207, 211, 216, 223
– prä-verbal 273
Praxis 8, 16, 24 – 26, 38, 44, 80, 85 – 88, 116 f., 126, 142, 156, 165, 167 – 169, 179, 182, 221 – 224, 232, 260, 269, 271, 289, 292 – 295
Präzision 100, 133, 265, 270, 272, 275, 281, 295
privat 15, 28, 45, 47, 55 f., 59, 65, 202, 207, 227, 288 f., 292
private Sprache 10, 60 f.
– Privatsprachenargument 60, 62, 120

Proposition 2, 23, 32 f., 36, 39, 49, 70, 85, 125, 199 – 201, 210, 265, 288
– propositional 10, 31, 33, 37 f., 60, 64, 69, 118, 124, 127, 166 f., 209 f., 273, 279, 295
Prozess 3, 6 f., 11 f., 16, 19, 21, 23, 42 f., 48, 51, 59, 69, 77, 82, 86, 97 – 104, 106, 110, 112, 114, 124, 126 f., 133, 144, 160 – 162, 164 – 166, 168 f., 172 – 176, 179 f., 182 f., 190, 193 f., 216 f., 227, 231 – 233, 236 f., 240, 249, 252, 257 – 260, 264 – 267, 271, 276, 279 f., 287 f., 290, 295
Prozess-Modell 153, 190, 217, 222, 227, 230, 235 f., 239 – 241, 260 f., 263, 265, 270 f., 280, 296
Psychoanalyse 158 – 160, 163 – 165, 167 – 170, 172, 176, 180
– Psychoanalytiker 160, 162, 172
Psychologie 29, 62, 158, 160, 170
Psychotherapie 12, 16, 128, 144, 156 f., 170 – 173, 179 f., 183 f., 189, 223

Qualität 1, 12, 14 f., 21, 47 f., 50, 52, 84, 100, 102, 107, 111, 119, 123 f., 174 f., 199, 201 f., 204 f., 213, 216, 223, 259, 266, 268, 281, 291
– qualitativ 1, 6, 11, 22, 31, 48, 50, 54, 56, 58, 60, 63, 84 – 86, 90, 106, 123 f., 157, 200 f., 222, 251 f., 262, 282 – 284, 288 f.

Raum 16, 45, 68, 84, 135, 152, 155, 168 f., 197, 207, 228, 240 f., 261, 263, 283
Realitätssinn 210
Realkategorien 75
Redekur 160, 162, 166 f., 169, 189
reden 28 – 30, 81, 96, 129, 147, 183, 190, 194, 230
– stockende Rede 185
Reflexion 35, 37, 41 f., 44 f., 65, 93, 110, 126, 141, 170, 193 f., 197, 223, 228, 263, 269
– open-ended reflection 279
– radikal-reflexiv 229, 250, 271 f., 285, 287
– reflexiv 8, 41, 142, 194, 196 f., 223 f., 232, 234, 264, 271, 287
Regress 9, 25, 32, 34 f., 37, 74, 90, 126, 147, 151, 161, 206, 211, 259

Relational Frame Theory 52, 57
Relevanz 4f., 28, 62, 85, 107, 124, 127, 141, 150, 191, 199, 231, 256, 262, 264f., 281
Repräsentation 13, 33, 52, 73, 106, 154, 180, 183, 206f., 238, 257, 259, 278, 287
– repräsentationalistisch 8, 105, 163, 166f.
– repräsentieren 14, 27, 89, 163, 259, 282
Resonanzgeschehen 216
responsiv 281, 284, 286
responsive Ordnung 272
– responsive order 272

Satz der Phänomenalität 69, 192
Schauspielerei 151f.
– Schauspieler 151–154
Second/Secondness (Kategorie) 48f., 52f.
Selbigkeit 70f., 75, 88
Selbsterkenntnis 142
Selbsterleben 205f.
Selbstgespräch 145, 151
selbstreflexiv 38, 121, 125f., 231, 262, 274f., 277
Selbstverständlichkeit 10, 16, 23, 29, 31, 64, 69, 76, 80, 87, 90, 112, 156, 205, 226, 234, 237, 254f., 264, 283
Semantik 31, 175, 255
– semantisch 8f., 24, 32, 36, 84–86, 88, 95, 117f., 220, 223, 257, 274, 284, 290
Semiotik 48f., 57, 62
– semiotisch 49, 63, 126, 240, 252, 255
sensomotorisch 206
Sequenz 120, 140, 227, 241–245, 260–264
– sequenzieren 242, 244–247
signifikant 94, 238f., 244, 269, 282
Sinneswahrnehmung 102, 134
Sinnliche Gewissheit 17, 19f., 134, 136f., 139f.
Situation 8–10, 12, 20, 22–26, 32, 45–47, 54–56, 59f., 63f., 66, 73, 77, 81–83, 87f., 91, 95, 97f., 100, 107, 109, 111, 117f., 123, 127, 129, 133f., 141–144, 147, 152f., 155–157, 159, 181, 198–205, 207, 217–239, 242, 246–249, 252f., 255–258, 260–265, 272f., 279, 281–287, 290f.
– Situationsgefühl 205, 261

– situieren 11f., 48, 125, 198, 201, 204, 237, 265, 281
Skeptizismus 1f., 69, 120, 195, 202, 284
sokratisch 143, 171, 174
somatic marker 215, 218–221, 224, 283, 289
Spiegelung 12, 156f., 182
sprachanalytisch 6, 8, 11, 27, 64, 140, 146, 163
Sprachgebrauch 9, 11–13, 15, 20, 61, 73, 78, 80, 82, 85–87, 90, 94, 109, 111f., 120, 128, 143, 151, 156f., 214, 224, 226, 236f., 257, 272, 277, 281, 284, 286f., 289, 291
Sprachkörper 25f., 125, 233f., 236, 248, 255f., 275, 280, 282
Sprachlosigkeit 82
sprachphilosophisch 3, 5, 8, 11–13, 15, 25–28, 41, 46, 60f., 76, 88, 91, 105, 116, 119, 128, 140, 144–149, 151, 153, 156f., 217, 251, 255, 257, 261, 269, 279, 286–288, 293
Sprachspiel 21, 62f., 66f., 73, 82f., 87, 98, 106, 108, 111, 113f., 117f., 157, 255f., 258, 260, 262–264, 286, 290
Sprechakt 6, 10–12, 24, 31f., 37, 45, 94f., 100, 104, 120, 126, 128, 130, 140, 144f., 147–152, 155f., 167, 220, 228, 238, 249, 253, 259, 261, 280, 283, 288
Sprechakttheorie 12, 118, 128, 140, 147, 238
sprechende Sprache 104, 110
sprecherzentriert 12, 107, 148f., 155
Sprechhandlung 116, 150
Stimmigkeit 84–86, 109, 155
Stimmung 55, 63, 90, 122
Strom des Erlebens 95, 105
Subjekt 5, 18, 43, 48, 75, 105, 134, 183, 194, 196, 202, 206, 210, 279
– subjektiv 4f., 45, 122, 158, 193f., 206, 231, 286, 288, 290–292
– Subjekt-Objekt-Spaltung 202
– verletzliche Subjektivität 93
Symbol 22, 56, 64, 185, 205, 225, 235, 237–239, 244, 246, 251–258, 263, 278, 282–284
– signifikantes Symbol 244

– symbolisch 53, 56, 62f., 74, 77, 94, 121, 183, 222, 237, 240–244, 246, 249, 252, 256, 260, 262–264, 282, 286
Symbolisierung 86, 180, 242

tacit dimension 24, 39, 45
– stille Dimension des Wissens 10, 38–40, 60
– stilles Wissen 38
Tanz 153, 237, 240f., 243f.
tastend 11, 24, 87, 92–94, 102, 128, 288, 293
tentativ 11, 24, 128, 152, 156, 249, 283
– tentative Sprechakte 12, 80, 128, 156, 191, 207, 224, 242, 249, 251, 259f., 266, 271, 282, 286f., 293
Therapie 130, 133, 139, 168f., 176, 179–183, 185, 188–190, 286f.
– Therapeut 131, 160–163, 165, 168–171, 173–175, 181–183, 185f., 188, 190
– therapeutisch 12, 132f., 168, 170, 174f., 180, 183–185, 188–190, 277
Thinking at the Edge 106, 114f., 269, 294
– Third/Thirdness (Kategorie) 48f., 53
transformativ 26, 28, 78, 114, 156, 218, 251, 266, 282, 286, 291
transitiv 119f.
transzendental 69, 74f., 131, 159

Überzeugung 31f., 37, 69, 71, 81, 83, 100, 108, 113, 137, 178, 188, 208–211, 213, 221, 229
Übung 1, 60, 99, 102, 104, 106–108, 126, 142, 172f., 204, 222, 265, 270, 290, 292
– üben 7, 103, 147, 175, 290
Umwelt 21, 48f., 76, 178, 202f., 206, 219, 225f., 233, 240, 265f., 268f., 271, 282, 284, 286
Unbewusstes 163, 167
Universalität 59, 83, 281, 294
Unklarheit 160, 165, 196, 291, 294
Unmittelbarkeit 15, 17, 99, 135, 137
Unvollständigkeit 145, 267

Verallgemeinerung 85, 114, 124, 250, 292
Veränderung 12, 70f., 77, 79f., 95, 98, 103, 132, 147–149, 151f., 156, 159, 166, 171f., 176, 185, 188, 190, 193, 204, 210, 212–216, 221, 224, 226f., 229, 232f., 237, 239–244, 248–251, 257f., 260, 262, 264–266, 282f., 289, 296
– Veränderbarkeit 207, 212, 221
Verbindlichkeit 10, 14, 20, 25, 74–76, 81f., 87, 90, 94f., 156f., 207, 224, 231, 246, 249, 262f., 278, 282, 285
Verdrängtes 160, 184
Vergangenheit 6, 10, 54, 59, 75, 99, 101, 128, 160, 220, 225–231, 233f., 281, 283f.
Verhalten 7, 25, 29, 57, 129, 146, 166, 168, 214f., 236–243
– Verhaltenskontext 227, 239–246, 248, 262, 281f.
– Verhaltenssequenz 217, 239–241, 243
verkörpert 8–10, 12, 46, 48, 64, 76, 100, 103, 113, 118, 122, 125, 127, 152, 154, 197, 202, 206, 214, 216, 219–221, 224, 226, 233, 239–243, 245, 255–259, 263–265, 267, 278–282, 284f., 291, 295
– verkörperter Kontext 12, 260
Vernetzung 102, 242f., 252, 282
Vernunft 18, 43, 69, 96, 141, 191, 196f., 278
Versionieren 242, 244, 246, 261, 263
Verstand 1, 16, 29, 32, 62, 69–71, 79, 83, 91, 94, 130, 137, 143, 170, 193, 198, 201, 207, 209, 221, 225, 228, 233, 263, 278f., 281, 291
Verstrickung 82, 168
Vertiefen 12, 65, 73, 104, 133, 157, 281f., 289f.
Verwickeltheit 38
Verzweiflung 19, 82f., 138, 144, 201
Vorantragen 242, 244–246, 263, 275–277
vorbegrifflich 10, 25, 38, 42, 44f., 47, 60, 116, 285
vorsprachlich 49, 52, 60, 64, 127, 252, 255
Vorstellung 9, 12, 17, 27, 29f., 35f., 39, 49, 61f., 71, 73, 80, 91, 94, 96f., 100, 102, 118, 129f., 134, 136, 140, 147, 151, 154, 158, 163, 173, 182, 189, 197f., 228, 230, 232, 283, 287, 295

Wahrheit   2, 17, 41–43, 73, 135–140, 160, 165, 167 f., 193 f., 285
Wahrnehmung   6, 18, 31, 39, 50 f., 54, 64, 69, 83, 93, 102–105, 126, 183, 191, 194–196, 198, 200, 202, 204, 211, 219, 251, 281
Weltbezug   48 f., 62, 208–210
welthaltig   220, 223, 288
Wirklichkeit   1 f., 41 f., 68 f., 71, 76, 83–85, 144, 166, 169, 195, 197, 210 f., 213, 227, 276, 280, 288
Wirkung   13, 26, 48, 65, 68, 74, 88, 93, 110 f., 113, 123, 140, 145–147, 150, 182, 207, 220, 228, 232, 240, 243–245, 249 f., 254, 257–259, 265, 270, 272, 274, 281, 292
Wissen   2, 7, 10, 15, 23, 29 f., 33, 35, 39 f., 44 f., 66, 71, 84 f., 105 f., 112, 116, 124, 129, 140 f., 158, 160, 162 f., 168, 170, 181, 193, 195, 278, 294
Wissenschaft   17, 19, 40, 69, 84–86, 89, 99, 141, 181, 192–194, 287, 292
Wortgebrauch   46–48, 246, 248, 258

Zeichen   27, 49, 51 f., 56, 62 f., 182, 244, 282
– zeichenhaft   49 f., 56
Zeit   8, 22, 28, 35, 47, 54 f., 60, 68, 72, 86, 96 f., 114 f., 132, 135 f., 165, 194, 197, 199, 225, 228, 234, 242, 246 f., 260, 263, 280, 290, 293, 296
– Zeitlichkeit   228 f.
Zuhören   107, 129, 173 f., 291
– Zuhörer   144–147, 149
Zusammenhang des Lebens   69, 75, 80
Zutrauen   141, 172–174, 178

www.ingramcontent.com/pod-product-compliance
Lightning Source LLC
Chambersburg PA
CBHW021802220426
43662CB00006B/154